Meister Eckhart, Der Mystiker

Zur Geschichte der Religiösen Spekulation in Deutschland

Von

Adolf Lasson

fourierverlag

Nachdruck der Auflage Stb-p. Nobely
von 1868 ohne Kürzungen

Genehmigte Lizenzausgabe für Fourier Verlag GmbH,
Wiesbaden 2003
Covergestaltung: Thomas Jarzina, Köln
Bildmotiv: AKG, Berlin
Gesamtherstellung: GGP Media, Pößneck

ISBN 3-932412-22-2

Vorrede.

Bei dem Bestreben, den ferner liegenden Quellen der Systeme Fichtes, Schellings und Hegels nachzugehen, bin ich auf die deutsche Mystik des 14ten Jahrhunderts zurückgeführt worden. Gleich als mir zuerst die Gestalt des Meister Eckhart entgegentrat, fesselte sie mich mit unwiderstehlicher Gewalt. Was ich bei ihm fand mitzutheilen gab mir der Auftrag meines Freundes Ueberweg Veranlassung, der einen von mir ausgearbeiteten Paragraphen über die deutsche Mystik dem zweiten Theile seines Werkes: „Grundriss der Geschichte der Philosophie" in der 2ten und 3ten Auflage eingereiht hat. Aber gerade bei der Ausarbeitung dieses Paragraphen stellte es sich mir als nützlich dar, den Gegenstand in weiterem Umfange zu behandeln. Die ausführlicheren Darstellungen der Lehre Eckharts von R. Heidrich, Posen 1864, und von Joseph Bach, Wien 1864, die einzigen, die schon das durch Pfeiffers Ausgabe 1857 erschlossene Material benutzt haben, schienen mir der Aufgabe nicht zu genügen. So beschloss ich denn, den Meister Eckhart zum Gegenstande einer Monographie zu machen. Meiner Sinnesart und meiner knapp bemessenen Musse sagte die eng umgrenzte Aufgabe zu; eine gewisse geistige Verwandtschaft zog mich zu dem Gegenstande hin. Ueberschätze ich die Bedeutung Eckharts nicht allzusehr, so darf ich hoffen, etwas Nützliches unternommen zu haben.

Meine Absicht war, einen Beitrag zu liefern zu der Geschichte des philosophischen und des religiösen Gedankens in Deutschland und der Nation einen ihrer grössten Söhne näher zu bringen. Eckhart erscheint mir als ein rechtes Spiegelbild deutscher Eigenthümlichkeit, seine Bedeutung für das

Culturleben des deutschen Volkes als eine sehr grosse. Ich möchte annehmen, dass in aller Stille der Einfluss der von ihm zuerst ausgesprochenen Gedanken bis auf diesen Tag fortdauert. Es war darum nicht bloss ein historisches Interesse, welches mich geleitet hat; es galt das Neueste mit dem Alten in die naturgemässe Verbindung zu bringen, welche in dem gemeinsamen Grunde und Boden des deutschen Volksgeistes liegt. Selbst auf die Gedankenkreise der unmittelbaren Gegenwart möchte die erneuerte Bekanntschaft mit Eckhart nicht ohne Einfluss bleiben. Eine in vielen Zügen der alten Mystik verwandte Speculation, welche die nüchterne Verstandesansicht verdrängt hatte, ist ihrerseits von der Richtung auf einen starren Dogmatismus verdrängt worden, der nun schliesslich so weit gediehen ist, dass er in endlosen und inhaltlosen Streitigkeiten zwischen Union und Confession sich selbst vernichtet. Daneben geht die zersetzende Arbeit der historischen Kritik, welche nicht allein die gültigen Quellen göttlicher Offenbarung, sondern mit ihnen zugleich den Inhalt christlicher Lehre beseitigen möchte. Wie die fundamentalen Ideen des Christenthums alle ihre Macht und Bedeutung selbst dann behaupten, wenn von der strengen Geschlossenheit einer in Verstandesbegriffen fixierten Dogmatik und von dem alleingültigen Werthe der Offenbarungsquelle abgesehen würde, das kann das Beispiel der deutschen Mystik lehren. Vor allem aber ist es die ethische Grundanschauung des Meister Eckhart, welche auch für das jetzt lebende Geschlecht ein nicht bloss geschichtliches, sondern unmittelbares Interesse in Anspruch zu nehmen berechtigt scheint.

Die vorliegende Schrift will wesentlich für das Studium Eckharts nur eine Anregung sein. Die reichlich mitgetheilten Stellen aus seinen Schriften mögen wie eine Art von Commentar dienen. Ich habe diese Stellen vollständig in unsere gegenwärtige Sprache zu übertragen gesucht; denn es war mein Ziel, das Verständniss zu erleichtern und den Ideenkreis Eckharts der Gegenwart näher zu bringen. Ich glaube ohne Sorgfalt nirgends verfahren zu sein. Dass manches mir misslungen sein wird, ist wahrscheinlich; meine Hoffnung geht dahin, dass recht Viele sich bemühen werden, meine irrthümlichen Auffassungen zu berichtigen. Die systematische Form, in die ich die Gedanken des Meisters gebracht habe, scheint mir aus dem vorliegenden Gedankenkreise sich einfach und von selbst zu ergeben; ich habe sie nicht hineintragen wollen. Andere mögen urtheilen, ob ich unbefangen genug verfahren bin.

Um den Leser zu den rechten Gesichtspunkten anzuleiten, von denen eine Gestalt wie die Eckharts angesehen sein will, habe ich in einer Einleitung zu den vielen Versuchen den Begriff der Mystik zu bestimmen einen neuen hinzugefügt. Noch immer begegnet man der Meinung, Mystik sei gefühliges, unklares, schwärmerisches Wesen, und die unsichere und verschwommene Art, die in der wissenschaftlichen Reproduction der Lehren der Mystiker fast die Regel bildet, muss solches Vorurtheil nähren. Bei Eckhart wenigstens ist es die Schuld des Darstellers, wenn nicht ein wohlgefugtes Ganzes fest bestimmter Begriffe, sondern eine Summe von locker zusammenhängenden ungefähren Vorstellungen für seine Lehre ausgegeben wird.

Nicht lange nachdem die Mahnung an Franz Pfeiffer S. 62 gedruckt war, kam die Nachricht von dem Tode des hochverdienten Mannes. Er hat sein Versprechen eine literarhistorische Einleitung zu Eckhart nebst Anmerkungen und Glossar zu geben, nicht mehr erfüllen können. Für das Studium der deutschen Mystik ist Pfeiffers Tod ein sehr schmerzlicher Verlust. Dass der von ihm herausgegebene Text Eckharts nicht überall von gleichem Werthe und gleicher Correctheit sei, hat Pfeiffer selbst zugegeben; die Mittel zur Berichtigung dieses Textes wird nicht leicht wieder Jemand in der Ausdehnung zusammenbringen, wie es Pfeiffer durch achtzehnjährige Bemühungen vermocht hat.

Wir haben uns in unserer Darstellung wesentlich an dem Texte gehalten, wie ihn Pfeiffer hergestellt hat. Gegen die Echtheit der von ihm aufgenommenen Stücke lässt sich kein erhebliches Bedenken anführen. Geist, Anschauungsweise und Ausdruck Eckharts unterscheiden ihn deutlich genug auch von seinen nächsten Schülern und Gesinnungsverwandten. Die Gefahr ist eher, dass man manches was von Eckhart herrührt ihm abspreche, weil es durch dreiste Ueberarbeitung unkenntlich gemacht ist. Nicht von Eckhart herzurühren scheint allein Tractat VII (Meister Eckhart, herausgeg. v. Franz Pfeiffer. S. 475—478), welcher mit der Predigt in der „Historie des Doctor Tauler" Cap. II übereinstimmt. Sollte ein Eckhartisches Stück gewählt worden sein, um daran die verkehrte Predigtweise zu exemplificieren? Aber die ermüdende Aufzählung von 24 Zeichen der Frömmigkeit weicht zu sehr von der sonstigen Manier Eckharts ab. — Die Sprüche 61—65 (S. 622) sind Fragmente der Predigt LXXVII (S. 249—251); auch die Sprüche 3. 12. 26 sind vorhandenen Predigten entnommen. — Predigt LXXVI, 2 (S. 243—249) verschmilzt wiederholend Predigt LXXV (S. 235—238) und LXXVI, 1 (S. 238—243). — Tractat III (S. 394—416) ist aus lauter einzelnen Bruchstücken Eckharts zusammengesetzt, die wir an ihrem rechten Orte noch grösstentheils in Pfeiffers Sammlung wiederfinden. — Bei Greith (die deutsche Mystik im Predigerorden, Freib. i. Br. 1861, S. 96—202), ist die Schrift eines Mystikers mitgetheilt, welche, einige aus Suso und Tauler entlehnte Stellen abgerechnet, fast ganz aus Bruchstücken Eckharts besteht, deren jedenfalls bei weitem grösster Theil, etwa 100 an der Zahl, noch in Pfeiffers Text nachweisbar ist. — Mehr als 70mal citiert Eckhart Aussprüche, die er selbst gethan hat, und auch diese sind noch zum grösseren Theile in unserer Sammlung nachweisbar, ebenso wie die vom Papste verdammten Sätze Eckharts uns in ihrem richtigen und natürlichen Zusammenhange erhalten sind. Nicht allein also, dass das in der Pfeifferschen Sammlung Vorhandene fast ausnahmslos sich als echt erweisen lässt, scheint es auch den wesentlichen Kern der Gedanken Eckharts in genügender Vollständigkeit zu umschliessen.

Darauf freilich muss man sich gefasst machen, dass der Text durch den Unverstand oder die Leichtfertigkeit der Abschreiber theilweise unsäglich gelitten hat. Man sieht das besonders leicht an den Stücken, die früher unter fremden Namen giengen, wie viele Predigten, die unter denen Taulers stehen, (Pred. I—IV. VI. VII. XVII. XL—XLII. XLVII. [Eckhart dem jüngeren zugeschrieben] LVII. [Rusbroek zugeschrieben] LXIX. LXXVI, 1. LXXVII.), wie Tractat I, der sich in der nach Tauler genannten Medulla animae, Cap. 38, und Tractat XVII, der sich ebendaselbst und als Schrift Rusbroeks de praecipuis quibusdam virtutibus wiederfindet. Eckharts Eigenthum sind diese Stücke unzweifelhaft; aber besonders die beiden Tractate sind in Taulers und Rusbroeks Schriften auf's gröblichste entstellt. Wo die Ueberlieferung getreu ist, da ist Eckharts Sprache ebenso schlicht und innig, als der Gedanke klar und durchsichtig; nur ausnahmsweise und wo es der Inhalt unvermeidlich macht, tritt Dunkelheit des Ausdrucks ein. Durch die Sorglosigkeit der Abschreiber ist vieles ganz unverständlich geworden. Ich habe mich bemüht, manches Geringere wiederherzustellen zum Theil mit Hülfe der Ausgabe von Taulers Predigten, Basel 1521, und der Handschriften der hiesigen königl. Bibliothek. Ich bezeichne diese Quellen wie Pfeiffer (Meister Eckhart, Vorrede, S. VIII —X) mit den Buchstaben *d*, *D*, *E*, *c*, *e*. Die Aenderungen des Pfeifferschen Textes, die ich für einigermaassen sicher halte, lasse ich hier folgen, nur um Rechenschaft abzulegen und Andere zu gründlichem Studium des Textes einzuladen. Einige Verbesserungen möchten sich als evident erweisen; das Meiste gebe ich als ganz unmaassgeblich. Die Verbesserungen sind zunächst nur zum Zweck der Lesbarkeit des Textes unternommen. Für Belehrung wird Niemand dankbarer sein, als ich.

Seite 3, Zeile 3. Hie in der zît reden wir *d* — 3, 4. gebürte, dâ *d* — 3, 5. in êwikeit daz êwic wort, daz nû *d* — 4, 26. sêle. Dâ ist — 5, 13. volleclîchen *nach Greith l. c. S.* 111 — 6, 5. got der vater *d* — 6, 20. ist unde wille *d* — 7, 9. enein und vergezzen — 8, 5. überguoten gotes *d* — 8, 23. nennet er ez ein wort — 10, 6. wan diz unwizzen *d.* — 11, 32. Nû merket aber diz underscheit. Dirre gebürte eigenschaft ist, daz *aehnlich d* — 14, 2. enhinderten — 14, 4. gehindere. Als got — hindernüsse, als tuont die sêligen. — 14, 12. mag niht an uns daz eine gesîn — 15, 38. mit sîner bekanntnüsse — 17, 19. gotes deme geiste überlestig ist sunderlîchen in disem lîbe *d* — 18, 24. wan man engrîfet ez niergent bezzer — 18, 28. einem ende unde gêt — 18, 38 lêre ze dienen. Sanctus — 19, 2. und sie dar abe gespîset würden — 19, 7. Er meinde nieht — 19, 40. Der luft zeiget wol vil bilde unde lieht unde werme — 20, 13. niht dîn sint — 20, 14 der daz wirkt unde sîn bilde — 20, 23. merkent des — 20, 33. in erbeiten und in suochen einer — 21, 31. in dem geiste des — 22, 40. der geist gotes — 24, 34. allez menige — 24, 35. vermanicvaltiget dich — 26, 34. Hosêâ [II, 14] — 27, 21. unmügelich — 27, 26. sunder wenne dich — 28, 17. der nâtûre meister niht — 30, 3 noch got dir — 30, 32. ez ze minnende — 30, 34 allez daz in minnen mac — 30, 35. âne manicvaltekeit, alsô jaget ez diu minne — 31, 23. daz ist wâr *vgl.* **61, 2. 265, 30. 304, 6. 512, 29** — 32, 13. dâ ist got, unde swâ got ist — 32, 31. Alsô ouch: sol — 34, 18. daz habent sie allez — 36, 23. understanden — 37, 3. unde spricht *d* — 37, 4. niht nâch dem bilde alz ez inne blîbende ist, mêr: nâch dem daz der sun ez ûz liuhtende ist. Wan ein jegelich geist bî ime selber ist niht gelîch — 37, 22. ze kleine unde sî niht vermügen ze hinderen — 37, 24. wîsheite, dâ sich der vater — 38, 15. der erliuhtet niht anders wan dâ er erliuhtet ist — 38, 24. unde ouch sîn *E; c* — 38, 27. sunlich wesen, niuwen — 38, 28. wîse nieman sîn mag — 39, 24. daz daz des ouges ist daz ist des fuozes *E; c* — 40, 32. gelîcheit *d* — 40, 38. man gotes *d* — 42, 4. sô sî noch *d; E* — 42, 24. was, der — 44, 24. zît noch stat *d* — 44, 26. êre, als — 45, 7. wandel abe genommen — 46, 10. ez lougent — 47, 19 den êwigen worten — 47, 21. ein berlich alter — 48, 38. von der zît — 50, 23. Ich spriche, daz er was geruket von dem — 50, 35. wârer inrekeit. — 51, 7. begrîfen und umbegriffen — 51, 10. kêren wir wider — 51, 16. sunder eigenes nutzes. — 51, 27. von deheiner sache — 51, 35. Waz ist daz eine? Daz ist got. — 52, 2. diz sol ir niht abe gân — 52, 35. nihtes niht ûz gote — 52, 36. alse ob der mensche in der gnâde niht enwêre — 52, 40. er stât — 56, 22. dich oder dich *E* — 57, 9. an dem ergsten *E* — 57, 24. einez, daz oberste — 62, 2. arbeit. Aber die tugent *d* — 62, 4. in sich selber *d* — 62, 18. ist. Und ist dâ ein herre, der *E* — 62, 38. ich enmac dich niht minnen — 63, 33. gebern *d; E* — 63, 37. tûsentwarbe *E* — 64, 3. gîst, sô sich got dir selber mêr wider gît. Sô dû dîn selber mêr verzîhest, sô dîn êwigiu sêlikeit — 64, 8. gisat gisant, gistellet gistillet, bistêtet biwêret — 65, 5. unseriu nâtûre — 65, 31. sint nâch rehter sêlikeite, etwaz — 66, 35. Waz tuot got mîn sîn? — 68, 37. die wîsheit *d* — 69, 14. hie merkent *E; c* — 69, 22. alleine des des bilde ez ist — 69, 38. noch an armuot *E* — 70, 2. sich selber daz ander halb teil. Aber *d* — 70, 7. oder kein ûzblüejen hât *d* — 72, 7. sol daz — 72, 22. ime selber niht, ez enweiz ouch — 73, 7. hânt. Nâch — 73, 8. zît sô — 73, 29. guot ist in — 73, 36. wêre. Sô machet er ouch — 74, 1. allez daz — 75, 28. unbewegelich unde wirt niht berüeret. Aber — 75, 35. gât. Je glîcher — 77, 13. sich selber und — 80, 22. dar în sîn — 80, 30. sich, die — 81, 12. in dem herzen — 81, 17. enhât. Er hât alliu dinc in ime, er — 82, 27. daz ein niht ist — 82, 28. und got ist ein iht *d* — 82, 33. dâ von ist er ein niht — 83, 13. gröbeste niht in mich — 83, 24. etwaz fremedes în — 85, 31. al ein *d* — 85, 32. ist, denne ist si ein mit dem dez bilde si ist. Daz — 86, 27. dar în ziuhet — 87, 29. des daz frömde ist *d* — 89, 28. ist. Dâ — 89, 31. ob in — 90, 3. sî blôz der welte. Niht treit die sêle ze der welte denne minne alleine. — 90, 36. enkein gedanc rüeret dar zuo. — 91, 18. swâ ir iht — 92, 1. sprechende wort unde der sun ist ein gesprochen wort — 93, 3. diu under ir ist — 93, 26. dâ zît niht enist — 94, 16. niht würken denne alleine den sun —

96, 13. stuonden dem lambe aller nêhest bî — 96, 31. einiu von der anderen — 100, 18. die sêle [598, 15] — 100, 31. ân entwesen — 103, 1. hoffenunge — 104, 9. leit — 104, 17. Dar umbe leit sî — 105, 18. zuo dem minnesten eines — 106, 5. ist.' — 106, 18. ein nâtûrlich tugent — 107, 20. sun der — 107, 28. zuo got in irme herzen — 108, 9. daz sol si allez — 108, 17. mê — wizzent, war umbe daz — 108, 18. besten meister, swaz einez nimet dast — 108, 23. als er süeze ist — 108, 28. namen gotes — 109, 34. giezen mit — 109, 35. bî in — werde. Als — 109, 36. über zît in der èwikeit — 110, 4. einem andern — 110, 5. einem andern — er ime — 110, 33. ûz vernüftikeit, unde — 113, 9 alsô, als er ist. — 114, 3. loket zuo dem guoten — 117, 1. Der in iergen suochet — 117, 7. im gêt abe und zuo — 118, 21. Nû sprichet *E* — 119, 33. in den grunt — 119, 34. dêmuot gesenket wêre, ie mê er gesenket würde in den grunt gotlîches wesendes. *E* — 120, 7. ein vrâge *E* — 121, 17. bezzer — 121, 31. wesen. Unde waz ist daz hûs? Daz man dich dinne lobe. — 122, 14. sîn ein — 122, 30. er enkan niht würken — 124, 21. engel sô nâhe — 128, 21. ziuhet er nider unde neiget ez ze gebresten. — 129, 1. sie üebent sich — 129, 20. heize. Ez — 131, 6. denne alleine — 131, 28. daz frî unt ledic ist — 132, 1. daz alliu diu gift, die — 133, 19. die sint liehte — 133, 25. got der ist ein ganz lieht, bî — 133, 31. ein schatwe — 133, 38. al ein âne liep — 134, 4. de sursum — 135, 27. lîplîcher dinge zal — 135, 29. gewürket — 135, 32. eigenlîche. Imme innegesten — sêlen dâ — 136, 3. zuo dem grâde minnen — 136, 7. enwelle — 136, 29. hête. Swer alle crêatûre hête âne got, der hât niht mê, denne — 136, 36. Dô machte — 137, 3. hât und — sint: daz — 137, 24. ist iht unden — 137, 36. alle zît — 138, 36. Nû sprichet er 'aber ein kleine — 139, 2. ein — 139, 29. ûz got — 140, 14. und diu sêle — 140, 30. allein — 142, 32. loufen, mêr: ez — 142, 34. wan ez enwirt niht gesehen — 143, 15. wir denne gotes — 143, 17. In dem, daz disiu kraft nihte gelîch ist, sô ist si gote gelîch. Reht als got nihte gelîch — 143, 24. wizzest es niht: diu — 143, 25. suochet doch heimlich unde meinet — 144, 26. Dâ dû stirbt oder er — 145, 32. daz ist uns gegeben — 146, 13. Wârheit unde gerehtikeit — 148, 29. ouch sêre vil — 148, 36. sich — 149, 17. dez wir dich biten — 150, 5. daz sî got zuo der gotheit vereiniget hêt [605, 5] — 150, 19. mit ime, wie der luft mit dem liehte. Des — 150, 21. varwe. Der varwe nâtûre ist, daz — 150, 30. lûter und innen — 150, 32. dinne — 151, 7. wil er — 151, 18. hât. Dâ — 155, 36. noch — 155, 39. der sterne würket — 156, 3. der ime nâhe komet, der muoz — 157, 8. Noch sêliger sint die ein bekennent und got als daz ein, dan die tûsent bekennent und in ime got niht — 157, 12. bekennen. In — 157, 28. sô muoz er ein einiger sun des vater sîn mit Kristô; unt — 158,

13. legt abe — 158, 21. wan niht sachet underscheit — 159, 5. nâch dem, daz si got ist, ûf daz — 159, 7. nemet ir noch minnet sî — 159, 9. nemet ir noch minnet — 159, 28. Alse vil als der vater — 160, 2. liehte, unde des engels lieht wêre der sêle umbequaeme unde si engelustete sîn niht — 160, 23. hête — 162, 5. guotheit unde der lûterkeit, des *vgl.* **163, 26** — 162, 13. Nim abe daz nû — 162, 14. oder daz, enist niht alliu dinc sîn — 163, 15. vollekomenheit des wesens, wan — 163, 19. Zuo dem vierden mâle — 163, 38. einz unde daz selbe — 164, 25. in in — 165, 36. unser meister einer — 166, 14. daz ist diu sêle — 166, 23. wêr sîn ouch vil teile — 167, 9. niht mê gotes; er enmac — 168, 8. enmohte — 169, 12. vellet si *E* — 169, 14. Si muoz *E* — 169, 15. sîn wesen nemen in gote, ob er wil gebrûchunge haben in gote selber — 169, 21. in ime *E* — 171, 10 hât vor jenen unde bitet, daz — 171, 22. verkoufte den igel — 172, 10. hoffenunge — 173, 25. Einerleige crêatûre — 173, 27. etelîche — 174, 23. an êwekeit und an zît — 174, 31. alz einz — 175, 28. an geberunge — 175, 40. niht einez ûz geben — 176, 23. wir dâ: zwei — 176, 25. sprichet: zwei, dâ — 177, 7. menschen, daz nâch — die dinc umbe — 177, 8. Der iht in gote suochet — 177, 10. niht. Wie — 177, 17. got bekentnisse aller sîner gotheit — 177, 28. enist niht — 177, 36. nemer — 179, 3. unde ganc alsô — 179, 4. sî, ald ob er — 179, 8. unde ganc alsô — 179, 33. sîn wirdic unde — 180, 17. erde. Der himel hât — 180, 28. ir quelle — die quelle — 180, 30. smackent mînem ûzern — 180, 31. mînem *Boehmer, in Damaris von Giesebrecht und Böhmer. V,* 1. *S.* 79. — 180, 37. spiegels daz ist — 194, 4. ez disem liehte — 194, 5. ez heimlîcher dan — 197, 31. lûtern blôzen substancie — 198, 12. bekennen. Daz vierde ist, daz — 198, 33. unde in nimt nâch — 198, 35. in in — 198, 40, man in got — 199, 11. in dem inneblîben. — 200, 13. und innen vereinet — 200, 33. miten in ir, dâ — 200, 37. diu ein helfe ist — 201, 17. nâtûre, got — 201, 18. solte. Wan — 201, 22. sîn, sô versmâhete ez doch der sêle. Wan — 204, 17. noch pîne noch sêle — 204, 20. daz gotes ist mîn — 204, 31. Die nihte gelîch sint — 205, 10. In dem innersten *d* — 205, 18. sîn werc — 205, 28. ein unde niht gelîch *unum, non simile. Bulle v.* 1329. *Art.* 10. — 206, 13. sô wirt ouch — 208, 34. meinunge. Daz — menschen, diu — 209, 31. alliu irdeschiu dinc — 210, 34. unmaterielîche — 214, 21. diu bewegunge der minne an — 214, 22. dâ endet an — 215, 12. tougine sich — 217, 23. aller — 217, 39. wan diu helle — 226, 22. geslozzen — 226, 32. in ime in — 226, 34. niht als an einem wirkenne — 226, 35. an einem werke — 227, 5. dehein dinc — 227, 7. sie sî — 227, 21. ûf getragen die sêle in daz werc — 227, 26. *Die Worte:* Daz hoehste werc ist diu barmeherzikeit *sind zu tilgen.* — 227, 32. *Die Worte:* Sant Johannes sprichet *gleichfalls.* — 228, 1. als er guot ist —

228, 2. got. Minne — 228, 6. die beide minne und bekantnüsse — 228, 17. werc, dâ — 229, 23. oder als einer — 230, 24. ein zeichen — 230, 25. als der gedanc ist — 230, 31. dinc lîht ze — 230, 33. sint lîht zuo — 231, 1. ist in uns ein *d* — 231, 10. allem dâ mit er — 231, 18. muoz ez selber — 231, 27. jungern âz und *d* — 232, 2. mensche kein genüegede, wan ez — 232, 11. dâvon der umbelouf *d* — 232, 13. verstêt niht nâch — 232, 14. kein zal ist in im noch zît oder gebrestlicheit — 232, 15. dâ enist niht wan âne zal — 233, 5. Des selben — 233, 23. und er wirt selber diu gerehtekeit — 233, 33. geoffenbâret als vil uns nôtdürftic wêre ûf dem wege zuo unser sêlikeit. — 235, 1. ûzer im selber — 235, 29. alsô enfüerct — 236, 33. wider unden — 236, 39. daz dâ selbes der erde rehtiu — 236, 40. bewîset, daz dâ des fiures rehtiu — 237, 15. bewîset — 238, 9. über diu welt — 238, 11. an bekantnüsse und an minne — 238, 16. an verzerunge des lîbes hât und an verwerden des geistes. — 239, 1. minne; der — 239, 2. minnet — 240, 6. iriu werc *d* — 240, 29. alles betennes — 240, 32. jungeren sunderlich, wan — 240, 35. wan sie sülent — 242, 26. Daz erste, daz — 242, 27. geistes, daz ist daz — 244, 5. ze väterlîchem eigen — 246, 29. und als drí ein wesen — 249, 3. sô sîn wir — 249, 13. materie; und — 249, 25. wâ si ist, dâ — 250, 26. daz leste *d* — 251, 12. ez ist geverwet nâch im *vgl.* **622, 31** — 251, 14. daz wirkende verstentnüsse *vgl.* **622, 33.** — 251, 16. drîerhande: gehügnisse unde *vgl.* **622, 34** — 251, 17. underscheides. Daz ist — bilde. Daz — 252, 25. werde, alsô daz *d* — 252, 26. wan si hât — 253, 4. die hânt — 253, 5. schînent. Alsô — 254, 21. wîze — 256, 2. an got ein — 257, 1. an ime selber — 257, 11. von der zît — 260, 16. der frîheit nêher — 261, 10. dâ wârheit niht enist, noch der engel enrüeret — 261, 11. daz in stat unde zît ist — 261, 24. weder ûzerlich — 261, 26. umbe daz — 263, 13. in wesen *d* — 264, 4. niemer bekant — denne volbrâht — 264, 5. sîne berlîche sache — wesen ist. Daz empfâht die sêle, sô si ze grunde stirbt; dâ leben wir in dem leben, dâ leben ein wesen ist. Waz uns des hindert *nach d* — 264, 10. niht. Unde alsô meinet er, daz — 264, 11. Daz ander ist, waz uns des hindert, daz si in sich treit — 264, 16. die krefte — 264, 17. niht zerspreiten, dâ mite si würket — 265, 6. Ez ist der — 265, 7. siben, die sint dâ ein tac. Die tage die dâ wâren — tûsent jâren — 265, 8. dem tage hiute — 265, 9. loufet, dâ von kumt zît, unde der — 265, 11. dâ alliu dinc ein sint — 265, 14. sînen einbornen sun *d* — 265, 21. würket. Der des sînen — 265, 22. crêatûren, der — 266, 9. wan allez, daz sihtig ist, daz ist zîtlich. Dâ man — nennet man niht, unde daz ist zît unde stat in ime selber. — 266, 11. unde menige — 266, 34. geburt. Alsô — 267, 2. kein einunge — 268, 32. in sînem wesen — 269, 14. ungelîcher dinge — 269, 25. gemeineste. Dekein — 269, 36. vorburg. Wan wesen ist sîn vorburg dâ er inne wonet. — 271, 37. und sîme got gegenwürtig und im — 271, 40. daz ist lidic der engel unde der menschen und aller crêatûren. — 272, 1. ist ein wort daz dâ ist bedâht — 272, 12. vernünftekeit. Dâ — 272, 26. götlich. Swie — 272, 27. got, aber wir müezen ez — 273, 4. pünctelîne wêre *d* — 274, 23. in im *d* — 275, 10. an in — 275, 11. ein engel — 275, 20. sêle — 276, 10. daz man mêr minnen mac — 276, 32. lîplîchen dinge zal — 276, 34. dâ sich got în öuget — 277, 13. dar umbe übel? — 277, 28. abgescheidenest — vergezzenlîchest — 278, 14. got, wenne er als wârlich — 278, 15. geweltiiclich dîn — 278, 40. selben; wan — 279, 5. Ich sol in aber minnen — 279, 10. underscheit, mêr: an geistlîchen dingen, wan an minne sint sie gelîch — 279, 29. lebent, daz wesen mit den dingen, die dâ wesent — 280, 16. daz ir verstandent — 281, 9. hât, daz daz — 281, 25. mînem frîen wesen und — 281, 32. in der gotheit — 282, 9. alse daz ouch niht — 282, 23. sô ist er — 282, 24. daz er niht — 282, 32. alsô daz er niht enweiz kein dinc — 283, 1. daz sî niht — der wil — 283, 29. unseriu rede — 283, 31. sîn. Daz — 283, 32. niht sîn wesen — 284, 9. ich wêre niht noch alliu dinc *Boehmer l. l. S.* **69** — 285, 21. Die menscheit hât — 286, 38. dâ würde ez ein — 287, 3. denne daz got den eingebornen sun gebar — 287, 13. al ein — 287, 14. al ein — al ein. — 289, 20. tuo daz ime *d* — 289, 26. oder in wider — 290, 34. In disem worte *d* — 291, 19. der vater vindet — 292, 4. wart, dâ diu — 292, 17. unde daz er selber ist — 295, 22. daz ein mensche wizze, daz — 295, 23. nihte. Daz er sich selber nihtes — ihtes iht selber ze tuonne — 245, 24. er enbeite vorhin eines *d* — gnâden, daz man underscheit wizze — 296, 17. begrîfet — 296, 19. mê und minr — 305, 36. under keime — 306, 14. einez. Unde — 306, 29. unde got dem — 307, 23. bekanten, ze — 308, 11. von der berüerunge der zît — 309, 4. der dritte meister — 310, 40. als got — 312, 8. daz selbe, daz dâ — wirt. Daz ouge, dâ — 312, 14. eins dinges über — 315, 6. ist, disen — 318, 2. sô hât got geschepfet — 318, 4. schrîn *Boehmer l. l. S.* **71** — 318, 5. den vater dem sune — 318, 20. wan allein êwikeit — 320, 11. wan die wîle niht ensint — sêle, ein — *Boehmer l. l. S.* **74** — 320, 31. ihte — 321, 8. ân wandelunge — 321, 11. in gote — 322, 12. dâ ez — 322, 23. unde meinent — 322, 33. ouge. Swie — 322, 34. dannoch hât ez etewaz zuoversiht und nimet etwaz von ûzen — 322, 37. rüeret si jegelîche crêatûre. Dannoch — 323, 10. werken, als — 323, 12. Diu fruht der — 323, 24. nimet got sîn wesen, daz — 323, 37. dinc, und — 323, 38. hoehste daz giuzet got — 325, 4. in mîner sêle — bilde, daz ist durch zweier sache willen. — 325, 6. an — 325, 11. sîn. Wan — 325, 13. fruht, hât — bildes derselben — 325, 40. ein eigen bilde — 326, 4. hûse. Alsô — sîn als manic bilde — 326, 14. er bildet — 326, 20. ob er — 326, 23. als diu er *d* — 326, 24. als in den — 326, 35. als vil daz eine *d* — 327, 18. daz ez iht sî — 327, 20. gesihte, dâ von — 327, 25. sîner würkender verstentnüsse — 328, 19. grüenet ouch diu ê ûz der edeln meinunge — 328, 21. an sîn selbes stat — 329, 20. gewesen sî in der geberunge des wortes — 331, 14. trat hin în ûf den berc — 331, 18. fürloufet sich — 332, 10. fürdernisse — 332, 30. in dem grunde des bildes — 332, 33. er — 332, 37. sîn selbes als der vater — 333, 3. niht einez müge gesîn — 333, 5. diu enhât des garwe — 334, 37. niht meinen — 335, 19. Ist daz wort niht — 335, 25. geburt. Dâ — 335, 26. nâtûre, dâ ist ez ein — 335, 30. des gehügnüsses — 335, 32. dâ ist ez niht — 336, 4. daz daz wort sî — 336, 23. namen, unde wâ si wirket — 337, 10. Dâ diu einikeit ir wirdikeit empfêhet [517, **26**] unde drîe lieht einen schîn liuhtent unde den schîn nement als ein wesen, dâ hânt diu drîe persônen ein wesen. Die wirdikeit — 337, 10. êwic ist glîch dem vater — 338, 7. stânde — 339, 28. und weinent — 340, 1. sinken — 344, 36. sunder ez ist — 345, 34. von götlîcher — 351, 36. und er enhanget — 352, 13. alliu krefte — 353, 28 in ir meinunge — 353, 36. selber, unde — 356, 10. gar adellîch leben — 373, 18. ouch. In — 373, 20. dâ enhindernt noch envürdernt diu werke — 375, 6. dinc. Wan dâ der geist — 375, 7. sunder underscheit, — 376, 18. daz diu sêle — 376, 19. daz si — 376, 20. wirket — 376, 25. daz sie — 378, 17. danne dâ — 383, 27. als dâ si — 384, 17. und ouch an — 384, 30. die ez — 385, 5. daz ûzewendic diss liehtes ist, — 385, 9. sullen wir — 385, 12. Diser — 386, 26. von der sêle — 388, 14. Dar umbe ist es ein unreden. — 388, 16. understôz *ebenso Zeile* **22**; **24**; 26 — 383, 31 – 36 *ist zu tilgen.* — 391, 13. hât got al — 394, 23. ursprunc niht von — 395, 36. und si ist — 395, 37. mac ledic sîn — 399, 25. heimlîchen — 399, 32. persône, ensach — 401, 24. und in der gnâde gôt — in got kumt — 406, 21. aller sêlen — 409, 1. si hât geweit — 411, 22. zuo sünden gilustet, — 412, 26. ouch den dingen über — 416, 8. ein vernünftig schîn — 416, 14. dâ er — 416, 15. er daz müge — 416, 17. daz gewerden — 416, 18. ist, âne — 416, 19. heimlîchen îngane des liehtes götlîcher klârheit dâ hât der geist daz lieht der vernünftikeit, — 416, 22. inswebenden bildes, unde dâ von ist er — 416, 23. Wan daz lieht — 416, 27. gelîcher — 417, 5. diu übergeschrift. — underscheit von dem — 417, 23. in den — 417, 24. götlîcher nâtûre — 417, 33. êre. Wan nie — 417, 34. kunde, daz ez wêre ein ende *vgl.* **6**, **17** — 417, 35. alleine gote eigen, daz er müge alle dinge widerrüefen in sînen grunt über — 419, 32. gebernde unt geboren kint der güeti. In — 419, 37. güeti unt in der güeti, unt diu güeti würket — 420, 1. alle werke — 420, 3. daz ist mîn — 420, 19. ist unde allez, — 420, 31. sêle, der nâtûre unt — 421, 4. guot ist, — 421, 7. bekant in — 421, 8. sêle, vindet — 421, 19. unde got — 421, 23. alleine den gerehten; wan daz gereht ist, — 421, 24. unde ist crêatûre und gemachet — 421, 26. unt des vater got — 424, 13. mit dir und dîner wârheit — 424, 14. daz der alze gîtic ist, den — 424, 15. benüeget. Wie — 425, 13. ungelîche — 425, 21. habe. Ob — 425, 33. sî, in — 426, 1. ist, daz er sich selben niht wizze — wizze, unde niht wizze noch ouch wizzen welle denne gotes willen und alsô got bekenne als got sich selben bekent. — 426, 8. crêatûre in dem einigen bilde, — unt dâ got sich selben — 426, 10. dinc weiz — lêret er uns — 426, 27. soltin mîn sîn — 426, 34. ungemach gelîch als gemach — 428, 18. ist ime unmêre — 428, 19. dar umbe, daz verlieren crêatûre ist — 428, 24. daz in trôst — 428, 26. allein — 429, 33. dû hâst trôst — 430, 9. niht als zwei — 430, 37. blôzer — 430, 40. niht als in eim bilde — 431, 1. sprichet: alsô — 431, 14. sînem — 431, 33. als verre — 431, 39. die gelîchnüsse — 432, 7. anderunge — 432, 21. *Nach* minne *ein Absatz* — 432, 36. durch tugende — 433, 23. hât, daz got dem menschen allez nême, der zornic wirt, — 434, 3. ez — 434, 4. crêatûre, daz ez got — 434, 5. müge unt gotes — 434, 17. wellen, dâ von allez — 434, 18. tuon mit — 434, 19. werken, daz hât er jetzent — 434, 23. Daz werc mac man gehindern unde er vallet niht — 435, 20. ein tac ald ein stunde. — 435, 22. unt ist geglîchet — 435, 23. eigenschaft. Wan — crêatûre zuo got, ob — 435, 24. alleine, alsô — 435, 25. daz daz ûzer werc, — 436, 1. kinder sint — Dâ ist ouch — 436, 3. ein geist mit got — wir den sun — 436, 6. entriuwent — 436, 38. alles eigens geistes — unt vindet diu wârheit — 437, 18. *Absatz.* — 437, 28. wêri geboren eines geboren. — 437, 31. wesen eines wêri — 437, 32. sî noch — 437, 40. Alle zît hât er — 438, 2. Got minnet — 439, 10. hebe — 439, 15. dem vater, denne der sun ist oder der — 439, 16. denne der — 439, 23. suochen ein in sich — 443, 16. in lîdenne unde würkenne. — 443, 30. mit mir in lîdenne, mîn — 444, 8. willic lîden möhtin und lîden âne leit. — 444, 18. ob ouch — 444, 24. gelîche vor gote — 448, 7. Ouch hört man — 449, 3. unt daz dritte daz er — 449, 26. niht enwoldist — 450, 23. alze — 457, 2. brechen'. Er sprach 'berât dich wol'. Si sprach — 459, 36. umbe kein warumbe, daz — 460, 1. sînen willen mit gotes willen — 461, 8. ervolgen — 466, 9. der götlîchen nâtûre. — 466, 19. enpfiengen — 472, 18. sin verstân — 472, 40. tac. Dâ — 486, 20. Vincentius *vgl.* **398, 40** — 492, 38. dîn — 493, 27. heiligen begerunge. In — 493, 29. In dem niht — 493, 30. allez iht — 494, 13. geistes. Dâ ez der — 494, 22. Der vorganc verdüemet sî an ir selber — 494, 28. Diu dritte armuot des geistes ist, dâ inne — 494, 29. lebelicheit — 494, 32. In disem ist si geistlîchen arm — 495, 16. verworden — 499, 17. ime selber als wesen — 502, 8. nâtûre gemâlet was mit götlîcher nâtûre an einer persône, daz — hân. — 502, 30. niht anders dan *e* — 503, 17. *Absatz.* — 504, 33. Ein meister sprichet — 505, 8. êweklîche în vliezende ist. — 505, 27. ûf der keime *e* — 505, 31. ûf dem si ruowe — 506, 16. geschaffen *e* — 507, 10. noch er selber — 507, 25. wîselôs — 507, 33. einförmikeit *e* — 508, 6. liehte', der weder lieht noch leben ist noch nâtûre — 508, 15. ist aller dinge joch ir selbes, alsô daz *e* — 509, 17. sich an got — 510, 7. in den — brunnen des — 511, 11. alse got, der dâ ist ân alle namen, unde *e* — 511, 28. niht von ir, want — 512, 38. diu ist crêatûre — 513, 20. vereinen in die ungeschaffenheit *E* — 513, 21. vereinet in die ungeschaffenheit *E* — 513, 23. morgenrot *e* — 515, 16. daz si in ir selber — 516, 20. gotheit sîn. — 517, 9. umbegrîfen — 518, 40. ist under allen, in — 519, 24. niht bekentlich an — 523, 3. vinsternisse — 524, 5. geruket wirt — 524, 25. in sich geeineget. — 527, 17. von gote'. — 527, 26. ân underscheit. — 527, 35. daz sîn verborgen — 529, 2. ist ân underscheit — 529, 25. ûz — 530, 14. ein begin — 531, 21. stat gotes *e* — 531, 30. unt diu sêle wirt — 532, 1. unde daz selbe — 532, 12. nêher — 532, 19. enklîben *E* — 532, 21. entklîbunge *E* — 532, 36. daz si an im begrîfen mac. Her ûf *E* — 534, 15. unde wirt noch — 535, 10. abe nimet — 537, 5. ir iht *E* — 537, 12. âne geburt *E* — 537, 35. unde nâtûrent — 537, 37. In der ungenâtûrten — 542, 24. werden, daz er — 543, 4. als si ê tôt — 543, 7. daz si — 544, 19. in gewârer *Werken van Ruusbroec. Gent* **1860**. *III*[de] *Deel. S.* **35**, *Z.* **3**. — 545, 11. wille, alleine weist — 545, 12. niht. Niemer *W. v. R. III*, **43**, **11** — 549, 14. in selber — 549, 40. gevestent sîn, daz in ime — 550, 8. waz sie sîn oder wâ sie sîn — 550, 25. dingen. Unde — 550, 26. ander, aber — 551, 26. ze zürnen noch — 552, 15. niht verre ahten *W. v. R. III*, **85**, **22** — 552, 22. wolte', mêr: *W. v. R. III*, **86**, **12** — 552, 25. haben. Daz *W. v. R. III*, **86**, **16** — 553, 37. sîn nôt *W. v. R. III*, **90**, **14** — 554, 4. minnen lât *W. v. R. III*, **91**, **19** — 556, 9. ime verre mê wider, als *W. v. R. III*, **95**, **23** — 556, 18. wirt — 556, 22. gemissen *W. v. R. III*, **97**, **4** — 557, 12. gedêmüetiget. Wan alleine daz — getân, aber — 557, 21. ist ein got *W. v. R. III*, **100**, **1** — 558, 29. volkomene minne — 560, 14. des mê — 562, 6. und im daz von in geviel — 562, 14. sô enahtent — 563, 14. und ez niht berüeren müge iht ze minnen — 564, 34. disem sin — 568, 26. wirken, — 569, 29. in — 569, 30. der dinge — 570, 3. daz ist daz er — 571, 10. dingen. Unde — 571, 11. ân bereitunge — und ân sundern — 571, 12. sache, unde — sich ûz mêr — 571, 13. warumbe: — 572, 14. dinc nemen — 572, 38. nimt — 573, 26. âne einic werk — 573, 37. innigkeit — 573, 38. innigkeit — 574, 10. möhte. Antwurt: — 575, 26. ûz im — 577, 10. mich niht — 577, 14. umbe daz, daz die fride haben, die in — 577, 38. nâtûre. Dâ sint beide die nâtûre unde gnâde sîn. — 579, 2. geiste, sît — 579, 4. swebet. Als — 582, 23. in dem — 586, 32. merkent mit flîze den — 589,

26. got himel unde helle — 593, 4. alsô vil als — 598, 15. Dar umbe *vgl.* **100, 18** — 598, 17. lîplîchen **100, 20** — 599, 11. der sêle wesen **304, 34** — 605, 8. muoste **150, 8** — 605, 9. würde **150, 10** — 615, 39. als verre er — 617, 4. gegenwertekeit, niht — 617, 6. gewalte, niht dar — 617, 25. ez ist lîht — 617, 27. driu — 619, 30. noch alzemâle — 620, 20. er got — 620, 21. daz ist niht ein sîn. — 620, 22. des wesens in — 621, 25. sô wir — 622, 36. antwürtet — 626, 40. im — 634, 14. fürwurfes — 635, 34. lieht der verstantnüsse *E* — 636, 25. an werc, des setzet — 638, 5. ungewordenheit *E* — 640, 15. sünde in eime stêten willen, niemer tœtlîche sünde ze tuonne. *E* — 640, 32. gegenwürtikeit, sô enbesitzent ir niemer götlîcher gegenwürtikeit'. *E* — 640, 34. lidic — 640, 35. nemmenne *E* — 641, 16. ein solich jubel *E* — 646, 1. wegenlichiu *E* — 648, 27. apocalipse *Boehmer l. l. S.* **83** — 649, 25. verstantnüsse und minne *E* — 650, 1. minnenhaz — 653, 8. wâren vor — 653, 35. In — 655, 25. viure, und — 655, 34. im — 656, 12. tuo âne lust, — 657, 10. wîste er daz einvaltig ein — 657, 23. enwêre niht ruowe — 661, 24. die înblîbende — 662, 12. niht enhât — 662, 15. den geist — 663, 6. aller — 664, 13. ân wizzen — 665, 40. nâch gnâden solt dû ez mügen haben. — 666, 4. Nâch gnâden solt dû — 666, 22. welîche — 671, 22. ein eigener begrif. — 672, 18. muoterwerc; nâch dem — 672, 19. hât an — persönlicheit, behaltet — 672, 27. sun geborn — 679, 8. *Hier beginnt Nummer* 151. — 680, 17. under der — 681, 37. forme. An sîner eigener weselîcher forme ist ez ime — 682, 2. dâ — 684, 4. englischez *Greith l. l. S.* **200** — 685, 10. wêre. Volgeten — 685, 12. hâben, volgete — 685, 19. daz ob er — 685, 20. volgete. War — 685, 21. dâ wizze er, daz daz von got ist.

Berlin, den 25ten August 1868.

Lasson.

Berichtigungen.

S. 62, Z. 20 und 25 lies: Heinrich von Herford
S. 123, Z. 9 lies: von Coeln
S. 123, Z. 10 lies: 1306

Inhaltsverzeichniss.

Einleitung.

Ueber Werth und Wesen der Mystik.

Die Mystik ist auf dem Gebiete des religiösen Lebens der Standpunkt, auf welchem die Immanenz des Unendlichen im Endlichen und des Endlichen im Unendlichen vorzugsweise festgehalten und betont wird. Insofern ist die Mystik nicht sowohl eine einheitliche, geschlossene Anschauung, als vielmehr eine geistige Richtung und Disposition, den religiösen Inhalt in einer gewissen Form sich anzueignen; diese Disposition bestimmt eben so die Auffassung der Lehre durch die Erkenntniss, als die Färbung der religiösen Anregungen des Gefühls und die Darstellung des Empfundenen und Erkannten in den durch den Willen bestimmten Lebensäusserungen. Dies Eine ist das Gemeinsame in allen den verschiedenen Formen, in denen die Mystik als geschichtliche Erscheinung sich darstellt. Sie ist zuerst nur eine Art von Stimmung und Neigung, unmittelbarer Art, und nicht durch wissenschaftliches Denken vermittelt; es schliesst sich aber dann auch wohl daran das Streben, sich wissenschaftlich zu vermitteln und zu begründen. Der Blick des Mystikers haftet am Endlichen nur, um in allen seinen Lebensregungen den Wiederschein des Einen und Unendlichen aufzufinden, oder am Unendlichen, um in demselben die Auflösung alles endlichen und bestimmten Seins vollzogen zu sehen. Auf dem Gebiete der Naturreligionen, wo das Göttliche vorwiegend als Macht, nur nebenbei als Heiligkeit gefasst ist, wird der Mystiker mit dieser unmittelbaren Gewissheit des einen, allumfassenden Wesens vorzugsweise in dem Gefühle schwelgen, wie alle Herrlichkeit der Einzelwesen von jenem abstrakten Einen durchzogen und durchdrungen ist, und wie alles Einzelne in diesem unendlichen Abgrunde verschwindet und zu nichte wird. Auf dem Gebiete der christlichen Religion — denn Judenthum und Mystik sind sich ausschliessende Gegensätze, die Mystik des Islam aber steht auf dem Boden der Naturreligion — in der christlichen Mystik also wird, je mehr sie christlich ist, um so mehr der sittliche Gesichtspunkt vorwalten, wonach Gott und die Menschenseele nur zufällig geschieden, vielmehr dem Wesen nach eins sind, und wonach diese Einheit durch ein bestimmtes Verhalten Gottes zur Seele und der Seele zu Gott hergestellt werden kann und soll.

Es steht der Mystik ein entgegengesetzter Standpunkt gegenüber, derjenige der Transscendenz, auf welchem das Unendliche in unendlicher Entfernung vom Endlichen erscheint, die Trennung beider das Wesen, ihre Einheit nur etwas zufällig und jeweilig unter bestimmten Bedingungen Eintretendes ist. So schliesst keiner der beiden Standpunkte den andern absolut aus; ein Rest von Transscendenz wird in jeder Immanenzlehre, ein Rest von Immanenz in jeder Transscendenzlehre vorhanden sein. Aber kaum in einem einzelnen Falle wird es unentschieden bleiben, welche der beiden Anschauungen die überwiegende, die das Ganze bedingende Macht ist.

Das Christenthum ist die Lehre, dass die ganze Fülle der Gottheit in dem unter bestimmten historischen Bedingungen, aber zugleich durch unmittelbare übersinnliche Wirkungen Gottes erschienenen Menschen Jesus zur Erscheinung gekommen und dass dadurch allen Menschen der Zugang zur Versöhnung mit Gott eröffnet worden ist. Beide oben genannte Anschauungsweisen finden in der christlichen Lehre reichliche Anknüpfungspunkte. Der Mensch *kann* mit Gott versöhnt werden; aber zunächst ist er doch von Gott getrennt, im Zustande der Sünde. Gott ist Mensch geworden, aber zunächst doch nur dies eine Mal, in einem bestimmten einzelnen Menschen, und wir andern bleiben also trotzdem in unserer creatürlichen Endlichkeit durch eine unausfüllbare Kluft von ihm geschieden. So trennen sich auch innerhalb des Christenthums nicht sowohl zwei verschiedene Lehrsysteme, als zwei Geistesrichtungen, von denen jede zu bestimmten Elementen der christlichen Lehre eine besondere Neigung hat und diese vor den andern bevorzugt, von denen somit keine einzelne für sich den ganzen Reichthum der christlichen Lehre zu erschöpfen, alle in ihr gegebenen einzelnen Richtungen bis in die äusserste Consequenz zu verfolgen vermag, und die daher beide auf einander zu ihrer vollen Ergänzung angewiesen sind. Wie diese beiden Richtungen sich neben einander entwickeln und auf einander einwirken, das ist einer der Gesichtspunkte, die zu beachten sind, wenn die Entwicklung der christlichen Lehre und des christlichen Lebens verstanden werden soll. Im Allgemeinen wird man sagen können: überall da, wo die Versöhnung mit Gott als die Grundthatsache vor allem betont wird, da haben wir einen mystischen, und überall da, wo der Nachdruck auf die Sünde als die Ursache einer realen Trennung von Gott gelegt wird, da haben wir den entgegengesetzten Standpunkt vor uns. Das eigentliche Blüthezeitalter der religiösen Mystik wird innerhalb des Christenthums also da liegen, wo das Bewusstsein der Sünde noch nicht zur vollen Herrschaft gekommen ist, in der vorreformatorischen katholischen Kirche, die viel mehr im Gegensatze des Profanen und des Geweihten, des Natürlichen und des Geistlichen, als in dem der Sünde und des Heiles sich bewegt.

Der Name „Mystik", der seiner Etymologie nach eine Geheimlehre bedeutet, in die nur auserwählte Einzelne eingeweiht werden, ist der Richtung auf historischem Wege und nur zufällig zu Theil geworden; er ist ein gebräuchlich gewordener Terminus, der aber nicht den Anspruch erheben kann, vermöge seiner etymologischen Grundbedeutung irgend wie das Wesen der Sache auszudrücken. Die in dem Worte liegende Beziehung auf die griechischen Mysterien trägt nichts zur Aufhellung der Sache bei. In der Heiligen Schrift werden die wichtigsten Offenbarungslehren als Mysterien, Geheimnisse bezeichnet, theils weil sie in Gleichnissen vorgetragen werden, die erst durch einen weiteren Aufschluss ganz verständlich werden, theils weil sie die Kraft des natürlichen Verstandes überragen und nur durch göttliche Offenbarung dem Geiste zugänglich werden. Die älteren Lehrer der Kirche, ein Origenes und Clemens von Alexandrien, Gregor der Grosse und Basilius, vor allem aber der angebliche Dionysius Areopagita, unterscheiden im Christenthum eine esoterische und eine exoterische Lehre, von denen die erstere, weil sie nur Wenigen fassbar und der Menge ein Geheimniss ist, mystisch genannt wird mit einem offenbaren Anklang an die Geheimlehre der Mysterien, die neben der griechischen Volksreligion bestand. Dieser Sprachgebrauch ist von dem der Schrift durchaus verschieden. Denn während in der Schrift das Christenthum als solches als Mysterium bezeichnet wird, so unterscheiden diese mehr speculativen Schriftsteller innerhalb des Christenthums eine volksthümliche und eine mystische Auffassung und sondern dasjenige, was Allen gelehrt werden soll, von demjenigen ab, was zu wissen der Beruf nur Weniger ist. Die Menge könne die reine Wahrheit in der Form des Begriffs nicht fassen; für sie also sei die Darstellung der Wahrheit im Gewande des Gleichnisses, des bildlichen Ausdrucks die allein taugliche; der geistig Gereifte aber müsse über den symbolischen Ausdruck auf den dahinter verborgenen reinen Begriff vordringen und alles Bildliche im reinen Erkennen abstreifen. Die dadurch erzeugte Erkenntnis nun trägt bei diesen Denkern im Wesentlichen die Farbe der platonischen und neu-platonischen Philosophie und verheisst eine unmittelbare und vollkommene Anschauung Gottes, ja ein Einswerden mit Gott durch die Vermittelung der speculierenden Vernunft und eines der Welt des Vergänglichen entfremdeten sittlichen Lebens. Jene Unterscheidung einer esoterischen und exoterischen christlichen Lehre hat sich auf die späteren Zeiten nicht übertragen, aber wohl der Anschluss an den Platonismus; und grade diese platonische Färbung des Christenthums ist ein charakteristisches Merkmal aller späteren Mystik geblieben.

Die Mystik verspricht eine tiefere Erkenntniss, als die gewöhnliche, ja die tiefste, welche möglich ist. Aber die Absicht, sich vor den Ungeweihten in dunklen Räthseln abzusperren, hat sie nicht. Im Gegentheil erstreben manche Formen derselben die ausgedehnteste Popularität. Der aristokratische und exclusive Charakter der dionysianischen Speculation ist auf keine der mystischen Richtungen übergegangen, die sich an Dionysius angeschlossen haben. Die deutsche Mystik z. B. wendet sich ausdrücklich an das gesammte christliche Volk und sucht in Ausdruck und Gedankengang Allen verständlich zu werden. Die romanische Mystik aber ist wenigstens eine schulmässig ausgebildete Lehre, die den Anspruch macht, nicht bloss Einzelnen das Wesen christlicher Wissenschaft aufzuschliessen, sondern für Alle den tiefsten Sinn der Offenbarung und die beste Anleitung zu einem rechten und ungetheilten Leben in Christo zu enthalten. Die Mystik ist also weit davon entfernt, ihrem Begriffe nach eine Geheimlehre zu sein.

Gehen wir davon aus, dass die Mystik Immanenzlehre ist,

mehr oder weniger klar und wissenschaftlich entwickelt, überwiegend in der Form der unmittelbaren Anschauung oder in der des begrifflichen Denkens sich entfaltend, so ergeben sich alle die Eigenthümlichkeiten, die uns veranlassen, einem Standpunkte mystischen Charakter beizulegen, als selbstverständliche Folgen jenes Grundwesens der genannten Richtung. Zunächst wird eine Immanenzlehre immer den Charakter einer das Endliche der Erfahrung und der exacten Verstandesbegriffe überfliegenden Speculation tragen. Der Verstand sondert, setzt Unterschiede und vergleicht, die Mystik aber dringt auf Einheit. Das Unendliche ist ihr im Endlichen schon vorhanden, schon im Reiche der Natur das, was eigentlich Wesen hat; man muss nur die Augen haben, um es zu sehen. Das Endliche ist im Unendlichen an sich schon aufgehoben und wird es ganz im Reiche der Gnade; es kann also kein wahres Sein für sich in Anspruch nehmen. Nur das ewig sich gleich Bleibende, das Allgemeine, das Allumfassende **ist** in Wahrheit; alles Uebrige hat nur ein scheinbares, unwesentliches Sein; ihm kommt eigentlich nur ein ewiges Werden zu, was vielmehr ein Vergehen im Unendlichen bedeutet. Wenn die Sinne nur das Endliche wahrnehmen, der Verstand nur an endlichen Beziehungen der Dinge haftet, so ist also in beiden keine Wahrheit. Die exact-rationelle Auffassung der Dinge vermag nicht auf das Wesen, die Identität des Einen und Vielen, vorzudringen. Es bedarf also eines höheren geistigen Vermögens, welches die Wahrheit erreicht nicht durch ein successives Sicherheben zu immer Allgemeinerem, denn so würde es sich dem Ziele immer nur langsam annähern, niemals es selber erreichen, — sondern auf einmal, plötzlich, und nicht aus eigner Verstandeskraft, sondern durch unmittelbare Einwirkung des absoluten Wesens auf den menschlichen Geist. Alle Mystik fordert deshalb ein Ergreifen der Wahrheit vermöge der intellectuellen Anschauung, und überall da, wo diese als Organ der Erkenntniss gefordert wird, ist ein wesentliches Moment der mystischen Denkweise vorhanden.

Man sieht, wie viel für eine solche Anerkennung bei Plato, Plotinus, Proclus vorgearbeitet war. Die Philosophie auf dem Boden des Christenthums, welche es sich zur Aufgabe stellte, die Grundbegriffe christlicher Lehre ihrem inneren vernünftigen Zusammenhange nach zur Anschauung zu bringen, hat sich überall an die vorliegenden Elemente aus dem Gedankenkreise der grossen griechischen Denker angeschlossen. Die Mystik konnte es nicht unterlassen, sich auf die platonischen und neuplatonischen Lehren zu beziehen, welche ihrer Denkweise so nahe verwandt waren. Die heidnischen Denker selbst erschienen ihr in einem verklärten Lichte, als Träger einer Art von Offenbarung. Die ältesten Mystiker waren geradezu Platoniker und suchten und fanden die Lehre von Christo und dem dreieinigen Gotte schon bei dem Schöpfer der Ideenlehre, noch mehr bei seinen späten Anhängern, bei denen sie nur die Uebereinstimmung mit dem Stifter der Academie, nicht die tief gehenden Modificationen seiner Lehren erkannten. So wurde die Mystik fast durchaus ein durch christliche Ideen modificierter Platonismus, und wir dürfen uns nicht verwundern, wenn manche Mystiker einen Plato und Proclus nahezu als Christen vor Christus verehren.

Das also zunächst bezeichnet das Wesen der Mystik: das Vorherrschen einer Intuition, die über endliche Verstandeskategorieen erhaben überall auf zusammenfassende Einheit dringt, das Endliche und Einzelne überspringend die absolute Totalität antecipiert und dann alles Einzelne in diesem Absoluten als integrierendes Moment mehr schaut, als aus demselben ableitet. Wie über die Schranken des empirischen Denkens überhaupt, strebt sie hinaus insbesondre über Raum und Zeit und betrachtet alle Dinge, „sub specie aeterni". Wenn sie die Gültigkeit der sinnlichen Anschauung verwirft, so vertraut sie dagegen der speculierenden Vernunft. Das bildliche und symbolische Erkennen ist ihr zu gering. Das Absolute, welches als rein geistiges Princip die Grundvoraussetzung ihres Schauens bildet, kann nur in einer rein geistigen Auffassung erschaut werden.

Es ist nun freilich ein Widerspruch, Gott als das immanente Wesen aller Dinge zu fassen und doch zur Erkenntniss dieser Immanenz ein Anschauen zu verlangen, welches alles Endliche in gewaltsamer Abstraktion transscendiert. Aber der Widerspruch des Ziels und der Methode ist auf diesem Standpunkte unvermeidlich. Die reine Immanenz lässt sich gar nicht denken noch aussprechen, wenn man die Besonderheit der Dinge will bestehen lassen. Wer alles Einzelne successive bedenken wollte, käme nie zum Allgemeinsten. Man bedenkt es also nicht, man überfliegt es; man behält statt der Dinge nur die Kategorie: Dingsein, und sagt: Gott ist in allem Ding, und alles Ding ist in Gott, oder Gott ist

Alles, und Alles ist Gott. Aber in Wahrheit will man sagen: nicht der Stein ist in Gott, sondern die Idee des Steins, auch nicht die Idee des Steins eigentlich, sondern die Idee des Dingseins überhaupt, und diese Gott einwohnende Idee wird auch wohl im Anschluss an den religiösen Sprachgebrauch mit dem „Sohne Gottes“ in Beziehung gesetzt. Die unvermittelte, das Endliche überfliegende, nicht dasselbe schrittweise aufhebende Immanenzlehre kann die Immanenz immer nur behaupten, oder besser postulieren, in der That aber das Endliche nicht bewältigen. Ist es Schein, wie kann ihm Gott einwohnen? Ist es Wesen, so ist es Gott, und Alles ist nur ein Gott. Wie kann es zugleich ausser Gott, wie kann es Vieles sein? Und dennoch hat die Immanenzlehre ihre Bedeutung für die Religion wie für die Wissenschaft. Diejenigen, die von einer Immanenzlehre ausgehen, bleiben in Wahrheit in der Transscendenz stehen; diejenigen aber, deren Grundanschauung die Transscendenz ist, streben, freilich unwillkürlich und unbewusst, auf die Immanenz zu. Denn immermehr, je tiefer eindringend mit exacten Methoden man es betrachtet, enthüllt sich auch alles Sinnliche als reine Bewegung nach ewigen Gesetzen, den Wirkungsformen einer höchsten Vernunft, die die Dinge nicht äusserlich treibt, sondern ihr eignes inneres Lebensprincip ausmacht. Soll in der Wissenschaft eine lebendige Ueberzeugung, ein reges Weiterstecken der Probleme stattfinden, so ist über alles durch Forschung Gewonnene hinaus die Anticipation des höchsten Zieles unumgänglich. Eben diese Anticipation ist also auch der nothwendige Ausdruck des religiösen Bewusstseins, das sein unmittelbares Verhältniss zum Absoluten sich klar machen und verständlich mittheilen will. Nicht als die höchste Wahrheit selber, sondern als möglichst angenäherten Ausdruck innerer Lebensfülle muss man die Immanenzlehre gelten lassen und danach die rechtmässigen Grenzen bestimmen, innerhalb deren sie zu gelten hat.

Alle Bestimmtheit soll in dem einen absoluten Wesen schon mitgesetzt und enthalten sein. Vermöge dieses Grundprincips liegt aller Mystik auch bei dem entschiedensten Streben, sich in einem lebendigen, persönlichen Verkehr mit Gott zu erhalten, der Pantheismus nahe. Sie kann Gott nur als Wesen aller Wesen fassen, und damit als das abstrakteste, inhaltsloseste aller Wesen, für das es keinen positiven Ausdruck giebt, das nur noch durch Negationen bestimmt werden kann, indem man alles das ausscheidet, was

Leere ... (Herz-Sutra?) ... gibt es kein Ohr, kein Auge ...

es nicht ist. Die Immanenzlehre fordert ein allgemeinstes Sein, welches in allen Wesen gleichmässig vorhanden ist, welches aber eben deshalb für sich nichts Bestimmtes mehr ist, also auch nicht eigentlich Person oder Geist genannt werden kann, nicht will oder weiss, überhaupt keine bestimmte Thätigkeit übt, keine unterscheidende Eigenschaft hat. Es ist eine unbewusste Erschleichung, wenn der Mystiker das Allerabstrakteste, bei dem er schliesslich anlangt, das Sein = Nichts, als Geist oder als das Gute fasst, ja selbst wenn er es als das absolut Eine bezeichnet, welches die Vielheit ausschliesst. Die Mystik haftet an der abstrakten Einheit, aus der sie keinen Ausgang findet, in deren unfassbarer Weite sie herumirrt, von der aus sie zu keinem lebendigen, wirklichen Einzelsein zu kommen vermag. Das Endliche *ist* nicht, und das *Seiende* ist vielmehr ein inhaltsloses Nichts. In dem vergeblichen Bestreben, von diesem inhaltslosen Absoluten in menschlicher Sprache zu reden, tummelt sich der angebliche Dionysius herum; sein aller sinnlichen Anschaulichkeit entbehrendes Denken erzeugt das hohlste Geklingel von Phrasen, in denen aller Gedanke ausgeht und die er nicht zu verdeutlichen, sondern immer nur zu wiederholen vermag. Seine Art und Weise ist für das ganze Mittelalter maassgebend geblieben, und noch ein Thomas von Aquino erhebt sich im Grunde nicht über diesen abstrakten Monismus, wenn er den Begriff des Absoluten erörtern soll. Die Leugnung eines gesonderten Seins der endlichen Dinge führt zum Akosmismus, sobald Consequenz im Gedankengange angestrebt wird, und auf ethischem Gebiete wird jede Beziehung auf das Endliche als das eigentliche Böse verworfen, die Aufhebung alles Einzelseins im Denken und Begehren wird die eigentliche sittliche Forderung.

In der Lehre von Gott und seinem Verhältnisse zur Welt mag die Consequenz des mystischen Standpunktes noch verhüllt werden durch die Stimmung des andächtigen Gemüthes. Weit augenscheinlicher muss sie hervortreten in der Auffassung des Wesens und der Bestimmung der Menschenseele. Gott ist der Seele immanent, das Leben der Seele ist im Grunde das göttliche Leben selber: das ist der eigenthümlichste Ausdruck für den Standpunkt der Mystik. Alles Wahre und Göttliche ist der Seele von je an eingeboren, sie braucht sich nur wieder darauf zu besinnen. Alle göttlichen Ideen sind der Seele unveräusserliches Eigenthum, und so verfinstert die Vernunft auch sein mag, sie schlummern in ihrem Grunde, in jedem Augenblicke bereit, wieder die ganze licht gewordene Seele auszufüllen. Die Trennung von Gott ist der Seele nur etwas Zufälliges, Aeusserliches; diese Trennung kann absolut aufgehoben werden, und damit tritt eine volle und schrankenlose Vereinigung mit Gott ein. Die Sünde ist blosse Privation; sie kann das Ebenbild Gottes im Menschen wohl verdunkeln, aber nicht aufheben. Sünde und Hölle sind nichts Aussergöttliches; nichts kann aus Gott herausfallen. Gott und die Seele sind im Grunde eins; dieses Verhältniss, das an sich immer vorhanden ist, tritt vollkommen ein im geheiligten Menschen, der sich der Wirkung der Gnadenkräfte ganz hingegeben hat. Damit wird der Unterschied zwischen Christus und jedem einzelnen Menschen zu einem relativen herabgesetzt; jeder kann Christus werden, und auch der Sünder ist nur noch nicht, was er werden kann. Schon die ältesten Lehrer der Kirche, ein Justinus, Clemens Romanus, gebrauchen in diesem Sinne den Ausdruck, der Mensch werde „vergottet“, und mit grösserer oder geringerer Kühnheit hat alle Mystik diese Anschauung festgehalten, die ihr wichtigstes Kennzeichen bildet.

Wie für die Anerkennung einer persönlichen Gottheit, so liegen in einer stricten Immanenzlehre deshalb auch Gefahren für die Anerkennung der menschlichen Persönlichkeit. Je näher der Mensch an das Absolute gerückt wird, desto eher wird von der Wesenhaftigkeit seiner persönlichen Einzelexistenz abgesehen, desto mehr der Nachdruck gelegt auf die in allen einzelnen Menschen gleiche göttliche Vernunft. Diese erscheint als die rechte Substanz des menschlichen Wesens, die unterscheidende Einzelheit als das bloss Accidentielle, im Wesen schon Aufgehobene und durch menschliche Willensthätigkeit und göttliche Gnade Aufzuhebende. Fast zufällig hat Aristoteles einer solchen Vorstellung Vorschub geleistet durch die Einführung des *νοῦς ποιητικός*; am ausgebildetsten erscheint die Lehre in dem averroistischen Monopsychismus, der sich jedenfalls nur äusserlich an aristotelische Begriffe anknüpft. Der Mystik, wo sie ihre consequenteste Gestaltung erhielt, musste der Gedanke von der Einheit aller vernünftigen Seelen ein höchst willkommener sein; er erscheint bald als das göttliche Ebenbild in der Seele, bald als der substantielle Geist, die objective Vernunft, die alle Dinge durchdringende Idee, welche in dem menschlichen Individuum sich selber denkt. Immer wird in mystischen Systemen der endliche Geist nur eine

Accidenz am unendlichen, mit dem er sich so eng und innig als möglich zu vereinigen strebt, um seine wahre Form zu erreichen. Persönlichkeit ist eine Form der Endlichkeit; die Mystik strebt über die Persönlichkeit hinaus im Erfassen des Absoluten und kann eben deshalb auch die Persönlichkeit nicht gelten lassen als die wahre und höchste Form der menschlichen Seele.

Am leichtesten fassbar wird die Anschauungsweise der Immanenzlehre, wie sie sich auf sittlichem Gebiete ausprägt. Ist Gott mit dem Menschen wahrhaft eins, so kann Gott nicht bloss als der Herr, der Mensch nicht bloss als der Knecht betrachtet werden, der jenes Herrn Gebote zu erfüllen hätte. Die Aufgabe ist vielmehr, zu Gott als zu dem wahren Wesen der eignen Seele zurückzukehren. Gott selbst prägt sich im sittlichen Thun in der Seele aus. Dann aber kann das sittliche Thun nicht gefasst werden als eine Reihe einzelner, unter einander nicht zusammenhängender Entschlüsse und Handlungen, sondern als eine bleibende Wesensbestimmung des Menschen. Der Mystiker wird gegen das äussere Werk gleichgültig; es kommt ihm allein auf den alle äussere Wirksamkeit bedingenden innerlichen Zustand der Seele an. Dieser Zustand der Hingebung an Gott, d. h. an das wahre Wesen der Seele selber, ist die heilige Liebe und die reine Gottesanschauung, vermittelt durch den vollkommenen Verzicht des Menschen auf seine Eigenheit und auf die Lust an der Creatur, an allem, was nicht Gott ist. Das Fremdartige soll abgestreift werden; nicht einzelne Anforderungen sind zu erfüllen, sondern ein Zustand des Einwohnens in Gott ist herzustellen. Alles Handeln ist bedingt, etwas Einzelnes und Endliches; die Aufgabe aber ist das Einssein mit dem Unendlichen. Die Ethik des Mystikers hat so einen vorwiegend negativen Charakter gegenüber allen aus der Natur der endlichen Verhältnisse entspringenden Pflichten und fordert vor allem reine Hingebung an das höchste Gut und dessen Wirksamkeit in der Seele, einen rein passiven Zustand. Die Bedeutung des Gesetzes und der einzelnen Pflicht tritt hier zurück; Vernunft und Willen sollen mit Gott eins werden in Erkenntniss und Liebe, im absoluten Grunde versinken, in der Anschauung des reinen Lichtes sich selbt vergessen. Die mystische Ethik gipfelt in der reinen Contemplation als einem passiven Zustande des Schauens.

Ist Gott der Seele immanent, so will die Seele vor allem dies

Einwohnen Gottes in sich erleben und erfahren. Gott, der durch alle Dinge hindurchwirkt, wirkt am mächtigsten in der Seele. Diese Offenbarung Gottes in der Seele gilt es zu belauschen. Daneben tritt die Bedeutung der äusseren Offenbarung zurück, von der man nur durch Andere, durch das geschriebene oder gesprochene Wort hört. Der Mystiker verlangt einen unmittelbaren Verkehr der Seele mit Gott, ein inneres, nicht bloss mitgetheiltes Licht, das sein Dunkel erhelle. Er wird mehr oder minder gleichgültig gegen die dogmatische Fixierung religiöser Begriffe; seine Religion ist das Ueberfliessen seiner gesammten Persönlichkeit in das Absolute, ein Einwohnen der Seele in Gott und Gottes in der Seele. Das Religiöse tritt in ihm nicht stossweise auf, als ein Moment neben anderen; es füllt ihn ganz aus und bedingt seine gesammte Persönlichkeit. Das einzelne Theorem genügt ihm nicht; er muss Gott in sich erfahren und erleben. Nicht die künstliche Wissenschaft bringt ihn näher in Gott, sondern der einfache Blick des Geistes in den Geist. All sein religiöses Leben ist nicht Frucht der eignen Erkenntniss, sondern Wirkung der ihm persönlich zu Theil gewordenen Offenbarung. Wegen dieser Unmittelbarkeit seiner Anschauung göttlicher Dinge legt er geringen Werth auf ein kunstmässiges Denken; seine Frömmigkeit ist einfältig und schlicht; im Gegensatze zu der künstlich ausgebildeten Systematik einer dogmatischen Theologie strebt er überall nach einfacher Anschauung. Indem die Mystik statt der hohen Kunst einer entwickelten Wissenschaft, die der Mensch besitzen und dabei doch ohne Frucht für sein inneres Leben lassen kann, nach einer Durchdringung des ganzen persönlichen Lebens durch das Göttliche strebt, nehmen die milderen Richtungen der Mystik die Farbe eines schlichten, biblischen und praktischen Christenthums an, das überall aus der Erkenntniss lebendige Frucht für die Heiligung der eignen Seele und für das Heil der Anderen zu gewinnen sucht und von dem entwickelten System auf die Schlichtheit des ursprünglichen Ausdrucks zurückgeht.

Die wesentliche Mittheilung Gottes an die Menschenseele ist nach mystischer Anschauungsweise ein ununterbrochener, immer sich gleichartig wiederholender Process. So wird auch die Offenbarungsgeschichte nicht als ein Einmaliges, als einzelnes Factum betrachtet, sondern verallgemeinert und vergeistigt. Die Ausdrücke und die Erzählungen der Heiligen Schrift gelten wesentlich als

Symbole jenes ewigen Processes, und wie jeder berufen ist, Christus zu werden, so soll er auch die ganze heilige Geschichte in sich und an sich erleben. Das Mittel, die einzelnen Facta, die in der Schrift erzählt werden, als Symbole dieser allgemeinen Verhältnisse und Zustände der Menschenseele darzustellen, ist die allegorische Deutung derselben, worüber dann ihr eigentlicher und ursprünglicher Sinn wohl geradezu vergessen wird. So lange es ein tieferes Nachdenken über den inneren Zusammenhang der christlichen Lehre giebt, so lange hat man sich der allegorischen Deutung bedient, um die allgemeinen Begriffe der Vernunft in den Wortlaut des heiligen Textes hinein zu interpretieren. Zuerst war diese vergeistigende Deutung nur für die Eingeweihten und Kundigen bestimmt; aber die ganze Mystik auch in ihren mehr populären Richtungen weiss sich überhaupt mit der Heiligen Schrift nicht wohl anders abzufinden. Freilich auch der Rationalismus bedient sich allegorischer Auslegung; doch ist die Mystik auch hierin von allem rationalistischen Wesen deutlich genug unterschieden. Sie sieht überall Bilder und Symbole des einen und absoluten Wesens, während der allegorisierende Rationalismus sich mit Theilwahrheiten, besonders mit moralischer Lehrweisheit begnügt.

Mit ihrem Princip der inneren Erfahrung macht sich die Mystik von einer äusseren Autorität überhaupt bis zu einem hohen Grade unabhängig. Der Glaube in ihrem Sinne ist ein von Gott unmittelbar in dem Gläubigen gewirktes göttliches Leben, und die vermittelnden Mächte der Kirche, der kirchlichen Lehre und Tradition sind dabei etwas Secundäres. Aber es geschieht leicht, dass der Mystiker seine hohen und überschwenglichen Anschauungen von dem Verhältniss Gottes zur Seele an die in der kirchlichen Lehre gegebenen Begriffe wie an feste Stützen anlehnt, dass er die kirchlichen Institute als die Mittel ansieht, das mystische Leben zu erzeugen und zu kräftigen. So wird alles, was in der Kirche an festen Formen vorhanden ist, auf seinen tiefsten Sinn und seine letzte Abzweckung hin angesehen und danach gedeutet, vergeistigt. Je mehr im Mystiker die Stimmung einer einfachen und schlichten Frömmigkeit überwiegt, desto kirchlicher wird er persönlich sein, ohne dass doch diese Kirchlichkeit durch das Princip seines eigenthümlichen religiösen Verhaltens bedingt wäre. Es verträgt sich also ganz wohl mit jener Befreiung von der äusserlichen Autorität, dass manche Männer von mystischer Richtung auf dem Boden einer hierarchisch gestalteten Kirche in rein kirchlichem Sinne gewirkt haben; aber das ist nicht eigentlich wegen, sondern eher trotz ihrer mystischen Richtung geschehen, zumeist weil sich das mystische Princip in ihnen nicht rein aussprach. Ein eigentlich streitfertiges Wesen widerspricht meistens der in der Mystik mitgesetzten Milde und Stille der Andacht; nicht das Gebiet der Polemik ist es, in dem die Mystik ihren reinen Ausdruck findet. Der Mystiker wird eher geneigt sein, das ihm Fremdartige gelten zu lassen und ihm eine relative Berechtigung zuzugestehen oder es als eine bildliche Bezeichnung der höchsten Wahrheit anzuerkennen. Nur so konnten grosse Männer der mystischen Richtung zugleich bedeutsame Stützen der Kirche bilden.

Nach diesen Richtungen hin also liegen alle die Erscheinungen, die man unter dem Namen der Mystik befasst, freilich so, dass nicht überall gleichmässig diese Grundtendenzen alle klar hervortreten oder in der Verbindung erscheinen, die ihnen vermöge der Natur der Sache zukommt. Jener Gemeinsamkeit der Grundanschauungen widerstreiten nicht die tiefgreifenden Unterschiede, in denen sich das mystische Princip historisch verwirklicht hat. Die Immanenzlehre ergiebt überall einen hohen Enthusiasmus, das Bewusstsein der unmittelbaren Nähe des Göttlichen, und mehr als eine Lehre, die die Jenseitigkeit Gottes allem Geschaffenen gegenüber vor Allem in's Auge fasst, herrscht in der Mystik ein hoher Idealismus, eine Freiheit von der Enge des Wirklichen und eine Erhebung über verständige Nüchternheit. Es sind zumal die Naturen von einer überschwenglichen Sehnsucht nach dem Idealen, die sich der Mystik zugewandt haben. Aber dieser Idealismus kann sich sehr verschiedenartige Zwecke setzen und kann in Gemüthern von sehr verschiedener Anlage wirksam werden. Erfüllt von dem Bewusstsein der alles durchwirkenden Macht des göttlichen Lebens mag sich der Eine rücksichtslos der Consequenz der Gedanken hingeben und auf dem Fundamente jener Grundanschauung ein religiöses Lehrsystem unter dem vorwaltenden Gesichtspunkte des reinen Erkennens aufbauen, alles Glauben in Wissen verwandelnd. In demselben Bewusstsein mag der Andere sich der praktischen Gestaltung des Lebens zuwenden, um so Viele als möglich mit der Sehnsucht nach dem Heile der Seele zu erfüllen und alle Verhältnisse der äusseren Welt nach diesem einen Gesichtspunkte zu gestalten. Es kann die mystische Grundstimmung bald die belebende Seele eines mehr wissenschaftlichen Gedankenganges werden, bald sich in der unklaren Dämmerung des Spieles mit unendlichen Gefühlen begnügen. Ein bergeversetzender, begeisterter, thatkräftiger Glaube und eine von hohen Speculationen trunkene Vernunfterkenntniss, kindliche Einfalt in andächtigem Thun und Reden und das verwegenste Streben, die Tiefen der Gottheit und aller Dinge zu ergründen: diese entgegengesetzten Verhaltungsweisen können gleich gut aus dem Grunde einer mystischen Ueberzeugung entspringen. Es giebt Mystiker, welche arglos im engsten Anschluss an die Kirche und ihr Dogma die mystischen Anschauungen als ein verklärendes und läuterndes Medium der religiösen Andacht behandelt haben, und andere, welche in der Lust des Erkennens von mystischen Grundsätzen aus einen wilden Pantheismus und wüste Unsittlichkeit gelehrt haben. Bald steht die Lehre von der Immanenz Gottes in der Menschenseele so im Vordergrunde, dass ihr zu Liebe das religiöse Interesse zurücktritt; bald sucht der Mystiker auf künstliche Weise den Zwiespalt seiner Lehre und des kirchlichen Lehrbegriffs zu überbrücken, indem er sich demselben möglichst accommodiert oder seine tiefere Wahrheit aufzuzeigen und ihn über sich selbst zu verständigen unternimmt. Bei Johannes Erigena wird die Mystik ein pantheistisches Lehrsystem mit vorwiegend theoretischem und philosophischem Interesse fast ohne Frucht für die Begriffe des Sittlichen; Bernhard von Clairvaux dagegen zeichnet sich ebensosehr durch seine von mystischen Gesichtspunkten ausgehenden tieferen Anschauungen der sittlichen Aufgabe, als durch seinen Hass gegen das Speculieren und gegen die Lust am Erkennen aus. Hugo von St. Victor setzt seine Mystik in die engste Beziehung zu seiner scholastischen Lehrweise nur als die Krönung des ganzen Lehrgebäudes und gebraucht zugleich, der Trockenheit des scholastischen Begriffsspieles entfliehend, mit Vorliebe sinnliche Gleichnisse zum Ausdrucke seiner mystischen Gedanken, während die Häupter der deutschen Mystik alle specifisch scholastischen Elemente und alle sinnlichen Bilder aus ihrer Verkündigung des Christenthums auszuschliessen bestrebt sind. Bei Pseudo-Dionysius ist die Mystik ein vornehmes, in hohen Worten prunkendes, der profanen Menge sorgfältig zu verbergendes Wissen um den tieferen Sinn der biblischen Sprechweise und der kirchlichen Gebräuche; Bonaventura schliesst die Philosophen, die Weisen dieser Welt, die grossen Theologen, die in endlose Probleme verwickelt sind, von der rechten mystischen Gotteserkenntniss aus und will für die Unmündigen und Ungelehrten schreiben, welche mehr nach der Liebe Gottes als nach vielem Wissen trachten. Und Gerson meint geradezu, den Gelehrten, den Clerikern, Philosophen und Theologen sei die mystische Theologie zu verbergen, den Einfältigen dagegen mitzutheilen; aus innerer Erfahrung, behauptet er, begreifen einfache Leute mit der Anlage zur stillen Beschaulichkeit die göttlichen Geheimnisse vollkommener, als viele Gelehrten. Es ist unmöglich, die Gestaltenfülle, mit der die Mystik in den einzelnen geschichtlichen Personen sich verkörpert hat, aus einem begrifflichen Eintheilungsprincip zu classificieren; nur nach geschichtlicher Zusammengehörigkeit lassen sie sich gruppieren. So sehr ist es grade das Vorrecht der Mystik, die höchst persönliche Eigenthümlichkeit des Gläubigen nicht aufzuheben, sondern zu conservieren. Keine andere Richtung des Geistes lässt so sehr dem innersten Lebensprincip jeder Individualität den freiesten Spielraum in der Bethätigung des ihr innewohnenden Princips. Der Mystiker ist unter den Religiösen, was der Künstler unter den im äusseren Stoff Arbeitenden ist.

Immanenz oder Transscendenz: das ist kein specifisch wissenschaftliches oder philosophisches Problem; es gehört vielmehr zunächst dem religiösen Gebiete an. Die Grundfrage der Wissenschaft bildet das Verhältniss von Denken und Sein; danach sind die beiden Grundkategorieen für wissenschaftliche Systeme Idealismus und Realismus, Bestimmtheit des Seins durch das Denken oder des Denkens durch das Sein. Die Wirklichkeit nun ist ein Ineinander von Denken und Sein, und alle nicht in einseitige Extreme verrannte Denker haben dieses Ineinander zu erfassen gesucht; aber es hat sich jeder endlichen Formel entzogen, und in jedem Systeme erkennen wir, auch wo die Identität angestrebt wird, ein Ueberwiegen entweder der idealistischen oder der realistischen Elemente. Die Grundfrage der Religion dagegen bildet das Verhältniss der endlichen zur unendlichen Persönlichkeit, und danach gestaltet sich hier der Grundunterschied der Standpunkte als der Gegensatz von Transscendenz und Immanenz. Auch hier werden wir sehen, dass jeder der entgegengesetzten Standpunkte auf den andern angewiesen bleibt, dass keiner die ganze Wahrheit für sich zu erschöpfen im Stande ist, und dass auch jeder Versuch über die Einseitigkeit hinauszugehen vermöge der Natur der Sache immer wieder unter dem vorwiegenden Einflusse des einen oder des andern Princips vollzogen wird. Denn kein menschliches Individuum kann sich zum Universum erweitern.

Jedenfalls steht aber der Mystik eine philosophische Immanenzlehre sehr nahe. Das Verhältniss des Endlichen zum Unendlichen ist, wenn auch nicht das Grundproblem, so doch auch ein Problem der Philosophie unter und neben anderen; so wird die Frage nach dem Verhältniss von Gott und Welt auch von Philosophen behandelt und ist von vielen im Sinne der Immanenz beantwortet worden. Soweit nun die Mystik Theorie ist, muss ein System, welches auf die Identität des Unendlichen und des Endlichen, des Denkens und des Seins, auf das Eine im Vielen hinausläuft, aufs lebhafteste an sie erinnern. Und je mehr ein solches philosophisches System religiösen Charakter in sich aufnimmt, um so mehr fällt es, wie etwa Fichte's spätere Lehre oder die Schellingsche Identitätsphilosophie, mit der Mystik zusammen. Aber die Mystik ist als solche keineswegs blosse Philosophie, keine reine Theorie, vielmehr ein den Geist in seiner Totalität beherrschendes und durchwirkendes Princip, dessen wesentliche Erscheinungsform eine bestimmte Art des religiösen Verhaltens ist und nur in jedem einzelnen Falle je nach dem gegebenen Anlass als eine Form zu lehren, zu fühlen oder zu handeln in die Erscheinung tritt. Den Mystiker zwingt das in seiner Persönlichkeit gesetzte Verhältniss zum Unendlichen, den ihm verwandten Philosophen die von einer gewissen Basis aus sich mit Nothwendigkeit ergebende Consequenz der Gedanken.

In der Mystik ist der Pantheismus gewissermaassen sporadischer, stossweiser Art, ausgebildet nur, soweit es die besondere religiöse Stimmung fordert; der philosophische Pantheismus folgt der Kette der Begriffe und strebt nach universeller Durchbildung. Dort waltet die unwillkürliche Gedankenassociation vor, die mehr herrscht über den Denker, als von ihm beherrscht wird, hier die kritische, in fortgesetzter Reflexion sich Rechenschaft über sich ablegende Gedankenarbeit. Nur stellenweise und nicht mit Nothwendigkeit treffen sie zusammen. Der religiöse Charakter der Mystik ist der Grund, dass sie Alles unter den Gesichtspunkt der Teleologie stellt, während der speculative Pantheismus der Philosophie meist an der Causalitätsbeziehung haften bleibt.

Aber auch mit dem Rationalismus hat die Mystik Beziehungen der Verwandtschaft. Nicht im Grundprinzip; denn der Rationalismus setzt eine starre Transscendenz voraus; aber wohl in weiteren Folgerungen. Mystik und Rationalismus sind beide unkirchliche, leicht widerkirchliche Richtungen; auch geschichtlich stehen sie im 13. wie im 18. Jahrhundert nahe zusammen. Beide streben nach Freiheit von der Autorität und deuten die heilige Ueberlieferung um, die eine in metaphysische Wahrheiten, die andere in moralische Lehrweisheit. Beide verlegen den Heilsprocess in das eigenste Innere der Person und halten die wesentliche Gottähnlichkeit der menschlichen Vernunft fest. Aber der Rationalismus ruht fest auf dieser Erde, auf der wahrgenommenen, endlichen Welt und auf den Begriffen des reflectierenden Verstandes. Die Mystik weiss die Wahrheit in der Seele, aber als ein Licht von oben; der Primat der Vernunft über den Glauben ist ihr der Primat nicht der natürlichen, sondern der durch die Gnade erleuchteten Vernunft. Der Rationalismus sieht Gott ausser uns und erstrebt Gottähnlichkeit durch das Rechtthun, durch Erfüllung des Gesetzes; die Mystik sieht Gott in uns und fordert Gottgleichheit durch ein wesentliches Einwohnen in Gott. Jener verhält sich zur Ueberlieferung kritisch; die Mystik behandelt dieselbe, indem sie sich ihr gläubig zu unterwerfen meint, als symbolischen Ausdruck der Wahrheit. Beide Standpunkte sind gleich unhistorisch; sie vereinzeln den Menschen und lösen ihn aus der Kette des geschichtlichen Zusammenhanges; aber der Rationalismus betrachtet Alles nach Analogie des Endlichen, die Mystik hat für das Endliche keinen Sinn und kein Verständniss, und wenn jener seine Ermahnungen an den empirischen Menschen richtet, wie er eben ist, so wendet sich diese an das latente Abbild Gottes in uns, um uns in den Abgrund des Absoluten als in unser wahres Wesen nachzuziehen.

Wir haben vorher nachgewiesen, dass die Mystik als solche keine Geheimlehre ist. Aber das ist allerdings zuzugestehen, dass sie nicht für Jedermann ist. Ihre Voraussetzung ist in aller Weise eine besondere Virtuosität des religiösen Verhaltens. Denn es ist Thatsache, dass wir alle von Natur in einem System für sich befestigter, einseitiger Verstandesbegriffe stecken, über welche die Masse der Menschen, sie habe nun ein bewusstes Verhältniss zum Uebersinnlichen oder habe es nicht, niemals hinauskommt. In der That sind sich die Mystiker immer bewusst gewesen, dass ihre Weise nur für die am meisten Geförderten und

Erleuchteten zugänglich sei, und insofern hat die Mystik immer eine Art von aristokratischem Charakter an sich getragen. Alles Christliche freilich stellt an den Menschen die höchsten, nicht mehr zu überbietenden Anforderungen, wenn eine vollständige Wiedergeburt des ganzen Menschen und eine rücksichtslose Hingebung an Gott zur Voraussetzung des Heiles gemacht wird. Aber die Eigenthümlichkeit der Mystik besteht gerade darin, die Grösse dieser Anforderungen nirgends auch nur einen Augenblick zu verdecken, keine äusserliche Abfindung zuzulassen, auf die Zwischenstadien durchaus keinen Werth zu legen, mit ihrem ganzen Interesse bei dem Zustande einer vollkommenen Heiligung zu beharren, in der Schilderung desselben nicht zu ermüden. Die Mystik zeichnet mit Vorliebe das Ideal christlichen Lebens, und deshalb ist zumeist nur eine bis zu ausgezeichneter Höhe gesteigerte Frömmigkeit der Mystik fähig. Der Pharisäer, der am gesetzlichen Thun sich befriedigt, wie er in uns allen von Natur steckt und sich auch vor der reinsten Erkenntniss durch hohe Speculationen über Gesetz, Pflicht und Gewissen zu rechtfertigen sucht, verbirgt sich auch im Frommen gar leicht hinter einer äusserlichen Gläubigkeit, die doch das Objekt des Glaubens draussen lässt, statt es in das Innerste des Geistes hineinzuziehen.

Die Mystik ist ein Leben im Elemente des Unendlichen; ihr Auge haftet am Uebersinnlichen, und am Sinnlichen nur, soweit das Uebersinnliche in ihm zur Erscheinung kommt. Man muss dabei von dem gewöhnlichen Gebrauche des Wortes ganz absehen. Im gewöhnlichen Leben bezeichnet das Wort Mystik keinen bestimmten Begriff, sondern ein unbestimmtes Etwas, nur mit dem Zusatze, dass dieses Etwas unvernünftig sei und sich dabei für mehr als vernünftig ausgebe. Diejenigen Leute, die mit den Begriffen des gesunden Menschenverstandes Himmel und Erde ausmessen möchten, gebrauchen das Wort „mystisch“ in tadelndem Sinne für jeden Versuch, über der Welt des Sinnenfälligen, der gemeinen Endlichkeit ein Unendliches und Geistiges liebend zu erfassen und erkennend zu durchdringen. So wurde, so wird vielfach das Wort Mystik für jede Lehre gebraucht, welche ein Jenseitiges, Himmlisches in die Welt des Endlichen und Natürlichen hinübergreifen lässt, und welche die Processe der irdischen Erscheinung durch Zuhilfenahme noch anderer als der aus der Natur entsprungenen Kräfte zu erklären versucht. So wäre Mystik nicht allein jeder religiöse Glaube, weil er den Sinnenschein gegen eine höhere Gewissheit aus geistigen Quellen zurücksetzt, sondern auch jeder Aberglaube, der der Form nach wenigstens sich ähnlich verhält. Wir wollen gegen die Berechtigung eines so umfassenden Gebrauchs des Wortes nicht streiten. Aber das Wesen der religiösen Mystik ist auf jene Weise nicht genügend bezeichnet. Soll der Name Mystik eine bestimmte Reihe von Erscheinungen auf religiösem Gebiete von anderen desselben Gebietes unterscheiden, so muss er in engerem Sinne gebraucht sein. Die religiöse Mystik im Gegensatze zu anderen gleichfalls dem religiösen Gesichtskreise angehörenden Standpunkten besteht darin, dass das von allen gleichmässig anerkannte Uebersinnliche unter dem Gesichtspunkt der Immanenz aufgefasst wird.

Es liegt im Wesen der mystischen Anschauungsweise, dass sie von einem gesteigerten Leben des Gefühls und der Phantasie eben so sehr getragen wird, als dasselbe erzeugt. Den Mystiker begleitet das beständige Bewusstsein des Göttlichen, welches ihm und allen Dingen inwohnt. Dieses Bewusstsein, je weniger es eine Bezeichnung in rationellen und exacten Begriffen zulässt, äussert sich oft in Wort und Gebehrde in Formen, welche den Charakter der Schwärmerei an sich tragen. Aber das ist nicht nothwendig der Fall, am allerwenigsten gerade in den Gestalten, welche eine wahrhafte und dauernde Bedeutung haben. Wenn in der Mystik die exacte Klarheit endlicher Verstandesbegriffe fehlt, so tritt doch dafür keineswegs nothwendig die begriffslose Unklarheit und vage Verschwommenheit des Gefühls und der Stimmung ein. Vielmehr strebt die Mystik nach einer ihr eigenthümlichen Bestimmtheit und Festigkeit des Erkennens, nach einer Klarheit höherer Art, und in vielen Fällen sucht sie mit ernster, ja nüchterner Anstrengung und nicht vergebens eine systematische Durchbildung der Erkenntniss. Wollte man gefühlige Unklarheit zum Kennzeichen der Mystik machen, es bliebe von allen ihren Häuptern kein einziger übrig, den man noch mit Recht einen Mystiker nennen dürfte. Man mag immerhin jene Erscheinungen, die nicht einmal ausschliesslich auf religiösem Boden begegnen, in denen der Trieb zum Geheimnissvollen, die Aufregungen eines krankhaft gesteigerten Gefühlslebens vorwiegen und eine klare und besonnene Auffassung der Dinge unmöglich machen, mystisch nennen. Nur wolle man nicht die religiöse Mystik mit diesen Erscheinungen zusammenwerfen; es liegt eben ein Ausdruck vor, der für zwei ganz verschiedene Dinge zugleich gebraucht wird. Allerdings verbindet sich die Mystik leicht mit jener ungesunden Ueberspannung des Gefühls; aber diese ist eine nur zuweilen eintretende, secundäre Erscheinung, eine Ausartung, wie sie sich leicht an jede geistige Richtung anschliesst, die über die nüchterne Oberflächlichkeit hinauszudringen unternimmt. Religiöse Andacht kann von eigentlicher Mystik weit entfernt sein und doch jene einseitig gefühlige oder schwärmerische Form annehmen. Insbesondere jene überspannte und ekstatische Gefühlsandacht, die in sinnlicher Unmittelbarkeit mit Christus oder Maria oder den Heiligen wie mit leiblich gegenwärtigen Personen verkehrt, ist geradezu das Gegentheil der mystischen Stimmung, für welche die heiligen Personen eher zu begrifflichen Abstraktionen werden. Werden dagegen die mystischen Gesichtspunkte einseitig übertrieben und statt in begrifflicher Form durchaus nur in dunklen Gefühlen erfasst, so erhalten wir eine Abart der Mystik, die man als mystische Schwärmerei, und da dieser Terminus einmal vorhanden ist, als Mysticismus von der Mystik wohl unterscheiden kann. Mysticismus in diesem Sinne ist die nothwendige Folge, wenn die bestimmt ausgeprägte Reihe von Anschauungen, welche das Wesen der Mystik ausmachen, von Menschen von beschränkter Denkkraft, aber unbeschränkter Sehnsucht nach dem Höchsten unvollkommen aufgefasst wird. Der Mystiker als solcher ist kein Verzückter, kein Visionär. Viele Richtungen der Mystik haben das visionäre Wesen principiell verurtheilt als eine das Geistige in das Sinnliche herabziehende Form des Verkehrs mit dem Göttlichen. Die wahre mystische Ekstase ist die Ruhe der denkenden Betrachtung, die sich, über alles Endliche erhaben, anschauend und liebend in das absolute Wesen versenkt. Reiner Missbrauch des Wortes aber ist es, Heilige und Wunderthäter, insbesondere der katholischen Kirche, überhaupt durch persönliche Andacht und hohe Steigerung des religiösen Gefühls bis zur Schwärmerei ausgezeichnete Personen schon deshalb und ohne das Hinzutreten wesentlicher Merkmale als Mystiker zu bezeichnen, wenn sie dadurch mit Erscheinungen wie Erigena, Bonaventura, Eckhart in das Verhältniss der Gleichartigkeit gesetzt werden sollen. Der Name Mystik passt entweder auf die eine oder auf die andere Richtung, keinenfalls für beide zugleich. Denn es fehlt an allen gemeinsamen Merkmalen.

Nach dem Gesagten wird es leicht sein, die Mystik auch von näher verwandten Richtungen, wie dem Gnosticismus und der Theosophie, zu unterscheiden. Die Mystik haftet mit ihrem wesentlichen Interesse an dem Absoluten und an seiner Darstellung in der Menschenseele; auf die Einzelheiten der endlichen Erscheinung in der Geschichte wie in der Natur geht sie nirgends tiefer ein, da sie ihr überall keine selbstständige Geltung haben. Grade im Gegentheil ist Gnosticismus wie Theosophie ein stammelnder und unbeholfener Versuch, aufzuzeigen, wie das Göttliche in den Processen der Geschichte oder in den Erscheinungen der Natur sich verwirklicht hat. Wenn eine gereifte Philosophie der Geschichte dem Walten der Ideen in den einzelnen grossen geschichtlichen Helden- und Völkergestalten, in den Religions- und Culturzuständen nachgeht: so haftet der Gnosticismus, der klaren Erkenntniss der Thatsachen und einer genügenden Durchbildung der Begriffe entbehrend, an den äusseren Formen und zufälligen oder nur scheinbaren Beziehungen, die er mythologisierend als Offenbarungen Gottes oder als theogonische und kosmogonische Processe auszudeuten unternimmt. In dem ähnlichen Gegensatze steht die Theosophie mit ihrem traumhaften Bemühen, vermittelst der durch kein kritisches Denken geläuterten Naturanschauungen in den Erscheinungen der Natur Bilder göttlicher Wesensbestimmungen und göttlicher Lebensprocesse nachzuweisen, zu einer ernsten, von wissenschaftlicher Erkenntniss der Thatsachen in der Natur ausgehenden und dem Walten der Ideen in der Natur nachgehenden Naturphilosophie. Gnosticismus und Theosophie gehören beide eben so wenig dem eigentlich religiösen als dem wissenschaftlichen Gebiete an; sie sind nur mühsam von religiösen Anschauungen sich losringende, aber von wissenschaftlich unklaren theologischen Vorstellungen durchwebte Versuche, die Welt der Vorstellungen mit einem höheren Lichte zu beleuchten, welches sich für das der wahren Erkenntniss ausgiebt. Dass dabei mystische Elemente fördernd mitwirken können, ist selbstverständlich, und dass sie mit Vorliebe werden herangezogen werden als das geeignetste Hilfsmittel zur Begründung der eignen Vorstellungswelt, ergiebt sich schon daraus, dass allen diesen Richtungen die gemeinsame Ueberzeugung zu Grunde liegt, dass alles Leben und Sein der Dinge ein göttliches Leben ist.

Die Darstellung der Lehre Eckhart's wird nachweisen, mit

welchem Rechte Eckhart der Centralgeist aller Mystik genannt werden kann. In der That erscheinen bei ihm alle Elemente der Mystik in so hoher Vollendung, in so sachgemässer Entwicklung und Verbindung unter einander, wie bei keinem seiner Vorgänger oder Nachfolger. Seine harmonisch abgeschlossene Lehre vereinigt alle einzelnen Momente, welche bei den andern Mystikern getrennt auftreten. Durch die tiefe principielle Begründung seines Standpunktes nähert er sich den grossen wissenschaftlichen Denkern, und doch ist seine ganze Lehre nur die innerlich zusammenhängende Explication einer einfachen religiösen Grundanschauung. Bei ihm ruht alles theoretische Interesse auf dem Fundamente einer hohen religiösen Begeisterung; die dialektische Schärfe der Begriffsbestimmung und die zum Schauen Gottes vordringende Sehnsucht halten sich gegenseitig das Gleichgewicht; alles religiöse Verhalten wird durch die Consequenz des begriffsmässigen Erkennens, alles Speculieren durch die religiöse Grundstimmung bedingt und bestimmt. Die tiefsten Resultate für die Förderung der christlichen Ethik verbinden sich mit den kühnsten Speculationen über die Gottheit, über die göttlichen Personen, über Wesen und Zusammenhang der Welt und ihr Verhältniss zum Absoluten, über die Seele und ihre hohe Bestimmung. Nirgends wie bei ihm paart sich des Johannes Erigena verwegener Ideenflug mit des heiligen Bernhard schlichter Innigkeit. Das Eigenthümlichste und Grossartigste bei Eckhart aber ist die Einheit und Geschlossenheit seiner Denkweise. Getragen durch eine grosse und bedeutsame Persönlichkeit, deren lebendige Wärme überall das Herz ergreift, und überall Zeugniss ablegend von einem furchtlosen Ringen mit den höchsten Gedankenproblemen, in deren unermessliche Tiefen er sich wie ein beherzter Schwimmer hinuntertaucht, ist seine Lehre ein merkwürdiges Abbild zugleich des deutschen Geisteslebens und des nationalen Charakters deutscher Religionsauffassung.

Es bietet sich uns zweitens die Frage dar: welche Bedeutung und welchen Werth hat die Mystik für das religiöse Leben und für die Förderung der Erkenntniss? Erst wenn diese Frage beantwortet ist, wird es möglich, dem einzelnen bedeutenden Vertreter der Mystik seine rechte Stellung in der Geschichte zuzuweisen und die Bedeutung seiner Wirksamkeit recht zu würdigen. Im allgemeinen wird sich wohl sagen lassen, dass der Name Mystik — und zwar nicht erst in der neueren Zeit — einen recht üblen Klang hat und dass die Mystik so ziemlich von Allen gleichmässig verurtheilt wird, von den Religiösen, wie von den Irreligiösen, von jenen wegen ihres subjectivistischen Charakters und ihrer Paradoxien, von diesen, weil sie mit religiöser Orthodoxie dieselbe oder eine noch ausschliesslichere Richtung auf das Uebersinnliche gemeinsam hat. Vieles freilich trägt zu diesem geringschätzigen Urtheil auch die falsche Meinung von ihrem Wesen und die Verwechselung zufälliger Aeusserlichkeiten mit dem Kern der Sache bei. Eine einfache Betrachtung ergiebt, dass die Mystik, wie wir sie oben geschildert haben und wie sie bei allen ihren Hauptvertretern mit gemeinsamen Zügen erscheint, ein unentbehrliches Moment wenigstens in aller Religion und insbesondere im christlichen Glauben bildet.

Will man den Werth der Mystik recht würdigen, so darf man sein Urtheil nicht von denjenigen Formen abnehmen, wo sie mit anderweitigen Elementen gemischt ist, sondern von denjenigen, in denen sie sich am reinsten und vollsten ausspricht. Dass die Mystik, zum Extrem gesteigert, in gefährliche Irrthümer ausläuft, dass sie selbst in ihren milderen Formen sich von der Neigung zu denselben nie ganz rein erhält, wird wohl zuzugeben sein. Fassen wir zunächst Folgendes in's Auge.

Die Mystik duldet zwischen der Seele und Gott keine Fremdheit; die Trennung gilt ihr nur als vorübergehend, die Einheit als wesentlich. Die Seele nun hat ein Verhältniss zu Gott am höchsten in der erkennenden Vernunft und in dem freien Willen. In dieser doppelten Hinsicht betrachtet die Mystik Gott als immanenten Besitz der Seele, und die creatürliche Endlichkeit der Vernunft und des Willens oder ihre Verkümmerung durch die Macht der Sünde tritt zurück hinter ihrer wesentlichen und unzerstörbaren Göttlichkeit. Darum gilt für Vernunft und Willen nichts unerreichbar, auch das Höchste nicht. Die Vernunft durchdringt alle Tiefen der Gottheit, der Wille durchbricht alle Schranken der Natürlichkeit; der Mensch vermag Gott selbst zu werden.

Wegen dieser Hochschätzung der Vernunft ist die Mystik immer in Gefahr, das Glauben in ein Wissen zu verflüchtigen. Nichts verkehrter, als der Mystik gefühlige Unklarheit vorzuwerfen. Sie strebt gerade danach, die christliche Lehre auch in ihren tiefsten Mysterien erkennend zu durchdringen und vollständig in das eigenste, innerste Bewusstsein aufzunehmen, das Unausdenkbare, Unerforschliche auszumessen und wenigstens durch Analogien oder Negationen zu erschöpfen. Der Mystiker mag immerhin zugestehen, dass das Höchste unaussprechlich und unbegreiflich ist; die That entspricht nicht dem Zugeständniss. Er will denkend bis an die äusserste Grenze vordringen, bis zu welcher der Geist in das Geheimniss Gottes und seiner Offenbarung zu folgen vermag, und durchbricht deshalb alle Schranken des endlichen Verstandes, der an der natürlichen Ordnung der Dinge haftet, alles stufenweise Erkennen, alle Vermittlung, um zu einem unmittelbaren Schauen über Zeit und Raum zu gelangen. Er stürzt sich wie im Schwunge mitten in das göttliche Geheimniss hinein, und ein demüthiges Bewusstsein seines Unvermögens und der Schranken alles irdischen Erkennens kommt ihm allzuoft abhanden. Die Mystik ist geneigt, die volle Erkenntniss und den vollen Genuss Gottes der Seele als ein schon hier auf Erden erreichbares Ziel vorzuhalten. Nicht das unsichere Halbdunkel, die dämmernden Nebel eines schwebenden Gefühls, die sich allerdings mit einem gesunden christlichen Leben in keiner Weise vertragen, sondern eine maasslose Ueberschätzung der menschlichen Vernunfterkenntniss bilden die eigenthümliche Gefahr der Mystik.

Von den dem gemeinen Verstande entgegengesetztesten Lehren des Christenthums geht die Mystik aus; von dort aus sucht sie auch ein Verständniss für das natürlich Gegebene und Endliche zu gewinnen. Sie stellt sich von vorn herein in den Mittelpunkt und sucht von da aus synthetisch alle Erscheinungen des Umkreises zu erklären. Das absolute Eine, die letzte und höchste Ursache, der Inbegriff aller Wesen, der überwesentliche Anfang ist ihr das zunächst Gewisse, die Unterschiede und Gegensätze der endlichen Erscheinung haben als solche kein wahres Sein. Gott ist ihr nichts Aeusserliches, Fremdes; sie nimmt ihn in den tiefsten Quell der Persönlichkeit hinein; sie sieht in jedem Menschen zunächst den werdenden Christus. Nicht, dass Christus einmal für uns gelebt und gelitten hat, sondern die ewige Menschwerdung Gottes, vermöge deren Jeder von uns Christus werden soll und werden kann, ist der Grundpunkt ihrer Ueberzeugung. Von diesem Standpunkte aus ist ihr das Höchste vertraut, zugänglich und begreiflich. So möchte sie ihren stammelnden Versuch, das Göttliche auszusprechen, für das Letzte und Höchste selbst erklären; so meint sie das Geheimniss entschleiert und das Unsagbare gesagt zu haben.

Alle Mystik fasst Gott als den bestimmungslosen, selbst aller Prädicierung fern bleibenden absoluten Grund auf, in welchem alle Dinge eins sind. Indem sie alle bildliche Vorstellung, alles Gleichniss aus der rechten Erkenntniss dieses absoluten Grundes ausschliesst, wird die Mystik zum Pantheismus, zu einem Pantheismus freilich, der Gott nicht als die Summe der Naturdinge oder der Naturkräfte fasst, sondern als das eine Wesen in allem Seienden, ausserhalb dessen überall nichts ist. Soll Gott ein Prädicat vor anderen zukommen, so ist es wesentlich Vernunft, und deshalb steht er unter dem logischen Gesetze der Vernunft oder der Nothwendigkeit seines eigenen Wesens. Gott ist der Unveränderliche; alles bestimmte Geschehen und Wollen wird aus ihm ausgeschlossen; es bleibt nichts übrig, als ein ewiger Process, der vielmehr ewig in sich verharrende Ruhe ist. Mit dem Sonderdasein der Dinge hört auch das Sonderdasein des Menschen auf. Der Gegensatz zwischen Gott und Mensch ist kein absoluter; einen gründlichen und ernsten Unterschied kann die Mystik überhaupt, zwischen der Seele und ihrem ewigen Ausgange gar nicht anerkennen. Nicht bloss bei Eckhart, bei jedem consequenten Mystiker giebt sich diese Lehre von der Wesensgleichheit des Menschen mit Gott einen Ausdruck, der wie Vergötterung des Menschen und Verkleinerung Gottes klingt.

Wie die Lehre von der Immanenz Gottes in der Vernunft, so stellt sich auch die Lehre von der Immanenz Gottes im Willen des Menschen als eine Uebertreibung oder Verkehrung christlicher Lehre dar. Die Mystik neigt dazu, Endlichkeit und Sünde zu verwechseln, wie sie Aufgebung der Individualität für Heiligung und Vernichtung in Gott für Seligkeit setzt. Sie zeichnet am liebsten die höchsten Ideale und hält sich am meisten bei der Schilderung des Zustandes der Vollkommenheit auf. Der Schmerz der Sünde, das Gefühl des göttlichen Zornes, der Jammer des Getrenntseins von Gott findet in der Mystik nicht den kräftigen Ausdruck, wie die Seligkeit der Liebe, der vollkommenen Anschauung Gottes, wie die göttliche Klarheit der Vollendeten. Die Grenze, die den geheiligten Willen des Geschöpfes von der wesentlichen Heiligkeit des Schöpfers trennt, wird von der Mystik allzuleicht übersehen, das christliche Ideal einer jenseitigen Seligkeit und vollkommenen Heiligung als ein schon hienieden verwirklichter und zu verwirklichender Zustand betrachtet; statt des Wandelns in der Hoffnung ein Schauen von Angesicht zu Angesicht angestrebt.

Indem ferner die Mystik die höchste Vereinigung mit Gott nicht von einem wirkenden Leben, sondern von dem willenlosen Zustande reiner Passivität erwartet und in ruhiger Contemplation die höchste Tugend erblickt, nähert sie sich einem mönchischen Quietismus, der unter dem Scheine nur Gott walten zu lassen alle diesem irdischen Leben zugetheilten Pflichten missachtet. Das Gesetz als ein dem Willen Aeusserliches kann die Mystik am wenigsten stehen lassen; nicht die einzelnen Handlungen eines gesetzlichen Wirkens, sondern der zum Wesen des Menschen gewordene Zustand der Uebereinstimmung mit dem göttlichen Willen, die vollendete kampflose Liebe ist ihr ethisches Ideal. Aber wenn dieser Gesichtspunkt aus dem innersten Herzen christlicher Lehre geschöpft ist, so hat die Mystik vor antinomistischen Uebertreibungen sich nicht immer gehütet, weil sie die Macht der Sünde nicht genügend zu erwägen und dafür an Idealen der Heiligkeit sich zu erwärmen gewohnt ist.

Alle Mystik in höherem oder geringerem Grade bezeichnet die Geringschätzung gegen das Sinnliche und Endliche, die auch auf das sittliche Gebiet übertragen wird. Sie strebt zum Abstraktesten, zum höchsten Allgemeinen, in dem alle Unterschiede aufhören, und leicht opfert sie die Fülle des Lebens dem Schattenspiel abstrakter Begriffe. Versunken in das bewundernde Anschauen des unendlichen Lichtes verliert sie die Sehkraft für das in den einzelnen Dingen der Wirklichkeit gebrochene Licht. Die höchste Gluth begeisterter Gefühle und die Nüchternheit spitzfindiger Dialektik, die sich in kahlen Abstraktionen herumtummelt, wechseln in wunderbarer Weise ab. Je höher sie ihre ethischen Ziele zu stecken glaubt, je tiefer sie alle Lohnsucht und alles äusserliche Sichabfinden mit Gott verdammt, desto leichter fällt sie in's Boden- und Gedankenlose, und spricht sie ihr letztes Wort aus, so endet sie im eigentlichen Nihilismus.

Der Mystiker will persönlichen, unmittelbaren Verkehr mit seinem Gott. Deshalb gilt ihm die Autorität der Ueberlieferung, die Gemeinschaft der Gläubigen, die Institution der Kirche wenig, leicht viel zu wenig. Viele der vortrefflichsten Mystiker haben sich an die Kirche gebunden, aber nicht vermöge ihres mystischen Princips, sondern vermöge ihrer frommen Persönlichkeit. Die

Mystik selber führt den entgegengesetzten Weg. Der Mystiker verlässt sich auf die ihm speciell zu Theil gewordene Erleuchtung, auf das innere Licht, das er von der Gnade empfängt, auf den Einspruch des Geistes in sein Herz; der mystische Subjectivismus wird leicht zu eigentlicher Schwärmerei. Den Heiligen Geist glaubt er selbst in sich zu haben, seiner Leitung überlässt er sich. Ist der Mystiker consequent, so hat der Priester kein Vorrecht für ihn, so vermittelt die Kirche keine Gnadengaben, die er nicht unmittelbarer gewinnen könnte, so verdient die Zucht der Kirche keinen Gehorsam. Ein Herz, das sich Gott gelassen hat, besitzt so reiche Schätze der Erkenntniss in diesem Einssein mit Gott, dass es nichts weiter bedarf, als sich in Gott zu befestigen. Wie die Institution, so wird das Dogma der Kirche gering geschätzt; nicht die Lehre, wie sie allgemein in der Kirche herrscht, sondern wie sie in individueller Erkenntniss der Heiligen sich herstellt, ist der Grund des Lebens in Gott. Aller Mystik gemeinsam ist es, dass sie auch das offenbarte Wort nicht als solches kann gelten lassen, dass ihr die Offenbarungsgeschichte ein Gegenstand allegorischer Deutung wird, um in dem Worte ihre eigenen Gesichtspunkte wiederzufinden und das Einzelne der Thatsache in die Sphäre begrifflicher Allgemeinheit zu erheben.

Nach diesen Richtungen bewegt sich die Mystik, wo sich ihr Princip consequent darstellt. Freilich nicht alle Mystiker sind in allen diesen Beziehungen so weit gegangen. Neben den Extremen liegen diejenigen Erscheinungen, die in grösserer Milde der Gesinnung, wenn auch ohne der Consequenz der Gedanken ein Genüge zu thun, vor dem Aeussersten besonnen Halt gemacht und den eingeschlagenen Weg nicht bis zu Ende verfolgt haben. Grade in dieser mittleren Region der Mystik bewegen sich diejenigen Geister, die für die Entwicklung der Kirche nach Lehre und Leben den allergrössten und segensreichsten Einfluss gehabt haben: ein Bernhard von Clairvaux, Johannes Tauler, Thomas von Kempen. Der eine näher, der andre ferner an die scharfe Zuspitzung mystischer Gedanken heranstreifend, haben sie in milder evangelischer Besonnenheit mit dem Gesammtbewusstsein der Kirche sich in lebendiger Einheit zu erhalten gestrebt, wo Andre auf abgesonderten Wegen in die Oede sich verleiten liessen, und deshalb haben sie vielbewunderte Lehrer der Kirche und Muster der Andacht werden können. Die kühneren Geister dagegen, welche die Mystik consequenter ausgeprägt haben, sind von grösserer Bedeutung gewesen für die wissenschaftliche Bewegung des Gedankens. Schon der Umstand, dass in der Mystik überhaupt eine gewisse Unabhängigkeit von äusserer Autorität mitgesetzt ist, ferner die hohe Meinung von menschlicher Vernunfterkenntniss und das Streben, alle Gegenstände des Glaubens zu vollstem und freiestem Eigenthum des Geistes zu machen, giebt der Sprache der Mystiker einen freieren Ton und ihrem Gedanken eine Färbung, welche an die aus dem eignen Bedürfniss der denkenden Vernunft selbstständig sich entwickelnde neuere Wissenschaft erinnert, wenn auch die äussere Form der Darlegung den strengen Zusammenhang eigentlicher Wissenschaft vermissen lässt. Die kühnere Mystik eines Johannes Erigena oder eines Eckhart wird zur speculativen Religionswissenschaft dem Inhalt nach, wenn auch nicht der Form nach, und dass diese Speculationen auf die Cultur des erkennenden Geistes einen dauernden Einfluss geübt haben, lässt sich unschwer nachweisen.

Wir haben im Vorhergehenden diejenigen Punkte bezeichnet, in denen die Mystik, die gesicherten Grundlagen religiösen Glaubens überfliegend, leicht in das Gegentheil einer religiösen Weltanschauung umschlägt. Aber die Sache hat noch eine andre Seite, und die Mystik erweist sich durch eine andre Betrachtung als ein wesentliches Moment in allem religiösen Verhalten. Zwar behaupten, dass die Mystik die einzig angemessene Form christlicher Erkenntniss, dass das persönliche Verhalten des Mystikers das absolute Ideal evangelischen Lebens sei, das hiesse alle religiöse Gemeinschaft, alle Kirche im Princip aufheben. Denn allein auf dieser contemplativen Versenkung in Gott und Erleuchtung durch Gott lässt sich keine gemeinsame Lehre, keine umfassende Lebensordnung, kaum eine Schule oder Sekte, geschweige denn eine Kirche aufbauen. Dagegen der Mystik auf dem Boden christlichen Lebens und christlicher Lehre alles Recht absprechen, hiesse wesentliche Elemente des Evangeliums von Christo verkennen und hinwegthun. Schlechtweg der Mystik entgegengesetzt ist die starre Theokratie und äusserliche Gesetzlichkeit des Alten Bundes; und doch walten auch hier grade so viele mystische Elemente, als es im Alten Bunde Hindeutungen auf Christum giebt. Die entwickelte Dogmatik und Gesetzeslehre des talmudischen Judenthums zeigt die äusserste Verzerrung, bis zu welcher ein rein dogmatisch-gesetzlicher Standpunkt entarten kann, nachdem er sich aller mystischen Elemente sorgfältigst entledigt und sich in scharfsinnig grübelnder Dialektik zu einem abgeschlossenen System von Verstandesbegriffen ausgebildet hat. Selbst der Islam ist in vollkommene Oede und Geistesverlassenheit erst gerathen, seitdem er alle mystischen Richtungen ausgeschlossen hatte. Im Alten Bunde vertreten die Prophetie und ihr Gipfelpunkt, die messianische Idee, die mystischen Elemente. Als aber die Zeit erfüllet war und Gott seinen Sohn in die Welt sandte in der Gestalt des Menschen Jesus von Nazareth, da hatte Gott aufgehört, nur der Herr zu sein, der Welt, seiner Schöpfung, und dem Menschen, seinem Ebenbilde, als der strenge, eifrige Gesetzgeber gegenüber zu stehen; da war das Verhältniss zu ihm nicht mehr ein äusserlicher gesetzlicher Dienst. Nun war in menschlicher Gestalt göttliches Wesen erschienen; in Jesus dem Christ war Allen der Zugang geöffnet, um Gottes Kinder zu werden und sich als solche zu wissen. Seitdem ist zwischen Gott und Menschen nicht mehr eine unvermittelte Kluft; nun kann menschliche Natur geadelt und in Gott eingeführt werden; nun baut sich vermittelst der Gnadengaben, die er seiner Kirche verliehen hat, der Herr einen Leib, dessen Haupt er selber ist, dessen Glieder zu werden er Alle berufen hat. Dies ganze Verhältniss Gottes zur Menschheit, wie es in allen geschichtlichen Formen des Christenthums, die diesen Namen noch verdienen, das gemeinsame Fundament der Lehre vom Heile bildet, ist irrationell und hat den Charakter mystischer Tiefe. Kein Gegensatz ist hier mehr absolut. Endliches und Unendliches, Mensch und Gott, Welt und Himmelreich, Fleisch und Geist, Natur und Gnade: es giebt Punkte, in denen sie sich berühren, in denen das Verhältniss der Feindschaft in das der Einheit und Gemeinschaft übergeht. Das Princip des neuen göttlichen Lebens ist der Glaube; der Glaube aber ist ein Erkennen und Wissen und zugleich ein Erfahren und Erleben, ein Wissen, dessen Object zugleich die Substanz meines geistigen Daseins zu werden vermag. Offenbar involviert der Glaube ein bestimmtes Verhältniss der Vernunft zu Gott und seiner Offenbarung. Welcher Art soll diese Erkenntniss sein? Ihr Objekt heisst in der Schrift ein Geheimniss. Es liegt nicht auf dem Wege des natürlichen Erfahrens, es ist mit den Kategorieen des endlichen Verstandes nicht auszumessen. So ist denn auch die Erkenntniss Gottes, die im Glauben ist, keine Erkenntniss aus natürlicher Vernunft; sie ist eine Erkenntniss aus Gnaden, verborgen den Weisen, und den Unmündigen geoffenbart. Sie bildet einen entschiedenen Gegensatz zu allem Wissen aus natürlicher Kunst und Fertigkeit; sie ist nicht selbsterrungene Frucht des Gedankens, sondern verliehen, geschenkt, erbeten. Und doch ist sie zugleich Vernunfterkenntniss, wenn anders der Glaube eine Macht ist, den Menschen in seiner Totalität und nicht bloss nach einer bestimmten einzelnen Seite seines Daseins zu ergreifen und in ein höheres Lebensgebiet einzupflanzen. Dies so bestimmte Erkennen nun ist ein mystisches Erkennen, im Gegensatz zu der empirischen Verstandeserkenntniss und zu dem Wissen in starren endlichen Begriffen. Zu aller christlichen Erkenntniss gehört wesentlich dies, dass sie die grossen Gegensätze alles natürlichen und sittlichen Seins in einer überverständigen, transscendenten Anschauung einige und in Gott auftrage; das aber ist das Wesen der Mystik. Gott lebt in der geheiligten Vernunft; er muss also in der Vernunft leben können, und die Vernunft muss ihrer Anlage nach göttlich sein. Und wie das Erkennen, so trägt auch das Glaubensleben eines jeden in Christo wiedergeborenen Menschen einen mystischen Charakter. Denn das Objekt dieser Erfahrung, das Wirken des Heiligen Geistes am eigenen Herzen wie an Anderen, die über alle verständige Klarheit hinausliegende Herrlichkeit Gottes und seiner Offenbarung, das eigene Wachsen und Werden, Licht und Trost in der Seele, die Zunahme in der Liebe und in der Heiligung: das alles liegt ausserhalb der Grenzen des natürlichen Geschehens in einem Reiche der Geheimnisse, im Jenseitigen, und ist mit keinem Geschehen der natürlichen Wirklichkeit zu verwechseln. Wesentliche Einheit des menschlichen Willens mit dem göttlichen ist auch hier das letzte Ziel, und dieses Verhältniss der Immanenz Gottes im menschlichen Willen muss als eine Möglichkeit, wie man sich auch wenden mag, von vorn herein gesetzt sein. Wie man das göttliche Ebenbild im Menschen auch näher bestimme, in wesentlicherer Beziehung zur Substanz der menschlichen Natur oder als ein durch besondere Gnade Gottes Hinzukommendes, es muss von Anfang an vorhanden sein und aus der Verdunkelung durch die Sünde in Christo wiederhergestellt werden können; sonst hat die Predigt vom Heile keinen Sinn. Und so enthält denn auch die Verkündigung des Christenthums durch die Apostel und Evangelisten die Grundlagen alles dessen, was später in schärferer Ausbildung als Mystik hervorgetreten ist. Es würde zum Beweise weniger Werth zu legen sein auf einzelne Aussprüche der Heiligen Schrift, die einen mystischen Klang haben: von Gott, der nicht ferne, sondern nahe ist, in dem wir leben, weben und sind; vom Menschen, dass er göttlichen Geschlechts ist und der göttlichen Natur theilhaftig werden soll; von Christus, der in uns ist und dessen Geist in uns wohnet; von dem geistlich gesinnten Menschen, der alles richtet und von Niemand gerichtet wird; von der Klarheit des Herrn, die sich in uns spiegelt; von der geistigen Einheit mit Gott, wenn man Gott anhanget. Entscheidender als einzelne Aussprüche ist der gesammte Lehrzusammenhang. Die johanneische Lehre von dem göttlichen Worte, das im Anfange bei Gott war und, als die Zeit erfüllet war, Fleisch ward und unter uns wohnte und uns Kraft gab, Gottes Kinder zu werden; die paulinische Lehre von dem Christus in uns als dem Ziele unsrer Heiligung, dem Christus, mit dem wir sterben und begraben werden, welchen wir im Glauben anziehen, so dass nun nicht wir leben, sondern Christus in uns: das sind die Fundamente, auf denen sich alle spätere Mystik auferbaut hat.

In allem Christlichen bildet somit das Mystische ein wesentliches und unerlässliches Element, aber doch nur ein Element, das sich nicht in seiner Selbstständigkeit vereinzeln darf, ohne, auch was es Berechtigtes hat, in Unrecht zu verkehren. Neben die mystische tritt die dogmatisch-kritische Auffassung des Christenthums. Jene vereinzelt den Christen, diese fasst zusammen und vereinigt die Gemeinde. Jene bildet so zu sagen die persönliche Virtuosität im Verhältniss des Menschen zu Gott aus und überlässt jeden seinem persönlichen Verkehr mit Gott; dieses stiftet und erhält eine gemeinsame Ueberzeugung und bewahrt die allgemeine Regel der Zucht und der gesetzlichen Ordnung; jene wendet sich vorzugsweise an die Geförderten und Ueberzeugten, diese bietet leichte Milchkost auch den Unmündigen und Schwachen dar. Aber es wäre durchaus verkehrt, die Beziehung zwischen einer kirchlichen Dogmatik und einer individualisierenden Mystik als die eines absoluten Gegensatzes aufzufassen. Es kann keine Mystik geben als auf der Grundlage einer bestimmten dogmatischen Anschauung, und keine Dogmatik als mit Hereinziehung wesentlicher mystischer Elemente, und zwar gerade so, dass diese letzteren den höchsten Abschluss des Lehrsystems ergeben. Die Dogmatik der lutherischen Kirche hat seit der Concordienformel diesen Thatbestand auch ausdrücklich und dem Wortlaute nach anerkannt, indem sie an das Ende des Heilsweges als letztes Ziel schon des irdischen Lebens die „mystische“ Vereinigung mit Gott gesetzt hat.

Die Verschiedenheit der dogmatischen und der mystischen Theologie liegt nicht im Ziele, wohl aber im Ausgangspunkte und in der Methode. Der erste Unterschied, der in's Auge fällt, ist das verschiedenartige Verhältniss zur Kirche. Die dogmatische Richtung, im Mittelalter die Scholastik, dient der Kirche und vermittelt eine Gesammtüberzeugung aller Glieder der Gemeinde von den Heilsthatsachen; der Mystiker als solcher steht zur Kirche in einem mehr äusserlichen Verhältniss. Er mag auf ihrem Boden sich bewegen, sie als Bildungsmittel auf's höchste schätzen, sie als Vehikel benutzen, um seine Thätigkeit zu üben; aber nie sind ihm die kirchlichen Heilsmethoden das Höchste, und er findet sich mit der Kirche ab, wo er sich nicht vornehm von ihr aussondert. Weil die Mystik zunächst nur den Einzelnen in's Auge fasst, um ihn auf den nächsten Weg zu seiner Seligkeit zu weisen, und weil sie diesen nächsten Weg nicht sowohl im Anschluss an eine gemeinsame Lebensordnung, sondern weit mehr oder durchaus nur in rein persönlichen und individuellen Lebensbethätigungen findet, so wird sie die Kirche nie in den Vordergrund ihres Interesses stellen können, oftmals aber sich gezwungen sehen, sie zu bekämpfen. Wenn die dogmatische Theologie die Autorität des kirchlichen Gesammtbewusstseins hervorhebt, um den Einzelnen mit grösserer oder geringerer Entschiedenheit an dieselbe zu binden, so verweist die Mystik Jeden an das Werk der Gnade in ihm als an eine ihm besonders zu Theil werdende Gottesoffenbarung. Die Tradition der in der Kirche herrschend gewordenen Lehrmeinung ist für die dogmatische Theologie ein kräftiges Band und ein sicherer Wegweiser, um sich zu orientieren; für den Mystiker gilt weit mehr seine persönliche Erleuchtung und seine innere Erfahrung. Die Mystik als Princip gesetzt ergiebt als Consequenz das unendliche Recht der subjectiven Ueberzeugung aller Autorität gegenüber.

Es ist das nur eine Folge ihrer Grundanschauung von der wesentlichen Immanenz Gottes im Menschen. Aus ihr ergiebt sich der subjectivistische Charakter der Mystik, nicht aus dem

Subjectivismus die Vorstellung der Immanenz; jede andere Vorstellung würde sich aus ihm ganz ebenso gut ergeben können. Der Mystiker verhält sich zu Gott wie zu seinem eignen wahren Wesen. Nach mystischer Auffassung wird Gott Mensch in jedem von uns. Da bedarf es keiner äusseren Vermittlung; im Gegentheil, sie ist ein störendes, hinderndes Element. Erst in der höchsten Unmittelbarkeit des Verhältnisses der Seele zu Gott findet der Mystiker ein Genüge. Alles Geschichtliche, alles Bild und Gleichniss, alle Besonderheit der Form, unter der das Göttliche geschaut werden soll, möchte er abstreifen, um zu einer reinen, bildlosen Anschauung zu gelangen. Die dogmatisch-kirchliche Richtung steht darauf, dass sie selber diese Vermittlung ist, ohne die Niemand zu Gott gelangen kann. Sie fasst von vorn herein das ganze Verhältniss zu Gott unter der Form der Transscendenz auf, einer Beziehung auf das Höchste und Heilige, was mir ursprünglich noch fern ist, an das es gilt, durch die von der Kirche verwalteten Gnadengaben heranzureifen. So wird mit Nothwendigkeit das Heilige zu einer Autorität, die der Vernunft, zu einem Gesetz, das dem Willen als ein Aeusseres, ursprünglich Fremdes gegenübersteht, und es gilt, dies Fremdsein allmählich durch gläubige Unterwerfung zu tilgen und aufzuheben.

Der ursprüngliche Gegensatz von Immanenz und Transscendenz, und was damit zusammenfällt, von Unmittelbarkeit und Vermittlung lässt sich in alle Verzweigungen der Lehre hinein verfolgen. Betont die dogmatische Richtung im Glauben mehr die Seite der Unterwerfung unter die Autorität, der Gebundenheit an das durch fremde Ueberlieferung Feststehende und in letzter Instanz durch göttliche Mittheilung Verbürgte, so denkt die Mystik beim Glauben mehr an das freithätige Ergreifen eines durch göttliche Gnadenwirkung in dem Innern der einzelnen Person bethätigten Lebensinhalts, für den das Wort Gottes und die Lehre Früherer nur weitere Stützen und sichernde Grenzen bietet. In der ganzen Lehre vom Heilswege setzt sich derselbe Gegensatz fort. Die dogmatische Richtung sieht den Menschen zunächst in seinem empirischen Zustande, wie er seit dem Falle des ersten Menschen sich gestaltet hat. Die Trennung zwischen Gott und dem natürlichen Menschen ist das Erste, worauf sie achtet; sie überbrückt nicht die Kluft, sie hält die Vorstellung des unendlichen Abstandes der beiden Seiten fest, und ihr Streben ist grade dahin gerichtet, von jener Trennung nicht eine geringere, sondern eine möglichst starke Vorstellung zu erregen. Die Grösse des Elends, die unbegrenzte Macht der Sünde, die Hinfälligkeit und Vergänglichkeit alles Irdischen ist ihr Ausgangspunkt, und sie zeigt den geordneten Gang und die Fülle der Gnadenmittel auf, vermittelst deren die Gnade den Menschen aus diesem Elend in die Gemeinschaft der göttlichen Liebe herauszuheben vermag; freilich bleibt sie gern bei einer mehr äusserlichen, nicht aus dem Wesen der Sache sich ergebenden Vermittlung stehen. In der Anschauungsweise der Mystik wird die Macht und der Jammer der Sünde nicht grade verdeckt; aber der Blick verweilt lieber bei der Allen gemeinsam dargebotenen Möglichkeit der Erlösung, bei der Seligkeit der Wiedergeborenen und Geheiligten, bei den immer noch, auch im Zustande der Todsünde noch, übrig gebliebenen Spuren der göttlichen Ebenbildlichkeit der Seele. Im Begriff der Tugend wie der Sünde hält die dogmatische Theologie mehr die gesetzliche Norm fest, der Alle gleichmässig ihren Willen anzupassen haben. Sie haftet daher mehr an der Erscheinungsweise des Willens im einzelnen Thun und Lassen, an der Thatsünde und an den guten Werken; der Mystiker legt den Werth mehr auf das Innere, alle Aeusserungen des Willens Begründende, den dauernden und wesentlichen Zustand der Willensrichtung. Wie die für Alle geltenden Normen, so treten in der dogmatischen Richtung mehr die für Alle gleichmässigen Wege der Erstarkung im Guten hervor; sie betont kräftiger die Gaben, die der Kirche verliehen sind, um jeden Einzelnen auf dem Wege zu seinem Heile zu fördern, den schwachen, zarten Keim des Glaubens zu schützen und zu kräftigen. Für den Mystiker dagegen ist das Gesetz nicht mehr der passende Ausdruck für das Heilige, welches ja als vernünftige Anlage und Beschaffenheit im Wesen des Willens selber liegt. Die Hauptsache ist ihm die Freiheit von aller Vermittlung, also auch vom Gesetze, die Freiheit, welche das Theil der Geförderten ist, das Leben im Absoluten, das Recht der Individualität, vermöge dessen ein Jeder auf seine Weise und wie ihn die Gnade führt, den Zugang zum höchsten Ziele zu suchen hat. Den Blick geheftet auf den beseligenden Glanz der göttlichen Herrlichkeit und auf die den Geheiligten verheissenen Güter der vollkommenen Gotteserkenntniss; im Bewusstsein, Gott und alles Gute schon in seinem Busen zu tragen, noch verdeckt, aber jeden Augenblick bereit, in voller Klarheit hervorzutreten, überspringt er die Zwischenstufen und möchte sich in jene Einheit mit Gott hineinschwärmen und hineinphantasieren. Nicht dass Christus unsere Blösse deckt, sondern dass er uns Kraft giebt, ganz zu werden, wie er, ist der Grund der Hoffnung des Mystikers. Jeder von uns ist Christus seinem Wesen nach, er wage nur, es zu sein: so lautet seine Ermahnung. Gott erlöst den Sünder aus Erbarmen, wenn er die in Christo angebotene Gnade annimmt durch Unterwerfung unter die Majestät des Gottessohnes, durch die Ueberzeugung und das feste Vertrauen, dass die vollkommene Pflichterfüllung Christi als einer fremden Persönlichkeit ihm zu Gute komme und seinen Mangel ersetze: so lehrt eine dogmatische Theologie. Gott erlöst den Geheiligten vermöge der vernünftigen Nothwendigkeit seines Wesens, wenn der Mensch Christum in sich aufgenommen hat und Gott zwischen sich und der geheiligten Menschenseele keinen Unterschied mehr entdecken kann: so lehrt die Mystik.

Die Verständnisskraft der Menge, das Bedürfniss einer gemeinsamen Lehre, einer Formel, die von Allen bekannt werden kann, und das Bewusstsein der geschichtlichen Vermittlung ihres Bekenntnisses durch Thaten Gottes und durch die Entwicklung menschlicher Wissenschaft unter der Einwirkung des göttlichen Geistes bedingt Ton und Haltung einer dogmatischen Fixierung der Lehre. Die Dogmatik bewegt sich in festen, endlichen Begriffen, in denen sie selbst das Absolute nach Wesen und Eigenschaften auszudrücken sucht. Sie spricht von Gott als einer bestimmten, von andern unterschiedenen Substanz, als von einem Objekt in einer Welt von Objekten, die sein Werk sind, mit einer räumlichen und zeitlichen Wirksamkeit, mit ausschliessenden, besonderen Eigenschaften. Sie betrachtet das Streben des Menschen zu Gott empor unter dem Gesichtspunkte eines Strebens nach Beseligung, indem sie den unendlichen Zweck nach Analogie endlicher Zwecke fasst und selbst das idealste Ziel der Form nach, wenn auch nicht dem Inhalt nach, an die Willensbestimmungen des natürlichen Lebens als Befriedigung des Triebes nach Glückseligkeit anknüpft. Sie hält so lange wie möglich die Gegensätze von Natur und Gnade, Neigung und Gesetz, Vernunft und Offenbarung fest und verselbständigt sie gegen einander. Die Formel, in der sie den unendlichen Inhalt fasst, ist Gleichniss, Vorstellung; sie darf nicht darüber hinausgehen, ohne sich selbst aufzugeben, und ihr erscheint als das Höchste und Letzte, was Mittel zum Zwecke ist, das Unendliche dem durch die Gnade erleuchteten endlichen Verstande überhaupt zugänglich zu machen, das Unsagbare zu sagen, menschliche Natur an das Geheimniss heranzulocken, den Willen durch ihm zusagende, pädagogisch wirksame Motive zu erziehen, die Einzelheiten des Lebens durch ihnen verwandte und doch das Ideale ausdrückende Beziehungen zu verklären. Die Mystik sucht über die Formel hinauszukommen, das Unendliche in adäquater Weise darzustellen, über das menschliche Begriffsvermögen hinaus in die reine bildlose Wahrheit durch eine einfache Anschauung sich zu versetzen. Aber im Grunde bleibt das Unaussprechbare unaussprechbar; statt des einen verständlichen und zugänglichen Bildes wird so nur ein anderes minder verständliches und zugängliches gesetzt. Die Schranke des menschlichen Vermögens, die mit dieser irdischen Endlichkeit zugleich gesetzt ist, wird überflogen, nicht sorgsam weggeräumt; der Schleier, der das letzte Geheimniss verhüllt, wird stellenweise weniger dicht, um doch nur einen unfassbaren Nebel erblicken zu lassen. Es bleibt beim beständigen Postulieren eines Erkennens oder Thuns, das nie erfüllt werden kann, und der letzte Ausdruck ist ein fortgesetztes Negieren, das zwar die bestimmte Formel, aber auch jeden bestimmten Inhalt überhaupt aufhebt. So arten die von der Mystik beschriebenen Zustände der Frömmigkeit in eine neue Sinnlichkeit von gefährlicherem Charakter für den sittlichen Werth und das klare Denken aus, oder wir bleiben in der reinen Abstraktion, im Bestimmungs- und Wesenlosen stehen; die Mystik wird zu Unnatur und Schwärmerei. Es giebt überall keine adäquate Bezeichnung für die reine Wesenheit. Unser Wissen ist Stückwerk, wir sehen nur durch einen Spiegel in einem dunklen Wort. Ohne die Demuth dieses Bekenntnisses giebt es überhaupt keine Religion, und religiös ist die Mystik nur, soweit ihr dieses Bekenntniss nicht ganz abhanden gekommen ist. Religion ist ein Verhalten von Person zu Person, ein Leben, das der Form nach eine Analogie zum Irdischen, dem Inhalte nach reine Beziehung auf das Ewige ist. Wissenschaftliche Erkenntniss hat als solche auf den tiefsten Grund der Persönlichkeit eben so wenig Beziehung, als irgend eine ausgebildete technische Virtuosität. Sie betrifft zunächst nur eine besondere geistige Kraft, nicht das Wesen der geistigen Totalität. Wissenschaftliche Consequenz ist kein

Erforderniss des religiösen Lebens, sondern zuweilen eher der Tod der religiösen Persönlichkeit. Auch der Weise, der alle menschliche Wissenschaft in sich vereinigte, würde als Religiöser ein Kind sein. Unmittelbarkeit ist die erste Voraussetzung für ein rechtes Verhältniss zu Gott. Die Wissenschaft hat daneben ihr besonderes Gebiet und ihre eigenthümlichen Anforderungen und Bedürfnisse. Der rechte Mensch müsste von jedem Standpunkte des blossen Erkennens aus jenes unmittelbare Verhältniss zu Gott wiederfinden können, welches Glaube heisst und weit entfernt, bloss Wissen und Erkennen zu sein, vielmehr das gesammte Leben des Menschen in allen seinen Aeusserungen durchdringt. Soll das Princip dieses Lebens ausgesprochen werden, so bietet sich immer nur die Sprache und ihre starren Begriffe dar als die einzig verständliche Form des unendlichen Inhalts. Die dogmatische Richtung ist in Gefahr, die Form festzuhalten und den Inhalt preiszugeben; die Mystik droht, den Inhalt für sich zu verselbstständigen und in's Formlose zu verfallen. Ein gesundes Leben im irdischen Berufe sucht Inhalt und Form gleichmässig festzuhalten, zu verbinden und in Gemeinschaft fortzubilden. Die endlichen Begriffe der Dogmatik sind die nothwendige und unerlässliche Form, um einen objectiven Inhalt des Glaubens überhaupt auszusprechen; der Gläubige wächst in den Erfahrungen seines Lebens über diese Form hinaus und erlebt, jeder in eigenthümlicher, seiner Fassungskraft und geistigen Individualität entsprechender Weise, was sich doch zu keinem gemeinsamen Glaubenssatze in menschlichen Worten gestalten lässt. Wird die Formel fest und starr, so verliert sie ihren eigentlichen Sinn; es tritt das Haften am Buchstaben ein, welches tödtet. Die Bezeichnung für sich erlangt einen Werth, der ihr nicht gebührt; das Bezeichnete schwindet aus dem Gesichtskreise; was Mittel sein sollte, wird selbst der Zweck. Die Mystik erhält die Formel im Fluss; sie weist hin auf das Endliche in ihr; sie reizt an, sie tiefer zu durchdringen und energischer zu beleben. Das Leben im Glauben ist kein Leben im Schauen. Der Glaube ist eine Anticipation des Ewigen in diesem irdischen Leben, unendlich dem Inhalt nach, der Form nach endlich. Ihm seinen vollen, lebendigen Inhalt zu sichern, ist die Mystik ein gottgewolltes Rüstzeug. Die Dogmatik hat eine ihr eigenthümliche Festigkeit und Dauerbarkeit, nicht durch äussere Stützen, — denn diese würde das rastlose Fluthen geistiger Bewegung leicht hinwegschwemmen, — sondern durch die innere Natur der Sache und die menschliche Geistesanlage. Sie umschreibt ein engeres Gebiet; aber in diesem richtet sie sich durchaus sicher ein, umfasst es ganz und durchdringt es mit völliger Klarheit. Die mystischen Lehren bieten das Schauspiel eines rastlosen Wechsels, einer unendlichen individuellen Mannichfaltigkeit. Ein Lehrsystem löst das andere ab, um seinerseits einem folgenden zu weichen. So schlingen sie sich wie zarte Ranken um den festen beharrlichen Stamm der kirchlichen Lehre, die allein als das Bleibende im Wandel des sie umkreisenden Lebens Geschlecht mit Geschlecht verknüpft, den sichren Halt abgiebt und wo sie nicht ihre rechtmässigen Grenzen übertritt, Allen Alles zu sein vermag. Das geschichtliche Gesetz ist unwandelbar immer dasselbe. Wird ein dogmatisches System von der über dasselbe hinausgelangten, zu höheren Formen religiöser Bildung gediehenen geistigen Bewegung gestürzt, so wird der berufene Genius erscheinen, der die Grundlagen zu einem neuen dogmatischen Systeme legt, das doch nur tiefer auf die ursprünglichen und wesentlichen Gründe der christlichen Ideen zurückgeht. Ohne die dogmatische Fassung des Glaubensinhalts giebt es keine Kirche, und die Kirche hat die Verheissung, dass die Pforten der Hölle sie nicht überwinden sollen. Eine Menschheit ohne Kirche bedeutete eine Menschheit mit nur rechtlicher, aber ohne sittliche Gemeinschaft, eine Welt ohne den in ihr sich entwickelnden Keim des Gottesreiches. Alle Wahrheit, und zuhöchst die religiöse, besitzen wir nur durch Ueberlieferung und in derselben. All unser Denken ist Commentar zu gegebenem Text, sogar in der Wissenschaft. Der Kern ist alt; das durch individuelle Fertigkeit auch der grössten Denker dauernd Hinzugewonnene ist jedesmal im Verhältniss nur ein sehr Geringes. Was ist an dem „voraussetzungslosen“ Denken des Autodidakten? Es kommt und vergeht, so gleichgültig wie das Kraut am Wege. So in der Wissenschaft; und in der Religion? Ohne heilige Ueberlieferung giebt es überhaupt keine Religiosität; Offenbarung ist das erste Postulat aller Vernunft.

Der Anschluss an die geschichtliche Einzelheit des Factums ist am engsten geworden in der Dogmatik der protestantischen Kirchen. Eben deshalb ist hier die Mystik innerhalb der Kirche der Form nach auf ein sehr enges Gebiet beschränkt worden, während die wichtigsten Ideen, welche die Mystik erzeugt hatte, in das Lehrsystem der Kirche aufgenommen wurden, so weit sie einer kirchlichen Fassung zugänglich waren. Aber auch diese Lehren nehmen hier nicht die Gestalt allgemeiner Vernunftwahrheiten, sondern einer durch Offenbarung mitgetheilten Facticität an. Die Unzulänglichkeit der Vernunft, aus sich selbst an die göttlichen Geheimnisse heranzureichen, ist hier der oberste Grundsatz, und eine stolze Abwendung von allem speculativen Streben nach Erkenntniss des Unendlichen die selbstverständliche Folge. Man kann nicht sagen, dass sich dieser geschichtliche Umstand nicht als ein schwerer Mangel in der gesammten Gestaltung des protestantischen und besonders auch des lutherischen Dogmas geltend machte. In fundamentalen Punkten wie in der Lehre von der Erlösung, von der Freiheit, von der Gnade finden sich klaffende Lücken; das sich Ausschliessende wird harmlos zusammengedacht; in der Polemik werden Mücken geseigt und Kameele verschluckt. Es ist schlechterdings unmöglich, dass ein kunstfertigeres, philosophisch geschultes Denken sich ohne weiteres an diese Begriffsbestimmungen binde, die von der Scholastik oft nur den mühsamen Fleiss und die äusserliche Sauberkeit haben, aber den speculativen Tiefsinn und den kühnen Idealismus allzuoft vermissen lassen. Eine sich selbst überschlagende Orthodoxie muss mit ihren Repristinationsversuchen schon an dem durchgebildeteren ästhetischen Formensinn eines gebildeteren Geschlechtes scheitern. An der Ausbildung des katholischen Dogmas in der älteren Kirche wie im Mittelalter hat die Philosophie einen wichtigen Antheil; die protestantische Dogmatik schliesst die Philosophie gradezu aus, und wo man sie überhaupt noch gelten lässt, da erlangt sie nur als formales Bildungsmittel zum Denken und Reden eine relative Berechtigung. Damit erst ist das Wesen der dogmatischen Richtung ganz und voll zur Erscheinung gekommen; ihr letzter Abschluss ist das Schriftprincip. Ausgegangen wird von dem Factum als geschichtlicher Einzelheit, wie sie in den Urkunden der göttlichen Offenbarung überliefert ist; diese Dogmatik auf dem Grunde eines genauen Wortverständnisses sucht jedem Buchstaben der Lehre, wie sie sich bei den heiligen Schriftstellern findet, gerecht zu werden und beansprucht nur, die Brücken zu schlagen zwischen den einzelnen Facten und einzelnen Lehren durch eine zusammenhängende Reihe klarer Verstandesbegriffe. Wo das Schriftwort nicht ausreicht, wird künstliche Deutung oder kirchliche Tradition aus allen Zeiten der Kirche herangezogen. Aus Einzelheiten zum Ganzen strebend ist ihr Verfahren analytisch. Dazu bildet die mystische Methode den directen Gegensatz. Die Mystik stellt eine einheitliche Grundanschauung an die Spitze und geht von da aus synthetisch zum Einzelnen fort, nicht so dass sie die Einzelheiten der geschichtlichen Ueberlieferung bestritte oder aufhöbe, sondern so dass sie dieselben nur subsidiär zum weiteren Ausbau ihrer Gedankenwelt heranzieht, indem sie die Grundthatsachen als Ausdruck metaphysischer Speculationen in allgemeine Processe des Göttlichen umdeutet und auch das minder Fundamentale durch allegorische Schrifterklärung mehr oder minder gewaltsam als begrifflich Allgemeines in unmittelbare Beziehung zu ihrem obersten Princip zu setzen sucht. Die vorreformatorische Dogmatik hat durch ihren speculativen Zug und durch das unentschiedene Verhältniss zur Schrift eine grössere Verwandtschaft mit der Mystik immer behalten; seit der Reformation ist die Mystik vom kirchlichen Gebiete so gut wie ausgeschlossen, nur in einzelnen Anklängen noch wirksam, wo sie sich nicht ausdrücklich aus dem Zusammenhange der Kirche ausscheidet. Seitdem übt die Functionen, welche früher der Mystik zugefallen waren, die wissenschaftliche Speculation, die, ursprünglich von einem andern als dem religiösen Boden ausgehend, sich schliesslich mit den Grundthatsachen des religiösen Glaubens zu vermitteln strebt. Hier liegt die wesentlichste Förderung auch der Kirche, und wenn das kirchliche Amt vorzüglich die Aufgabe hat, das Erworbene zu conservieren, so haben auf protestantischem Gebiete die im Zusammenhange der Wissenschaft stehenden theologischen Facultäten die Aufgabe, das Bestehende fortzubilden. Die speculative Philosophie der Neueren ist eine vom Boden der Offenbarung losgelöste und in die Form der Wissenschaft gebrachte Mystik. Ebenso wird die dogmatische Richtung zum Rationalismus, wenn sie sich von der Autorität des geoffenbarten Wortes loslöst und statt seiner durchaus der kritischen Einsicht des natürlichen oder durch wissenschaftliche Methoden gebildeten Verstandes vertraut. Der Mystik liegt die rationelle Kritik fern. Wie sie den Himmel unmittelbar auf die Erde überträgt, so unterscheidet sie auf Erden kein natürliches von einem übernatürlichen Werden. Ihr ist alles eine unmittelbare That Gottes, Offenbarung himmlischer Mächte, daher nichts so gewiss, so natürlich und selbstverständlich als das Wunder. Nicht nur die Wunder der Heiligen Schrift, auch die der Legende nimmt sie unbefangen als Erweise und Darstellungen geistiger Mächte hin. Dagegen vereinigen sich wieder speculative und rationalistische Wissenschaft in dem gemeinsamen Gegensatze zur Dogmatik wie zur Mystik, dass sie, wo sie in einiger Consequenz ihr Grundprincip ausführen, in der Welt des Endlichen ein nur stossweise wirkendes, nicht ununterbrochen in immer gleicher Form thätiges Eingreifen des Unendlichen und Geistigen nicht anzuerkennen vermögen. Und darin beirrt sie auch nicht das Zeugniss der heiligen Bücher. Die Wissenschaft kennt keinen Grund, weshalb die Grundsätze der Kritik, mit denen sie die geschichtliche Ueberlieferung sonst betrachtet, den heiligen Schriften der Christen gegenüber keine Geltung haben sollten.

Der Gegensatz, den wir zu schildern versucht haben, zwischen einer mystischen und einer dogmatischen Richtung, ist zu allen Zeiten und von Anbeginn der Kirche vorhanden gewesen und erscheint schon in dem Verhältniss des Paulus zu Jacobus, des Johannes zu den Synoptikern. Wir haben damit nicht sowohl einzelne bestimmte Gestalten, als vielmehr einen idealen Durchschnitt zeichnen wollen. Die historische Erscheinung selbst entspricht demselben nur ausnahmsweise und in ihren extremen Formen; die bedeutendsten Vertreter der beiden Richtungen sind immer nur in der Hauptsache und vorwiegend durch eine von beiden bestimmt unter stärkerer oder schwächerer Mitaufnahme von Elementen der entgegengesetzten Art. Die Extreme mögen in ihrer Zeit vorübergehend schneller, kräftiger, auffälliger gewirkt haben; zum bleibenden Schatze der Kirche an Ideen, Einrichtungen und Lebensformen haben bei weitem mehr die ruhigeren und gemässigteren Gestalten beigetragen, die in der Verschmelzung der berechtigten Elemente aus beiden entgegengesetzten Richtungen, freilich unter überwiegendem Einfluss der einen oder der andern Seite, ihren Beruf gefunden haben.

Man muss jenes gegensätzliche Verhältniss im Auge behalten, um die Einseitigkeiten und Gefahren der Mystik, aber ebensosehr auch ihre hohe Bedeutung für den Bau des Reiches Gottes in der geschichtlichen Entwicklung der Kirche, wie in dem Glaubensleben jedes Einzelnen richtig zu würdigen. Die dogmatisch-kirchliche Anschauung giebt für die christliche Kirche gewissermaassen den festen Knochenbau ab und erzeugt die Glieder und Gelenke für die äussere Wirksamkeit derselben; die Mystik fügt das feinere Geäder und den ewig jungen Lebensstrom hinzu, der das Ganze durchdringen soll. Beide ergänzen sich gegenseitig und sind auf einander angewiesen. Beide Richtungen haben ihre Gefahren, wenn sie sich einseitig eine gegen die andere abschliessen, und diese Gefahren liegen bei beiden nach verschiedenen Seiten hin. Auch der Kirche, so lange sie von sündigen Menschen verwaltet wird, und der kirchlichen Lehre, so lange sie durch den Erkenntnissgrad einzelner, wenn auch noch so berufener, so doch in ihrem Vermögen beschränkter Menschen vermittelt wird, liegt die Gefahr nahe, über ihr rechtmässiges Gebiet hinüberzugreifen, die objektiven Ordnungen als höchsten Zweck zu betrachten und die Gewissen der Gemeinde wie unter ein knechtisches Joch unter solche Ordnungen zu beugen, die doch von einer Seite auf Menschensatzung beruhen. Es liegt ihr nahe, zu Gunsten einer allgemein herrschenden gleichmässigen Ueberzeugung den Lehrinhalt des Dogmas über Gebühr zu betonen, auch die berechtigte Freiheit der Forschung im Worte Gottes zu beschränken und die christliche Gestaltung des Lebens über einer äusserlichen Rechtgläubigkeit zu vernachlässigen. Der Leib, nicht mehr von Strömen des Lebens durchdrungen, verknöchert; der Mechanismus der Glieder mag sich dabei noch vervollkommnen, aber die organischen Lebenskräfte schwinden, und nur mumienartig täuscht noch der Anschein der lebendigen Gestalt. Der Gesichtskreis verengert sich; wo die blinde Satzung mit mechanischer Schwere waltet, da stockt der Kreislauf des Blutes und das Herz erkaltet. Die Mystik hat von vorn herein den Vorzug eines weiten und freien Blicks; sie löst die starre Fessel, sie befreit von äusserlichem und formelhaftem Wesen, sie lässt keine blinde Unterwürfigkeit unter eine unverstandene Autorität zu. Sie hebt die Unmündigkeit auf, sie stellt Jeden auf seine eigene Kraft und die ihm persönlich zu Theil werdende Erleuchtung und weist ihn unmittelbar vor das Angesicht seines Gottes. Aber die Mystik für sich verselbstständigt ergäbe die Auflösung der Kirche. Der Mystiker fühlt sich kirchenfrei; er denkt sich und Alle in einem Zustande der Vollendung; er glüht für Ideale einer unsichtbaren Kirche der Heiligen und erwägt nicht genügend die Bedingungen, unter denen dies arme, der Sünde anheimgefallene Erdenleben steht. Die Kirche aber ist die göttliche Gnadenanstalt für Alle, unser aller Mutter und Erzieherin, so lange wir noch schwach und der Versuchung ausgesetzt sind, d. h. so lange wir in diesem irdischen Leibe des Todes wallen. Die Mystik zerreisst den Zusammenhang mit der Vergangenheit der Kirche und mit den Lebenskräften, die ihr von dort zuströmen. Sie hebt die Gemeinsamkeit des Bekenntnisses auf, wenn nicht der Form, so doch dem Verständnisse nach, und zerbröckelt den Bau der Kirche, indem sie dieselbe individualistischer Willkür preisgiebt. Die Kirche darf die mystischen Elemente in sich nicht überwuchern lassen, ohne ihre festesten Fundamente dahinzugeben; sie darf sich aber andererseits gegen dieselben nicht ausschliesslich ablehnend verhalten, weil sie die immer neuen lebensvollen Anregungen, die sie von denselben empfängt, nicht entbehren kann.

Welcher Art die geschichtliche Wirksamkeit der Mystik immer gewesen ist, das lässt sich danach leicht ermessen. Sie steht oben an unter den Mächten, welche die Kirche in Lehre und Leben vorwärts getrieben, die Bewegung wach erhalten und nicht geduldet haben, dass die Kirche bei dem gesicherten Besitze des Errungenen sich beruhige. Jedesmal, wo die kirchlich-dogmatische Anschauung in starrer Formel sich abzuschliessen versucht war, wo der lebendige Glaube, auf dem alle Gerechtigkeit vor Gott beruht, in Gefahr war, mit der Verstandesüberzeugung von einem System theologischer Lehrsätze verwechselt zu werden; jedesmal, wo die Kirche als Institution über das ihr zugewiesene Gebiet hinübergreifend nicht sich als zum Dienste an jeder einzelnen Seele berufen ansah, sondern die Herrschaft verlangte, auf dass sie sich dienen lasse; jedesmal, wo sich in dieser Weise eine Scheidewand aus veräusserlichenden Formen aufrichtete, die nicht mehr als schützendes Kleid, sondern als bergende Hülle die Wahrheit verdeckten und sich zwischen den Christen und seinen Erlöser drängten: da jedesmal hat die Mystik mit ihren lebensinnigen Bedürfnissen das Recht der Gemeinde gegenüber der Institution, das unmittelbare Verhältniss jedes Erlösten zu seinem Erlöser auf's kräftigste betont und das Heilige einer starren Jenseitigkeit und Fremdheit entzogen; sie hat gelehrt, es in das persönliche Leben hineinzunehmen und Herz und Gewissen unmittelbar unter die Zucht des Herrn zu stellen. Der gesammte Entwicklungsgang der Cultur in allen weltlichen Verhältnissen, in Staat und Recht, Kunst und Gewerbe, insbesondere die aus ihren eignen inneren

Principien sich gestaltende Wissenschaft: alles das sind wichtige Factoren für die Fortbildung der Kirche Christi. Kaum ein andres aber hat auf eigenthümlich religiösem Boden und mit eigenthümlich religiösen Mitteln so mächtig gewirkt wie die Mystik, um die Kirche auf rechter Bahn entweder zu erhalten oder wo sie abgewichen war, dieselbe wieder auf die rechte Bahn zurückzulenken.

Von mystischen Gesichtspunkten aus haben sich die meisten Ketzereien gebildet. Wo das Mystische noch nicht in reinem Gedanken festgehalten werden konnte, da hat es sich oft mit dem wildesten Aberglauben, mit einer bunten Mythologie umgeben. Der Pantheismus und Emanatismus schlägt leicht in dualistische Vorstellungen über; die eigenthümliche Stellung der Mystik zur Offenbarung begünstigt willkürliche Auslegungen oder abergläubische Erfindungen auf dem Gebiete der heiligen Offenbarungsgeschichte; übertriebene Geistigkeit löst sich mit krasser und gemeiner Fleischlichkeit der Gesinnung ab. Wo der böse Wille hinzukam, da haben mystische Verirrungen aller Zucht und Sitte, wie aller gesunden Vernunft Hohn gesprochen und sich unverträglich erwiesen nicht nur mit dem Bestande der Kirche, sondern auch mit der rechtlichen Ordnung des Staates. Müssige Träumerei und phantastische Ueberschwenglichkeit saugen sich leicht zusagende Nahrung aus mystischen Ideen. Aber man urtheile nicht über die Mystik nach solchen Ausschreitungen. Die ächte Mystik ist die reife Frucht eines hochgebildeten und ganz in Gott versenkten Geisteslebens. Sie kann niemals populär, niemals Eigenthum der Massen werden, ohne auszuarten; aber sie kann mit einzelnen ihrer Elemente den Schatz der Kirche durchdringen und bereichern und die Andacht der Gemeinde vertiefen, nachdem sie in einzelnen einflussreichen und von dem Leben des Geistes wahrhaft ergriffenen Gestalten auf kirchlichem Boden Macht gewonnen hat. Sie drückt die eine Wahrheit in geistigeren, weniger nach Analogie irdischer Dinge gestalteten Bezeichnungen aus; sie legt das hauptsächliche Interesse auf andere Punkte der christlichen Lehre, als die specifisch kirchliche Glaubenswissenschaft. Aber erst die Uebertreibungen ihrer Lehren oder die Anmaassung, allein im Besitze einer absoluten Wahrheit zu sein, verlassen geradezu den religiösen und den christlichen Boden. Eine mehr aus reinen Antrieben des Denkens entspringende Speculation hat unter uns die eigentliche Mystik verdrängt und zum Theil vertreten. Aber es ist gleichwohl ein lohnendes Studium, sich mit den Häuptern der Mystik des Mittelalters zu beschäftigen und zu beobachten, wie sich im Geiste dieser Männer unter dem Zurücktreten der Anknüpfung an die geschichtlichen Momente des Offenbarungsglaubens eine consequente Immanenzlehre und damit eine vergeistigte und reinere Auffassung der fundamentalen christlichen Ideen, als sie in der Kirche jener Zeit sonst vorhanden war, gestaltet hat. In einer Zeit, wo über das Thatsächliche, das dem Glauben zu Grunde liegt, ein erbitterter Streit von Seiten der historischen Kritik unterhalten wird, ein Streit, dessen Resultat sich kaum, dessen Ende sich durchaus nicht absehen lässt, bietet die Mystik ein neutrales Gebiet dar, auf dem sich von der Verbürgung des Thatsächlichen bis zu einem gewissen Grade absehen lässt und das Principielle, die ewige Bedeutung jener von den Einen behaupteten, von den Anderen bestrittenen Thatsachen für das Heil jedes Einzelnen, vorwiegend das geistige Interesse beschäftigt.

Meister Eckhart.

Man ist gewohnt, von Tauler und der „deutschen Theologie", von Rusbroek und Heinrich Suso als von hellen Sternen in einer dunklen Zeit mit Ehrfurcht zu sprechen, und erkennt sie gern als Lehrer eines reineren Christenthums, als wahrhaft christlich gesinnte Verkündiger Christi und als Prediger eines ächt evangelischen Lebens inmitten der im äusserlichen Gesetzesdienst erstarrenden Kirche an. Nicht leicht dürfte auch bestritten werden, dass sie auf die Entwicklung der Kirche bis zur Reformation hin und seit der Reformation von tiefgreifendem und heilsamem Einfluss gewesen sind, einestheils durch die von ihnen angestrebte Vertiefung und Verinnerlichung des christlichen Glaubens und die bei ihnen zahlreich ausgestreuten Keime einer ernsten christlichen Speculation, anderntheils durch ihre Predigt der Busse und der im Glauben begründeten Liebe statt des äusserlichen Gehorsams der Kirche und statt der todten Werke. Grade in demselben Maasse ist man gewohnt, den Meister Eckhart als den Urheber einer zügellosen und pantheistischen Speculation, als Geistesverwandten der Brüder und Schwestern des freien Lebens weit von jenen Männern zu trennen und in ihm den Gegensatz zu aller christlichen Frömmigkeit verwirklicht zu finden. Es ist eines der wesentlichsten Verdienste der im Jahre 1857 erschienenen, von Franz Pfeiffer veranstalteten Sammlung von erhaltenen Schriften Eckhart's, diese Auffassung, welcher dereinst schon Schmidt und Martensen entgegentraten, unmöglich gemacht zu haben.

Der Meister Eckhart ist ein Beispiel der seltenen Erscheinung, dass ein Mann von gewaltiger Geisteskraft seine Zeitgenossen auf's tiefste ergreifen, mit seinen Gedanken durch alle Folgezeit eine mächtige Wirkung üben und doch von der Nachwelt selbst vergessen werden kann. Derselbe Mann, der bis zu seinem Tode in der Fülle einer grossartigen Thätigkeit stand als Beamter seines Ordens, als Lehrer und Prediger, war schon seit dem 15. Jahrhundert nahezu verschollen und figurierte nur noch in den Ketzergeschichten des 14. Jahrhunderts als der Urheber einer seltsamen ketzerischen Verirrung, von der man Näheres nur aus der päpstlichen Bulle wusste, die ihn verdammte. Noch Görres in der Einleitung von Diepenbrock's Ausgabe der Schriften Suso's 1829 nannte Eckhart „eine wunderbare, halb in Nebel verhüllte, beinahe christlich mythische Gestalt". Franz von Baader machte zum ersten Mal wieder auf ihn aufmerksam. Die einzigen Schriften, die unter Eckhart's Namen als Anhang zu der 1521 und wiederholt 1522 zu Basel erschienenen Ausgabe der Predigten Tauler's gedruckt waren, geringe Bruchstücke einer umfassenden schriftstellerischen Thätigkeit, hatten des katholischen Theosophen Aufmerksamkeit auf sich gezogen. Und das dort Mitgetheilte verdiente diese Aufmerksamkeit im höchsten Grade. Es waren die Spuren eines kühnen und gewaltigen Geistes, einer hinreissenden Beredtsamkeit, eines unerschrockenen Gedankenfluges, die in diesen Bruchstücken zu Tage lagen. Auf sie stützen sich vornehmlich die beiden Darstellungen der Lehre Eckhart's von dem emsigen und gewissenhaften Charles Schmidt (Studien und Kritiken 1339, Heft 3. S. 663 und Études sur le mysticisme Allemand in den Mémoires de l'académie des sciences morales et politiques. t. II. Paris 1847) und von dem geistvollen Martensen (Meister Eckart, Hamburg 1842), und schon seit diesen Schriften steht der Meister Eckhart in heller Tagesbeleuchtung als einer der merkwürdigsten Denker des Mittelalters vor uns da. Schon aus jenen wenigen Bruchstücken fand Schmidt berechtigten Grund zu dem Urtheile: „Keiner seiner Vorgänger hat ihn an speculativer Tiefe des Geistes übertroffen oder auch nur erreicht. Alle, die nach ihm gekommen sind, haben aus seinem Brunnen geschöpft; sie haben die Mystik kirchlicher, populärer, praktischer gemacht, sie haben das Anstössige seiner kühnen Consequenz hinwegzunehmen gesucht; aber Keiner hat wesentlich etwas Neues zu dem kühnen Bau hinzugethan."

Dennoch stellt sich das Verhältniss noch ganz anders seit

Pfeiffer's Publication. Sie enthält nur zum Theil Ungedrucktes. Mehr als der dritte Theil war schon vorher gedruckt, aber nur das oben Erwähnte unter Eckhart's, Vieles unter Tauler's, theilweise auch unter Rusbroek's Namen. Die fälschlich dem Tauler zugeschriebene Medulla animae enthält eine vielfach entstellende Ueberarbeitung mehrerer Abhandlungen Eckhart's, theilweise übereinstimmend mit der in Surius' lateinischer Paraphrase der Schriften Rusbroek's enthaltenen Abhandlung de praecipuis quibusdam virtutibus, welche in den Werken van Jan van Ruusbroec, III[de] Deel, Gent 1860, in ursprünglicher Form als Dat boek van den twaelf dogheden abgedruckt ist. Eine Anzahl von Predigten Eckhart's gieng seit den Ausgaben Leipzig 1498, Basel 1521 und Coeln 1543 unter Tauler's Namen. Es sind dies zumeist grade diejenigen Predigten und Abhandlungen, die, weil sie in der That die bedeutendsten und für den Geist der Mystik charakteristischsten waren, welche zu Gebote standen, mit Vorliebe citiert zu werden pflegten, um die Art und Weise theils der speculativen, theils der praktischen Mystik recht schlagend zu bezeichnen. Auch sonst finden sich in Tauler's und anderer Mystiker Schriften nicht allein zahlreiche Citate Eckhart's, wobei sein Name nicht genannt zu werden pflegt, sondern gradezu wörtliche Entlehnung kürzerer und längerer Stellen aus Schriften Eckhart's; die gleiche Abhängigkeit erscheint in Tauler's Schrift über die Nachfolge des armen Lebens Christi wie in der „deutschen Theologie". Der äussere und innere Zusammenhang der Häupter der deutschen Mystik von Eckhart's Lehr- und Sprechweise documentiert sich in Form und Inhalt ihrer Lehre auf das unwiderleglichste. So lange die Quelle unbekannt oder nur aus geringen Bruchstücken bekannt war, aus der Tauler, Suso, Rusbroek geschöpft haben, durfte man ihre Philosopheme und Theologumena für ihre originale That halten. Seitdem aber von Eckhart's Schriften ein grösserer, wenn auch gegen die Gesammtheit dessen, was er geschrieben hat, verhältnissmässig geringer Theil zugänglich gemacht worden ist, erweist es sich, dass das Eigenthümliche in der Wirksamkeit jener Männer bei weitem mehr zu suchen ist in gewissen persönlichen Elementen der Vortragsweise des Gedankenschatzes, der bei allen aus der gemeinsamen Quelle stammt, und in ihrer specifisch kirchlichen und praktischen Wirksamkeit, als in origineller Gedankenerzeugung, und dass der wahre Urheber ebensowohl jener reineren evangelischen Grundsätze auf sittlichem Gebiete als jener eigenthümlichen und hohen Speculationen eben Eckhart ist, von dem sie alle abhängig sind. Im Uebrigen freilich haben sie Eckharts Grundsätze so weit abgeschwächt, als nöthig war, um sich nicht zu weit von der herrschenden Anschauung in der Kirche loszulösen, und sind dann wohl auch so weit gegangen, den kirchlichen Elementen eines äusserlichen Werkdienstes, selbst der Möncherei, dem Mariencultus und der Heiligenverehrung wieder bis zu einem gewissen Grade einen Zugang in ihre Auffassung christlicher Dinge zu gestatten. Die reinere Lehrweise in allen diesen Beziehungen gehört durchaus dem Meister Eckhart und seiner rein speculativen Mystik an. Die Grundirrthümer Eckharts theilen sie alle; keiner von ihnen vermag oder versucht auch nur, demjenigen, was in Eckharts Speculation principiell falsch ist, ein anderes richtigeres Princip gegenüberzustellen. Sie wiederholen seine ganze Lehre und somit auch seine Irrthümer, aber mit anders geartetem Interesse. Die Speculation, die bei Eckhart alles beherrscht, tritt bei ihnen zurück gegen das Interesse erbaulicher Andacht oder der Anregung zu einem frommen christlichen Leben. Da sie aber in ihrer ganzen Gesinnung der römischen Kirche sich näher halten, so tritt bei ihnen vielfach auch das zurück, was an Eckharts Lehre das Fruchtbarste und Werthvollste ist, der Kampf gegen die äusserliche Gesetzlichkeit und die Betonung der evangelischen Freiheit. Mit der Abschwächung der speculativen Elemente verband sich bei den „praktischen“ Mystikern auch eine Abschwächung der rein evangelischen Anschauung, freilich so, dass durch diese mildernde Abschwächung dem Charakter der Zeit gemäss die reformatorische Einwirkung dieser Ideen auf die Zeitgenossen nur eine um so grössere zu werden vermochte, weil sie die Zeitgenossen weniger fremdartig berührten und in dieser Form mehr auf allgemeines Verständniss rechnen konnten.

Die Lebensumstände Eckharts sind nur sehr wenig bekannt. Wir berichten darüber nach der Biographie Eckharts, welche sich bei Quétif und Echard (Scriptores ord. praedic. T. I. fol. 507) findet, und zu der nur Charles Schmidt in der zweiten oben citierten Abhandlung einige Nachträge zu liefern vermocht hat. Wir kennen sicher weder sein Geburtsjahr noch seine Heimath. Für die Bestimmung seines Todesjahres dienen als Anhaltspunkte das Datum seines Widerrufes, 13. Febr. 1327, und das der päpstlichen Bulle, die ihn verdammt und zugleich als einen schon Verstorbenen bezeichnet, 27. März 1329. Nach einer Nachricht stammt er aus Sachsen, nach einer anderen aus Strassburg. Er muss vor dem Jahre 1260 geboren sein. Denn dass er ein hohes Alter erreicht hat, geht aus mehreren Spuren hervor (Pfeiffer, Meister Eckhart S. 627, Z. 11). Zuerst begegnen wir ihm im Jahre 1302 als hochberühmtem Lehrer in Paris. Er gehörte dem Predigerorden an; am Collegium St. Jacob, das seinem Orden zugehörte, hielt er öffentliche theologische Vorlesungen mit dem Charakter und Range eines Magisters der Heiligen Schrift. Albertus Magnus hat bis 1280 der Schule in Coeln vorgestanden: dass Eckhart den grossen Lehrer selbst gehört habe, ist danach nicht unmöglich, aber kaum wahrscheinlich. Als der Streit zwischen Bonifacius VIII und Philipp IV von Frankreich ausbrach, berief der Papst, welcher der Pariser Facultät schwer zürnte, Eckhart und noch einen anderen Lehrer der Pariser Universität, Remigius von Florenz, nach Rom, jedenfalls doch, um sich ihrer im Streite gegen den König von Frankreich zu bedienen. Weil der Papst nicht wollte, dass Remigius in Paris die akademischen Würden erlangte, so ernannte er ihn Kraft päpstlicher Vollmacht in Rom zum Magister. Es wird derselbe Grund gewesen sein, der ihn bewog, Eckhart zum Doctor zu ernennen. Damals hat sich Eckhart von dem Treiben und Wesen des römischen Hofes mit eignen Augen überzeugen können. Ein Nachhall der damals gewonnenen Anschauungen wird es sein, wenn er später sagt, dass die höher gestellten Geistlichen keineswegs die frömmeren und seligeren seien, weil grade sie in irdische Händel am meisten hineingezogen würden. Eckhart stand damals in hohem Ansehen. Als im folgenden Jahre die teutonische Provinz seines Ordens wegen ihrer allzugrossen Ausdehnung getheilt und eine sächsische Provinz von ihr abgezweigt wurde, so wurde Eckhart der erste Prior dieser neuen Provinz. Auf dem Generalcapitel seines Ordens zu Toulouse 1304 wirkte er als solcher bei der Wahl des Ordensmeisters mit und wurde darauf von diesem in seinem Amte bestätigt. Die Vortrefflichkeit seiner Amtsführung bewog die Oberen des Ordens im Jahre 1307, als vielfache Uebelstände in der böhmischen Provinz des Ordens bekannt geworden waren, auf einem Generalcapitel zu Strassburg Eckhart als Generalvicar für

Böhmen zu bestallen mit der Vollmacht, die Klöster auch ohne besonderen Bericht an das Ordenscapitel nach eignem Ermessen an Haupt und Gliedern zu reformieren. In diesen hohen Aemtern lehrte und predigte Eckhart in vielen Theilen Deutschlands, in Oesterreich, in Strassburg, besonders aber und bis zum Schlusse seines Lebens in Coeln. Eine mächtige Bewegung der Geister gieng von ihm aus; Gemeinden von Andächtigen sammelten sich um ihn. Er predigte besonders vor dem einfältigen Volke und vor den Nonnen in den Klöstern; in Coeln wurde er das Haupt einer weit verzweigten theologischen Schule.

Es war damals eine Zeit der mächtigsten Erregung der Gemüther besonders in Deutschland. In weiten Kreisen war die religiöse Bildung des Volkes über die Institute der römischen Kirche hinausgewachsen; das Bedürfniss herzlicher Andacht liess sich in den Schranken der Kirche nicht mehr befriedigen. Wer am tiefsten von der Sehnsucht nach einem wahrhaft heiligen Leben und nach der Vereinigung mit Christo ergriffen war, strebte auch am meisten nach Mündigkeit, nach der Befreiung von dem Joch des Priesterthums und von der äusseren Gesetzlichkeit. Man wollte selber Gottes Gnade schmecken und geniessen, auf eigne Hand den Frieden Gottes suchen, nicht bloss den Priester für sich machen lassen und in der Disciplin der Kirche dahinleben, wobei ja das Herz innerlich unbekehrt bleiben mochte. In diesem Sinne traten fromme Vereine zusammen, die sich von der Welt aussonderten und es mit dieser Weltflucht ernstlich meinten. Sie wollten sich nicht wie die vielfach corrumpierten Mönchsorden wieder ein neues Joch äusserlicher Regeln aufladen, sondern sich in freiem Vereine gegenseitig zur Andacht, zu Werken christlicher Liebesthätigkeit, zur Entsagung, zum Leiden mit Christo, zum Gebete anregen. Ihre Weltflucht sollte sich wohl auch in einer eigenthümlichen demüthigen äusseren Gebehrde und Kleidung aussprechen; ihre Andachtsübungen wichen von den kirchlichen Methoden ab; der Priester bedurften sie nicht, die Werkgerechtigkeit, alles Verdienst der äusseren Werke verwarfen sie im Princip. Waldensische Lehren wirkten vielleicht auf diese Gesinnung ein; den gefährlicheren Lehren der Brüder und Schwestern des freien Geistes blieben sie nicht fern. Aber es ist kein Zweifel, dass eine wahre und ächte Frömmigkeit den Grundcharakter dieser Erscheinungen bildete und dass dieselbe in Schwärmerei vielfach ausartete, nur weil sie in der Kirche statt einer Stütze für die heilsbedürftige Stimmung der Seelen eine Verfolgerin voll grimmigen Hasses fanden, weil die Anlehnung an eine grössere Gemeinschaft und die regelnde Macht einer kirchlichen Ordnung fehlten und weil eine Richtung, die sich aus der Kirche ausgeschlossen sah, schon dadurch nothwendig auf die Bahn sektiererischer Ausschreitungen getrieben wurde.

Das Verhalten der Kirche diesen Gemeinschaften und Lehren gegenüber war lange Zeit ein schwankendes gewesen. Dass gesunde und ächt christliche Motive der Bewegung zu Grunde lagen, konnte auch der Papst und die Clerisei nicht verkennen. Die Gemeinschaften der Begharden und Beguinen waren um dieselbe Zeit und aus demselben Geiste entsprungen, wie die beiden grossen Orden der Franciscaner und Dominicaner, mit denen sie sich auch in Zusammenhang erhielten, und sollten nahezu dieselben Bedürfnisse befriedigen: aber sie fassten das Princip der evangelischen Freiheit und der Nachfolge Christi in einem armen Leben tiefer und inniger, und es war deshalb schwerer, ihre Bestrebungen mit den Principien in Einklang zu bringen, auf denen die Kirche beruhte. Während daher die beiden Mönchsorden, die das Princip der Armuth auf ihre Fahne geschrieben hatten, bald mächtige Organe der kirchlichen Gewalt wurden, standen jene frommen Vereine abseits und wurden bald scheel angesehen, bald gradezu verfolgt. Hatten sie doch die Neigung offenbart, neben der Kirche eine Sonderstellung einzunehmen und den Frieden mit Gott auf einem Wege zu suchen, den die Kirche in ihrem dermaligen Bestande nicht gut heissen konnte. Der priesterlichen Allgewalt drohte offenbar die schwerste Gefahr, wenn Richtungen wie diese mächtiger wurden; sie mussten also eingeschränkt oder unterdrückt werden, wenn es sich als unmöglich erwies, sie der Kirche und der hierarchischen Gewalt dienstbar zu machen. Nichts desto weniger und trotz aller Verdammungsbullen und Hinrichtungen dehnte sich die ketzerische Richtung unter den Begharden und Beguinen aus und fand in dem wachsenden Verderben der Kirche und in ihrer Verflechtung mit weltlichen und politischen Verwirrungen immer neue Nahrung. Das Princip, auf dem diese Ketzerei ruhte, war die evangelische Armuth, der Verzicht auf die Welt, die Verschmähung der das Heil vermittelnden Gewalt der Priester, die persönliche Andacht im Gegensatze zu den von der Kirche vorgeschriebenen äusserlichen Regeln und Gesetzen. Die Kirche aber kam im Kampfe gegen diese Richtungen zuletzt dahin, dass ihr jeder höhere Grad von Frömmigkeit schon als solcher verdächtig wurde, dass sie ein besonders tiefes persönliches Ergriffensein von der Predigt des Heils, wenn es sich zugleich in dem Streben nach Heiligung des äusseren Lebens ausprägte, ohne weiteres wie Ketzerei behandelte. Nicht bloss für das bigotte oder rohe Volk, für den Clerus selber war die persönliche Frömmigkeit der Stillen im Lande ein Gegenstand des Spottes und der Verachtung, und gegen die „Frömmler, die Betbrüder und Betschwestern" erlaubte man sich jede Gewaltthat. So war man ja auch dahin gekommen, das Bibellesen, das noch Innocenz III gern dem Volke zugestanden hätte, schliesslich ganz zu verbieten, weil es die Gefahr der Ketzerei im Gefolge habe, richtiger wohl, weil Gefahr vorhanden war, dass ein in der Bibel bewandertes christliches Volk nicht so ohne weiteres und willenlos die Allmacht herrschsüchtiger Priester sich würde gefallen lassen. Man wird nicht umhin können, von evangelischem Standpunkte aus diesen durch einander wogenden Bestrebungen der Begharden und ähnlicher Gemeinschaften seine Sympathie zuzuwenden trotz aller Verirrungen, die sich mit diesen Erscheinungen verbanden. Viele der Anklagen, die gegen sie geschleudert wurden, sind offenbar von dem wüsten Eifer der Ketzerrichter erfunden; dass ein heiliges Streben sie treibe, bewies in den härtesten Verfolgungen der freudige Tod so vieler Schlachtopfer. Nichts desto weniger blieb es nicht bloss bei der Gefahr der schwersten sittlichen Verirrungen; Heuchelei und Bosheit streute ihr Unkraut unter den Waizen auch hier, und das um so eher, als unklare Schwärmerei den unerprobten Gemüthern bei der Unreife und Unfertigkeit der gesammten Richtung nur allzunahe lag. Aber ein volles Recht hatte die Kirche bei der Verfolgung dieser Sekten sicherlich nicht; ihre Verschuldung hatte es bewirkt, dass die von ihr vernachlässigten Elemente eines christlichen Lebens ausserhalb des Bodens der Kirche ihre Macht entfalteten, und sie steigerte diese Schuld, indem sie das, was an ihren Bestrebungen berechtigt war, nicht anzuerkennen vermochte. Die in ihnen enthaltene Wahrheit hat allein einzelnen ketzerischen Richtungen die Macht gegeben, inmitten aller Verfolgungen unvertilgbar auszudauern, bis sie in der Reformation in verklärter Gestalt eine feste kirchliche Organisation gewannen.

Von ganz andren Ausgangspunkten aus traf nun Eckharts Lehre mit den Bestrebungen und Gesinnungen jener frommen Vereine an demselben Ziele zusammen. Begharden und Beguinen waren zum grössten Theil arme unwissende Leute, die den hochgebildeten, in scholastischer Wissenschaft geschulten Lehrern der Kirche nur wie rohes ungebildetes Volk ein Gegenstand des Spottes sein konnten. Mit welcher Verachtung pflegten die inquirierenden Priester über die Waldenser und Begharden die sie prüften zu berichten, wie sie in den einfachsten Elementen der scholastischen Disputierkunst und Theologie so ganz unerfahren waren und sich dabei herausnahmen, über die tiefsten Geheimnisse der Religion ein eigenes und von der Kirchenlehre abweichendes Urtheil zu fällen! Freilich wussten diese Ketzer zum Theil ganze Bücher der Heiligen Schrift, ja das ganze Neue Testament auswendig, und aus dieser Bibelkenntniss, die keineswegs etwas bloss äusserlich Angelerntes, sondern mit heilsbedürftiger Seele in Saft und Blut des innern Menschen verwandelt war, stellten sie dreist ihre bessere Einsicht, die aus der allein gültigen Quelle geschöpft war, willkürlicher Menschensatzung gegenüber. Welchen Umschwung musste es hervorbringen, wenn ein Meister der Heiligen Schrift, ein Doctor der hochberühmten Pariser Universität, ein in allen Künsten der Scholastik bewanderter, berühmter Lehrer der Kirche, ein Mann in hoher kirchlicher Stellung der Lehre dieser armen und geringen Leute eine tiefere Begründung gab und dem System der Kirchenlehre ein ebenso durchgebildetes System der christlichen Lehre gegenüberstellte!

Johannes Eckhart besass eine grosse und umfassende Gelehrsamkeit. Man merkt ihm in allen Punkten die Schule des Albertus Magnus und des heiligen Thomas an, deren Lehre er in wichtigen Stücken wiederholt. In seinem Lehramte zu Paris hat er die Hauptsätze dieser Lehre energisch vertheidigt, wie er selber wiederholt bezeugt. Schon als „Meister von Paris“, wie er oft genannt wird, als Lehrer der weltberühmten, die Wissenschaft des Zeitalters beherrschenden Universität, genoss er ein hervorragendes Ansehen. Mit vollem Rechte darf er von sich sagen: „Ich habe viele Schriften gelesen, beides von heidnischen Meistern und Propheten, vom Alten und vom Neuen Bunde, und habe mit Ernst und mit ganzem Fleisse gesucht, welches die beste und die höchste Tugend sei“ (Pfeiffer, Meister Eckhart S. 483, Z. 32).

Sein Fleiss ist unermüdlich, sein Scharfsinn unvergleichlich. Tritheim nennt ihn einen in den Heiligen Schriften unterrichteten und in der Aristotelischen Philosophie alle Gelehrten seiner Zeit überragenden Mann, von feinem Geist und ungemeiner Beredtsamkeit. Eckhart citiert gern, und auf viele der bedeutendsten Kirchenlehrer von Origenes bis auf Thomas und Aegidius von Colonna nimmt er wiederholt Bezug, selten sie bestreitend, lieber ihre Lehrweise zur Bekräftigung der eignen anziehend. Am engsten angeschlossen hat er sich an Thomas; am häufigsten beruft er sich auf den Pseudo-Areopagiten und auf Augustinus. Das pantheistisch-mystische Element bei jenem, die strenge Glaubens- und Gnadenlehre bei diesem führen ihn zumeist über die thomistische Form der Scholastik hinaus; aber Farbe und Ton seiner Speculation sind zugleich von hoher und kühner Eigenthümlichkeit. Scotus Erigena, dessen Schriften seit 1225 dem Gebrauch entzogen waren, scheint er nicht gekannt zu haben: wenn er vielfach mit ihm zusammentrifft, so erklärt sich das wohl aus mittelbarer Ueberlieferung und aus den ähnlichen Fundamenten seines Gedankenganges. Aber seine Speculation wird dadurch viel gehaltvoller, weil der eigentliche Abschluss und das höchste Ziel derselben auf dem Gebiete der ethischen Probleme liegt, die Erigena nur mit leiser Hand berührt hat. Von keinem der Früheren ist Eckhart durchaus abhängig; selbst dem Dionysius erlaubt er sich zu widersprechen. Hugo v. St. Victor ist ihm ein hochverehrter Lehrer; aber in der Lehre vom Abendmahl gezwungen seiner Meinung zu widerstehen wundert er sich, dass ein so grosser Mann je so thöricht sprechen konnte. Die früheren grossen Meister haben manches richtig gelehrt; aber die rechten Gründe ihrer Lehren kannten sie nicht. Grade nach dieser Seite hin will Eckhart sie ergänzen; den tiefsten Sinn ihrer Meinung will er aufdecken, ihre Lehren auf die vollkommenste und principiellste Einigung zurückführen. So erklärt er denn auch wohl gradezu, seine Lehre sei wider alle Meister, die jetzt lebten. Die Lehren der Apostel Johannes und Paulus vom dreieinigen Gott, vom fleischgewordenen Wort und von der Rechtfertigung und Heiligung des Menschen will er im tiefsten durchdringen. Zugleich geht er in der Consequenz des Gedankens weiter, als irgend einer seiner Vorgänger; die Schranken, die die kirchlich-dogmatische Formulierung der Lehre seinem Gedankengange auferlegen könnte, überspringt er, und selbst das Härteste scheut er sich nicht auszusprechen. Dass im Erkennen die wahre Seligkeit beruhe, hatte die Schule des Thomas gelehrt; Eckhart berauscht sich in der Lust des Erkennens und verwandelt das ganze System der christlichen Lehre in ein System der speculativen Vernunft. Keines der Mysterien des Christenthums, auch nicht die Lehre von der Trinität oder der Schöpfung, entzieht er der Untersuchung durch die Vernunft. Ja, auf diesem Gebiete bewegt er sich mit entschiedener Vorliebe. Albert und Thomas hatten solche Lehren als Gegenstände einer übernatürlichen Offenbarung der Beurtheilung durch die Vernunft entzogen; die Vernunft, meinte Thomas, könnte nur zeigen, dass diese Lehren der Vernunft nicht gradezu widersprechen, dass sie für das Denken mögliche, aber nicht, dass sie wirkliche Thatsachen seien. Eckhart stellt sich auf den argloseren Standpunkt des Augustinus und entzieht auch jene Mysterien nicht dem Beweise durch speculatives Erkennen. Darin liegt schon an sich und abgesehen von der näheren Ausführung des Versuchs eine Umdeutung der Glaubenslehren; denn die historischen Thatsachen des Glaubens werden so als Thatsachen der Vernunft in die Sphäre des Allgemeinen hineingezogen, die göttliche Geschichte wird ein metaphysischer Process, das Einmalige, das ein für allemal geschehen ist, wird ein Jedesmaliges, sich immer wieder und unablässig Vollziehendes. So hart Thomas an diese Auffassung hinanstreift, so hat er sich dagegen verwahrt durch eine Selbstbescheidung, die immerhin eine Inconsequenz sein mag gegen seinen sonstigen Intellectualismus, die ihm aber allein ermöglichte, ein Lehrer der Kirche zu werden. Halt zu machen zur rechten Zeit gebot ihm eben sein Verhältniss zur Kirche. Die Scholastiker alle hatten vor allem auf die objective Institution der Kirche und den jeweiligen Bestand derselben Bedacht genommen; was allgemeines kirchliches Bewusstsein zu ihrer Zeit war, wollten sie aussprechen; was an organisch lebendigen Einrichtungen und Formen in der Kirche vorhanden war, wollten sie aus dem Princip deducieren und den Einklang mit dem Wesen der Religion Christi nachweisen. Die Kirche zu vertheidigen, zu fördern, ihre Grundlagen zu begreifen war ihre wichtigste Angelegenheit. Ihr Denken zielt nach einer kirchlichen Wissenschaft, für welche alle dialektischen Hilfsmittel, alle aus dem Alterthum überlieferten oder neu gewonnenen Kenntnisse flüssig gemacht werden sollten. Eckhart hat von vorn herein eine andere Stellung zur Kirche. Er giebt sich diese Stellung nicht, sie ist ihm als sein Loos, seine besondere Aufgabe, als eigenthümlicher Beruf, als specifische Anlage seines genialen Geistes zugefallen. Sein Ziel geht nicht auf die Institution der Kirche, sondern auf das Seelenheil des einzelnen Christen. Den nächsten Weg will er darlegen, auf dem die Seele zur Vereinigung mit Gott gelangen mag. Wo die Scholastiker dieses Ziel in's Auge fassen, da sind auch sie der Mystik näher getreten, da stellen sie sich als durch specifisch kirchlich-katholische Vorstellungen gebundene Mystiker dar. Bei Eckhart wird diese Seite die ausschliessliche und einzige; ihr muss auch seine Speculation dienen. Der hohe Flug seiner Metaphysik ist nur das natürlich gegebene Correlat seiner ethischen Anschauungen. In dem damals vorhandenen Schatze gewonnener Erkenntnisse gab es keine anderen Elemente, welche zur Fundamentierung seiner Lehre von dem rechten Verhalten des Menschen zu Gott so wohl verwendbar waren, wie jene neuplatonisch-dionysianische Lehre von dem Wesen Gottes und seinem Verhältniss zur Creatur. Diese Elemente hat Eckhart mit Nothwendigkeit herausgehoben und vor allen anderen betont, während sie bei seinen Vorgängern zwar vorhanden waren, aber nicht zu der vollen Entwicklung gelangten, deren sie fähig waren. Darin liegt einerseits ein grosses Verdienst Eckharts, andererseits aber auch eine Hauptquelle seiner grossen und folgenschweren Irrthümer. Es unterstützen sich bei Eckhart wechselseitig die hohe, zuletzt freilich bis zu inhaltsloser Abstraktion gesteigerte Auffassung der ethischen Aufgabe und der rücksichtslose Drang theoretischen Erkennens. Und so scheut sich Eckhart nicht, im Interesse der strengen Folgerichtigkeit des Gedankens die wesentlichsten Grundthatsachen nicht bloss der katholischen, sondern aller christlichen Glaubenslehre umzudeuten oder abzulehnen, und die Lehre dieses von religiöser Begeisterung getragenen Mannes ist in vielen Punkten nicht sowohl eine christliche Religionslehre, als vielmehr eine pantheistisch gefärbte metaphysische Speculation, die sich zum Theil nur scheinbar auf dem Boden christlicher Vorstellungen bewegt.

Eckharts Lehrweise hat mindestens bis zum Jahre 1307 keinen allgemeinen Anstoss erregt; das beweist das Vertrauen, dessen er in seinem Orden genoss. Freilich wird er in Paris nicht viel anders gelehrt haben, als später in Deutschland; er citiert selber mehrfach Aeusserungen, die er auf seinem Lehrstuhl in Paris gethan und die denselben hohen Ideenflug beweisen, wie seine spätere Predigtweise, darunter Sätze, die unter den vom Papste verdammten sich wiederfinden. Aber dort hatte er an der Hochschule vor einem Publikum von Gelehrten seine Sätze vorgetragen und sich in den üblichen Disputationen und Wettkämpfen erprobt. In Deutschland aber lehrte und predigte er „coram vulgo simplici", und das machte für die Kirche einen grossen Unterschied. Was auf diesem Gebiete ketzerisch war, was noch als kirchliche Lehrmeinung gelten konnte, stand keineswegs an sich fest. Wenn man auch nur alles als kirchliche Lehre gelten liess, was der heilige Dionysius und der heilige Thomas gelehrt hatten, so konnte man auch einer Lehre, wie sie Eckhart vortrug, nicht viel anhaben. Sätze, die uns heute verwegen, unbegreiflich, ja gotteslästerlich anmuthen, lagen der damaligen kirchlichen Bildung wenigstens viel näher, um so viel näher, je weniger man schriftmässig zu sprechen gewohnt war, je mehr eine mystische Speculation das Allgemeingut der Kirche war und Form und Ausdruck der Lehre bestimmte. Aber Eckhart entwickelte nun diese Lehren in kühner Consequenz, und was mehr ist, er entwickelte sie vor dem unmündigen Volke, vor einem Publikum von unwissenden Laien oder schlichten Klosterleuten, bei denen er nicht Kenntnisse, sondern Hunger und Durst nach Erkenntniss Gottes und wahres Heilsbedürfniss entweder voraussetzte oder erregen wollte. Er entzündete damit eine Gesinnung, die über die Schranken der Kirche hinausstrebte; er regte zu einer ganz besondern, specifischen Herzensfrömmigkeit an, zu einer Nachfolge Christi, die der kirchlichen Heilsmittel wenig bedurfte, zu einer Wissbegierde in göttlichen Dingen, die dem unmündigen Volke wenig anstand. Das änderte die Sache, und Eckhart wurde verdächtig. Die Frommen, die sich um ihn sammelten, wurden mit dem herkömmlichen Ketzernamen von Begharden belegt. Nicht seine Sätze selbst zunächst wurden ihm verübelt, sondern dass er die tiefsten Geheimnisse vor einem solchen Publikum behandelte. Dadurch grade wurde er gefährlich, und die Bewegung, die er in den Gemüthern erregte, galt als höchst verdächtig.

Die Lehre, die Eckhart vortrug, traf in der That mit den besten und ächtesten Elementen zusammen, die in der Gesinnung der ausserhalb der eigentlichen officiellen Kirche stehenden Frommen die herrschenden waren. Die Freiheit der Erleuchteten von dem Gesetze, die Werthlosigkeit der äusseren Werke und der äusserlichen kirchlichen Disciplin, die Sehnsucht nach innigster Vereinigung mit Christo, die Behauptung der unverlierbaren Gottähnlichkeit der Seele: in alle dem kam Eckharts Lehre der Gesinnung jener Leute entgegen. So wie bei Eckhart waren diese Lehren vorher nie formuliert worden; hier zum ersten Mal erschienen sie als das Ergebniss nicht eines fragmentarischen Nachdenkens oder einer schwärmerischen Verirrung, sondern einer systematischen Speculation auf der Basis der vorhandenen wissenschaftlichen Erkenntniss. Ihr Sinn wurde tiefer, ihr Inhalt reicher und für die Gestaltung des Lebens fruchtbarer. Den edelsten Trieben des damaligen religiösen Lebens und insbesondere der nationalen Eigenthümlichkeit des deutschen Volkes wurden sie in hervorragendem Maasse gerecht. Es ist eben so wenig zu verwundern, dass sie ungemeinen Anklang fanden, als dass die Priesterschaft Veranlassung nahm, gegen die Verbreitung dieser Lehren mit allen ihr zu Gebote stehenden Mitteln einzuschreiten.

Seit dem Jahre 1307 hören wir von Eckhart nur, wo von den Maassregeln kirchlicher Verfolgung gegen ihn die Rede ist. Im Jahre 1317 verdammte der Bischof von Strassburg, Johann von Ochsenstein, eine Reihe von Lehrsätzen, die unter den Begharden im Schwange giengen und selbst von Geistlichen und Ordensleuten gepredigt würden. Diese Lehrsätze, wenn auch mit fremdartigen Bestandtheilen untermischt, sind zum grössten Theil, wenn auch nicht ohne Missverständnisse, Eckhartischen Schriften entnommen. Dass es möglich war, einen Lehrer wie Eckhart mit den Begharden auf gleiche Linie zu stellen, ohne dass er jemals in eine wirkliche Verbindung mit diesen getreten wäre, zeigt auch das Beispiel Rusbroeks, der von dem Kanzler Gerson den Begharden beigezählt wurde und von dem sich später die Meinung bildete, er habe eine Zeit lang mit den Begharden in Verbindung gestanden und sich von ihnen erst getrennt, seitdem er die Verwerflichkeit dieser Sekte eingesehen habe. Offenbar diente der Name der Begharden auch dem Bischof Johann zur bequemeren Bezeichnung einer gewissen religiösen Richtung, nicht als Sektenname im engeren Sinne, um auf diese Weise leichter der Lehre Eckharts beizukommen. So verwahrt sich auch Tauler dagegen, dass man seine Lehre mit der spöttischen Bezeichnung, es sei Nonnentand und eines Begharden Rede, abgefertigt zu haben glaube. Diese Verfolgung scheint zunächst keine weiteren Consequenzen für Eckhart gehabt zu haben; wenigstens zeigen sich Spuren, dass er noch nach 1322 ungehindert in Strassburg gepredigt hat. Eckhart kam dann als Prior nach Frankfurt am Main. Er predigte daselbst, wie er in Strassburg pflegte, in Nonnenklöstern. Die gegnerische Partei benutzte seinen vertrauten Umgang mit den Nonnen zu sittlicher Verdächtigung des edlen Mannes. In der Ueberschrift einer Sammlung Eckhartischer Aussprüche finden wir ihn als Vicarius von Thüringen und Prior von Erfurt bezeichnet; ob überhaupt und wann er diese Würde bekleidet hat, wissen wir aus sicheren Quellen nicht. Die letzten Jahre seines Lebens hielt sich Eckhart in Coeln auf, dort zumeist als verehrtes Haupt einer Theologenschule, der ein Tauler und Suso angehörten. Er predigte in der Kirche seines Klosters und lehrte an der durch die Thätigkeit des Albertus Magnus so berühmt gewordenen Hochschule. An das im Jahre 1325 zu Venedig abgehaltene Generalcapitel des Predigerordens gelangten schwere Anklagen, dass in der deutschen Ordensprovinz von einigen Brüdern in der Predigt vor dem gemeinen Volke Lehren vorgetragen würden, welche ungebildete und gewöhnliche Leute leicht zum Irrthum verführen könnten. Gervasius, der Prior von Anjou, wurde mit der Untersuchung der Sache beauftragt. Wir erfahren dann, dass im Jahre 1326 auf dem Generalcapitel zu Paris der Prior der deutschen Ordensprovinz abgesetzt wurde. Der Schluss wird gerechtfertigt sein, dass Eckhart eben dieser Prior gewesen sei.

Indessen war dies nicht das Ende der Verfolgung. Je grössere Erfolge die Lehrthätigkeit Eckharts in Coeln hatte, desto heftiger wurde der Eifer seiner Gegner. Der Erzbischof von Coeln, Heinrich von Virnenburg, welcher sich durch seinen ungestümen Eifer in der Verfolgung von angeblichen oder wirklichen Ketzereien auszeichnete, hatte schon im Jahre 1306 durch ein Rescript die Bestrafung der Begharden und Beguinen anbefohlen, und viele Opfer waren noch im Jahre 1325 seinem Eifer gefallen. Eben dieser erhob beim Papste Johann XXII Anklage nicht bloss gegen einzelne Brüder aus dem Predigerorden, sondern gegen den ganzen Orden, als verbreite er falsche Lehre. Der Papst beauftragte im Jahre 1326 Nicolaus von Strassburg, einen Mann, der selbst der mystischen Richtung ergeben und wenn auch durch Eckhart angeregt, so doch mässiger in Gesinnung und Haltung als dieser war, mit der Untersuchung der Zustände des Ordens in Deutschland. Der Vicarius des Papstes fand die Anklagen nicht begründet. Am 14. Januar 1327 protestierte Nicolaus dagegen, dass der Erzbischof falsche Anklagen gegen den Predigerorden gehört habe, und den Tag darauf erneuerte er den Protest gegen das Verfahren des Erzbischofs, der mittlerweile den Meister Eckhart vor sein Glaubensgericht gezogen hatte. Ebenfalls noch im Januar 1327 appellierte Johann Eckhart von den Inquisitoren zu Coeln au den Papst. Am 13. Februar desselben Jahres entschloss sich Eckhart zu einem bedingten Widerruf. Er erklärte unter Anrufung Gottes als Zeugen, dass er jeden Irrthum in der Lehre und jede Anstössigkeit im Lebenswandel, so weit es ihm möglich gewesen, immer verabscheut habe, da solche Verirrungen seiner Stellung als Doctor der Heiligen Theologie und als Ordensmitglied in gleicher Weise widersprochen hätten und noch widersprächen. Wenn deshalb irgend ein Irrthum sich vorfinde, den er in der Vergangenheit geschrieben, gelehrt oder gepredigt, öffentlich oder heimlich, an irgend einem Orte oder zu irgend welcher Zeit, grade heraus oder mittelbar, aus Unklarheit oder Widerspenstigkeit des Sinnes, so widerrufe er ihn hiermit ausdrücklich und öffentlich vor den Mitgliedern des Gerichtshofes allen insgesammt und vor jedem einzelnen, weil er solches von jetzt ab für nicht gesagt oder für nicht geschrieben angesehen wissen wolle. Nichts desto weniger muss der Ausspruch des Glaubensgerichtes gegen Eckhart gelautet und einzelne seiner Sätze ausdrücklich verdammt oder ihr Urheber zu einer bestimmten Strafe verurtheilt worden sein. Denn am 20. Februar appellierte Eckhart gegen den Ausspruch der Inquisitoren zu Coeln an den Papst. Die Untersuchung, die der päpstliche Hof unmittelbar gegen Eckhart anstrengte, und in der dieser selbst zugestehen musste, gewisse ihm vorgehaltene Sätze gelehrt zu haben, nahm einen für Eckhart ungünstigen Verlauf. Im Jahre 1328 erschien zunächst eine Bulle des Papstes mit den Anfangsworten: In agro Dominico, welche um der ketzerischen Begharden und Beguinen willen eine Reihe von Lehrsätzen, die aus Eckharts Schriften gezogen waren, doch ohne Eckharts Namen zu nennen, zu predigen verbot, weil sie befremdlich, zweifelhaft, verdächtig und verwegen lauteten. Solche verwegene und räthselhafte Sätze zu lehren sei gefährlich wegen der Heuchler beiderlei Geschlechtes, welche um des Gelderwerbes willen ketzerisch lebten, sich durch eine besondere Lebensart auszeichneten und nach einer ihrer Lebensweise entsprechenden, d. h. gefälschten Lehre umhersuchten. Wer solche Sätze weiterhin predige, sollte ohne Weiteres in die Strafe der Excommunication verfallen und für einige jener Sätze als für ketzerische, für andere als für der Ketzerei verdächtige und verwegene bestraft werden. Diese Bulle wollte also zunächst nur der weiteren Verbreitung der Sätze wegen der in ihnen liegenden Gefahr für heuchlerische Gemüther wehren, ohne sie indess alle gradezu als ketzerisch zu bezeichnen. Die Bulle ist meist missverstanden worden. Die falsche Datierung derselben bei dem ganz unzuverlässigen Corner (in Eccardi Corp. histor. medii aevi t. 2. col. 1036) hat Mosheim, Gieseler, Ch. Schmidt und Andere zu irrigen Schlüssen verleitet. Offenbar haben Heinrich von Erfurt (Chronik, herausgeg. v. Potthast, Götting. 1859, S. 247) Paul Lange (in der Zeitzer Chronik, bei Pistorius, Rerum Germanic. Scr. Edit. tert. I. S. 1206), und diesem folgend d'Argentré (Collectio judiciorum I. S. 312) Recht, welche ganz einstimmig die Bulle in das 12. Jahr des Papstes oder in das Jahr 1328 setzen. Damit wird auch die wahre Abzweckung der Bulle, deren vollen Wortlaut wir immer noch nicht kennen, klar: denn die Zuverlässigkeit des bei Heinrich von Erfurt gegebenen Berichtes kann nicht angezweifelt werden. Möchte es Pfeiffer, in dessen Händen neben so vielem anderen werthvollen Material auch die vaticanischen Urkunden sich befinden, die sich auf Eckhart beziehen, gefallen, dieselben mitzutheilen, damit endlich auf die Beziehungen Eckharts zu den Begharden wie zu den Brüdern und Schwestern des freien Geistes ein volles historisches Licht falle!

Es ist möglich, dass jene Bulle, welche nicht gradezu verdammte und immerhin von einem Geiste der Milde und Schonung eingegeben war, indem sie nicht das Vergangene strafte, sondern nur ein Verbot für die Zukunft aufstellte, diesen Charakter trug, theils um die Person des Meisters Eckhart nicht zu hart zu treffen, theils um dem Orden nicht die Schmach anzuthun, dass eines seiner angesehensten Mitglieder mit dem Makel der Häresie bezeichnet wurde. Nicht lange nach dem Erlasse jener Bulle, wohl am Anfang des Jahres 1329, starb Eckhart, und nun fiel zum mindesten die Rücksicht auf seine Person fort. Am 27. März 1329 erliess der Papst eine neue Bulle, welche 28 Sätze des Meisters als ketzerisch oder der Ketzerei verdächtig bezeichnete und als solche verwarf. In dieser Bulle wird Eckhart, von dem wie von einer obscuren, dem Papste sonst unbekannten Persönlichkeit geredet wird, als ein schon Verstorbener erwähnt und erzählt, dass er vor seinem Tode den katholischen Glauben bekannt und 26 von jenen Artikeln und was er sonst geschrieben und gelehrt haben könnte, was in den Gemüthern der Gläubigen einen häretischen, irrigen oder dem wahren Glauben feindlichen Sinn erzeugen könnte, so weit es diesen Sinn habe, widerrufen und verworfen habe, und dass dieser Widerruf gelten sollte, als habe er jene Artikel und andere Lehren jede besonders und einzeln widerrufen, indem er der Entscheidung des apostolischen Stuhles ebensowohl sich, als alle seine Schriften und Reden unterworfen habe. Ob mit diesen letzten Worten ein zweiter ausdrücklicherer Widerruf Eckharts gemeint sei, den er kurz vor seinem Tode geleistet habe, kann zum mindesten zweifelhaft erscheinen. Dass es kein uneingeschränkter, sondern ein bedingter Widerruf war, geht immerhin aus der Fassung der Bulle hervor, und jener oben erwähnte erste Widerruf konnte in einem päpstlichen Berichte ganz wohl die in der Bulle dargelegte Fassung annehmen. Indessen ist es auch nicht undenkbar, dass Eckhart in aller Ehrlichkeit sich dem Ausspruche der Kirche unterworfen und zwar nicht jene Sätze selbst, aber alles, was in ihnen zu einer ketzerischen Meinung veranlassen könnte, widerrufen habe. Eckhart redet von der Kirche nie anders als mit Ehrfurcht, wenn er auch freilich ausdrücklich hervorhebt, dass die Macht des Papstes nur bis an die Grenze des Gewissens heranreicht. Er kennt nur eine wahre Kirche, die römische; er bekämpft weder ihre Priester noch ihre Institute, aber wohl die unbedingte Geltung derselben. Er kennt eben noch ein Höheres als die Kirche, und das ist Christus selber. Er glaubt nur nicht, dass die Kirche das ausschliessliche Organ aller Gnadenmittheilung sei. Auch die Sacramente und Gebräuche der Kirche erkennt er an, nur nicht als das Letzte und Höchste oder als ein Nothwendiges, an das man gebunden sei, auch nicht in ihrem hergebrachten kirchlichen Sinne, sondern mit einer Umdeutung in das Geistige. Dass Eckhart, was ihm für wahr galt, dem Papste zu Liebe als falsch bezeichnet habe, wird man sich nicht überreden können anzunehmen; aber dass er dem verehrten Haupte der Kirche zu Liebe so weit gegangen ist, als es irgend das Gewissen erlaubte, wird man mit Recht vermuthen dürfen. — Trotz der Censur der Kirche hat Eckhart ein ehrenvolles Andenken hinterlassen und selbst die Gegner reden von ihm in milder Weise. Seine Irrthümer werden selbst vom Papste einem allzuheissen Drange nach Erkenntniss zugeschrieben, der sich nicht an den vorgeschriebenen Glaubenssätzen habe genügen lassen. Den älteren kirchlichen Beurtheilern ist er, dem einen ein von Charakter und Geist gleich vorzüglicher, dem andern ein über alles Lob erhabener Mann; ein dritter rühmt ihn als von strengstem Lebenswandel, einen wohlgerüsteten Lehrer der Kirche, ohne seines Gleichen unter seinen Zeitgenossen, ebenso ausgezeichnet durch Kenntniss der Glaubenslehre, als durch Lebensweise und Charakter. Die Geschichtschreiber der Schriftsteller seines Ordens erklären seine Irrthümer dadurch, dass die hervorragenderen Geister nicht immer auch die vorsichtigeren seien; man müsse glauben, er sei in diese Irrthümer hineingerissen worden durch eine unmässige, der Nüchternheit entbehrende Sehnsucht nach einem heiligen Leben. Es muss gegen seinen persönlichen Charakter nichts einzuwenden gewesen sein, wenn trotz der kirchlichen Verdammung über den Gefallenen auch von Gegnern so milde geurtheilt wurde.

Inmitten der heftigsten Verfolgung war Eckhart gestorben. Noch über sein Grab hin rief der Papst seinen Verdammungsruf, freilich mit verhältnissmässig milden Worten gegen den Urheber der verurtheilten Lehren. Aber die Gedanken Eckharts waren damit nicht todt, sie gewannen jetzt erst rechtes Leben. Begeisterte Schüler trugen sie in alle Welt hinaus, und obgleich von der Kirche verstossen, blieb Eckhart der Meister, zu dem sich viele der edelsten frommsten geistvollsten Männer ohne Scheu und mit tiefster Verehrung bekannten. Nun wurde Eckhart „der Meister“ schlechtweg für ein ganzes Geschlecht von Theologen; er heisst der grosse, der hohe, der selige, der göttliche Meister, der Meister, dem Gott nie etwas verbarg, der die Wahrheit lehrte alle Fahrt. Man trug sich mit einzelnen Sprüchen von ihm; das Gottinnigste und Tiefste, auch wohl das Befremdlichste und im Ausdruck Paradoxeste liebte man an seinen Namen zu knüpfen. Sammlungen von solchen mündlichen Aussprüchen des edlen Meisters giengen von Hand zu Hand. Wiederholt gedenkt insbesondere Suso des heiligen, des seligen Meisters, der ihn von den Anfechtungen, Zweifeln und Aengsten seiner Seele befreit hat; er sieht ihn nach seiner Art in Visionen, umstrahlt von dem Lichte der Verklärung, und hört seine Versicherung, dass ihm die vollste Anschauung des göttlichen Lichtes im Jenseits zu Theil geworden. Nun erst gewinnen die Gedanken des Meisters Macht über die Nation. Die begeisterten Schüler breiten sie aus und entzünden durch gewaltige Predigt auch die trägen Herzen. Im engsten Anschlusse selbst an die Worte des Meisters, oft ihn gradezu ausschreibend oder seinen Gedankengang im Ganzen wiederholend, meist seine Herbigkeit mildernd, gestalten diese Schüler auf Eckhartischer Grundlage die deutsche Mystik als ein specifisches Gut der deutschen Nation.

Aber auch des Meisters Schriften haben auf das fruchtbarste weiter gewirkt, wenn auch in anderer Weise. Man wird ihnen wohl dem Befehle des Papstes gehorchend nachgespürt und sie der Vernichtung gewidmet haben; aber viele wenigstens sind der Verfolgung entgangen. Als kostbarer Besitz wanderten sie im Verborgenen von Hand zu Hand; gottselige Gemüther tauschten sie unter einander aus und liessen sich durch sie in die Geheimnisse des göttlichen Wesens einführen; sie wurden die Grundbücher einer gotttrunkenen Frömmigkeit. Natürlich, dass sie oftmals nicht mit dem Namen des Verfassers bezeichnet waren, dass auch Anderer Schriften, wenn in ihnen nur ein ähnlicher Geist lebte, dem hohen Meister zugeschrieben wurden, dass Eckharts Schriften zuweilen unter andern Namen gingen. Man wurde nicht müde, sie abzuschreiben, Auszüge aus ihnen zu machen, wichtige Betrachtungen herauszuheben und in neuem Zusammenhange zu einem Ganzen zu verarbeiten. Wir haben (bei Greith, die deutsche Mystik im Predigerorden S. 96—202) wenigstens noch eine Schrift, die, wenige dem Tauler oder Suso entlehnte Stellen ausgenommen, ganz aus längeren und kürzeren Stellen Eckharts zusammengesetzt ist und ein gegliedertes System der Lehre in übersichtlicher Kürze darstellt, wie es Eckhart selbst schwerlich jemals gegeben haben wird, und in der Pfeifferschen Sammlung der Schriften Eckharts findet sich eine kürzere, aus Bruchstücken Eckharts musivisch zusammengesetzte Abhandlung

(S. 394—416), so wie viele einzelne Aussprüche des Meisters, die aus seinen Schriften von frommen Leuten ausgezogen sind.

Eckharts Beredtsamkeit wird einstimmig von allen Zeugen gepriesen. Was wir noch von ihm besitzen, beweist eine ganz ausserordentliche Sprachgewalt. Seine Rede muss für tiefer angelegte Gemüther hinreissend gewesen sein. Man würde sich vollkommen täuschen, wenn man bei dem „Mystiker" einen unklaren, mit der Sprache ringenden Ausdruck der Gedanken, ein Ueberwallen des Gefühls, ein Schwelgen in phantastischen Bildern, ein unbestimmtes, die scharfen Grenzen verwaschendes Halbdunkel suchen würde. Klar und bestimmt, in schlagenden, fest geprägten, charaktervollen Wendungen, baut sich seine Rede mit meist kurzen, eng gefügten Sätzen auf wie ein Bau aus Quadern. Es herrscht eine Lust an äusserster und schärfster Zuspitzung des Gedankens vor; die Paradoxie wird eher gesucht als gemieden; der Sprecher hat seine Lust daran, die herrschende, die gewöhnliche Meinung auf den Kopf zu stellen, das entfernt Liegende in nahe Verbindung zu setzen, dem gemeinen Verstande seine Nichtigkeit dadurch recht deutlich zu machen, dass das Unerwartete, das Fremdartige, ja das Krasse ihm unvorbereitet als die wahre und tiefste Auffassung der Sache vorgehalten wird. Die erste Fassung des Gedankens genügt noch nicht; sie wird durch eine zweite schärfer zugespitzte, diese durch eine dritte noch kühnere überboten. Allerdings hat man Recht, von Verwegenheit des Ausdrucks zu sprechen, auch wo der Gedanke selber sie nicht grade fordert. Offenbar dass dem Meister der stärkste Ausdruck der liebste ist, dass er den Gegensatz seiner Auffassung zu der verflachenden gemeinen Anschauung geflissentlich auch in den Worten so drastisch als möglich hervorkehrt. Aber nirgends wird er geschmacklos, nirgends verlässt ihn ein sicherer und gesunder Tact, und wenn er oft die Andacht eines religiösen Gemüthes durch seine Schroffheit verletzen mag, so wird Manchem die Kühnheit des Denkers zu ersetzen scheinen, was ihm an einfacher und schlichter Frömmigkeit abgeht.

Eckhart ist der Urheber einer philosophischen Prosa in Deutschland. Kirchliche Predigten und mystische Erbauungsschriften von hoher Vorzüglichkeit und Meisterschaft der Sprache hat es auch vor ihm gegeben. Aber für seine Speculation hat er das sprachliche Gewand sich selber erschaffen müssen. Und mit welcher Genialität hat er das vollbracht! Für die philosophischen Begriffe der Schule deutsche Ausdrücke zu formen, hat er zuerst und in musterhafter Weise versucht. So in der Predigt CI bei Pfeiffer (S. 324—328), welche zum Theil eine zusammenziehende Uebersetzung aus der Summa theol. des Thomas ist (I. Qu. XV. Art. 1—3). Sorgfältig scheidet er Synonyma, sucht er überall eine Genauigkeit und Bestimmtheit des Sprachgebrauchs, die allen Doppelsinn abschneidet. Fremdwörter hat er nicht verschmäht, aber nur sparsam gebraucht, und zuweilen verwendet er neben dem entlehnten noch den eigenthümlichen deutschen Ausdruck in gleicher Bedeutung. So verstiegen seine Speculation zuweilen ist, so wird doch die in der Sache liegende unvermeidliche Dunkelheit durch Unbestimmtheit des Ausdrucks nicht vermehrt, sondern durch präcisen Wortgebrauch so viel als möglich vermindert. Seine Rede kann so innig, so sanft und lieblich lauten, und stürmt dann wieder mit Schwingen der Begeisterung so ungestüm einher, die Phantasie ergreifend und alle Sinne fesselnd. Für seine Abstraktionen, für seine syllogistischen Schlussketten, für die dialektischen Windungen seines Gedankenganges — für alles hat er die angemessene, treffende Form gefunden; sein Ausdruck haarscharf wie seine Meinung ist das überall eng anschliessende Kleid seines Gedankens. Kaum lässt sich sagen, auf welchem Gebiete er sich vollendeter darstellt, ob im schlichten Lehrtone erbaulicher Andacht, wenn er einem einfachen Christenherzen die Gründe seines Trostes, die Grösse seiner Pflichten, die Liebe seines Gottes vorhält, oder in den Tiefen der speculativen Erörterung, wenn er das Wesen der Gottheit und aller Dinge denkend zu ergründen unternimmt, oder in der begeisterten Schilderung eines vollkommen geheiligten Lebens, wo der Mensch zu seinem höchsten Ziele, zur Vereinigung mit seinem Gott gelangt ist. Seine Schüler haben andere Vorzüge; aber in Bündigkeit, Lebhaftigkeit und hinreissendem Schwunge ist er von keinem erreicht worden.

Eckhart war ein äusserst fruchtbarer Schriftsteller. Tritheim hat von ihm noch gesehen: Commentare zu den Sententiae und einigen Büchern der Heiligen Schrift, eine Sammlung von Lehrsätzen und Predigten. Auch der berühmte Cardinal Nicolaus von Cusa hat noch unmittelbar aus Schriften des Meisters geschöpft. Den Schüler, der seine Schrift de docta ignorantia gegen den Angriff eines Gegners vertheidigen soll, lässt er sagen:

„Cusanus habe ihm mitgetheilt, dass er viele Erklärungsschriften Eckharts über die meisten Bücher der Heiligen Schrift, viele Predigten und Tractate und ausserdem mehrere aus seinen Schriften über Johannes gezogene Aussprüche hier und dort in den Bibliotheken gesehen habe, die von anderen angemerkt und widerlegt worden seien. In Mainz habe er auch eine kurze Schrift Eckharts gesehen, in welcher er denen, die ihn hätten angreifen wollen, entgegne, indem er sich selbst erkläre und nachweise, dass die Tadler ihn nicht verstanden hätten. Dennoch behauptete der Lehrer, indem er Eckharts Geist und seinen Fleiss lobte, er habe niemals gelesen, dass Eckhart die Identität der Creatur und des Schöpfers gelehrt habe; doch wünschte er, dass seine Bücher nicht allgemein zugänglich gemacht würden, weil die Menge nicht fähig sei, das zu verstehen, was er wider die Gewohnheit anderer Theologen selbst einflechte, obgleich verständige Leute viel Scharfsinniges und Nützliches in seinen Büchern finden könnten.“ Nicolaus von Cusa ist grade dadurch einer der Erneuerer der Wissenschaft geworden, dass er die Speculation Eckharts mit den neu erwachenden Bestrebungen auf dem Gebiete der Mathematik und der Naturwissenschaften in enge Beziehung gebracht hat.

Was wir von Eckhart besitzen, ist alles zunächst zum Behufe der Erbauung geschrieben oder hat seinen Zweck in der tieferen Begründung der ethischen Anforderungen. Auch die Form ist nirgends die eines zusammenhängenden wissenschaftlichen Vortrags. All sein Sprechen und Schreiben hat den Zweck, die Gemüther zu ergreifen, und strebt allgemeine Verständlichkeit an. Der Grundcharakter ist theologische Erörterung; seine Anschauung von göttlichen und menschlichen Dingen lässt er in den verschiedenartigsten, der Heiligen Schrift entnommenen, aber aus dem Zusammenhang gerissenen Texten vermöge der willkürlichsten allegorischen Deutung sich wiederspiegeln. Der Weg ist überall der der synthetischen Deduction von jenem obersten Princip aus, nicht der der Begründung dieses Princips. In der Andacht, die diese Reden und Tractate beseelt, fehlt fast durchaus das Element, das in allen pietistischen Richtungen das hauptsächlichste ist, der Schmerz über die Sünde; dagegen charakterisiert sie sich durch das Schwelgen in dem Abstrakten, in der lauteren bildlosen Anschauung der höchsten Einheit. Jene gewagte und spielende Bildlichkeit in der Bezeichnung des Verhältnisses Christi zur Seele als des Liebhabers zur Geliebten, wie sie selbst bei Tauler, weit mehr bei Suso erscheint, wird bei Eckhart ganz vermieden. — Seine Stellung zu den Fragen der wissenschaftlichen Speculation können wir nur aus gelegentlichen Aeusserungen entnehmen: in systematischem Zusammenhange solche Fragen zu erörtern ist er nicht gewohnt. Für die specifisch logischen Probleme der Philosophie seiner Zeit hat er kein Interesse. Ein extremer Realismus, die Lehre, dass das Allgemeine allein das wahrhaft Seiende sei, bildet die stillschweigende Voraussetzung seines Gedankenganges. Hier und da führt er einen logischen Grundsatz als Canon des Denkens an; er ist sich dieser Principien also wohl bewusst gewesen, ohne doch die Nothwendigkeit zu empfinden, dieselben näher zu begründen oder auszuführen.

Die meisten Schriften Eckharts, insbesondere seine biblischen Commentare, sind wohl für immer verloren. Erhalten sind uns Predigten und Tractate, Sammlungen aus Eckhart ausgezogener Stellen und in der Ueberlieferung aufbewahrte Aussprüche. Pfeiffer hat 18 Jahre lang gesammelt und eine nicht unbeträchtliche Sammlung zu Stande gebracht. Vielleicht, dass er manches Handschriftliche oder in den Ausgaben Taulers Gedruckte mit Unrecht nicht aufgenommen hat, dass manches Aufgenommene nicht mit Sicherheit als Eckhartisch sich bezeichnen lässt: so viel ist sicher, dass die gewissenhafte Art, mit der er verfahren ist, das höchste Lob verdient. In der Pfeifferschen Sammlung steht Eckhart zum ersten Mal in der vollen Waffenrüstung seines grossen Geistes vor uns da; das Verlorene lässt sich eher verschmerzen, seit wir Material genug haben, um die Eigenartigkeit und die Bedeutung des Mannes im Ganzen mit Sicherheit zu erfassen. Wir kennen jetzt die tiefere Quelle, aus der hochwichtige Elemente geflossen sind, die die ganze nationale Cultur des deutschen Volkes charakterisieren. Wir erkennen in Eckhart einen der tiefsten Denker aller Zeiten, einen der grössten Männer deutscher Nation. Die geschichtlichen Wirkungen, die von ihm ausgegangen sind, können kaum zu hoch angeschlagen werden. Sprachlich betrachtet ist er einer der Väter der deutschen Prosa und in jedem Sinne ein classischer Schriftsteller; in der Theologie ist er eines der wichtigsten Mittelglieder, welche die deutsche Reformation vorbereitet haben; als Philosoph hat er eine kräftige Saat von Gedanken ausgestreut, die in verschiedenen Formen immer wieder im deutschen Geiste mächtig geworden sind. Die letzten Entwicklungen der deutschen Gedankensysteme berühren sich wieder auf's genaueste mit den Tendenzen des alten Coelner Meisters. Es ist nicht ohne Wichtigkeit, dass sein Andenken wieder unter uns erneuert worden ist. Wir können unmittelbar vielleicht wenig von ihm entnehmen: aber an der Grösse seines Strebens, an der Höhe seines Gedankenfluges können wir uns aufrichten, und selbst von seinen Irrthümern können wir lernen. Er ist ein integrierendes Glied in dem Gesammtbilde der Kirche seiner Zeit und in der religiösen Entwicklungsgeschichte unsres Volkes. Die Bedeutung des Neuen wird uns klar durch den Vergleich mit dem Alten; und wenn wir über den alten Meister recht urtheilen lernen, so werden wir auch über verwandte Erscheinungen der neueren Zeit ein begründeteres und billigeres Urtheil erlangen und Recht und Unrecht mit grösserer Sicherheit gegen einander abwägen können.

Die Lehre Eckharts.

Vorbemerkungen.

Die Darstellung der Lehre Eckharts wird dadurch wesentlich erschwert, dass der Meister sich immer nur über einzelne Punkte seines Gedankenkreises im Zusammenhange ausspricht und je nach dem gegebenen Anlass einzelne Fragen zu lösen, einzelne Schwierigkeiten zu heben sich bemüht. Ist die Form der Predigt und der erbaulichen Abhandlung an sich wenig geeignet für ein streng wissenschaftlich verbundenes Gedankensystem, so ist andrerseits der Meister selbst wenig geneigt, seine Gedanken in längeren Reihen consequent auszubauen und alles Einzelne auf das letzte begründende Princip, aus dem es in der That geflossen ist, ausdrücklich zurückzuführen. Sein Denken wie sein Sprechen hat etwas Aphoristisches, Abspringendes; die alles Einzelne seiner Lehre umfassende Grundanschauung schimmert überall hindurch, und doch trägt er seine Lehren, ohne tiefer auf die Gründe zurückzugehen, in der Form selbstverständlicher Sätze vor. Zuweilen springt er wie willkürlich von einem Gegenstande ab und wendet sich zu einem andern, wie ihn seine Stimmung treibt. Diejenigen Gedanken, von denen er hofft, dass sie die Gemüther am kräftigsten ergreifen werden, wiederholt er unermüdlich; die Zwischenglieder, die unentbehrlich sind, um ein gedankenmässiges Ganzes herzustellen, vernachlässigt er, wenn sie nicht unmittelbare Frucht für das religiöse und sittliche Leben versprechen. So hat er offenbar eine ganze Reihe von Problemen, die aus seiner Grundanschauung entspringen, nicht mit durchdacht, eine Fülle von Schwierigkeiten nicht erwogen; manche auf der Hand liegende Widersprüche in seinen Aussagen sind ihm selber verborgen geblieben. Er geht gründlicher auf die Zusammenhänge der Gedanken ein, als es sonst diejenigen zu thun pflegen, die auf die Erbauung der Leser und Zuhörer hin schreiben oder sprechen; er ist aber zugleich argloser, als es sich für denjenigen geziemt, der ein wohlgegliedertes Ganzes wissenschaftlicher Erkenntniss darzulegen unternimmt.

Das Princip seiner gesammten Denkweise hat Eckhart selbst sehr gut bezeichnet. Alles Irdische ist Gleichniss. Willst du den Kern haben, so musst du die Schale zerbrechen. Willst du die Natur an sich finden, so müssen alle Gleichniss schwinden (333, 24). Es ist ein Gebrechen der Natur, sagt er, dass man Gott mit sinnlichen Bildern bezeichnen muss und mit bestimmten Prädicaten. Gott aber ist weder dies noch das; er findet sein Genüge nicht, ehe er sich aus allem bestimmten Sein in die absolute Einheit zurückgezogen hat. Da sind alle Grashälmchen und Holz und Stein und alle Dinge eins. Dies ist das Allerbeste und ich habe mich darin vergafft (332, 31). Auf diese höchste Einheit geht er überall zurück; sie denkend zu erfassen, liebend zu durchdringen ist das stete Ziel seiner Mahnung. Aber es ist der Geist frommer Andacht, nicht äusserlicher Wissbegier, der ihn dabei leitet. Ich spreche gern von der Gottheit, weil alle unsere Seligkeit daraus fliesst (301, 6). Und mit Gott zusammen erwähnt er den göttlichen Theil der Seele, das ungeschaffene und nicht schaffbare Licht. Dies Licht pflege ich überall in meiner Predigt zu berühren (193, 17). Nicht draussen ist Gott. Man soll Gott nicht erfassen noch auf ihn achten ausser sich selber, sondern insofern er mein eigen und in mir ist (206, 2). Ihr habt alle Wahrheit in euch als euer eignes Wesen; warum sucht ihr ausser euch? warum bleibt ihr nicht bei euch selbst und greift in euren eignen Schatz (67, 17)? Keine äussere Autorität, nicht die Schrift, nicht das Dogma kann euch selig machen; ihr müsst es alles in euch erfahren und erleben (102, 34; 12, 30), wenn Gott und der heilige Geist euch in seine Schule nimmt (77, 16; 12, 34). Was hülfe uns viel zu sprechen von göttlicher Natur, wenn wir nicht sein Bild in uns finden (657, 26)? — Wie hoch sich aber auch seine Speculationen über Gott und die Wesenseinheit der Seele mit Gott hinaufschwingen mögen, sittliche Erhebung ist es, was er vor allem anstrebt. Wenn ich predige, so pflege ich zu sprechen von der Abgeschiedenheit und dass der Mensch ledig werde seiner selbst und aller Dinge; zweitens, dass man wieder hineingebildet werde in das einfältige Gut, d. i. in Gott; drittens, dass man gedenke des hohen Adels, den Gott der Seele mitgegeben hat, damit der Mensch durch ihn auf wunderbare Weise zu Gott komme; viertens von der Lauterkeit göttlicher Natur (91, 24). Von der Bücherweisheit hält er nicht allzuviel. Es ist ein Ausspruch von ihm: Besser ein Lebemeister als tausend Lesemeister. Wollte ich einen Meister der Schrift suchen, den suchte ich zu Paris und auf hohen Schulen, um grosse Geschicklichkeit zu erlangen. Aber wollte ich nach vollkommenem Leben fragen, das könnte er mir nicht sagen, sondern nur eine ledige blosse abgeschiedene Seele. Da allein kann man Gott finden, wenn man ihn nicht in Gott selber sucht (599, 19).

Eckhart weiss wohl, dass seine Lehren von Vielen hart getadelt und gröblich missverstanden werden. Ich weiss, sagt er am Schlusse seines herrlichen Büchleins „von göttlicher Tröstung" (S. 447 ff.), dass mancher ungeistliche Mensch sagen wird, viele Worte, die ich in diesem Buche und anderswo geschrieben, seien nicht wahr. Denen antworte ich wie St. Augustinus: was kann ich dafür, wenn Jemand das nicht versteht? Und anderswo sagt eben derselbe: dass der Mensch allzu nackte Selbstliebe zeigt, der andere Leute blenden will, damit seine eigene Blindheit verborgen bleibe. Mir genügt, dass in mir und in Gott wahr sei, was ich spreche und schreibe. Wer einen Stab in's Wasser taucht, dem däucht ein grader Stab krumm zu sein, und das kommt daher, weil das Wasser gröber ist als die Luft. Dennoch ist der Stab an sich grade und nicht krumm, und das ist er auch in den Augen dessen, der ihn allein in dem lautern Elemente der Luft sieht. St. Augustinus sagt: Wer ohne allerlei Gedanken, ohne allerlei sinnliche Bilder und Formen inwendig erkennt, was durch kein äusseres Sehen in die Seele gekommen ist, der weiss, dass es wahr ist. Wer es aber nicht weiss, der lacht und spottet mein, und ich bedaure ihn. Aber solche Leute wollen die ewigen Dinge und die Werke Gottes schauen und beurtheilen und im Lichte der Ewigkeit stehen, und ihr Herz flattert noch im Gestern und Heute, in Zeit und Raum. Seneca, ein heidnischer Weiser, sagt: Von grossen und hohen Dingen soll man in grossem und hohem Sinne sprechen und mit erhabener Seele. Nun hört man sagen, dass man solche Lehren nicht aussprechen noch niederschreiben soll für

Ungelehrte. Darauf erwidere ich: soll man die Ungelehrten nicht lehren, so wird niemals Jemand gelehrt, so kann Niemand lehren weder zu leben noch zu sterben. Denn dazu eben lehrt man die Ungelehrten, dass sie aus Ungelehrten Gelehrte werden. Gäbe es nichts Neues, so gäbe es nichts Altes. Unser Herr spricht: die Gesunden bedürfen der Arzenei nicht. Dazu ist der Arzt, dass er die Kranken gesund mache. Ist nun Jemand, der dies Wort unrecht versteht, was kann der dafür, der dies Wort, welches recht ist, recht spricht? St. Johannes verkündet das heilige Evangelium Allen, den Gläubigen und auch den Ungläubigen, damit sie gläubig werden, und doch beginnt er das Evangelium mit dem Höchsten, was ein Mensch hienieden von Gott aussagen kann, und in der That sind seine Worte und auch unseres Herrn Worte vielfach unrecht verstanden worden. Der liebevolle, milde Gott, der die Wahrheit selber ist, der gebe mir und allen denen, die dies Buch lesen werden, dass wir die Wahrheit in uns gewahr werden. —

Eckhart nimmt für seine Lehre und selbst für seine kühnsten Sätze den vollen Werth einer schriftmässigen, ja den tiefsten Sinn der Schrift darstellenden Auslegung in Anspruch. Das ist alle meine Klage, sagt er, dass ungeistliche Leute, die des Geistes Gottes leer sind und ihren groben irdischen Sinn noch nicht abgelegt haben, beurtheilen wollen, was sie in der Schrift, die von und in dem Heiligen Geiste gesprochen ist, hören und lesen, ohne zu bedenken, dass geschrieben steht: Was unmöglich ist bei den Menschen, das ist bei Gott möglich, ja selbstverständlich und natürlich. Was der niedern Natur unmöglich ist, das ist etwas Gewöhnliches und Natürliches für die obere Natur. Darum lasset euch auch meine Lehre gefallen (437, 6). Deshalb ist er seiner Sache durchaus gewiss. Wer das nicht erkennt, fügt er nach einer gewagten Behauptung hinzu, der beklage seine Blindheit, nicht mich noch die göttliche Wahrheit (443, 36). Oder: Niemand tadle diese Worte um der ewigen Wahrheit willen; denn es ist die ewige Wahrheit. Wisset, unverständige Leute tadeln oft, was die ewige Wahrheit ist (682, 34). Es giebt Leute, wenn ihnen die lautre Wahrheit offenbart wird, so wollen sie das begreifen mit menschlichen Sinnen, was über aller Engel Verständniss ist. Darum befragen sie andere Leute und tragen es ihnen vor mit groben Sinnen, wie sie es verstanden haben; dann verstehen es diese eben so grob, wie sie es von jenen hören, und behaupten dann, es sei unrichtig und könne mit dem christlichen Glauben nicht bestehen, und wähnen, es sei, wofür sie es halten, weil sie es nicht verstehen. Und doch betrügen sie sich darin (242, 34). Könntet ihr es verstehen mit meinem Herzen, ihr verständet mich wohl; denn die Wahrheit spricht es selber. Dafür setze ich euch die Wahrheit zum Zeugen und meine Seele zum Pfande (46, 20; 47, 3). Allen, die dawider sprechen, denen wird durchaus widersprochen. Denn was ich gesprochen habe ist wahr, und die Wahrheit spricht es selber (74, 16). Das giebt ihm Muth zu lehren, was wider alle Meister ist (71, 16). Ich sage das als wahr und darf es sagen; denn ich weiss, dass es so ist (642, 19).

Um ihn zu verstehen, dazu bedarf es eines hoch erhabenen Geistes. Ich sage euch bei der ewigen Wahrheit, wo ihr dieser Wahrheit, von der wir nun sprechen, nicht gleich seid, so könnt ihr mich nicht verstehen (280, 17). Seine Lehre ist auch nicht für Jedermann. Wer diese Rede nicht versteht, der bekümmere sein Herz nicht damit. Denn so lange der Mensch dieser Wahrheit nicht gleich ist, so lange wird er diese Rede nicht verstehen. Denn es ist eine unbedachte (nicht durch Reflexion gewonnene) Wahrheit, die unmittelbar aus dem Herzen Gottes entsprungen ist (284, 28). Es giebt viele Leute, die das nicht begreifen, und das dünkt mich nicht wunderbar; denn der Mensch, der dies begreifen soll, muss sehr abgeschieden und über alles Irdische erhaben sein (209, 29). — Am liebsten beruft er sich für besonders fremdartig klingende Lehren auf Aussprüche der Heiligen Schrift. Liebe ich Gott, werde ich dann Gott? Das sage nicht ich, ich verweise euch auf die Heilige Schrift. Gott hat durch den Propheten gesprochen: Ihr seid Götter und Kinder des Höchsten (86, 31). Augustinus sagt: was der Mensch liebt, das ist der Mensch. Liebt er einen Stein, so ist er ein Stein; liebt er einen Menschen, so ist er ein Mensch; liebt er Gott — nun wage ich nicht fortzufahren; denn sagte ich, dass er dann Gott wäre, ihr würdet mich steinigen. Aber ich verweise euch auf die Schrift (199, 4). Hätte ich dies Wort gesprochen, so möchte es die Leute wundern. Nun aber spricht es Christus selber. Darum muss man's ihm glauben als der Wahrheit, denn Christus ist die Wahrheit (289, 6). — Zuweilen nimmt er aber auch Anstand, das letzte Wort auszusprechen. Davon sprechen wir nicht mehr. Ich will mir selber das behalten (460, 33). Oder er fügt auch besonders schwierigen

Lehren hinzu: dies zu wissen ist nicht noth (284, 10), und verlangt von geistig geförderten Leuten das Wissen, von ungebildeten das Glauben (189, 14).

Auf Missverständnisse ist er gefasst. Aber seine Seele ist so voll, dass er sich mittheilen muss. Wer diese Predigt verstanden hat, dem gönne ich's wohl. Wäre hier Niemand gewesen, ich müsste sie diesem Stocke gepredigt haben (181, 19). Aber er will sich verständlich machen und erstrebt einen populären Vortrag. Als ich heute hergieng, da überlegte ich, wie ich euch so verständlich predigen könnte, dass ihr mich wohl verständet, und ersann ein Gleichniss (192, 30; 336, 1). Und so unterscheidet er auch zwischen dem populären Kanzelvortrag und der wissenschaftlichen Untersuchung (69, 26). Aber des Beweises glaubt er sich nicht überhoben. Ich will euch dies mit natürlichen Gründen beweisen, dass ihr es mit Händen greifen könnt, und wenn ich auch der Schrift mehr glaube als mir selber, so schärft es sich euch doch tiefer und besser ein dadurch, dass es euch bewiesen wird (4, 17). Ein Reden ohne Erklärung und Beweis wäre wie ein Schlag in's Wasser (216, 38).

Eckharts hauptsächlichstes Streben ist, die Seele aus allen Bildern und Gleichnissen heraus zur reinen und adäquaten Anschauung des Absoluten anzuleiten. Er ist nicht durchaus ein Feind aller Gleichnisse; denn geistliche Dinge können der Seele in ihrer Verdunklung durch den Leib und die Sinnlichkeit nur unter Gleichnissen mitgetheilt werden (196, 9). Aber er bedauert diese Nothwendigkeit und fordert auf, nicht im Gleichniss stehen zu bleiben, sondern alles Bildliche abzustreifen. Es ist der Menschen Gewohnheit, dass ihnen wenig zusagt, was sie nicht mit sinnlicher Anschauung zu begreifen vermögen. Und doch soll man wissen, dass die Wahrheit so lauter an sich selbst ist, dass sie nicht überall mit leiblichen Sinnen zu verstehn ist. Die Wahrnehmung ist gewissermaassen ein Weg, um zum Verstehen zu gelangen (344, 33). Selbst die Schriftsteller der Heiligen Schrift, die Propheten, denen die Offenbarung göttlicher Wahrheit durch Inspiration zu Theil ward, mussten, wenn sie das Erschaute mittheilen wollten, zu sinnlichen Bildern ihre Zuflucht nehmen oder sie mussten schweigen. Denn theils war die Wahrheit, die sie schauten, über der Fassungskraft ihres Verstandes, theils war sie in den Bildern und Formen der Sprache nicht auszudrücken, theils war sie so verborgen, dass sie sich überhaupt nicht mittheilen liess (307, 20). Weist aber die Heilige Schrift über sich selbst hinaus, so muss man auch in den verständigen Begriffen der Wissenschaft nicht das Höchste suchen. Zu klarem Verständniss und exacter Unterscheidung in Bildern und Formen kommen Viele; aber Wenige kommen über den Selbstgenuss verständiger Erkenntniss hinaus zu einer reinen Anschauung, in der alle bestimmten und besondern Vorstellungen aufgehoben sind (475, 35).

Die Grundvoraussetzung des Meisters ist das göttliche Wesen der Seele, und daran kann er sich nichts abdingen lassen. Die Seele verlangt das Allerhöchste und leidet es nicht, dass etwas über ihr sei und wäre es Gott selber (201, 37). In der Seele das Höchste aber ist die Vernunft. Deshalb ist er weit entfernt, zwischen der offenbarten Wahrheit und dem vernünftigen Erkennen einen principiellen Gegensatz anzunehmen. Sie stimmen vielmehr im Wesentlichen überein; das natürliche Licht der vernünftigen Seele und die Lehre des Evangeliums geben gleiches Zeugniss (421, 6). Die Vernunft muss geläutert werden unter dem Einflusse göttlicher Gaben; alle Erkenntniss hier auf Erden ist eine unvollkommene; aber im Princip hat die Vernunft die höchste Wahrheit schon hier, wenn auch ohne klare Bestimmtheit und vollständige Durchdringung. Gott hat der Vernunft nichts vorenthalten wollen. Es ist ein Irrthum, der zumeist in der dogmatischen Auffassung und bei den Theologen gefunden wird, als hätte Gott uns nur das offenbaren wollen, was zur Seligkeit nöthig ist. Vielmehr alles hat er uns offenbart; darum ist er Mensch geworden, auf dass ich als Gott geboren würde, grade wie er. Aber manche Theologen verstehen das nicht, dass etwas sei, was Gott so verwandt und mit ihm so eins ist (233, 28; 234, 37). Vom rechten Erkennen geht alle unsere Seligkeit aus. Dass wir Gott erkennen so weit wir vermögen und dass wir uns selber erkennen, das ist Gottes allgütiger Wille (525, 40). Das vernünftige Erkennen ist das ewige Leben (581, 6). Den Satz von dem Primat der Vernunft unter allen Seelenkräften hat er schon in Paris vertheidigt, offenbar gegen die Scotisten, worauf er sich gern beruft (270, 26; 138, 16). Die Heilige Schrift hat ihre Bedeutung nicht in den von ihr erzählten Facten oder in den durch sie verkündigten Lehren, sondern darin, dass Jeder sie an sich selbst ganz durchleben kann. Was von Christus gilt, das gilt von Jedem von uns in derselben Weise. Bist du in der rechten Beschaffenheit, so wird alles das an dir vollbracht, was in dem Alten und in dem Neuen Bunde gesagt ist (307, 2).

Eckhart citiert viel und gern; aber häufig fasst er auch die Lehren der Meister in einem ihnen fremden Sinne und legt ihren Worten seine eigene Meinung unter. Er ist voll Verehrung für die grossen Meister früherer Zeiten, aber er will sie ergänzen und ihre Lehren tiefer begründen. Insbesondere von dem Verhältniss der Personen in der Dreieinigkeit zu einander sagt er: Hätten es die Meister recht verstanden, sie sollten es wohl bewiesen haben. Sie sprachen's und verstanden's nicht (176, 8). Eine eigentliche Polemik findet sich bei Eckhart nicht. Gelegentlich erwähnt er eine quietistische Sekte, die dahin strebe, der äusseren Werke ledig zu sein, und zeigt, dass das unmöglich ist (53, 23; 19, 7). Er tadelt Leute, — es sind offenbar die Begharden gemeint, — die einen ungebührlichen Werth legen auf eine absonderliche äusserliche Erscheinung und Lebensweise, um sich dadurch von der Welt zu scheiden (564, 5). Aber ausser solchen leisen Anklängen vermeidet er die Bekämpfung Andersgesinnter. Die Kirche und ihren Cultus erkennt er ohne weiteres an. Eine neue Sekte zu stiften ist nicht seine Absicht. Der Name „Gottesfreunde“ kommt häufig bei ihm vor, bezeichnet aber nicht eine besondere Gemeinschaft, sondern allgemein Leute von hoher Frömmigkeit und mystischer Richtung, die auf dem Worte des Herrn stehen: „Ich habe euch nicht Knechte, sondern Freunde genannt“ (233, 24; 378, 5).

Auch von den Heiden spricht Eckhart nicht mit Verwerfung. Er überlegt gar wohl, wie viel die Wissenschaft und selbst die Gotteserkenntniss den Heiden verdankt, wie hohe Tugenden sie bewährt haben. Oftmals citiert er „heidnische“ Meister und nimmt auf griechische, aber auch auf arabische Philosophen Bezug. Nicht selten beruft er sich auf Aristoteles, den „natürlichen Meister“, den Meister, „der von der Seele am besten gesprochen hat“; auf Plato, „den grossen Pfaffen“; er erwähnt mit Verehrung Socrates, Tullius und Seneca. An dem Beispiele des Archimedes, der in Todesgefahr nur an seine Cirkel gedacht, zeigt er, wie die Seele in Gott gesammelt sein soll, um sich vor allem Irdischen abzuschliessen (13, 25); er lässt den Heraciteer Cratylus zum Vorbilde der vollkommenen Abgeschiedenheit dienen, der nach dem Berichte des Aristoteles nichts mehr geglaubt habe sagen zu dürfen, sondern nur noch den Finger bewegt habe (130, 17). Er rühmt, wie selbst die Heiden aus rein natürlicher Tugend ihr Leben geopfert und auf sich selbst freudig verzichtet haben (447, 1). Wie grosse Macht die gute Gewöhnung, die Uebung in der Tugend habe, das zeigt er am Beispiele so vieler heidnischer Meister, die durch Uebung eine grössere Erfahrung und Erkenntniss aller Tugenden besessen, als St. Paulus oder sonst ein Heiliger im Anfang ihrer Bekehrung (48, 19). Als Beispiel und Muster wahrer Armuth verwendet er Diogenes in der Tonne, der zum Herrn der Welt sagen durfte: „Ich bin ein mächtigerer Herrscher als du; denn ich habe mehr verschmäht, als du errungen hast. Was du zu gewinnen gross achtest, das ist mir zu gering, um es auch nur zu verschmähen" (576, 6). Den frommen Drang nach Erkenntniss bezeichnet Solon, der sterbend noch etwas Gutes lernen wollte, um sich dessen ewig zu erfreuen (15, 14). Zu der natürlichen Sanftmuth, Liebe und Friedfertigkeit sind auch die Heiden gekommen (273, 24). Aber dabei ist Eckhart keineswegs blind gegen den principiellen Unterschied alles Christlichen und Heidnischen. Die Lehre der heidnischen Meister steht auf dem Standpunkte der Natur; die heiligen Lehrer haben die Wahrheit in einem viel reineren Lichte geschaut (270, 18). Es giebt keine noch so grosse Tugend, die nicht auch aus blosser Natur gewirkt werden könnte; alle äussern Werke, die man je an den Heiligen gefunden hat, die hat man auch an den Heiden gefunden. Nur Christus ist in einer Höhe, zu der keine Natur heranreicht; mit ihm sollen wir durchaus und ganz und gar auferstehen. Das ist die wahre Auferstehung, da man nicht wieder stirbt (116, 9). Und so bezeichnet er denn auch ausdrücklich alle Tugend aus blosser Natur als Laster (106, 15).

Für die Denkweise Eckharts ist nichts so charakteristisch wie die Figur des Oxymoron, in welcher er sich unablässig bewegt. Den logischen Grundsatz, den sein Schüler Suso ausspricht, dass ein speculatives Denken zwei Contraria in einem zu denken habe, finden wir in Eckharts Schriften nicht mit so klaren Worten ausgesprochen; er bildet aber einen Canon, der Eckharts Denken in der That bestimmt hat, und wenn bei Nicolaus Cusanus eben dieser Grundsatz die belebende Seele seiner tiefsinnigen Weltanschauung wird, so ist das ohne Zweifel auf die Anregungen des Eckhartischen Geistes zurückzuführen. Eckhart selber gebraucht gern Verbindungen wie: ausfliessend und zugleich innebleibend; ein anfangsloser Anfang; ein Process, der zugleich keiner ist, sondern in sich befriedigte Ruhe; ein Werden ohne Werden; bekannt und unbekannt zugleich; das wortlose, das ungewortete Wort. Auch in diesem Hinausstreben über den Anstoss des formalen logischen Widerspruchs offenbart sich eine nähere Verwandtschaft des alten Meisters mit der neueren deutschen Speculation seit Fichte; es ist eine sehr verwandte Gesinnung, die im Mittelalter die deutsche Theologenschule der Mystiker und die in der neueren Zeit die deutsche Philosophie des Identitätssystems aus sich erzeugt hat.

I. Die Seele.

Die Darstellung der Lehre Eckharts nach ihrem eigenen inneren Zusammenhange muss mit seinen Begriffen von der Seele, von dem Wesen derselben und ihren Kräften beginnen. Denn seine Auffassung von dem Wesen der Seele ist der tiefste Grund und das einheitliche Princip aller seiner Lehren. Er selber deutet es an durch den hohen Werth, den er auf die Selbsterkenntniss legt. Kennte ich mich selber, wie ich sollte, meint er, so hätte ich die tiefste Erkenntniss aller Creaturen (463, 20. 382, 33). Niemand kann Gott erkennen, der nicht zuerst sich selbst erkennt. Es ist derselbe Weg der Abstreifung des Endlichen und Creatürlichen, der zur Selbsterkenntniss wie zur Erkenntniss Gottes führt (459, 25. 155, 21). In dem Wesen der Seele können wir Gott sehen und erkennen, und je mehr ein Mensch in diesem Leben dem Wesen der Seele mit seiner Erkenntniss nahe kommt, desto näher ist er der Erkenntniss Gottes. In dir selber liegt und wohnt die Wahrheit. Niemand findet sie, der sie in äusseren Dingen sucht. Gott finde ich am sichersten in meinem Innern (617, 31. 12, 30).

1. Die Seele und ihre Kräfte.

1. Eckharts Aussagen über die Natur der Seele schliessen sich im Allgemeinen an Augustinus und Thomas an und führen damit auf Avicenna und Albertus und zuletzt auf Plato und Aristoteles zurück, die er mehrfach für seine Ansichten citiert. Eigenes zu geben in den einzelnen Bestimmungen war nicht seine Absicht. Er bewegt sich arglos in den zu seiner Zeit herrschen-

den Ausdrücken; aber in allen denjenigen Punkten, die von entscheidender Wichtigkeit sind für seine religiöse Speculation, deutet er die geltenden Ausdrücke und Bezeichnungen nach seinen Zwecken in eigenthümlicher Weise um und schiebt unvermerkt den fremden Vorstellungen die eigene Auffassung unter. Er definiert die Seele als einfache Form des Leibes (17, 32), welche, selbst unräumlich und immateriell, den Leib ganz durchdringt und ganz und ungetheilt in allen Theilen des Körpers mit gleicher Kraft verbreitet ist (116, 26; 268, 13). Der Leib nun ist von den vier Elementen gemacht und irdischer Natur, die Seele gehört dem Himmel an; und doch sind sie so unauflöslich verbunden, dass sie ewig zusammen bleiben sollen (237, 4). Die Seele ist geschaffen und hat einen zeitlichen Anfang; aber sie ist an sich ohne Materie und über die Zeit erhaben, wie das ihre Thätigkeiten beweisen (631, 6; 671, 37; 509, 23; 412, 25). In ihrem empirischen Zustande ist die Seele an den Leib gebunden und erlangt erst durch ihre Verbindung mit dem Leibe die Fähigkeit zu bestimmter Wirksamkeit. Die Seele vom Leibe getrennt hat weder Vernunft noch Willen; sie ist schlechthin einfach; sie enthält wohl das Princip und die Wurzeln ihrer Thätigkeiten, aber sie übt sie nicht wirklich (264, 15). Darin beruht der Unterschied der Seele vom Geist. Die Seele ist nach ihren obersten Funktionen Geist, nach den niedrigsten Seele, und so ist eine Grenzscheide zwischen Seele und Geist in dem einigen Wesen (397, 31). Geist heisst die Seele, wenn sie über alles Creatürliche erhaben ist (121, 8), wenn sie des Leibes und aller einzelnen durch den Leib vermittelten Wirkungen vergessen hat und in sich gesammelt ist (7, 15). Die Seele als beseelende Form des Leibes ist der Veränderung zugänglich. Geist heisst sie, wenn sie über Raum und Zeit und alle Natürlichkeit erhaben ist; Veränderung fällt aber auch so noch in sie (318, 25); denn auch so noch sind in ihr bestimmte Formen und Vorstellungen (320, 21). — Die Seele ist edler als alle körperlichen Dinge. Sie ist geschaffen gewissermaassen in einem mittleren Orte zwischen Zeit und Ewigkeit, die sie beide berührt. Mit ihren obersten Kräften berührt sie die Ewigkeit, mit den niedrigsten die Zeit. So wirkt sie in der Zeit und doch nicht zeitlich, sondern in der Form der Ewigkeit, die sie mit den Engeln gemein hat. Die Seele ist eine einfache Kraft, die das Leben in alle Glieder leitet durch die innige Vereinigung, in welcher sie mit dem Leibe steht. Nur die Seele ist das eigentlich Vernünftige und Wirkende; dennoch kann man nicht mit Recht sagen: meine Seele thut das oder jenes; denn erst Leib und Seele zusammen machen den Menschen aus. Eben wegen dieser innigen Vereinigung ist die Seele in dem geringsten Gliede eben so vollständig vorhanden wie in dem ganzen Leibe überhaupt (95, 23). Die eigentlich bedingende Macht aber ist die Seele, nicht der Leib, der ohne die Seele leblos ist. Wir sind also Menschen mehr durch die Seele als durch den Leib (403, 16). Der Leib ist in der Seele, nicht die Seele im Leibe, wie das Fass den Wein umschliesst und nicht der Wein das Fass. An sich ist die Seele frei von dem Leibe und von allen natürlichen Dingen (90, 5). Ein Gebrechen des leiblichen Organs ist kein Gebrechen der Seele. Verdirbt das Auge, das schadet der Seele nicht. Denn sie ist in dem Auge so, dass sie doch zugleich ganz ausserhalb des Auges ist (612, 33). Dagegen wirken die Vorstellungen der Seele auf den Leib kräftiger als der Arzt und seine Arzenei. Darum sieht man auch wohl den Arzt in schönen Kleidern umhergehen, damit die Leute desto mehr Vertrauen zu ihm haben, und dies Vertrauen hilft den Kranken am allermeisten (150, 10).

2. In allem ihrem endlichen Wirken ist die Seele an gewisse Organe gebunden, und das im Grunde einheitliche Wesen der Seele äussert sich in mehrfachen und verschiedenen Wirkungsweisen, welche Seelenkräfte genannt werden. Die Kräfte sind nicht das Wesen der Seele, sondern eine Entäusserung derselben (623, 6), und weil in den Kräften die Seele in verschiedene Wirkungsweisen gleichsam getheilt ist, jede getheilte Kraft aber um so geringer wird, so ist sie innerlich um so viel schwächer geworden (13, 16). Insofern sie alle dem gemeinsamen einfachen Seelengrunde entspringen, sind alle Kräfte eins und gleich edel; aber in Hinsicht auf ihre besonderen Funktionen ist die eine viel edler und steht höher als die andere (193, 26), und deshalb giebt es eine Stufenleiter der Seelenkräfte. Sie werden eingetheilt in die äusseren Sinne, die niederen und die höheren Seelenkräfte.

Die Kräfte, welche uns im Verhältniss zu den äusseren Dingen dienen, nämlich die Kräfte der Sinnlichkeit, sind uns mit den Thieren gemeinsam. Augen, Ohren, überhaupt die fünf Sinne, das sind die Stege, auf denen die Seele hinausgeht in die Welt und die Welt in die Seele eindringt (171, 2). Durch das Licht des Verstandes aber ist der Mensch von den Thieren unterschieden; deshalb ist es dem Menschen wesentlicher als die Sinne (330, 19). Die Seele hat ausser den äusseren Sinnen sechs Kräfte, drei niedere und drei obere. Jene stehen in der Mitte zwischen den äusseren Sinnen und den oberen Kräften (383, 9). Die niederen Kräfte sind: der empirische Verstand (die Bescheidenheit), das Zornvermögen und die Begehrung (der sinnliche Trieb). Ihnen entsprechen drei höhere Vermögen: das Gedächtniss, das höhere Erkenntnissvermögen (Verstand, auch Vernunft genannt) und der Wille (319, 24). Die drei obersten Kräfte heissen auch das Gemüth oder der Muth (359, 26); sie haben himmlische Natur, weil ihre Wirksamkeit eine himmlische, überirdische ist (214, 13; 411, 4; 402, 13). — Doch ist diese Ordnung der Seelenkräfte keine ganz feststehende. Einmal wird an der Stelle des Willens das Zornvermögen unter die höheren Vermögen gerechnet (78, 13), ein andres Mal tritt das Zornvermögen statt des Gedächtnisses ein (171, 31), oder es wird seine Stelle unter den niederen Kräften durch die „Betrachtung" eingenommen, deren Unterschied von der „Redelicheit" schwer zu ersehen ist (383, 15). Es ist dies eine Unregelmässigkeit, die schwerlich dem Meister selbst zur Last fällt, sondern eher der mangelhaften Aufzeichnung und Ueberlieferung seiner Vorträge.

Aber die Seele geht nicht auf in diesen Kräften. Alle diese Kräfte entspringen einer Natur und bleiben in derselben, und was die Seele wirkt, das wirkt diese ihre einfache Natur in den Kräften. Das „Gewissen" in der Seele, ihre einfache Natur, das reine Wissen als Beziehung der Seele auf sich selbst, ist immateriell und hat mit Raum und Zeit nichts zu schaffen. Die Seele bedarf nicht der räumlichen Nähe des Objektes ihres Liebens und Denkens (383, 24). Eben deshalb muss man den Grund der Seele, aus dem alle Kräfte fliessen, wohl unterscheiden von den Kräften selber und ihren Funktionen. Alles was die Seele wirkt das wirkt sie mit den Kräften. Sie versteht mit der Vernunft, erinnert sich mit dem Gedächtniss, liebt mit dem Willen; das alles wirkt sie mit den Kräften, nicht mit ihrem Wesen. Alle ihre Thätigkeit haftet an einem Organ, die Kraft des Sehens z. B. an den Augen, und so ist es auch mit den anderen Sinnen. In dem Wesen hört deshalb alle Wirksamkeit auf, weil dort alle Kräfte schweigen, und wenn darum die Kräfte der Seele die Vorbedingung sind für alle Beziehung auf das Endliche, so ist das Wesen, der Grund der Seele nur dem Absoluten zugänglich, während die

Creatur nicht in den Grund der Seele zu dringen vermag, sondern draussen bleiben muss in den Kräften (4, 29). Darum ist das Wahrnehmen des Endlichen unserm wahren Wesen unangemessen, wie die Vielheit der Einfachheit unangemessen ist. Wäre es in diesem Leben so, dass wir allezeit einen Spiegel vor uns hätten, in dem wir in einem Augenblicke alle Dinge in einer Anschauung sehen und erkennen könnten, so bildete weder Wirken noch Wissen für uns ein Hinderniss. Da wir uns aber von dem einen zum andern wenden müssen, so kann nicht das eine in uns sein, ohne dass das andere gehindert würde. Die Seele ist so an die Kräfte gebunden, dass sie in ihnen sich mit ihrer Aufmerksamkeit zerstreut; ohne das könnten die Kräfte nichts wirken. Je mehr aber die Seele sich in der Aufmerksamkeit auf die äusseren Dinge zerstreut, desto schwächer wird ihre rein innerliche Wirksamkeit (14, 8).

3. So ist die Seele ein Mittleres zwischen Gott und Creatur (395, 1), einestheils dem Ewigen, andererntheils dem Vergänglichen zugewandt. An sich hat die Seele ein gemeinsames Licht mit den Engeln, in welchem sie Gott erkennt, und dies ihr anerschaffene Licht ist die Vernunft, welche ohne Unterlass der Seele die Weisheit Gottes einflösst. Aber wenn sie in den Leib gegossen wird, so wird sie verfinstert (410, 35). Mit ihren oberen Kräften rührt die Seele an die Ewigkeit, d. h. an Gott, und mit den niederen berührt sie die Zeit; dadurch wird sie veränderlich, dem Materiellen zugewandt und ihres Adels beraubt (170, 11). Die Seele hat gewissermaassen ein doppeltes Antlitz, das eine dieser Welt und dem Leibe zugekehrt, welchen sie zu mancherlei Fertigkeit befähigt, das andere grade auf Gott gerichtet. Da wirkt unablässig Gott mit seinem Lichte in ihr, aber ihr unbewusst, weil sie nicht bei sich selber ist (110, 21; 250, 36; 59, 4; 488, 31). Es nimmt damit das Wort Seele eine doppelte Bedeutung an. Es bezeichnet zunächst im engeren Sinne das belebende Princip des Körpers, die empirische, in den Leib wie in einen Kerker gebannte Seele; es bezeichnet zweitens das wahre Wesen dieses Princips, welches selber über Raum und Zeit erhaben, einfach und unveränderlich und auf nichts Nieders, Endliches, Materielles bezogen ist. Das Wort Seele im ersteren Sinne bezeichnet den Grund der Wirkungen, aber nicht die Natur der Seele. Denn diese an sich hat mit dem Veränderlichen nichts zu schaffen. Für das einfache bestim-

mungslose Wesen der Seele giebt es keinen Namen. Man nennt sie Seele, wie man Jemanden einen Zimmermann nennt; es ist klar, dass man ihn dann nicht nach seinem Wesen bezeichnet, — so müsste man ihn vielmehr einen Menschen nennen, — sondern nach seinem Geschäfte. Man hat die Seele ein Feuer genannt wegen ihrer Kraft, ihrer Wärme und ihres Scheins; Andere nennen sie einen Funken himmlischer Art, Andere ein Licht, einen Geist, eine Zahl. Man möchte sie benennen mit etwas, was einfach und bestimmungslos ist; aber das Höchste und Einfachste reicht doch nicht an den Grund der Seele heran (89, 3).

Das ist also das wahre Wesen der Seele, was gar keiner Bezeichnung fähig ist, ihr einfacher Grund, die höchste Einheit aller Kräfte. Der Begriff dieser Einheit ist schon dem Plotinus geläufig; aber bei Eckhart wird er Ausgangs- und Mittelpunkt aller seiner Lehre, und keinen andern Begriff hat er so emsig eingeschärft wie diesen. Seine volle Bedeutung aber erhält dieser Begriff vom Seelengrunde erst, wenn wir Eckharts Lehre von der Erkenntniss hinzunehmen.

2. Das Erkennen.

Eine systematische Erkenntnisstheorie darf man bei Eckhart nicht suchen. Die logisch-dialektischen Streitfragen über das Verhältniss des Allgemeinen zum Einzelnen, welche die Scholastik so andauernd beschäftigten, berührt er nicht. Er bezeichnet das Allgemeine als erzeugendes Princip des Einzelnen, als dasjenige, dem am Einzelnen allein wahrhaft das Wesen zukommt. Aber das ist ihm nicht ein Resultat mühsamer Untersuchung, sondern selbstverständliche Voraussetzung. Sein Interesse führt ihn auf andere Gebiete. Bei ihm steht im Vordergrunde der Zweck der Erbauung und sittlichen Wiedergeburt durch religiöse Erkenntniss; die dem Leben abgewandte Weisheit der Schule lässt er hinter sich. Doch kann er auch hier die Schule des Albertus und Thomas nicht verleugnen; er ist Aristoteliker in demselben Sinne wie sie, und wo der Anlass sich bietet, reproduciert er die Lehre der Aristoteliker bis auf den Wortlaut. So weit er sich über das Verhältniss des Allgemeinen zum Einzelnen, des Erkennens zu seinen Objekten, der Form zur Materie zu äussern hat, ist er Realist im strengsten Sinne des Wortes. Etwas Abgeschlossenes von selbstständigem Werthe hat er nach alle dem in der Lehre von dem Wesen und den Processen des Erkennens nicht geleistet; aber höchst bedeutungsvoll sind seine aus der Philosophie der Araber, aus Albert und Thomas und zum Theil auch unmittelbar aus Augustinus geschöpften Begriffe von der Thätigkeit und Geltung der Vernunfterkenntniss für die Gestaltung seines Ideenkreises. Die hohe Schätzung der Vernunft und des Erkennens als der höchsten Wirkungsform der Seele ist der Anknüpfungspunkt für das, was in seinen Gedanken das Eigenthümlichste und Werthvollste ist. Eben deshalb sind seine Aeusserungen über diesen Gegenstand, wenn er sich auch niemals in weiterem und selbstständigem Zusammenhange über denselben verbreitet, verhältnissmässig sehr zahlreich, und alle laufen in dieselbe äusserste Zuspitzung aus: was bei seinen Vorgängern nur als ein Moment neben anderen erscheint, überwiegt bei ihm jedes andere. Das Erkennen ist das Höchste, das Beste die Vernunft. Die Seele strebt mit unwiderstehlichem Drange dem höchsten Allgemeinen, absolut Einfachen zu, und das adäquate Organ, um dieses Einfache zu haben, zu geniessen und in ihm aufzugehen, ist nicht mehr eine besondere Kraft oder Thätigkeit des Geistes, neben der es noch andere gäbe, sondern die Seele selbst in dem Wesen ihrer Totalität.

Eckhart unterscheidet in der Seele die Sinnlichkeit oder den äusseren Menschen, die Seelenkräfte und zwar die niederen und oberen, und den Seelengrund (12, 30). Ebenso unterscheidet er drei Arten des Erkennens: ein sinnliches, vernünftiges und übervernünftiges Erkennen (297, 21).

1. Alles Erkennen beginnt mit der sinnlichen Wahrnehmung. Die Seele ist mit ihren niederen Kräften an die fünf Sinne gebunden, welche in die Seele dringen lassen müssen, was sie erkennen soll. Die sinnliche Wahrnehmung bezieht sich auf materielle und körperliche Objekte (130, 40). Eckhart sucht die Thätigkeit der Sinne deutlich zu machen, aber mit den unzulänglichen Hilfsmitteln seines Zeitalters. Wenn die Kräfte der Seele die Creatur berühren, so nehmen sie und schöpfen sie von den Dingen Formen und Aehnlichkeiten und ziehen dieselben in sich. Nur vermittelst dieser Formen vermag die Creatur in die Seele zu dringen. Diese Formen oder Bilder der Dinge kommen nothwendig von aussen in die Seele vermittelst der Sinne (5, 8). Alles sinnliche Wahrnehmen

ist ein vermitteltes. Das Materielle, z. B. die Farbe an der Wand, muss, soll es in meine Sinne gelangen, vorher gleichsam gesiebt und verfeinert werden in Licht und Luft. Ohne solches Medium sähe man, es liesse sich mit demselben Rechte sagen, alles und nichts (107, 12). Abstreifung des Materiellen ist die Vorbedingung aller Wahrnehmung. Will ich eine Vorstellung von einem Dinge gewinnen, etwa von einem Steine, so ziehe ich die grobe Materie keineswegs in mich, sondern scheide sie draussen ab (83, 11). Das Sichtbare wird gesehen nur vermittelst eines Unsichtbaren; das Auge sähe nichts Körperliches, hätte es nicht etwas Unkörperliches, das es zum Sehen befähigte (394, 28). Das Auge und die Seele ist ein Spiegel, in welchem alles wiederscheint, was ihm gegenüber gehalten wird. Darum sehe ich nicht eine Hand oder einen Stein, sondern das Bild derselben. Dies Bild aber sehe ich nicht vermittelst eines andern Bildes oder irgend eines Mediums, sondern ohne Medium und ohne Bild. Das Bild ist sein eigenes Medium, wie die Bewegung wohl Ursache der Bewegung, aber selbst nicht bewegt ist, die Grösse wohl anderes gross macht, aber selbst ohne Grösse ist (142, 26). Wohl nimmt mein Auge vermittelst des Lichtes die Farbe wahr; aber die Farbe kommt nicht selbst in die Seele. Um die Farbe wahrzunehmen, muss mein Auge zuerst von aller Farbe frei sein. So werden die äusseren Dinge erst vergeistigt, und nur mit ihren Formen sind sie der Seele gegenwärtig. — Von bestimmten physiologischen Vorgängen dabei weiss Eckhart nichts zu sagen; so schreibt er denn wie Avicenna oder Albert das Aufnehmen der Formen in die Seele der Thätigkeit eines Engels zu, der das von den Sinnen empfangene Bild den oberen Kräften der Seele einpräge (116, 31). Woher wir denn überhaupt die Vorstellung eines Stofflichen haben, erklärt er nicht; eine Unterscheidung höherer und niederer Sinne finden wir nicht angedeutet.

Jedes Sinnesorgan hat einen besonderen Wahrnehmungskreis vermöge einer besonderen Verwandtschaft zu je einer Eigenschaft der Dinge (333, 12). Alle einzelnen Sinne wurzeln in dem Gemeinsinn, der an sich einfach den anderen Sinnen das Hören, Sehen, Fühlen, Schmecken verleiht. Alle Wahrnehmungen der äusseren Sinne werden in den Gemeinsinn getragen (538, 10), welcher das eine sinnliche Bewusstsein als den Träger aller Wahrnehmungen vertritt.

2. Der Process des Ausscheidens alles Grobmateriellen von den Dingen wird durch die Sinne vollzogen; aber es muss noch mehr abgeschieden werden, und deshalb wird der Process durch die anderen Kräfte der Seele, zunächst durch die sogenannten niederen Kräfte fortgeführt. Aus sinnlichen Wahrnehmungen werden Gedanken, aus Gedanken Vernunfterkenntniss; aus dieser entspringt das stete ruhige Anschauen des Absoluten (80, 38). Die Sinne liefern eine ungeordnete Mannichfaltigkeit von Vorstellungen; sie werden geordnet durch die Begehrung und im empirischen Verstande, der „Bescheidenheit“, werden sie geeinigt (383, 14; 139, 14). Im Gegensatze zu den an Ort, Zeit und Materie gebundenen Sinnen steht zunächst die „weite“ Kraft, die Bescheidenheit oder Redlichkeit, der empirische Verstand, auch als innerer Sinn, als Denkvermögen bezeichnet, der allen Schranken entwächst. Ueber dieser steht als eines der drei obersten Seelenvermögen die Vernunft, die „bildlose“ Kraft, und zwar als „suchende“ Vernunft, die noch veränderlich ist und ein Zu- und Abnehmen hat. Das Höchste aber ist die ruhende Vernunft, welche unveränderlich im reinen und einfachen Wesen steht (304, 31; 80, 30). — Der Sprachgebrauch steht dabei nicht ganz fest. Verstand und Vernunft stehen in gleicher Bedeutung für das höhere Erkenntnissvermögen, werden aber auch für das niedere gebraucht, und Vernunft, dann auch wohl im Gegensatze zum Verstande, dient zugleich als Bezeichnung der höchsten Seeleneinheit, welche über Erkennen und Wollen als getrennten Vermögen erhaben ist und deren Thätigkeit sich als ein übervernünftiges Erkennen bezeichnen lässt.

Das Denkvermögen hat die besondere Aufgabe, auch den letzten Rest des Sinnlichen, die Kategorieen von Raum und Zeit, von den Dingen abzuziehen. Nichts hindert die Seele so sehr an der wahren Erkenntniss als Raum und Zeit. Denn sie sind den Grund alles Bestimmens und Unterscheidens. In Wahrheit ist im Jetzt alle Zeit, im Hier aller Raum beschlossen, und nur in der Form der Ewigkeit werden die Dinge in ihrem Wesen erkannt (222, 24; 296, 13). Im Denken stelle ich mir auch die Dinge vor, welche nicht sinnlich gegenwärtig sind, so dass ich sie ebenso gut oder noch besser erkenne, als wenn ich sie mit Augen sähe (270, 11). Alles Körperliche heisst Materie. Das Licht der Vernunft flieht die Materie; aber obgleich sie an sich von allem Dinglichen frei ist, so hat sie doch noch eine Empfänglichkeit, eine Beziehung auf Materielles. Je weiter von der Materie entfernt, desto lauterer ist die Erkenntniss. Habe ich einen Menschen vor zwanzig Jahren gesehen, so habe ich, auch wenn er todt ist, eine Vorstellung seiner Gestalt, als stände er vor mir. Diese Kraft bedarf der Materie nicht; aber sie ist darin noch unvollkommen, dass sie von der Materie die Gestalt abstrahiert. Auch darüber strebt die Vernunft noch hinaus (132, 17).

Um dieses Hinausstreben der Vernunft über alle Schranken der Endlichkeit hinaus näher zu motivieren, geht Eckhart noch tiefer auf das Wesen der Erkenntnissthätigkeit ein. Nach der herrschenden Weise der Zeit hätte es ihm wohl nahe gelegen, dabei an die viel gebrauchten Termini der möglichen und wirklichen Vernunft anzuknüpfen. In der That bleiben ihm diese Termini nicht fremd; aber er verwendet sie nur ausnahmsweise, ein- oder zweimal, und dann nicht sowohl, um auf ihnen seine Theorie der Erkenntniss, sondern vielmehr seine Lehre von dem Heilswege vermittelst des Erkennens zu begründen. Die Terminologie der Schule ist ihm dabei so gleichgültig, dass er sehr willkürlich mit ihr umspringt und denselben Terminus in ganz veränderter Bedeutung verwendet. Das eine Mal sagt er: die mögliche Vernunft erkennt die Dinge in ihrem eigenen natürlichen Lichte, die wirkende Vernunft erkennt sie in Gott (110, 35). Das andere Mal unterscheidet er die mögliche Vernunft als Vernunftanlage vor aller Wirklichkeit des Erkennens, die wirkende Vernunft, welche selbstthätig sich in der Bearbeitung der durch die Sinne vermittelten Vorstellungen bewährt, und die leidende Vernunft, als das Vermögen der Receptivität, welche ihren Inhalt theils von der wirkenden Vernunft, theils von Gott empfängt. An die gewöhnliche Bedeutung dieser Termini, wie sie besonders Avicenna ausgebildet und Albert herübergenommen hatte, darf man dabei nicht denken. Wenigstens an dieser Stelle heisst die Vernunft mögliche nicht insofern sie sich auf die sinnliche Welt bezieht; die leidende Vernunft wird von der möglichen unterschieden und ist geradezu ein höheres Vermögen als die wirkende Vernunft. Unklar allerdings bleibt Eckharts Meinung; auch die Schrift eines unbekannten Mystikers über die wirkliche und mögliche Vernunft (bei Docen, Miscellaneen zur Gesch. d. teutsch. Lit. I, S. 140) gewährt keinen verständlichen Aufschluss. — Der Unterschied von Averroistischen Vorstellungen ist dabei deutlich genug. Nach Eckhart ist die Seele in allen ihren erkennenden Funktionen ein einiges Wesen; es kommt nichts von aussen an sie heran. Die Individualität der Seelen ist an die niederen Kräfte geknüpft (511, 23); aber die Seele überwindet diese Schranke von innen heraus. Die wirkende Vernunft ist die Energie ihrer eigenen inneren Anlage; sie ist nicht an sich als nur von aussen an die Persönlichkeit herankommende, selbst personlose, in allen Menschen gleiche und einheitliche Kraft zu denken. Es ist vielmehr die eigene innere Entwicklung der Vernunft, welche die endliche Individualität in die Sphäre der reinen Selbstbeziehung des Wissens auf sich selbst erhebt und sie schliesslich mit dem absolut Einfachen einigt, welches aller Bestimmungen und somit auch derjenigen der Persönlichkeit entbehrt.

Die „wirkliche" oder „wirkende" Vernunft, lehrt Eckhart, abstrahiert die Formen von den Dingen, entkleidet sie der Materie und des „Zufalls", d. h. aller accidentiellen Bestimmungen. So übergiebt sie dieselben an die „leidende" Vernunft, und diese giebt ihnen ihre eigene geistige Form. Ohne Hilfe der wirklichen Vernunft vermag die leidende nichts. Ist aber die leidende Vernunft von der wirkenden befruchtet worden, so behält und erkennt sie die Dinge. Die wirkende Vernunft ist noch innerhalb gewisser Schranken gebunden. Sie kann nicht geben, was sie nicht hat, und sie kann nicht zwei Vorstellungen zugleich haben, sondern immer nur die eine nach der anderen. Die Luft z. B. giebt Anlass zu mehreren Vorstellungen in einem, sie hat Licht und Wärme zugleich; du aber kannst eines nur nach dem andern sehen. Die mögliche Vernunft ist indess nicht unwirksam; auch sie übt gewisse Wirkungen, sie ordnet gewissermaassen und moderiert alle Vorgänge in der wirkenden und leidenden Vernunft, dass sie der vernünftigen Anlage des Geistes conform seien. Die leidende Vernunft hat ihren Namen davon, dass sie ohne selbstständige Thätigkeit nur das aufnimmt, was entweder die wirkende Vernunft oder der absolute Geist, der sich an ihre Stelle setzt, ihr überliefern. Wenn nämlich die wirkende Vernunft der Person ihre Aufgabe in rechter Weise löst, so wird sie durch den absoluten Geist ersetzt; es tritt Gott an ihre Stelle, und Gott selber übt nun die Functionen in der Seele, die bisher jene geübt hat (19, 21; 37. 17, 1). Dies ist die Grundlage der Lehre vom Heile, wie sie Eckhart gestaltet hat. Hier aber beschäftigt uns zunächst nur die Frage, wie die wirkende Vernunft im Erkennen diesen Zustand der Erfüllung mit dem absoluten Geiste vorbereitet.

Die Vernunft muss sich immer auf etwas Bestimmtes richten; die Kräfte, es sei Gedächtniss, Vernunft oder Wille, wollen immer an einem bestimmten Objekt haften. Das Objekt aber der Vernunft und ihre Burg ist das Wesen, nicht der „Zufall", sondern das blosse reine Wesen an sich selbst. Erkennt die Vernunft eine Wahrheit, so hängt sie an ihr, beruht auf ihr und macht von dem Objekte eine vernünftige Aussage. So lange die Vernunft die Wahrheit und das Wesen nicht eigentlich gefunden, den Grund nicht begriffen hat, um ein sicheres Urtheil zu fällen, so lange steht sie suchend und schwankend ohne Halt und Ruhe; sie arbeitet und streift das Falsche ab. Darum kommt die Vernunft in diesem Leben nie zur Ruhe. Alles Erkannte ist ein Nichts gegen die volle Wahrheit. Ist auch die Wahrheit im Grunde der Seele, so ist sie doch der Vernunft verhüllt und verborgen. Deshalb harrt die Vernunft ruhelos und bereitet sich vor für das, was ihr einst bekannt werden soll, jetzt aber noch verborgen ist. Wie die Materie nicht zur Ruhe kommt, bis sie mit allen Formen erfüllt ist, so ruht die Vernunft erst in der wesentlichen allumfassenden Wahrheit. Darin allein genügt sie sich, und das wird ihr immer auf's neue entzogen, damit ihr Fleiss erweckt und sie gereizt werde, immer weiter fortzuschreiten, immer Höheres zu erreichen und das wahre schrankenlose Gut zu ergreifen, an keinen endlichen Dingen sich genügen zu lassen und immer inniger sich nach dem höchsten Gute zu sehnen (20, 20). Die Seele hat in ihrem Verstande alle Dinge, jedes Ding nach seiner Verschiedenheit. Aber sie hat auch die Möglichkeit, alle Dinge als ein Einfaches zu erkennen, und sie schwingt sich über alle Mannichfaltigkeit in die Einfachheit empor, aus der unterscheidenden rationellen Erkenntniss in das Nichterkennen (540, 14). Das ist das Ziel. Die anderen Kräfte der Seele sind ein Werkzeug mit bestimmter Verrichtung, um der Vernunft in diese höchste Anschauung emporzuhelfen (126, 16).

3. Ehe wir diese höchste Anschauung selber schildern, betrachten wir das Verhältniss, in welchem bei Eckhart das Erkennen überhaupt zur Welt der Dinge steht. Das Denken ist die Kraft, uns von der Körperwelt, von Raum und Zeit stufenweise frei und immer freier zu machen. Die Dinge sind in anderer

Form im Geiste, als sie in dem äusseren Dasein sind. Aber was das Erkennen abscheidet, ist das Accidentielle, der Zufall; die Form, welche die Vernunft festhält, ist das Wesen der Dinge. Das natürliche Licht der Vernunft ist so edel und so kräftig, dass ihm alles Geschaffene zu gering und zu enge ist. Es ist an sich edler als alles Körperliche, und das Geringste und Gemeinste unter den körperlichen Dingen, wenn es von diesem Lichte der Vernunft beschienen oder beleuchtet wird, wird dadurch edler und selbst über alles Körperliche erhoben, lichter und lauterer als die Sonne. Denn Vernunft trennt Zeitlichkeit und Körperlichkeit von den Dingen ab (228, 36). Die Seele ist der Ort aller Dinge; aber sie selber ist ohne Ort (515, 38). Die Seele vermag Wunderbares mit ihrem natürlichen Lichte. Sie ist so kräftig, sie scheidet, was eins ist. Feuer und Hitze ist eins; in der Vernunft ist es geschieden (255, 39). Wie das Ding in meiner Seele Grunde ist, da ist es in seiner höchsten und edelsten Form; da ist es nichts als ein Bild (83, 13). Die Form ist edler als die Materie. Die Seele aber hat das Vermögen, dass die Formen aller Dinge ihr eingeprägt werden (90, 24). So werden die Dinge in der That in geistiger, nicht in natürlicher Form von dem Erkennen besessen; aber damit erlangen sie selber ihre wahre Existenzform. Der Geist verändert den rohen Stoff des Wahrgenommenen, indem er ihn zu seinem Besitze macht; aber die Form, die er ihm dadurch verleiht, ist der Dinge eigene wesentliche Form. Gleichheit ist die Bedingung alles Erkennens. Soll der Geist die Mannichfaltigkeit aller Dinge erkennend in sich aufnehmen, so muss er alle Dinge im Princip in sich tragen, er muss gewissermaassen alle Dinge, Mikrokosmus sein (589, 17). Der Geist trägt in sich die Vergleichung aller Dinge (97, 31; 139, 10). Ist die Form, die der Geist den Dingen verleiht, und das eigene Wesen derselben eins und dasselbe, so folgt, dass das Wesen am meisten erkennbar ist. Was am meisten Wesen hat, das erkennt man auch am meisten (99, 8). Andererseits, was sich dem Erkennen entzieht wie die grobe Materie und die Einzelheit, das hat auch kein eigentliches Wesen. Von einem „Ding an sich", als dem vorausgesetzten Grunde unserer sinnlichen Wahrnehmungen, kann hier keine Rede sein. Hinter dem Scheine des Mannichfaltigen, Sinnlichen, Materiellen liegt als das Wesen nur das Allgemeine selber, das der Verstand erfasst. Die Form, unter der wir erkennen, ist als vernünftige Anlage dem Geiste von vorn herein eingeboren und gehört zu seiner ursprünglichen Ausstattung, die durch die Wahrnehmung äusserer Dinge nur sollicitiert und zur Thätigkeit erweckt wird. Insofern kann Eckhart mit Berufung auf Plato und Augustinus von einer dem Geiste ursprünglich eigenen „Kunst“ sprechen, die aller besonderen Wahrnehmung vorhergeht und sich in der Formung des Stoffes derselben bethätigt (131, 11).

4. Das Denken eint das Mannichfaltige. Die geistige Form, welche die Dinge im Erkennen annehmen, ist somit die der Allgemeinheit, und das Sein als Allgemeines ist das wahre Sein der Dinge. Ferner, was man erkennen soll, muss man in seiner Ursache erkennen (264, 1; 308, 26). Der Fortschritt des Erkennens ist somit das Aufsteigen zu immer höheren Ursachen bis zuletzt zum absoluten „Ursprung“ selber (101, 10). Es muss also ein erstes Princip geben, das alle Dinge trägt und hält (389, 33). Jede Wirkung fliesst aus der Kraft, die Kraft aber aus dem Wesen (210, 22). So gilt es vorzudringen auf das Wesen aller Wesen, und das ist eben wieder das Allerallgemeinste. Das Denken ist immer höher aufsteigendes Abstrahieren, bis zuletzt alle sich gegenseitig begrenzenden Bestimmungen und alle Unterschiede ausgeschlossen sind. Aus allen Theilwahrheiten und Einzelerkenntnissen strebt die Seele mit Macht hinauf zu dem Subjekt aller Prädikate, dem kein Prädikat mehr genügt, zum allerabstraktesten reinen Sein, welches eben deshalb ebensowohl Nichtsein ist, zum „überwesentlichen Wesen“, welches eben auch Wesen nicht mehr ist, sofern auch Wesen noch eine Bestimmung ist und in welchem das Wesen nicht sowohl negiert, als vielmehr erhöhet und verklärt ist. Das nun ist erst die des Geistes vollständig würdige Form zu sein, dass er in das Erkennen des Absoluten versenkt sei. Bei nichts verweilt Eckhart mit so entschiedener Vorliebe, wie bei der Schilderung dieses Zustandes der reinen Erkenntniss des absolut allgemeinsten Begriffes. An diesen Begriff aber reicht die Seele nicht heran mit irgend einer bestimmten Kraft und Thätigkeit. Die Vernunft, insofern sie noch eine von anderen Seelenkräften unterschiedene Kraft ist, ist nicht das adäquate Organ, sich zum Absoluten zu erheben. Ein jedes Ding, welches in ein anderes einzugehen vermag, wird von dem es umfassenden Gefässe aufgenommen und erfasst nach der Form des Gefässes; so wird ein jedes Objekt des Verstandes erfasst und verstanden nach dem Ver-

mögen des Verstehenden und nicht nach seiner eigenen Beschaffenheit (484, 36). Alles was in die Seele kommt wird von ihr in begrenzter Weise erfasst (153, 21). Alles Wissen des Verstandes ist zugleich ein Unterscheiden; damit haftet allem Wissen noch die Endlichkeit an. Erst wenn man alles in allem erkennt, hat man sich über den Verstand erhoben (648, 10). Die Dinge, die man sonst als vergängliche erkennt, erkennt man dann als unvergängliche, und man erfasst sie wie sie sind, durchaus ohne Theile und in Einheit. Was sonst fern ist, ist dort nahe; alle Dinge sind dort in ewiger Gegenwart. Was am ersten Tage geschehen ist und am letzten geschehen wird, das ist dort ein gegenwärtiger Augenblick (98, 18). Das Erkennen des Absoluten ist ein Vergessen alles Endlichen, ein Nichtwissen, d. h. nicht ein Nochnichtwissen, sondern ein Nichtmehrwissen, somit ein potenziertes Wissen (10, 5; 15, 5). In diesem Nichtwissen kommt alle Arbeit und Anstrengung des Erkennens zur Ruhe, und die Seele erlangt ihre volle selige Befriedigung. Nichts wissen in diesem Sinne heisst alles wissen.

Es ist wichtig für die ganze weitere Ausbildung des Systems festzuhalten, dass mit dieser Bestimmung des Denkprocesses sich zugleich eine Werthbestimmung verbindet. Das Einzelne und Endliche ist das Wesenlose und Nichtige, das Allgemeine ist das wahre Wesen an den Dingen. Darum ist das Allgemeine das Bessere, das Einzelne das Werthlose. Den allgemeineren Begriffen wird, je grösser ihr Umfang, je ärmer ihr Inhalt ist, ein desto höherer Werth zugeschrieben. Je edler ein Ding, desto mehreren theilt es sich mit, ist es gemeinsam. Das Absolute ist das Beste, denn es ist in allem (135, 35; 262, 30; 279, 27). Ich gebe lieber das Auge hin, als das Leben; denn ich kann leben auch ohne Auge; und lieber das Leben, als das Wesen; denn Wesen ist allgemeiner als Leben (333, 16; 279, 32). — Eckhart sieht nicht, dass das Beispiel eher für die umgekehrte Werthstellung beweisend wäre; dass es heissen müsste: weil ich das Bessere, Mehrere nicht zu erhalten vermag, begnüge ich mich mit dem Geringeren, an Werth Aermeren, nicht als ob ich ihm einen höheren Werth beilegte, sondern um statt alles zu verlieren wenigstens etwas festzuhalten. — So wird diese Werthbestimmung denn auch auf das ethische Gebiet übertragen. Das Absolute, obgleich es zugleich das Inhaltsloseste ist, wird als das höchste Gut gefasst, und das Princip des guten Willens, die Liebe, bezeichnet als das Streben, so allgemein zu sein als möglich, d. h. möglichst inhaltslos, möglichst wenig auf Bestimmtes geneigt, dagegen der Allheit und Einheit zugewandt zu sein.

Wichtiger noch ist eine andere Consequenz. Das Erkennen setzt Gleichartigkeit voraus im Erkennenden und Erkannten, und es bewirkt Gleichheit. Schon das sinnliche Wahrnehmen bedeutet eine reale Vereinigung zwischen dem Wahrnehmenden und dem Wahrgenommenen. Eckhart selber legt darauf einen besonderen Nachdruck; „könntet ihr das recht verstehen", sagt er, „so verständet ihr meine Auffassung und den Grund meiner gesammten Anschauungsweise." Ein Stück Holz thut weder, noch leidet es etwas, indem ich es sehe. Ebenso ist mein Auge an sich dasselbe, ob ich es öffne oder schliesse. Gleichwohl, richte ich meinen Blick auf das Holz, so dass ich es sehe, so bleibt zwar jedes was es ist, und doch werden beide in gewissem Sinne eins, so dass man das Auge Holz nennen darf und das Holz gewissermaassen mein Auge geworden ist. Denn das Holz ist im Sehen blosse Form geworden, und mein Auge hat im Act des Sehens auch wieder keinen anderen Inhalt als eben diese Form. Wäre aber das Holz immateriell und durchaus geistiger Natur, so dass es der Sehkraft des Auges ganz angemessen wäre, so könnte man in Wahrheit sagen, dass im Acte des Sehens das Holz und mein Auge ein Wesen bildeten. Gilt dies von körperlichen Dingen, so gilt es noch weit mehr von geistigen Dingen. Nun ist die Form, unter der das Holz Gegenstand des Sehens wird, unterscheidendes Eigenthum des Auges. In Bezug darauf ist mein Auge demjenigen eines beliebigen Thieres jenseits des Meeres, das ich nie gesehen habe, näher verwandt, als es mein Auge und mein Ohr unter einander sind (192, 32). Darauf nun beruht die Kraft des Erkennens, zwischen dem Geist und dem Objekt eine wahre Identität herzustellen (502, 31), und zu allerhöchst geschieht das, indem die Seele das Absolute denkt. Die Seele wird selbst das Absolute (Gott), indem sie das Absolute erkennt (380, 3; 157, 10).

3. Die Seele in ihrem Wesen.

1. Mit der eben erkannten Möglichkeit, dass die Seele in ihrem Erkennen das Absolute selber zu werden vermöge, ist von

der Seele eine neue und nun erst die rechte Erkenntniss gewonnen. Die Seele in ihrer zeitlichen Erscheinungsform ist nicht die wahre Seele. In ihrem Erkennen hat sie gezeigt, was sie wahrhaft ist. Im Erkennen entledigt sie sich aller Endlichkeit und Stofflichkeit, scheidet sie Raum und Zeit ab und behält das reine Wesen übrig. Den Process, den sie im sinnlichen Wahrnehmen und im reflectierenden Denken beginnt, muss sie, getrieben durch die innere Nothwendigkeit ihrer vernünftigen Anlage, fortsetzen bis an's Ende. Mit unaufhaltsamem Drange strebt sie danach, den obersten, allgemeinsten, schlechthin einfachen Begriff zu erfassen; dieses Einfache ist somit von vorn herein in ihr als ihre Anlage, ihre wesentliche Form, zu der sie nur wieder zurückzukehren hat. In ihrem Grunde ist somit die Seele jenes Allgemeinste selber; dies aber ist das Absolute und mit anderm Ausdrucke Gott. Die Seele in ihrem Wesen ist Gott, und in aller Verhüllung und Entstellung bleibt sie wesentlich Gott.

Die Beziehung auf die Sinnlichkeit ist in der Seele nur Vorstufe. Nimmer geht das in Augen und Ohren ein, was den edelsten Theil der Seele erfüllen kann; da ist kein Ort, als der namenlose Ort, welcher der Ort aller Dinge ist. Alles Sinnliche ist nur eine Anleitung und fördert die Seele in bestimmter Weise, verhüllt in Farbe, Ton und Körperlichkeit. Es ist nur eine Uebung der Sinne, durch welche die Seele erweckt, ihre schlummernde natürliche Anlage zur Thätigkeit hervorgerufen wird (131, 3). Wenn die Seele im reinen Lichte der Vernunft verharrt, so hat sie keinerlei Beziehung auf das Materielle und keinerlei Empfänglichkeit für dasselbe (132, 30; 229, 1; 304, 8).

Alles was erkannt werden soll muss vermittelst der von den Objekten abstrahierten Bilder erkannt werden. Solche Bilder aber hat die Seele nur von äusseren Dingen, nicht von sich selbst. Darum kennt sie alle anderen Dinge, nur sich selber nicht. Von keinem Dinge weiss sie weniger als von sich selbst jener Vermittlung wegen (5, 18). Die Seele ist daher etwas Unaussprechliches, Unbegreifliches wie Gott (89, 23). Die Seele altert nicht. Die vernünftige Seele ist ewig jung. Je mehr man in ihr das Princip seines Wirkens findet, desto näher steht man seinem obersten Ursprunge, seiner Geburt, und das heisst jung, was seiner Geburt nahe ist (255, 3). Die Seele an sich selber ist noch eben so jung als da sie geschaffen ward, und das Alter, das ihr zufällt, kommt ihr nur von dem Leibe und von ihrer sinnlichen Thätigkeit. Jerusalem ist meiner Seele so nahe wie die Stelle an der ich stehe. Meine Seele ist so jung, als da sie geschaffen ward, ja, noch viel jünger. Und wisst, es sollte mich verdriessen, wenn sie nicht morgen jünger wäre als heute (257, 11). Von der Seele in ihrem an den Leib gebundenen Zustande gilt es, dass sie nicht das rechte Gefäss der höchsten Wahrheit ist; aber ebenso gewiss ist es andererseits, dass die Seele in ihrem Wesen die Wahrheit selber ist und dass die endliche Menschenseele zu keiner Ruhe gelangen kann, ehe sie alles sie Entstellende abgestreift, ihre wahre Form wiedererreicht hat und zum Besitze des höchsten Gutes gelangt ist.

2. Als diejenigen Kräfte, welche die Seele zum Absoluten emporheben, werden besonders Vernunft und Wille in's Auge gefasst mit ihren Thätigkeiten, der Erkenntniss und der Liebe. Erkenntniss und Liebe sind die beiden Füsse, auf welche sich der Geist stellen und mit denen er über alles Vergängliche hinwegschreiten soll, so dass ihm die Füsse nicht durch den Staub des Vergänglichen beschmutzt werden (684, 8). Die dritte ihnen sonst coordinierte Kraft, das Gedächtniss, tritt bei dieser Betrachtung in den Hintergrund; es hat seine seit Augustinus herkömmliche Stellung in der Rangordnung der Seelenkräfte nur behalten, damit die Symmetrie der Eintheilung nicht gestört und die Möglichkeit gewahrt würde, das Bild der Dreieinigkeit in drei oberen Seelenkräften nachzuweisen. Die Frage ist wesentlich die, was Vernunft und Wille für die Läuterung und Vergöttlichung der Seele leiste und welcher von beiden Kräften darin der Vorrang gebühre. Die Frage wurde in lebhafter Polemik zwischen Thomisten und Scotisten erörtert. Eckhart steht mit den Thomisten auf Seiten der Vernunft, aber doch nicht ausnahmslos, und er geht auch wieder durch eine eigenthümliche Betrachtung weit über sie hinaus. Er behauptet zwar mit ihnen, dass die Vernunft dem Absoluten näher sei als der Wille; doch kann er auch nicht verkennen, dass der Wille in mancher Beziehung eine unmittelbarere Beziehung auf das Absolute hat als die Vernunft. Seine eigenthümliche Lehre ist nun vielmehr die, dass die Vernunft als eine bestimmte dem Willen entgegengesetzte theoretische Kraft von der sinnlichen Vermittlung nicht durchaus frei ist, sich der Verflechtung mit den niederen Kräften der Seele nicht ganz erwehren kann, und dass

in dieser Beziehung der Wille ihr überlegen ist, wenn er in voller Freiheit sich seine Antriebe nur aus seinem eignen Wesen schöpft. Aber das Höchste ist allerdings die Vernunft, wenn man sie nicht mehr als eine besondere bestimmte Kraft fasst. Es giebt eine Vernunft in höherem Sinne, welche die letzte Einheit der Seele bildet, die Einheit, aus welcher Vernunft und Wille als besondere und unterschiedene Seelenkräfte ihren Ursprung nehmen. Diese Vernunft hat das Absolute und keinen anderen Inhalt; sie ist das Absolute selber, nichts Besonderes mehr, sondern in sich beharrende Totalität.

Eckhart erwähnt mehrfach heftige Streitigkeiten, die über die Frage nach der Priorität der Vernunft oder des Willens in Paris geführt worden seien und an denen er auch Theil genommen habe. Wir finden bei ihm darüber folgende Aussprüche: Unsere Seligkeit liegt nicht daran, dass Gott in uns ist; — denn das ist er in allen Creaturen, aber sie wissen's nicht und sind deshalb auch nicht selig; — sondern daran, dass wir erkennen und wissen, wie nahe uns Gott ist (220, 35). Daran liegt meine Seligkeit, dass Gott vernünftig ist und ich das erkenne (270, 40). Der Kern des ersten Begriffes und der ewigen Seligkeit liegt in der Erkenntniss. Ein Meister lehrte in Paris mit lautem Rufen und Geschrei und wollte das Gegentheil beweisen. Da lehrte ein anderer Meister, wohl ein besserer als die besten, die Paris hat: Meister, ihr schreiet sehr laut. Hätte es Gott nicht im Evangelium gesagt, man könnte auf euer Schreien und Rufen viel geben. Unser Herr sprach: das ist ewiges Leben, dass man dich als wahren Gott erkenne (138, 15). Ich lehrte in der Schule [in dem Collegium St. Jacob], dass Vernunft edler wäre als Wille. Da lehrte ein Meister in einer anderen Schule, Wille wäre edler als Vernunft; denn Wille nimmt die Dinge wie sie an sich sind, Vernunft nimmt sie, wie sie in ihr sind. Das ist wahr. Ein Auge ist edler an sich als ein Auge, welches an die Wand gemalt wäre; [so könnte man die Dinge für edler halten als die Bilder der Dinge, mit welchen sie sich in der Vernunft abspiegeln]. Ich sage aber dennoch, dass Vernunft edler ist als Wille. Der Wille erfasst Gott unter der Hülle der Güte; die Vernunft erfasst ihn unverhüllt, der Güte und des Wesens entkleidet (270, 26). Die Erkenntniss führt und erleuchtet den Willen und geht seiner Aeusserung, der Liebe, voran (98, 27); man kann Gott nicht lieben, ohne dass man ihn zuvor erkannt hat (273, 37).

Erkenntniss ist eine Grundveste und ein Fundament alles Wesens; Liebe kann nur an der Erkenntniss haften (84, 13). Manche sagen, dass Seligkeit nicht an der Erkenntniss, sondern allein am Willen liege. Diese haben Unrecht; denn läge es allein am Willen, so gäbe es keine Einheit mit Gott. Gott und ich aber sind eins; das kann nur im Erkennen stattfinden (206, 10). Der Wille hat zwei Funktionen, Begehrung und Liebe. Die Funktion der Vernunft ist einfach, darum ist sie besser; ihre Funktion ist Erkenntniss, und sie kommt nicht zur Ruhe, ehe sie ihr Objekt ohne Hülle erfasst. Deshalb geht sie dem Willen voran und verkündigt ihm, was er dann liebt. So lange man die Dinge begehrt, hat man sie nicht. Wenn man sie hat, so liebt man sie, und die Begierde fällt hinweg (106, 30). Vernunft ist das Haupt der Seele. Diejenigen, welche die unverständigste Lehre treiben, sagen, die Liebe nehme den ersten Platz ein; aber diejenigen, welche die beste Lehre treiben, sagen sachgemäss und in Wahrheit, dass der Kern des ewigen Lebens mehr am Verstande als am Willen liege. Die Vernunft geht geradenwegs auf Gott zu. Denn Liebe richtet sich auf das Gute; Vernunft aber erfasst die Ursache, durch die das Gute gut ist. Die Liebe ergreift Gott, sofern er liebenswerth ist; die Vernunft erhebt sich höher und ergreift ihn, sofern er Wesen ist (108, 13; 121, 17).

Nur scheinbar anders lauten andere Stellen. Versteht man nämlich unter Vernunft die dem Willen entgegengesetzte theoretische Kraft, und zwar entweder als das niedere oder als das obere Erkenntnissvermögen, so ist ihr der Wille entweder über- oder beigeordnet. So heisst der Wille gradezu die oberste Kraft der Seele im Gegensatze zu der Vernunft als einer an Werth geringeren Kraft. Beide müssen zusammenwirken, die Vernunft muss durch den Willen befruchtet werden, um ihre Bestimmung zu erfüllen (591, 23). In der theoretischen Kraft der Vernunft ist keine volle Ruhe. Denn in der Thätigkeit der Vernunft findet eine Bewegung der äusseren Dinge zu der Seele statt, und durch diese Bewegung wird das Bild dieser Dinge der Seele eingeprägt und eingestaltet, so dass es der Anfang einer Bewegung der Seele in die substantielle Form der Seele und des wahren Wesens der Dinge ist, die in den Bildern erscheinen (214, 24). Die theoretische Kraft ist nicht so ungehemmt als der Wille; denn sonst versenkte sie sich ohne Unterlass in die bestimmungslose Gottheit. Das ist aber nicht der

Fall; denn sie hat ihre Funktion zu üben, jede Kraft der Seele zu ordnen und an ihrer rechten Stelle zu erhalten, während der Wille nur gebietet und verbietet (672, 1). — Es ist also hier immer nur von der „wirkenden", der „suchenden" Vernunft die Rede, nicht von der Vernunft, sofern sie befriedigt im Absoluten ruht. Der Wille heisst edler als die Vernunft, weil diese durch die Sinne vermittelt ist, der Wille aber sein Objekt in der „lauteren" Vernunft ergreift über Raum und über Zeit (322, 35). Der Wille ist edler als der Verstand, sofern er sich aller bestimmten Begriffe zu entschlagen und in das Nichtwissen zu stürzen vermag; aber über dem Willen steht dann noch die reine Anschauung des Absoluten, die sonst als Funktion der Vernunft erscheint (496, 20). Der Schluss, dass der Wille höher stehe als die Vernunft, weil diese sinnlich vermittelt sei, wird wohl gradezu als ein thörichter bezeichnet, weil ja auch im Erkennen die sinnliche Vermittlung nur Vorstufe sei, das Erkennen aber in Wahrheit sich unmittelbar auf das Absolute richte (130, 38).

Es ist aber nur die Doppeldeutigkeit des Wortes „Vernunft", welche ein scheinbares Schwanken des Urtheils erzeugt. Für Vernunft im Sinne der höchsten Seeleneinheit, die über aller Diremtion der Kräfte hinaus liegt, gebraucht Eckhart meistens den Ausdruck: der „Grund" oder das „Fünklein" der Seele. Erst durch den Gebrauch dieses Ausdrucks wird die Meinung des Meisters ganz klar. Manche Meister haben gelehrt, sagt er, Seligkeit liege an Liebe. Andere lehren, sie liege an Vernunft und Willen, und diese lehren richtiger. Aber wir sagen, dass sie nicht an Erkenntniss noch an Liebe liegt; sondern es ist eines in der Seele, aus dem entspringt Erkenntniss und Liebe. Das erkennt selber nicht und liebt nicht wie die Kräfte der Seele. Es hat kein Vor noch Nach; es bedarf keines von aussen an sie kommenden Dinges, es kann weder zu- noch abnehmen. Gott selber ist es vorenthalten da zu wirken; es ist es selber und geniesst sich selber wie Gott (282, 15). Den Streit von Willen und Vernunft um den Vorrang entscheidet die oberste Vernunft, die alles unmittelbar von Gott empfängt. Hinter ihr muss alles zurückbleiben; sie steht dem absoluten Grunde gegenüber von Angesicht zu Angesicht (127, 6). Die erste Aeusserungsform der Seele ist die Vernunft, dann kommt der Wille, darauf die anderen Kräfte. Aber Vernunft und Wille sind beide nicht das Höchste; beide müssen über sich selbst emporgehoben werden, und das verborgene Höhere, das allein des Absoluten empfänglich ist, ist das „Fünklein" (255, 6; 16). Seligkeit liegt weder in Vernunft noch in Willen, sondern über beiden (256, 12). Alles was die Begehrung begehren, der Verstand begreifen kann, ist nicht Gott. Wo Verstand und Begehrung endet, da ist es finster, da leuchtet Gott (257, 4). Die besten Meister lehren, Heiligkeit liege in dem Grunde, in dem höchsten Gipfel der Seele, wo sie über alle Namen und über ihre eigenen Kräfte hinausragt (623, 3). In diesem Grunde der Seele ist Gedächtniss, Vernunft und Wille eins ohne Unterschied (251, 2, 12; 228, 9).

3. Eckhart ermüdet nicht diesen obersten Theil der Seele immer und immer wieder zu schildern und auf ihn alle einzelnen Erscheinungen des Seelenlebens zurückzuführen. Hier liegt der Mittelpunkt seiner Lehre; sowohl was bei ihm von höchstem und unvergänglichem Werthe ist, als seine schweren Irrthümer wurzeln hier.

Die oberste Vernunft — sie heisst in Folge allegorischer Erklärung mehrerer Bibelstellen auch der Mann in der Seele im Gegensatz zu dem Niederen als der Frau in der Seele, ein Sprachgebrauch, der seit dem Lombarden nicht ungewöhnlich ist, — die oberste Vernunft ist das ursprüngliche Wesen und das Ziel aller Entwicklung der Seele. Alle Kräfte der Seele sind Knechte dieser Vernunft, um sie über die niedrigen Dinge zu erheben und ihr emporzuhelfen in den „Ursprung". Steht nun aber die Seele vor ihrem Ursprung, so bleiben die Kräfte draussen, und sie steht da nackt und namenlos, aller Bestimmtheit entkleidet (469, 36). Dieser oberste Theil der Seele ist über die Zeit erhaben und weiss so wenig von der Zeit als von dem Leibe. Vergangenheit, Gegenwart und Zukunft ist da eins. In der Ewigkeit giebt es weder ein Gestern noch ein Morgen; da ist nur ein ewig gegenwärtiger Augenblick. In Ort und Zeit erkennt das Thier, der Mensch über Ort und Zeit. Das Jetzt, der kleinste Zeittheil, hat immer noch etwas von Zeit an sich; es ist der Zeit verwandt und grenzt an die Zeit. Deshalb muss es hinweg. Ebenso ist es mit dem Raum. Was jenseit des Meeres ist, ist der Seele eben so gegenwärtig wie das was hier zur Stelle ist. Es ist Länge ohne Länge und Breite ohne Breite; alle Zeit heisst über Zeit, wo es weder ein Hier noch ein Jetzt giebt. Alles Denken geschieht unter der Kategorie der Zeit;

das wahre Erkennen dagegen schaut in einem ewigen Nu. Etwas Besonderes sein oder haben heisst nicht alles sein oder haben; scheide alle Besonderheit ab, so bist du alles. Nichts hindert darum die Seele so sehr an der Erkenntniss Gottes als Zeit und Ort. Zeit und Ort sind Theile, und Gott ist eins. Darum, soll die Seele Gott erkennen, so muss sie ihn über Zeit und Raum erkennen. Denn Gott ist weder dies noch das wie diese mannichfaltigen Dinge: Gott ist eins (57, 23; 297, 23; 156, 20; 142, 38; 98, 18; 60, 4; 105, 13; 121, 35; 162, 8; 222, 24). So erfasst diese Kraft alle Dinge in ihrer Wahrheit, nichts ist ihr verhüllt, auch Gott selber nicht in seinem eigensten reinen Wesen (297, 23, 34).

In der Seele oberster Kraft, welche mit göttlicher Natur verwandt ist (63, 29), leuchtet Gott unverhüllt. In sie dringt nichts als Gott ein und sie ist ohne Aufhören in Gott. Mittelst ihrer erfasst der Mensch die Dinge nicht als Dinge, sondern wie sie in Gott sind; in dieser Kraft sind alle Dinge gleich. Ihre Materie ist abgethan, nichts als das Schöne und Liebliche an ihnen bleibt da übrig (199, 25). Diese Kraft ist ein Licht, welches nie erlischt, auch in dem Zustande der Todsünde nicht; es erhält im Geiste immer die Möglichkeit der Umkehr zu Gott; denn selbst in der Hölle bleibt die Natur der Seele göttlich (395, 20; 11, 31). Lust und Leid berührt nur die niederen Kräfte; der Funke, ein Licht göttlicher Gleichheit, bleibt alle Zeit Gott zugewandt und scheidet sich nie von ihm; er kämpft unausgesetzt gegen alles Nichtgöttliche. Er ist nicht eine besondere Kraft; namenlos, ohne Eigenschaft, weder dies noch das, weder hier noch da, theilt er die Natur des Absoluten (79, 6; 113, 33). Was das Fünklein ist, ist es durch einen anderen, durch Gott, und mit diesem ist es eins. Die Einheit fliesst in dasselbe und es fliesst in die Einheit zurück. Hier empfängt die Seele all ihr Leben und Wesen. Nur dies ist ganz in Gott, alles Andere bleibt draussen (306, 8).

Von Gott geschaffen heisst das Fünklein auch sonst (581, 23; 113, 34; 412, 30). Aber da es mit Gott wesentlich eins ist, so bleibt sich Eckhart darin nicht treu, und um es recht deutlich von allem Endlichen zu unterscheiden, nennt er es auch ungeschaffen und ungeschöpflich (193, 16; 286, 17). Wo die Seele ihr natürliches geschaffenes Wesen hat, sagt er, da ist keine Wahrheit. Es ist aber etwas über der geschaffenen Natur der Seele.

Ihr habt mit dem Nichts keine Gemeinschaft. Alles was geschaffen oder creatürlich ist, ist nichtig: diesem aber ist alles Geschaffensein oder Geschaffenwerdenkönnen fern und fremd. Es ist ein einzig Eines in sich selber, welches auf nichts ausser sich selber bezogen ist (234, 34). — Am besten wird dieser scheinbare Widerspruch der beiden Urtheile, wonach der Seelengrund das eine Mal geschaffen, das andere Mal ungeschaffen heisst, so ausgeglichen, dass der Funke zwar ungeschaffen, aber von Gott geboren genannt wird, also aus Gottes eigenem Wesen so erzeugt, dass er darüber nicht creatürliche Besonderheit annimmt, sondern Alles in Allem bleibt wie Gott selber. Darum trägt er in sich das Abbild aller Creaturen, aber ohne die besondere Form des Bildseins und über diese Form erhaben; er ist Gott so nahe, dass er mit ihm ein untrennbares einzig Eines ausmacht (286, 17).

Diese oberste Kraft ist durchaus ohne Aeusserung und übt keine besondere Funktion; sie ist ein Bild Gottes, und doch nicht selber ein Bild, sondern ein Princip oder Vermögen, der Seele reines Bild darzustellen und zu erhöhen, und in diesem Darstellen bleibt sie ohne Bild, in diesem Erhöhen umfasst sie alle Bilder und die Bilder aller Bilder. Da ist die Seele in ihrem steten Fortschreiten doch von jeder bestimmten Form des Wirkens frei, und darum sollte sie rein in sich verharren. Denn die Wahrheit ist in ihr und doch nicht als die ihrige oder sonst in irgend welcher Besonderheit (584, 38). Das der Seele eingeprägte göttliche Bild bezieht sich im Innersten der Natur ohne Vermittlung auf sich, und das Innerste und Höchste der Natur stellt sich auf's eigentlichste in der Form der Seele dar ohne alle Vermittlung weder durch Willen noch durch Weisheit; vermittelt hier die Weisheit, so ist sie die Form der Seele selber (68, 39). Das „Gemüth", die Gesammtheit der höheren Seelenkräfte, ist eine Wohnstatt ideeller Formen und vernünftiger Vorstellungen. Da wird Gott erfasst nach seinen persönlichen Unterschieden. Dringt man aber tiefer ein in das innerste Wesen der Seele, so findet man die Vernunft, welche erst eine adäquate Erkenntniss Gottes ermöglicht (585, 34). Das Fünklein ist von allen Namen frei, von allen Formen bloss; Vernunft und Liebe können nicht hineindringen, Kraft und Besonderheit bleiben draussen, ja Gott selber, so weit er persönliche Besonderheit an sich trägt (46, 3).

Der Funke oder der Seelengrund hat keinen Namen, weil er

keine Besonderheit hat; eben deshalb nennt ihn Eckhart mit vielen Namen. Das Wort scintilla für den Rest der Gottähnlichkeit in der menschlichen Seele gebrauchen auch Frühere, z. B. Hugo von St. Victor. Eckhart bezeichnet den Funken auch als Geist der Seele (255, 20), als den innersten Menschen, der alles in der Form der Ewigkeit schaut (180, 32), im Gegensatze zum äusseren Menschen, der bei der Creatur stehen bleibt, und zum inneren Menschen, der nicht weiter gelangt als zu Gott mit seiner persönlichen Besonderheit. Er nennt ihn das Licht der Vernunft, in welchem es keinen Gegensatz mehr giebt (264, 27), und verwendet dafür einmal auch den Ausdruck Synteresis oder wie im Texte geschrieben steht „Sinderesis", indem er als den Sinn des Ausdrucks die Thätigkeit des Verbindens und Abwendens angiebt (113, 33). Vor Eckhart bezeichnet das Wort eine ethische Kraft, das Gewissen, den Gottesfunken in dem sittlichen Bewusstsein des gefallenen Menschen. Die späteren Mystiker haben beide Bedeutungen des Terminus zum Theil wieder in einander fliessen lassen, den bestimmungslosen Seelengrund und das höchste ethische Vermögen.

Es liegt in diesem Begriffe des Seelengrundes eine weitgreifende Macht, die sich besonders in der Ethik des Meisters, wie wir später sehen werden, offenbart. Ueber alle besonderen Richtungen der Seelenthätigkeit hinaus liegt das einheitliche Wesen der Seele selber, und wenn alle Kräfte der Seele sonst an ein bestimmtes Organ gebunden und in sich begrenzt sind, so muss es auch eine unbegrenzte und ungebundene Kraft geben (115, 8). Dieser Begriff der Totalität der Seele würde die tiefste Anschauung des religiösen Lebens der Seele erlauben; nur freilich hat der Meister selbst diesen Begriff nicht in rechter Consequenz festgehalten. Unter der Hand verwandelt sich ihm diese postulierte Totalität wieder in die Form einer besonderen Kraft, und es ist schon das nicht gleichgültig, dass er den Seelengrund, freilich wohl nicht ohne Bewusstsein um die Uneigentlichkeit des Ausdrucks, als die oberste Kraft der Seele bezeichnet, während sie doch vielmehr die ganze Seele in ihrem Wesen darstellen soll. Der aus der Schule des Albert und Thomas überkommene Intellectualismus veranlasst ihn aber ferner, diesem Seelengrunde den Namen Vernunft beizulegen und sie damit wieder als ein theoretisches Vermögen zu betrachten, während sie doch intendiert war als der Indifferenzpunkt aller besonderen geistigen Vermögen, und der Gegensatz von Vernunft, Wille und Gedächtniss in ihr wie jeder andere Gegensatz aufgehoben sein sollte. So erlangt dann grade auf diesem Wege das Streben, mittelst der abstraktesten Begriffe in das Absolute eindringen zu wollen, ein bedenkliches, den Inhalt des Glaubens ausleerendes Uebergewicht, während doch die Erfordernisse des Willens und — wir würden noch hinzufügen — des Gefühls ein gleiches Recht zu beanspruchen hatten. Es ist ganz ähnlich, wenn bei Schleiermacher das Vermögen, welches als Totalität der Seele intendiert ist mit Ausschluss aller einseitigen Kräfte, durch den Gebrauch des Terminus „Gefühl“ unvermerkt zu der Bedeutung herabsinkt, die das Gefühl als mit Vernunft und Willen coordinierte Kraft hat, diese ausschliessend, nicht ihnen übergeordnet und sie in sich aufhebend. Nichts desto weniger ist bei Eckhart wie bei Schleiermacher die Intention an sich ein werthvoller Fingerzeig, der auf den rechten Weg zu leiten im Stande ist, um zu begreifen, wie in dem religiösen Verhalten nicht eine besondere Funktion des Geistes, sondern der Mensch in der Totalität seiner Persönlichkeit in Gott zu leben vermag. Eckhart sagt gradezu, das Erkennen gründe sich in dem vernünftigen Wesen unserer Seele, sei aber nicht der Seele Wesen; es wurzele in diesem und sei ein Theil des Lebens der Seele. Dies Erkennen liege über Zeit und Raum, über das Hier und Jetzt hinaus. In diesem Erkennen und Leben seien alle Dinge eins und dasselbe, ein höchstes allumfassendes Allgemeines. Aber eben in demselben Zusammenhange bezeichnet er der Seele tiefstes Wesen als das Fünklein des Verstandes, das nimmer erlösche, das im Gegensatze stehe zu dem niederen Erkennen, dem Erkennen äusserer Dinge, dem verständigen und sinnlichen Erkennen, welches bei Aehnlichkeit und Verschiedenheit stehen bleibe (39, 7). Das ist der verhängnissvolle Wendepunkt in der Lehre Eckharts, der statt eines reichen persönlichen Lebens die auf's höchste getriebene Abstraktion im Gefolge hat und zuletzt nur noch einen Phantasierausch, ein Schwelgen in der unfassbaren Allgemeinheit, in dem Gedanken des Unsagbaren, wo es nichts Bestimmtes mehr zu denken giebt und alle Bestimmtheit zerfliesst, als einzige scheinbare Aeusserung unmittelbaren Lebens gestattet.

II. Das Wesen und seine Offenbarung.

1. Der Begriff des Absoluten.

Es ist die vernünftige Natur der Seele, welche das Erkennen zwingt, über jeden bestimmten Begriff zum Begriff des Absoluten aufzusteigen. Das Absolute als das letzte Ziel des Denkens ist mithin zu erfassen als das schlechthin Allgemeinste und Bestimmungslose. Diese Consequenz ist Eckhart bemüht im vollsten und höchsten Sinne zu ziehen, und darin kann er sich durch keine sonstige Rücksicht irre machen lassen. Der Begriff Gottes des dreieinigen kann nicht der Begriff des Absoluten sein; denn im Absoluten giebt es keinen Unterschied, die drei Personen sind aber unterschieden. Ferner neben und ausser Gott giebt es auch solches, welches nicht Gott ist, die Welt der Creaturen. Will die Seele zum Absoluten vordringen, so muss sie auch über Gott den dreieinigen und über den einen Gott in den drei Personen hinaus zu dem Begriffe emporsteigen, der Gott und alle Dinge unter sich befasst. Das Organ dieses Emporsteigens aber ist der „Funke".

Der Funke entschlägt sich alles Geschaffenen und will nichts als Gott, wie er ohne Zusatz an sich selber ist. Darum genügt er sich nicht an Vater, Sohn oder Heiligem Geist oder an den drei Personen, insofern jede in ihrer besonderen Eigenthümlichkeit verharrt, aber auch nicht an der einfachen göttlichen Natur, welche die drei Personen hervorbringt, nicht an dem einfachen in sich verharrenden göttlichen Wesen, das weder mittheilt noch empfängt; sondern er will wissen, von wannen dieses Wesen stammt; es will in den einfachen Grund, in die stille Wüste dringen, in welche nie ein Unterschied geblickt hat. In dem Innersten, wo nichts Einzelnes seine besondre Heimath hat, da begnügt sich dieses Licht, und da ist es inniger vereint als in sich selbst. Denn dieser Grund ist eine einfache Stille, die an sich unbeweglich ist; aber dieses Unbewegliche ist der Grund aller Bewegung und alles vernünftigen in sich versenkten Lebens (193, 33). Die Vernunft durchdringt mit ihrem Blicke alle Winkel der Gottheit; sie ergreift den Sohn im Herzen des Vaters und in dem Grunde, und trägt ihn in ihren eignen Grund. Die Vernunft dringt vorwärts; sie findet ihr Genüge nicht in der Güte noch in der Weisheit, nicht in der Wahrheit noch in Gott selber. Ja wahrhaftig, ihr genügt Gott so wenig als ein Stein oder ein Baum. Sie ruht nimmer, sie dringt in den Grund, aus dem Güte und Wahrheit entspringt; sie erfasst es im Princip, in dem Anfang, aus dem Güte und Wahrheit stammen, ehe sie entspringen, in einem viel höheren Grunde als Güte und Weisheit ist (144, 32; 59, 16). Die Seele hat ein Vermögen, alles zu erkennen; darum ruht sie nicht, bis sie den höchsten Begriff erreicht, in welchem alles eins ist. Wo die Seele in das erste lauterste Princip, in die Form der abstrakten Wesenheit transformiert wird; wo sie Gott wahrnimmt, ehe er Wahrheit oder Erkenntniss an sich nimmt; wo alle Prädicierbarkeit abgelegt ist: da findet die reinste Erkenntniss statt, da wird das Wesen in adäquater Weise begriffen (99, 4, 12). Die Seele schwingt sich empor in die Einfachheit, über alle Dinge hinaus in das schlechthin Unerkennbare; gestaltlos stürzt sie sich in den gestaltlosen Gott (540, 17, 26). In das tiefste Wesen der Seele, in welchem weder Wille noch Erkenntniss vorhanden ist, dringt weder eine Kraft noch eine Bestimmung noch Gott selber, sofern er eine Bestimmtheit und persönliche Eigenthümlichkeit an sich hat. Soll Gott jemals dahineindringen, so muss es ihn alle seine göttlichen Prädikate und seine persönliche Bestimmtheit kosten. Er dringt nur hinein als einfach Eines, ohne alle besondere Eigenschaft; in diesem Sinne ist er weder Vater noch Sohn noch Heiliger Geist, und doch ist er ein Etwas, das weder dies noch jenes ist (46, 22). Alle Thätigkeit des „Gemüths" ist noch unvollkommen Denn es schaut alle Dinge unter ideellen Formen; es unterscheidet in Gott noch die Personen und erkennt bestimmte Dinge, die Engel, sich selber. Gott schauen als Gott, als Bild, als Dreiheit, ist noch Unvollkommenheit. Erst wenn alle Formen abgelöst werden und die Seele das einig Eine schaut, so findet das reine Wesen der Seele das reine gestaltlose Wesen der göttlichen Einheit, welches, ein überwesentliches Wesen, ohne Wirken in sich selber ruht (318, 1).

2. Die Gottheit.

Gott also ist nicht das Absolute. Hätte eine Fliege Vernunft, Gott mit allem was er als Gott ist könnte nicht der Fliege Streben befriedigen (281, 32). Das Absolute, der allgemeinste Begriff, der auch Gott unter sich befasst, heisst die Gottheit.

Eckhart macht auf diesen Unterschied zwischen Gott und Gottheit öfter aufmerksam als auf eines der tiefsten Geheimnisse seiner Lehre. Einen ähnlichen Unterschied hatte dereinst Gilbertus Porretanus gesetzt, indem er behauptete, dass die divina essentia oder die eine deitas als die Form, durch welche Gott Gott sei, von Gott selber als den göttlichen Personen unterschieden werden müsse. Nach heftigen Verhandlungen, welche 1147 und 1148 geführt wurden und an denen sich als Bestreiter dieser Ansicht besonders Bernhard von Clairvaux betheiligte, wurde dieselbe durch Papst Eugen III für verwerflich erklärt. Eckhart hat nicht sowohl diese Lehre erneuert, sondern vielmehr er ist durch die Principien seiner Denkweise auf eine ähnliche Auffassung geführt worden, die indess über das von Gilbertus Aufgestellte weit hinausgeht.

Gilbertus würde durch realistische Gesichtspunkte veranlasst, das Gemeinsame in den drei Personen der Gottheit als ein Allgemeines über denselben anzusehen und diesem allgemeinen Begriffe eine selbstständige Wesenheit als Begriff, der in den Personen Realität, aber an sich keine Substantialität habe, zuzuschreiben. Eckhart aber sucht den schlechtweg allerallgemeinsten Begriff, der nicht bloss die drei Personen umfasst, sondern auch über die Einheit dieser drei Personen, das was Gilbertus die deitas, Eckhart die göttliche Natur nennt, hinausgeht, den Begriff, unter welchem sich der persönliche Gott und die göttliche Natur und andererseits Gott und die Creatur subsumieren lassen. Eckharts „Gottheit“ ist also ein noch umfassenderer Begriff als Gilberts deitas. Aehnlich verhält sich Eckharts Darstellung zu dem Satze des Petrus Lombardus, nach welchem das Wesen, die divina essentia, welche von den Personen zu unterscheiden ist, selbst weder zeugt noch gezeugt wird. Eckhart baut den darin nur angedeuteten Gedanken in weiterem Zusammenhange aus.

Die Gottheit bei Eckhart ist jenes Uebersein, welches Pseudo-Dionysius durch Häufung von Negationen beschreibt, das Nichts aller Bestimmtheit, die Negation jeder Negation und jedes Prädikats überhaupt. Sie ist eben deshalb unaussprechlich und undenkbar, durch die Vorstellungen des Erkenntnissvermögens nicht zu erfassen und nur der reinen Anschauung der obersten Vernunft zugänglich. — Wesen (reines bestimmungsloses Sein) ist das allgemeinste Prädikat; alles Endliche ist ein Abfall vom Wesen. Im Wesen giebt es keinen Gegensatz, nicht lieb noch leid, nicht weiss noch schwarz (264, 12). Gottes Eigenschaft ist Wesen (263, 10). Aber die Gottheit ist auch über das Wesen erhaben, insofern auch das Wesen noch eine Bestimmung enthält. Gott — es ist zu bemerken, dass Eckhart, wo er nicht grade den Unterschied zwischen beiden Begriffen ausdrücklich hervorzuheben hat, für „Gottheit“ meistentheils das Wort „Gott“ gebraucht — Gott also als das Absolute ist weder Wesen noch Vernunft (282, 30). Es wäre ebenso unrecht, Gott ein Wesen zu heissen, als es unrecht wäre, die Sonne bleich oder schwarz zu heissen. Damit wird aber Gott das Wesen nicht abgesprochen, sondern es wird ihm in einer werthvolleren und höheren Bedeutung zugeschrieben. Denn in Gott ist Alles, nur nicht in ausschliessender Bestimmtheit, sondern in einer höheren und allgemeineren Form (268, 35; 82, 28). Unwesentliches Wesen, — d. h. also Wesen, welches über den bestimmten Begriff des Wesens hinaus liegt und ganz inhaltslos geworden ist, das Sein, welches zugleich Nichtsein ist, — das erst liegt über Gott und über jeden Unterschied hinaus (283, 38). Selbst das Prädikat „er ist“ Gott beigelegt wäre ein fremdartiger Zusatz (659, 17).

Die Gottheit hat daher überhaupt kein Prädikat. Gott ist ohne Willen, ohne Liebe, ohne Gerechtigkeit, ohne Barmherzigkeit, selbst ohne Göttlichkeit, überhaupt ohne alles das, was man von ihm geschrieben hat und in sprachlichem Ausdruck ihm beilegen kann. Alles Gute, was man Gott zuschreiben oder von ihm aussagen möchte, hebt den Begriff Gottes vollständig auf. Setze ich zu Gott noch irgend etwas, so setze ich zu Gott einen Abgott (590, 24). Die oberste Ursache ist nicht Licht noch Finsterniss.

Alle Prädikate sind fremdartige Zusätze zum blossen göttlichen Wesen. Seine Natur ist die, ohne Natur zu sein. Wer an Güte, Weisheit oder Macht denkt, der verdeckt und verfinstert das Wesen im Denken. Ein einziges Prädikat dem Wesen beigelegt hebt den Begriff des Wesens auf (160, 30). Alles abgeschieden, abgezogen und abgeschält, dass nichts bleibt als ein einziges „Ist", das ist sein eigentlicher Name (108, 31). Gott ist namenlos, denn von ihm kann Niemand etwas sprechen noch verstehen. In diesem Sinne sagt ein heidnischer Meister: was wir von der letzten Ursache verstehen oder aussagen, das sind wir selber viel mehr, als es die letzte Ursache ist; denn sie ist über Sprechen und Verstehen. Sage ich nun: Gott ist gut, das ist nicht wahr; sondern ich bin gut, Gott ist es nicht. Noch mehr: ich bin besser als Gott. Denn was gut ist, kann auch besser werden, und was besser werden kann, kann auch ein bestes werden. Nun ist Gott nicht gut, also kann er nicht besser werden. Kann er also nicht besser werden, so kann er auch nicht ein bestes werden. Alle drei liegen Gott gleich fern: gut, besser und bestes; er ist über alles hinaus. Sage ich ferner: Gott ist weise, es ist nicht wahr; ich bin weiser als er. Oder: Gott ist ein Wesen, es ist nicht wahr; er ist ein über das Wesen erhabenes Wesen und Nichtwesen zugleich... Du sollst nichts verstehen von Gott, denn Gott ist über alles Verstehen. Ein Meister sagt: Hätte ich einen Gott, den ich verstehen könnte, ich wollte ihn nimmer für einen Gott halten (318, 31; 163, 19). Gott ist deshalb das Nicht Gottes, das Nicht des Geistes, das Nicht der Person, das Nicht des Bildes, ein lautres ungemischtes klares Eins ohne alle Zweiheit (320, 28). Gott ist sich selber ein Nichts und ein Nichts dem Inbegriff aller Creaturen (506, 30); aber zugleich ist in Gott nichts Negatives; er ist die umfassende Einheit alles Positiven (321, 6). Gott ist Eins, Eins aber ist die Negation aller Negation. Einheit ist abstrakter als Güte und Wahrheit; sie bedeutet Abwesenheit aller Prädikate. Indem man Gott ein Prädikat abspricht, macht man von ihm eine negative Aussage; diese Negation wird negiert in der Aussage: Gott ist eins (322, 9). Die Einheit Gottes ist ohne Grund, vielmehr sie ist ihr eigener Grund. Sie ist ein Ursprung der grundlosen Tiefe, ein Dach der unbegrenzten Höhe und ein Umkreis der unbegreiflichen Weite (525, 31). Und bei diesem einzigen Prädikate lässt es Eckhart bewenden; der Ausdruck, der so nahe läge, dass Einheit und Vielheit gleich sehr im Absoluten vorhanden ist, findet sich bei Eckhart nicht. Die Vielheit ist erst das Abgeleitete.

Wie ohne Eigenschaften, so ist die Gottheit auch ohne Wirksamkeit. Gott und Gottheit sind unterschieden, so weit als Himmel und Erde. Gott wirkt, die Gottheit wirkt nicht. Sie ist der einfache „Grund", die „stille Wüste", die undurchdringliche „Finsterniss", die unbewegliche Ruhe (527, 23; 389, 2). Gott hat eine Geschichte; Gott wird und „entwird" oder vergeht (180—181). Die Gottheit dagegen hat alle Dinge Gott überlassen; sie ist so arm, so bloss und ledig, als ob sie nicht wäre. Sie hat nichts, sie will nichts und bedarf nichts; sie wirkt nichts und gebiert nichts (532, 30). Die Gottheit bleibt somit in sich verschlossen, ohne Offenbarung; sie theilt sich nicht mit und erscheint nicht. Sie ist auf nichts bezogen als auf sich selbst; in sich verharrend ist sie die Finsterniss, in die kein Wahrnehmen und Erkennen eindringt (528, 24; 529, 3). Geht man über alles Endliche und somit auch über die göttlichen Personen hinaus zur höchsten allumfassenden Einheit, der licht- und offenbarungslosen Unbeweglichkeit, welche der Personen gemeinsames Wesen ist, so findet man Gott „entgeistet", aller Eigenschaften und Wirkungsweisen auch geistiger Art beraubt (670, 30). Da hört Persönlichkeit, Licht und Finsterniss, Materie und Form auf (517, 2). Und dieses reine Nichts soll für das Höchste und Beste, das Ziel aller Sehnsucht, den Gegenstand aller reinen Anschauung gelten!

3. Wesen und Natur.

Mit diesem Begriff des Absoluten wäre nun die letzte, abstrakteste Einheit erreicht, aber nun auch jede Art der Aeusserung, der Beziehung auf Anderes ausgeschlossen. In diese „wüste Gottheit" führen viele Spuren, aber keine hinaus. Eckhart steht hier vor demselben Problem, in welches sich jede extrem monistische Denkart nothwendig verwickelt, an dessen Lösung sich vor ihm und nach ihm so viele ausgezeichnete Denker vergebens erprobt haben. Es ist die Aufgabe, aus dem abstrakt Einen eine Welt der Vielheit abzuleiten, wenigstens nachzuweisen, wie es ohne Widerspruch ausser dem Absoluten noch Andres und Begrenztes geben kann. Eckhart hat eine bestimmte Anschauung über das Verhältniss des schlechthin Einen zum Vielen besessen und dargelegt; dass sie aber eine durchaus widerspruchsvolle ist, zeigt sich auf den ersten Blick. Neuere Denker haben das Absolute von vorn herein nicht als ruhendes Sein, sondern als lebendige Bewegung aufgefasst, so dass es durch die ihm immanente Negativität zu einer Explication der in ihm verborgen schlummernden Momente getrieben wird. Der alte Meister hat die gleiche Intention; aber die vorhandenen Mittel zur systematischen Durchführung seines Grundgedankens sind noch weit unzulänglicher.

Dem Absoluten gehen nach Eckhart alle Prädikate und alle Thätigkeiten ab; es ist reines Sein, welches als ganz bestimmungslos eben mit demselben Rechte auch Nichtsein genannt wird. Aber der Begriff des Absoluten ist erlangt worden durch fortgehende Abstraktion. Alle die allmählich abgestreiften Bestimmungen müssen deshalb gewissermaassen in dem allgemeinsten Begriffe der Möglichkeit nach enthalten sein, und in der höchsten Einheit muss es irgendwie ein Princip der Unterscheidung geben, aus welchem dann in stetigem Fortgang die übrigen Unterschiede fliessen. Dieses Princip der Unterscheidung findet Eckhart in dem Unterschiede des göttlichen Wesens und der göttlichen Natur, des Insichseins und Füranderesseins, wie wir sagen würden. Sie sind unterschieden wie Materie und Form. Materie ohne Form giebt es nicht; so giebt es auch kein göttliches Wesen ohne göttliche Natur, d. h. ohne das Princip der Offenbarung. Die Form aber ist des Wesens Offenbarung (530, 37; 681, 32). Das Wesen wirkt nicht und leidet nicht, die Natur leidet nicht, aber sie wirkt (191, 19). Die Natur ist das Ausstrahlen der Gottheit, das Wesen der in seiner eigenen Tiefe verbleibende Grund dieses Ausstrahlens (669, 31). Dass wir Gott Materie, Form und Thätigkeit zuschreiben, kommt zwar von unserer Gebundenheit an die einer rein geistigen Anschauung unfähigen Sinne her. Die höchste Betrachtung Gottes muss sich aller solcher Kategorieen entschlagen, um die reine unterschiedslose Einheit zu erreichen. Aber wenn wir Gott und Welt begreiflich machen wollen, beim Herabsteigen in die Vielheit, sind jene Kategorieen unentbehrlich (681, 30; 513, 9).

Das Absolute ist nicht bloss die Negation aller Bestimmtheit, sondern es ist vor allem das unbegrenzte Vermögen, das keiner Art des Wesens entbehrt (26, 5). In ihm ist nichts Bestimmtes; aber alle Bestimmungen können aus ihm fliessen, insofern es das

Vermögen ist sich selbst zu bestimmen. In dieser Einheit ist alle Mannichfaltigkeit der Möglichkeit nach mitgesetzt; alles Einzelne schlummert in ihr, nicht als Vieles, sondern in allumfassender Einheit, und nicht als wirklich Fürsichseiendes, sondern der Anlage nach. Alles ist im Absoluten aufgehoben, aber nur die Endlichkeit an allem ist negiert (541, 23); die Wesenheit vielmehr ist hier bewahrt, und das Aufgehobensein der Einzelheit ist eine erhöhete und bessere Daseinsform der Dinge. Das Absolute ist deshalb als Abschluss eines absoluten Processes zu denken, als das Ziel alles Wesens. Der erste Anfang ist um des letzten Zieles willen. Gott selber ruht nicht da, wo er der erste Anfang ist, sondern da, wo er das Ziel und die Rast alles Wesens ist, nicht dass dies Wesen da zu nichte würde, sondern da wird es vollendet zu seiner höchsten Vollkommenheit. Was ist nun dies letzte Ziel? Es ist die verborgene Finsterniss der ewigen Gottheit, welche unerkennbar ist, nie erkannt ward und nimmer erkannt wird. Gott bleibt sich selber da unbekannt; das Licht der ewigen Persönlichkeit (die Möglichkeit der Personbildung) hat dort hinein geleuchtet, aber die Finsterniss (des Absoluten) ist dem Lichte nicht zugänglich (288, 21). Gott entäussert sich und fliesst wieder in sich selbst zurück (515, 27), das ist seine Geschichte. Das ewige Werden ist das Werk der ewigen Natur, darum ist es ohne Anfang und ohne Ende (497, 30). Das Absolute, insofern es allen Reichthum der Verschiedenheit in sich umschlossen hat, wird das gestaltenreiche Licht göttlicher Einheit genannt. Es ist an sich einfach und doch Wesen und Natur. Als Wesen ruht es im blossen Sein, in unbeweglicher Stille. Da umfasst sein Licht das All als ein Einfaches, nicht so dass es die besondere Form irgend einer Creatur wäre, sondern es ist in dieser unbeweglichen Stille nur seine eigene Form. Als Natur ist es die Einheit der göttlichen Personen, die Möglichkeit für das Personwerden der Gottheit; in den Personen erst ist Thätigkeit und Hervorbringung, Wirken und Gebären. Denn das Wesen wirkt nicht und gebiert nicht. Das Wesen ist die umfassende Einheit der göttlichen Personen und aller Dinge; es hat aller Dinge Formen in sich in Einfachheit und dem Wesen nach, und vermittelst dieses einfachen Bildes wohnt es allen Dingen inne. Die Natur aber ist Natur nur der göttlichen Personen, nicht der Dinge; die Dinge haben Theil am Wesen, aber nicht an der göttlichen Natur. Wesen und Natur sind nicht getrennte, für sich bestehende Dinge. In dem Absoluten sind sie eins; das Absolute ist des Wesens Wesen und die Natur der Natur. Wären sie wirklich zwei besondere für sich bestehende Dinge, so müsste das eine des andern Ursache sein, das aber kann nicht sein. Somit verhält sich das absolute Wesen zugleich als ruhendes Sein und als die glanzvolle Dreiheit der Natur (668—669; 388—389).

4. Die göttlichen Personen.

Die Natur in Gott ist der Grund der göttlichen Persönlichkeit und damit alles Erscheinens Gottes, aller Offenbarung; sie ist das einfache Ansichsein der Personen, aus dem sie, jede mit ihrer besondern Natur entspringen (670, 22). Das absolute Wesen Gottes ist Einheit. Diese Einheit kann sich nicht selbst offenbaren. Das ist Gottes Unvermögen, aber zugleich sein höchstes Vermögen. Was die Einheit selbst nicht offenbaren konnte, das haben die drei Personen offenbart und zwar alle in gleicher Weise wegen der Einheit ihres Wesens, am meisten ihnen selbst, weil es ihr eigenes natürliches Wesen ist (390, 14). Das Wesen kann sich selbst nicht offenbaren, sofern es Wesen ist; die Personen, insofern sie das Wesen offenbaren, sind die Form des Wesens (681, 30). Es ist grade wie mit dem Unterschiede von Menschheit und Mensch. Aller Menschen gemeinsame Natur heisst die Menschheit; die Menschheit kann nichts wirken oder hervorbringen an sich selber, sondern nur in einer menschlichen Person. Ebenso hat die Gottheit alle Dinge in sich beschlossen; aber sie wirkt und gebiert nicht an sich selber, sondern vermittelst der Personen (632, 30).

Eckhart macht es den Scholastikern, den „Meistern von Paris“, zum Vorwurf, dass sie sich zu viel bei dem Wirken der Dreieinigkeit aufgehalten haben und deshalb nicht zur Einheit vorgedrungen sind (504, 1). In der Lehre von der Dreieinigkeit aber fühlt er sich mit ihnen eins; freilich wenn sie auch das Rechte sagten, so hatten sie doch nicht das rechte Verständniss und konnten deshalb ihre Lehre auch nicht recht beweisen (176, 8). Eckhart will offenbar die kirchliche Lehre vortragen und aus den tiefsten Gründen verständlich machen. Er schliesst sich dabei am engsten an Thomas an, indem er den Process der Personbildung in der Gottheit aus der Thätigkeit der göttlichen Vernunft, aus dem Erkennen ableitet. Nur freilich bekommt seine Lehre dadurch eine ganz eigenthümliche Wendung, dass ihm allen göttlichen Personen voraus die unpersönliche Gottheit liegt und dass er die Absolutheit der Personen ausdrücklich und auf's kräftigste bestreitet. Es werden damit die Personen vielmehr zu Stadien des absoluten Processes, und sie erscheinen eigentlich nur als Modi der göttlichen Substanz, die über sie alle hinaus reicht. Dem Gilbertus Porretanus liess sich mit Fug und Recht der Vorwurf des Tetratheismus machen. Eckharts Lehre von Gott ist reiner, ausgesprochner Monismus; die Dreiheit der Personen erscheint nur als „Zufall“ an der wesentlichen Einheit, die als solche unpersönlich ist und der man wie keine andere Eigenschaft so auch nicht die Vernunft zuschreiben kann.

Eckhart unterscheidet das ungeborne Wesen und das geborne Wesen, die ungenaturte und die genaturte Natur. Das ungeborne Wesen genügt sich selber ohne zu wirken und zu gebären; die Gottheit theilt sich keinem andern mit (528, 24). Das Absolute als Natur ist die Reflexion in sich. Durch den Act dieses sich in sich Reflectierens wird die Natur zur Person, und als Person heisst die Natur Vater. Die Reflexion in sich ist das Wissen; der Vater also ist reine Vernunft, die sich selbst vollkommen durchschaut (6, 8; 269, 39). Das Objekt dieses Wissens ist der Sohn oder das Wort, die zweite Person in der Gottheit, und die Liebe zwischen Vater und Sohn als ihre ewige gegenseitige Beziehung auf einander ist der Heilige Geist als die dritte Person. Eckhart selbst drückt sich so aus: In Gott ist zweierlei: Wesen und Beziehung auf sich oder Relation. Des Vaters Wesen ist es nicht, was den Sohn in der Gottheit gebiert. Denn der Vater insofern er das Wesen ist sieht nur in sein blosses Wesen; da findet er sich mit aller seiner Fülle ohne alle Besonderheit, ohne Sohn und Heiligen Geist, und sieht nur sein einiges absolutes Wesen. Will aber der Vater sich selber schauen und sich auf sich beziehen in einer anderen Person, so gebiert des Vaters Wesen in dieser Beziehung auf sich den Sohn, und weil er darin seine Freude und Lust ewig gehabt hat, so musste dieses sich in sich Reflectieren ewig stattfinden. Darum ist der Sohn ewig wie der Vater. Aus der Lust und der Liebe aber, die Vater und Sohn an einander haben, entspringt der Heilige Geist, und weil diese Liebe zwischen Vater und Sohn ewig gewesen ist, so ist der Heilige Geist ebenso ewig wie Vater und Sohn. So haben die drei Personen nur ein einiges Wesen und sind nur als Personen verschieden. Als Personen sind sie einander fremd, dem Wesen nach sind sie eins (608, 9).

Eckhart sucht zu erklären, wie dieser Act des sich in sich Reflectierens personbildend zu sein vermag. Er findet den Begriff der Person in der Identität zweier Momente: des Bleibens im unerkennbaren Unendlichen und des Behaftetseins mit erkennbarem Unterschiede (677, 24). So wären allerdings die göttlichen Personen ein Mittleres zwischen dem Absoluten und der Creatur; es erhellt aber auch, dass die Seele des Menschen von den göttlichen Personen nicht wesentlich verschieden ist. Ein persönliches Bewusstsein und eine vernünftige Thätigkeit leitet Eckhart nicht daraus ab, und so werden ihm die Personen vielmehr zu göttlichen Potenzen als zu selbstbewussten vernünftigen Wesen. — Das Wort oder der Sohn ist das den Erkennenden vollkommen abspiegelnde Objekt des Erkennens. Darum heisst das Gebären auch ein Sprechen. Menschliches Erkennen ist unvollkommen und veränderlich; darum ist auch das Erkannte, das Wort, nicht mit dem Erkennenden identisch; das ausgesprochene Wort ist nur ein Zeichen des Wortes, das im Erkennenden ist. Die Geburt des ewigen Wortes aber findet Statt, wo die persönliche Vernunft des Vaters in der Einheit der „Natur" verbleibt. Sohn und Vater in der creatürlichen Welt sind verschieden, weil die Natur in Zeit und Raum wirkt. In Gott ist nicht Zeit und Raum, darum ist hier Vater und Sohn ein Gott und verschieden nur wie Entgiessung und Entgossenheit (94, 18). Als Vernunft blickt der Vater auf sich selber und durch die Selbstspiegelung seines Wesens muss er sich selber abbilden oder aussprechen in einem sich daraus ergebenden selbstständigen Wesen. Darum ist das Wort ein Sohn, eins mit dem Vater von Wesen, verschieden von Person. Dieses sich in sich Spiegeln der Gottheit ist ewig; eben deshalb ist auch die Geburt des Sohnes ewig, und gleich im Anfang war das Wort bei Gott. Ohne diese Spiegelung bliebe nur ein Gott ohne Unterschied der Personen übrig (580, 13). Der Sohn ist identisch mit dem Verständnisse, mit dem sich der Vater in der Bestimmtheit seiner Natur versteht. Wäre das nicht der Fall, so müsste es zwei vernünftige Wesen geben. Es ist aber in diesem Sichverstehen des Vaters vielmehr nur ein vernünftiges Wesen vorhanden. Das Objekt des Erkennens ist das ewige Wort. Wo dies in dem Verständnisse des Vaters verbleibt, da ist es nichts als die Natur des Vaters. Wo es sich auf sich selbst bezieht, da ist es eine unterschiedene Person und doch mit ihm ein einfaches Wesen in göttlicher Natur (335, 25). Das ewige Wort entspringt nicht in der persönlichen Vernunft des Vaters (wo der Vater schon Person geworden ist), sondern in seinem natürlichen Vermögen; sonst wäre das ewige Wort sein eigener Ursprung; denn Verständniss und Wort ist eins und dasselbe (336, 19). Es ist also der Act des Erzeugens des Sohnes, durch den der Vater und der Sohn zugleich Persönlichkeit empfangen, und deshalb kann der Vater auch bezeichnet werden als ein Geschöpf, das sich selbst geschaffen hat (534, 18). In dem ungebornen Wesen (vor der Personbildung) ist der Vater als unpersönliches Wesen, also nicht als Vater. Aber dieses ungeborne Wesen ist zugleich die Wurzel seiner Persönlichkeit, das Vermögen, sich für sich selber als Wesen und Person zu offenbaren. Durch dieses Vermögen hat von Ewigkeit her der Process der Personbildung stattgefunden. In dem Wesen sind die drei Personen eins. Von dem ungebornen Wesen unterscheidet sich das geborene Wesen als der in drei Personen sich beständig erzeugende Gott (499, 16). Das ungeborne Wesen heisst auch die ungenaturte Natur, das geborene Wesen die genaturte Natur. Die ungenaturte Natur ist das wirkungslose Absolute, aus dem jedoch die genaturte Natur hervorgeht. Die Geburt des Sohnes findet in der genaturten Natur statt. Der Vater steht der ungenaturten Natur so nahe wie der genaturten. In jener ist er allein, in dieser der erste; hier naturt er den Sohn, dieser mit ihm den Geist, der selber nicht naturt. In der ungenaturten Natur sind die Personen eins, in der genaturten unterscheiden sie sich (537, 29). Die Gottheit als Natur ist in dem Vater beschlossen. Vater aber bedeutet die Person, Gottheit dagegen die einfache Substanz. Die Natur ist das Vermögen, der wirkliche Act des Erkennens der Ursprung der Personen. Gott als Gottheit ist eine geistige Substanz, die unerkennbar ist, von der man nur in Negationen sprechen kann. Gott in der Dreifaltigkeit ist ein lebendiges Licht. Die drei Personen haben nur eine Natur und eine gleiche Wirksamkeit (500, 27). Die Allmacht der Personen besteht in ihrer einheitlichen Natur, die selber unbewegt ist, aber das Vermögen enthält zu aller Wirksamkeit der Personen (503,

32; 521, 4). Gott ist in der Form der Personen Gott, in der Form der einfachen Natur Gottheit. Die Einheit offenbart sich in der Dreiheit mit unterschiedener rationeller Bestimmtheit; die Dreiheit geht in die Einheit zurück und legt alle Unterschiede und alle Erkennbarkeit ab (517 ff.). Die Gottheit hält wie eine Mutter alle Dinge als ein Einfaches in ihrem Schoose umschlossen; aber sie gebiert nicht als solche. Der Vater als Princip der Persönlichkeit in der Gottheit hat die Dinge nicht in sich, und deshalb heisst er Vater; aber er gebiert sie wie eine Mutter aus sich, und das absolut Eine dringt in alles ein, was er gebiert (672, 6). Die Dreifaltigkeit ist gleichsam das Herz der göttlichen Natur. Wie alle Glieder von dem Herzen Leben empfangen, so wirkt die Gottheit alles was sie wirkt vermittelst der Personen. Aber dieses Herzens Herz ist das hohe Vermögen der Einheit, in und mit welcher sie alles vermögen (525, 12).

Die Gottheit als Natur gedacht ist bei Eckhart absolutes Wissen als reine Beziehung auf sich selbst (670, 1). Dieses unpersönliche Wissen ist es, was Eckhart die „Väterlichkeit" nennt, das blosse Vermögen zu dem Acte des sich selbst Erkennens, in welchem des Vaters Person entspringt, und eben in demselben ist auch die „Sohnlichkeit" wie die „Geistigkeit" gegeben, weil das Vermögen die Voraussetzung des Actes ist und in dem Acte des Sicherkennens als Objekt der Sohn, und als die die Zweiheit zur Einheit ergänzende Beziehung des Vaters und des Sohnes der Geist gegeben ist (174—176). Im Acte des Sicherkennens setzt sich der Vater als sein eigenes Objekt, und indem er sich als ein anderes sich gegenüberhält, unterscheidet er sich als Person von diesem Anderen als einer anderen Person (670, 3). Denn der Grundvoraussetzung des Realismus nach ist das Erkennen die das Wesen begründende schöpferische Macht; das Objekt des Erkennens kann also nur als substantielles Wesen gedacht werden. Der Sohn nun als vollkommenes Gegenbild des Vaters ist wissendes und vernünftiges Wesen wie er; durch die Entgegensetzung werden beide zu Personen, und der Sohn erst offenbart den Vater als Vater (198, 17). Der Sohn ist ganz wie der Vater, nur dass er von diesem geboren (d. h. gezeugt) ist, während der Vater ungezeugt ist. Sohn heisst das Objekt des göttlichen Erkennens in dem Sinne, wonach etwas als Sohn desjenigen bezeichnet wird, dem es sein Dasein verdankt und mit dem es zugleich Wesensgleichheit besitzt (421, 1). Wort wird der Sohn genannt, weil er aus Gott fliesst im Acte des Verstehens und doch zugleich in Gott bleibt, wie das Wort die Entäusserung meines Gedankens ist, der doch zugleich in mir bleibt und mir als Denkendem wesensgleich ist (285, 15; 673, 1). Die Geburt des Sohnes ist ein ewiger Process. In demselben Augenblicke, in welchem der Sohn vom Vater entspringt, kehrt er auch wieder in ihn zurück wegen ihrer Wesensgleichheit, und in diesem Wiedereingebären des Sohnes in Gott nimmt der Geist seinen Ursprung als die Liebe, in welcher beide eins sind (670, 5). Des Vaters Thätigkeit ist nichts als dies Gebären seines Sohnes. Darin verzehrt er alle seine Kraft (160, 15; 120, 28).

Der Process, durch den sich die Gottheit als eine Dreiheit von Personen bestimmt, ist ein ewiger, überzeitlicher und nothwendiger, ein Werden, nicht ein Thun; er entspringt nicht aus einem freien Entschlusse Gottes, den er wohl auch unterlassen könnte, sondern er ist mit Gott zugleich als die Nothwendigkeit seines Wesens gesetzt. Liesse er es einen Augenblick, so verläugnete er sich selbst (336, 31; 290, 25). Nicht einmal in der Vergangenheit, sondern immerwährend geschieht das Gebären wie das Schaffen (437, 27). Die Personen sind ewig; sie haben kein Vor noch Nach. Sie werden nicht von dem Absoluten wie von etwas ausser ihnen gehalten; sie sind in dem Absoluten (677, 23). Der Sohn ist nicht geboren, vielmehr er wird jetzt geboren, und dieses Jetzt ist ein ewiges Werden. Denn der Vater bleibt sich in seinem ewigen Gebären immer gleich. Wenn man ihm ein Thun beilegen wollte, so müsste es so sein, dass er was er jemals gethan hat jetzt thut und was er jetzt thut ewig gethan hat. Denn für ihn giebt es weder Zukunft noch Vergangenheit (672, 27). Und weil in diesem Geschehen überall kein ernster wesentlicher Unterschied gesetzt wird, sondern alle Mannichfaltigkeit der Gestaltung eigentlich nicht aus der Einheit des Wesens herausgeht und immer wieder in dieselbe zurückfliesst, so wird dieser Process auch ein Spiel genannt (528, 35; 540, 36). — Die Personen haben jede ihre besondere Eigenschaft; so sind sie drei verschiedene Hypostasen eines und desselben Wesens. Der Sohn ist vom Vater auf dem Wege der Zeugung ausgegangen, der Vater ist von ihm selber, der heilige Geist geht von ihnen beiden aus in der Form der Liebe. Alles hat der Sohn wie der Vater, nur dass er nicht wieder einen Sohn gebiert wie dieser (175; 335—337; 497). Es verbindet sich damit häufig die bei den Scholastikern seit Abälard gewöhnliche Bestimmung, wonach dem Vater die Macht, dem Sohne die Weisheit, dem Geiste die Güte als besonderes Attribut beigelegt wird (538, 21; 497, 20; 332 ff.; 511, 2; 248, 30; 386, 34), ohne dass sich der Zusammenhang dieser Auffassung mit Eckharts sonstiger Darstellung nachweisen liesse.

Indem die Personen aus dem absoluten Grunde hervorgehen, fallen sie keineswegs aus demselben heraus, sondern das Absolute bleibt in ihnen und drückt sich in ihnen aus. Eckhart bemüht sich mit grossem Eifer, klar zu machen, wie Absolutes und Person zwar formell geschieden, aber dem Wesen nach doch wieder eins ist. Der entscheidendste Ausspruch hierüber findet sich an folgender Stelle: Die Natur kann nicht sein, ohne dass etwas ist, dessen Natur sie ist, und die Person des Vaters, mit der die andern beiden Personen gegeben sind, kann nicht sein, ohne dass etwas wäre, dessen Person sie ist. Darum kann keines von beiden ohne das andere sein, und keines ist des andern Ursprung. Dennoch haben sie besondere Eigenthümlichkeit und verhalten sich wie Unterscheidbarkeit und Ununterscheidbarkeit (reden, unreden). Wo sie in gleicher Weise in den Grund ihrer Besonderheit sich wenden, da behalten sie ihr eigenthümliches Wesen; da hebt die Unterschiedenheit nicht die Ununterscheidbarkeit, diese nicht jene auf. Dieses Ausgehen aus dem Grunde der Besonderheit ist der ewige Process. Die wandellose Ruhe hebt diesen Process nicht auf. Der Process hat an sich die Geschiedenheit, die wandellose Ruhe die Ununterscheidbarkeit. Die Ruhe muss ein Substrat haben; dieses ist der ewige Process, der die Kraft und das Vermögen ausmacht in dem Grunde der Besonderheit. Dies macht den Vater zum Vater und das Wesen zum Wesen, doch nicht so, dass der Vater Resultat eines Processes wäre, sondern es ist ein ewig processierender Stillstand (682, 16). Der Unterschied der Personen hebt sich immer wieder in der Einheit des Wesens auf; so ist der Fluss in sich selber zurückgeflossen (387, 38).

Klar ist in alle dem nur die Tendenz des Denkers, das absolut Eine zugleich als den Grund seiner Selbstoffenbarung, das schlechthin Ruhende und in sich Verharrende zugleich als das ewig Thätige und aus sich heraus Gehende darzustellen und die Bewegung des absoluten Processes mit den durch sie gesetzten göttlichen Personen zugleich als in der Ruhe der prädikatlosen Einheit verharrend darzustellen. Für den Gedanken der absoluten Negativität in Gott hat Eckhart den angemessenen Ausdruck nicht gewonnen, und diese Verbindung von Einem und Vielem, Ruhe und Bewegung bleibt ein vollkommner Widerspruch. Eckhart hat sich die äusserste Mühe gegeben, jedem Missverständnisse zu begegnen, jeden möglichen Einwurf zu widerlegen, jede sich aufdrängende Frage zu beantworten. Aber die Begriffe, mit denen er dabei operiert, sind doch zu wenig klar, seine Methode trägt zu sehr aphoristischen Charakter, als dass ihm sein ernstes Streben hätte gelingen können. Zu dem Begriffe lebensvoller Persönlichkeit war auf Eckharts Wegen nicht zu gelangen. In der That lehrt er eine Wesenstrinität als Voraussetzung des sich selber Offenbarwerdens der Gottheit und vor aller Offenbarung nach aussen. Aber wenn dem Interesse der begrifflich strengen Wissenschaft nicht damit gedient ist, dass die von Eckhart gelehrten drei Stadien im Erkenntnissprocesse der Gottheit Personen genannt werden, so wird noch weit weniger der kirchliche Begriff der Trinität in diesen nur dem Ausdruck nach als Personen bezeichneten Momenten der göttlichen Thätigkeit wiedergefunden werden können. Nichts desto weniger wird man in Eckharts Darstellung der Trinität einen mittleren Standpunkt finden können zwischen der Auffassungsweise des Thomas einerseits und derjenigen, welche seit Lessing in der neueren deutschen Philosophie und zumal bei Hegel ein tieferes Verständniss dieses Lehrpunktes angebahnt hat.

5. Gott.

Wenn Eckhart den Terminus Gott gebraucht, so bezeichnet er damit, abgesehen von dem Gebrauche des Wortes, wo es statt „Gottheit“ steht, das Absolute als Person, etwa wie es im gewöhnlichen Sprachgebrauche der Fall ist. Unter dem Ausdrucke Gott hat man nicht die Einheit der drei Personen, die göttliche Natur, zu denken, — denn diese liegt selbst noch der Persönlichkeit voraus, — sondern die Vorstellung Gottes des Vaters liegt dabei zu Grunde, aber nicht insofern der Vater eine besondere von Sohn und Geist unterschiedene Person ist, sondern insofern er sie beide mit umfasst. Es wird damit die Dreieinigkeit gleichsam als eine

Person in einer Vorstellung vereinigt. In diesem Sinne ist Gott der Träger der göttlichen Prädikate, insofern sie allen drei Personen gemeinsam sind (541, 15).

Gott ist das absolute Wesen, insofern es schon in eine Reihe von Bestimmungen eingegangen ist. Gott hat eine Geschichte, freilich in überzeitlichem Sinne; er ist eine Substanz, die einer Reihe von Processen zum Träger dient. Gott wird und entwird; dieser seltsam klingende Satz ist offenbar derselbe, der in der Verdammungsbulle des Bischofs von Strassburg gegen die Begharden vom Jahre 1317 in der Form vorkommt: die Ketzer behaupteten: Deum fore in quadam perditione. Im Zusammenhange der Eckhartischen Lehrweise erhält dieser so lange räthselhafte Satz seinen in der Entstellung noch erkennbaren Sinn. — Gottes Eigenschaft ist Wesen. Gott erkennt nichts als allein das Wesen, er weiss nichts als Wesen, er liebt nichts und denkt nichts als sein Wesen (262, 37). Aber das oberste Prädikat, welches Gott zukommt, ist, dass er Vernunft ist, welche sich selbst denkt. Er ist eine lebendige, seiende, substantielle Vernunft, die sich selber versteht und in sich selber ist und lebt und mit sich identisch ist (188, 29). Verstehen wir Gott als Wesen, so verstehen wir ihn in seinem Vorhof. Sein Tempel ist die Vernunft. Gott ist eine Vernunft, die da lebt in Selbsterkenntniss, in sich allein bleibend, wo ihn nie etwas Aeusseres berührt. Da ist er allein in stiller Ruhe und erkennt sich selber in sich selber (269, 35; 527, 12). So, als vernünftiges Wesen, nicht als Schöpfer, erkennt ihn die menschliche Vernunft in wahrster Form (69, 7). Diese Vernunft begründet die Nothwendigkeit seines Wirkens; was in ihr gesetzt ist, das muss heraustreten als seine Aeusserung, und nichts in Gott ist blosse Willkür, alles nothwendige Consequenz seines vernünftigen Wesens. Gott ist gut; aber nicht das macht mich selig. Ich will es nimmer begehren, dass Gott mich selig mache aus seiner Güte; denn da möchte er es vielleicht nicht thun. Meine Seligkeit besteht allein darin, dass Gott vernünftig ist und ich das erkenne (270, 38). Gott ist die Wahrheit (57, 30); das eigentlichste Prädikat, das man Gott beilegen kann, ist Wort und Wahrheit (271, 11). Gottes Vernunft ist wesentlich dies innere Wirken auf sich selbst, und in diesem liegt Gottes Seligkeit (272, 5). Gott ist ferner unendlich, über Raum und Zeit. Gott in allem seinem Wirken hat keinen Schatten von Zeitlichkeit oder Veränderung an sich (133, 31). Alle Grenze und alle Endlichkeit ist in ihm aufgehoben. Sein Wirken ist unmittelbar und einfach; darin besteht seine Allmacht, dass er keiner Mittel bedarf (5, 28). Aber es ist mit Gott nicht, wie mit einem Zimmermann, der wirkt und nicht wirkt wie er will. In Gott wäre solche Willkür Unvollkommenheit; Gott wirkt weil er muss, weil er sonst sich selbst verläugnen, seine Existenz aufheben würde, was ein Widersinn wäre in sich selbst (27, 23). Gott ist was er ist weder von Natur noch von Willen. Wäre er von Natur, so wäre die Natur seine Ursache; Gott aber hat keine Ursache. Eben so ist es mit dem Willen. Vielmehr: er ist Gott natürlich und doch nicht von Natur, williglich, und doch nicht von Willen (675, 18).

Weil Gott Vernunft ist, darum ist er auch Güte; sein Wesen liegt daran, dass er das Beste wolle (134, 29). Seine Natur und sein Wesen ist seine Liebe. Aber Gott liebt nichts als sich selber und so viel er sein Gleichniss im Anderen findet. Gott liebt insofern er gut ist, und am Menschen liebt er seine eigene Güte (145, 18; 507, 12). Wegen seiner Güte muss Gott aus sich heraus gehen und sich mittheilen; denn der Güte Art ist, dass sie sich ergiessen muss (124, 29; 11, 34). Als vollkommener Wille ist Gott die Heiligkeit, Gerechtigkeit, Vorsehung. Seine Weisheit und seine Gerechtigkeit sind eins und dasselbe (146, 13). Gott ist höher als alles das was begehrt wird. Gott ist besser als man auszudenken vermag. Er ist etwas, ich weiss nicht was. Er ist alles das, dessen Sein besser ist als sein Nichtsein; alles was die Begierde begehren mag, ist gar fremdartig und klein gegen Gott. Keine Wissenschaft der gelehrtesten Meister kann Gottes Wesen begreifen, nicht einmal wie er sich in der allergeringsten Creatur darstellt. In keinem Gedanken wird er erschöpft (169, 24).

Gott ist allgenugsam. Tausend Welten zu Gott hinzugefügt sind nicht mehr als Gott allein (147, 24). Er ist ein für sich bestehendes Wesen, das nichts bedarf und dessen alle Dinge bedürfen (403, 23). Er ist der absolut Reiche, und sein Reichthum beruht auf fünf Gründen: er ist die erste Ursache, darum theilt er sich allen Dingen mit; er ist von Wesen einfach, darum ist er das Allgemeinste; er ist sein eigner Ursprung, darum entspringen aus ihm alle Dinge; er ist unveränderlich, darum ist er das höchste Gut; er ist vollkommen, darum ist er das Unbegreiflichste (313, 32). Gott, die erste Ursache, ist unaussprechlich; der Mangel liegt an der menschlichen Sprache und an der überschwenglichen Lauterkeit seines Wesens. Man kann die Dinge nur in drei Weisen bezeichnen: durch das was allgemeiner ist als die Dinge, durch das was ihnen coordiniert ist, und durch ihre Wirkungen. Dies alles bezeichnet doch Gott nicht. Die Sonne zieht den edelsten Saft aus den Wurzeln in die Aeste und erzeugt die Blüthe: dennoch steht der Sonne Kraft weit darüber. So wirkt das göttliche Licht in der Seele. Wenn die Seele für Gott einen Ausdruck findet, die Wahrheit seines Wesens liegt doch nicht darin. Was Gott eigentlich ist, lässt sich nicht sagen (112, 33).

6. Die Schöpfung.

Für den offenbaren, persönlichen Gott, welcher wesentlich Vernunft und Güte ist, ist die Welt der Creaturen die nothwendige Ergänzung seines Wesens. Er kann nicht allein bleiben, er muss sich mittheilen, und indem er eine Besonderheit besitzt, muss ihm eine andere Besonderheit gegenüberstehen. Der Sohn ist nicht dieses geforderte Andere; denn er ist von Wesen dasselbe wie der Vater, wohl ein Anderer, aber nicht ein Anderes als der Vater (675, 28). Aber als Princip dieser Anderheit muss der Sohn gedacht werden, und es ist derselbe Process, der einmal als innergöttlicher die in wesentlicher Einheit verbleibenden göttlichen Personen, und andererseits zugleich die zu einem wenn auch nur scheinbar getrennten Dasein aus Gott hervorgehende Welt der Creaturen erzeugt.

Der ewige Process in Gott ist die Ursache der Creaturen. Wären nicht die drei Personen mit ihrer unterschiedenen Besonderheit in der Gottheit, so wäre die Gottheit nie offenbart worden und Gott hätte nie Creaturen erschaffen. Könnte man sagen, dass in Gott eines edler wäre als das andere, so wäre seine Vernunft dies Edlere. Durch diese ist Gott sich selber offenbar, durch sie kehrt er in sich selbst zurück, durch sie geht er aus sich in alle Dinge ein. Und wäre nicht Vernunft in Gott, so könnte es keine Dreifaltigkeit geben, so wäre auch die Creatur nie aus Gott hervorgegangen (313, 5). Offenbar wird die Gottheit erst durch die Dinge, welche tiefer stehen als sie (541, 2). In Gott ist ein gedoppeltes Wort; das eine, bedacht und geäussert, ist das Princip der Gestaltung; das andere ist nicht bedacht und bleibt ohne Aeusserung ewig in dem, der es spricht (271, 40). Wie Gott in seiner unveränderlichen Kraft frei war von Gott und aller Bestimmtheit, so war Gott das ungesprochene Wort in der grundlosen Tiefe der göttlichen Natur, wo sich das Wort in sich selber nie zu Grunde verstand. Denn alles was ich verstehn kann das erleidet in dem Acte des Verstehens eine Veränderung; dies Wort aber ist unveränderlich und darum verstand es sich selber nicht, obgleich es die Vernunft des Vaters der Möglichkeit nach ist. Und darum emanierte im Anfange seines ewig neuen Ausganges der Sohn in die Zeit mit der Fülle natürlicher Gestalten und vereinigte mit sich das Wort, welches alle Zeit in dem Princip der Väterlichkeit immanent blieb. Dieses selbige Wort wirkte alle seine Werke aus seiner Natur als Person und in menschlicher Form (579, 7). Wie des Vaters eigenthümliches Werk die Gebärung des Sohnes ist, so ist die Schöpfung der Creaturen das Werk der Dreieinigkeit und nicht des Vaters allein oder einer der beiden andern Personen allein (673, 26; 179, 23). Der Process der Personbildung ist das prius, die Bedingung; durch ihn ist die Schöpfung als das Secundäre vermittelt. Gott spricht nur ein Wort, seinen Sohn, aber in diesem spricht er alle Creaturen ohne Anfang und ohne Ende (76, 28). Unterliesse Gott dies Sprechen seines Wortes auch nur einen Augenblick, Himmel und Erde müssten vergehn (100, 29). In dem klaren Spiegel der Ewigkeit, dem ewigen Sichselbstwissen des Vaters, da gestaltet er ein Abbild seiner selbst, seinen Sohn. In diesem Spiegel bilden sich alle Dinge ab und man erkennt sie darin, freilich nicht als Creaturen, sondern als Gott in Gott (378, 36). So haben die drei Personen in dem Werke der Schöpfung ihr unterscheidbares Amt. Der Vater hat aus Nichts alle Dinge erschaffen, der Sohn ist das Urbild alles Werdens, der Geist ist der Werkmeister und Ordner des Werdens in der Ewigkeit und in der Zeitlichkeit (497, 20). Der Sohn involviert die Ideen aller Dinge, der Geist umschliesst die ewige Weltordnung (498, 10).

Gott als das absolute Wesen umfasst in sich die Möglichkeit einer unbestimmbaren Menge endlicher Wesen. Keine Fülle geschaffener Wesen kann je seinen Reichthum erschöpfend bezeichnen; Gott hätte in seiner Allmacht immer noch tausendmal mehr schaffen können, wenn er gewollt hätte. Darin besteht seine

Herrlichkeit, dass er tausend Welten schaffen könnte und doch über ihnen allen erhaben schwebte in seinem lauteren Wesen (503, 26; 101, 35). Indem sich Gott selber anschaut, erfasst er sich als die Fülle der Ideen, der Urbilder aller Dinge. Dieses ewige Anschauen seiner selbst ist die schaffende Thätigkeit Gottes, wie es das Gebären des Sohnes ist, und in dem Sohne sind daher alle Dinge geschaffen; Geburt heisst so viel wie Schöpfung (241, 8); dennoch ist die Geburt des Sohnes von der Schöpfung der Creatur zu unterscheiden wie Unmittelbares und Vermitteltes. Der Sohn bleibt dem Vater immanent und wesensgleich, die Creatur behält diese Wesensgleichheit nur in ihrer ewigen Idee. Es giebt demnach drei Arten der Schöpfung: die Geburt des Sohnes, die Schöpfung der Dinge aus Nichts, und die Rückbildung der Dinge in Gott durch die Gnade (534, 8). Die Creaturen bleiben in der Ewigkeit, wie sie in der Gott gebärenden Gottheit sind. Der Sohn erkennt alle Dinge nach ihrem Wesen wie der Vater. Er hat die Bilder aller Dinge in sich und mit ihm gemeinsam die Allmacht über alles was geschehen ist, geschieht und geschehen wird, aber auch über alles, was Gott noch thun könnte, wenn er wollte, und was doch nimmer geschieht (534, 22). Der Sohn ist die Einheit aller Creaturen, und dieses ewige, unzeitliche Hervorgehen der Creatur aus Gott, die doch zugleich Gott immanent bleibt, wird als ein Spiel des Sohnes bezeichnet, der vor dem Vater mit allen Dingen spielt (528, 36). Es ist kein ernstes Geschehen; es bleibt bei der unendlichen Mannichfaltigkeit glanzvoller Bilder ohne wirkliche Unterschiedenheit in sich und von Gott. Das Sprechen und Gebären ist ein Schaffen aus Nichts; es giebt keine Materie, aus welcher Gott formte. Gott ist seine eigene Materie und Form. Seine Form erzeugt sich selbst aus seiner Materie (der Process erzeugt sich selbst aus dem an sich seienden Wesen), und nach dieser Form formt er alle endlichen Dinge. Aber seine einfache Natur ist in der Form formlos, im Werden ohne Werden, im Wesen wesenlos und in der Ursächlichkeit ohne Ursache; darum bleibt sie allem Werdenden fremd; und alles, dem das Werden zukommt, findet dort sein Ende. Wie Gott ewig ist, so sind alle Dinge ewig in ihm gewesen, aber sie waren nichts an sich selber. Vor der Erschaffung der Creaturen war er nichts für sie, sie wussten nichts von ihm; aber an sich selber war er ihnen ewig dasselbe, was er ihnen jetzt ist und ewig sein wird. Darum konnte keine Creatur Gott offenbaren, als sie selber nicht war (497, 32). Gott giebt seinen Werken Wesen, Form und Materie von Nichts (529, 10). — Dieses Nichts, welches zunächst nur bedeutet: nichts was ausser Gott wäre, vielmehr nur die unendliche Möglichkeit in Gott selber, wird dann näher bestimmt. Das Nichts, aus dem Gott geschaffen hat, kann Gott nicht aus sich selbst entnommen haben, denn in Gott ist kein Nichts. Was in Gott ist, ist Gott. Gott nahm es aber auch nicht ausser sich; sondern das Nichts war eben nirgend, und nirgend hat es Gott genommen. Zwischen Gott und Gottheit liegt das unendliche Vermögen; in diesem ist das Nichts zugleich umschlossen und nicht umschlossen (631, 6). Dies Nichts hat Gott veränderlich gemacht und zu Etwas werden lassen; die Unbestimmtheit, welche die absolute Bestimmbarkeit in sich schloss, hat er zu bestimmten Dingen sich aufschliessen lassen. Aus dem absoluten Grunde, dem Wesen, welches auch der Grund Gottes ist, hat Gott die Dinge erschaffen. In dieser Schöpfung sind die Dinge unzeitlich, wie Gott selber, und die Schöpfung ist eine Offenbarung Gottes, seiner selbst für sich selbst, ein Erkennen, in welchem Erkennendes und Erkanntes in vollkommener Identität ist. Das ist die ewige Emanation, der Sohn vom Vater, in welchem alle Dinge emanieren (582, 20).

Die Schöpfung der Welt ist das Ergebniss des Erkenntnissprocesses in Gott, mithin nothwendig, da Gott nicht sein kann ohne sich zu erkennen. Sie erscheint aber zugleich als begründet durch Gottes Güte, wenn auch nicht als eine freie That dieser Güte. Seine Güte zwang ihn dazu, dass er alle Creaturen schuf, deren Bilder er ewig gehegt hatte in dem Grunde seiner Vorhersehung, auf dass sie seine Güte mit ihm geniessen (272, 31). Die Güte Gottes besteht darin, dass er sich mittheilt. Gott ist das Allerallgemeinste. Alle andern Dinge können nur das mittheilen, was sie von andern haben; keines theilt sich selbst mit: aber Gott theilt das Seinige mit; denn er ist was er ist von sich selber, und in allen Gaben die er giebt giebt er sich selbst immer am ersten (269, 25). Seine Göttlichkeit hängt daran, dass er sich alle dem mittheilen muss, was seiner Güte empfänglich ist; theilte er sich nicht mit, so wäre er nicht Gott (230, 14).

Die Welt ist ewig und im Begriffe Gottes mitgesetzt. Ehe die Creaturen waren, war Gott nicht Gott; er war, was er war (reine Sichselbstgleichheit ohne alle nähere Bestimmung). Als die

Creaturen entstanden und ihr geschaffenes Dasein begann, da war Gott nicht an sich selber Gott, sondern in den Creaturen (in der Beziehung auf die Creaturen als ihr immanentes Wesen) war er Gott (281, 26). In der Wahrnehmung, mit der sich Gott selber wahrnimmt, nimmt er alle Creaturen wahr, nicht als Creaturen, sondern die Creaturen als Gott. In der Selbstwahrnehmung nimmt er alle Dinge wahr (180, 8). Gott ist das absolut Eine, er erkennt nichts als sich allein. Gott könnte sich nimmer erkennen, ohne alle Creaturen mit zu erkennen (254, 15); er erkennt und liebt sich selber in allen Dingen (379, 32). Man kann daher von einer Zeit vor Erschaffung der Welt nicht eigentlich sprechen. Ehe die Welt geschaffen war, da war Gott Himmel, Hölle und alle Dinge (589, 25); da war also keine Zeit, sondern alle besonderen Dinge sind von Ewigkeit her in ihrem absoluten Grunde, in Gott, in welchem alle Besonderheit zur Einheit gesammelt ist. Vielmehr sobald Gott war, hat er auch die Welt geschaffen; in diesem Sinne war nach der Schrift das Wort bei Gott als von ihm unterschieden und mit seinen besonderen Prädikaten (579, 7). Als die Welt noch ungeschaffen mit ihrem Wesen in dem Vater war, da war das Licht, d. h. die sich entäussernde Vernunft, mit ihrem Blicke auf die Wesenheit der Welt gerichtet, wie sie in ungeschaffener Einfachheit ohne alle Gestalt im Vater stand (589, 6).

Man muss diesen Unterschied der Ungeschaffenheit und Geschaffenheit nicht in zeitlichem Sinne verstehen als ein Vorher und Nachher, sondern als Grund und Folge im ewigen Process. Ist die Welt ewig, so ist auch die Schöpfung ein u n z e i t l i c h e r Act. Gott wirkt alle seine Werke mit Nothwendigkeit. Er wirkt allezeit in einem ewigen Nu. Sein Wirken ist das Gebären seines Sohnes, den gebiert er allezeit. In dieser Geburt sind alle Dinge emaniert (254, 9). Gott hat die Welt so geschaffen, dass er sie noch immer ohne Unterlass schafft. Denn alles Vergangen- und Zukünftigsein ist Gott fremd und fern (437, 30). Gott schafft die Welt in einem ewig gegenwärtigen Nu. Die Zeit, die vor tausend Jahren vergangen ist, ist Gott so gegenwärtig und so nahe, wie die Zeit, die jetzt ist. Was Gott vor sechstausend Jahren geschaffen hat, das schafft er auch jetzt (266, 27; 207, 1). Gott hat ewig in unbeweglicher Abgeschiedenheit gestanden und steht noch in ihr. Als Gott Himmel und Erde und alle Creaturen schuf, da gieng es seine unbewegliche Abgeschiedenheit so wenig an, als ob er nie Creaturen geschaffen hätte (487, 11). In Gott ist niemals ein neuer Willensentschluss eingetreten. Als die Creatur nicht für sich selbst war wie sie es jetzt ist, da war sie doch ewig in Gott und in seiner Vernunft. Gott hat nicht Himmel und Erde geschaffen, wie wir unangemessen ihre Entstehung bezeichnen; denn alle Creaturen sind in dem ewigen Worte gesprochen (488, 13). Alles was Gott geschaffen hat, das hat er ohne Veränderung geschaffen. Aber alle Dinge wenn sie geschaffen werden schlagen in Veränderung um. Ausser Gott ist nichts als allein das Nichts. Darum ist es unmöglich, dass in Gott irgend Veränderung oder Wandelbarkeit fiele (321, 8). Wäre der Baumeister in seinem Wirken vollkommen, so bedürfte er nicht der Materie: denn sobald er es dächte, wäre das Haus vollendet. So sind Gottes Werke. Sobald er es denkt, sind die Werke vollbracht in einem ewig gegenwärtigen Nu. Da ist kein Werk; es ist ein Nu, ein Werden ohne Werden, eine Veränderung ohne Veränderung, und dies Werden ist sein Wesen. In Gott ist reine Idealität, so dass keinerlei Veränderung hineindringt (308, 39). Das Nun, in welchem Gott die Welt machte, ist dieser Zeit so nahe, wie das Nun, in welchem ich jetzt spreche, und der jüngste Tag ist diesem Nun so nahe, wie der Tag der gestern war (268, 18). Gott wirkt alle seine Werke in sich selber und aus sich selber in einem Augenblick. Wähne nicht, als Gott Himmel und Erde machte und alle Dinge, dass er heute das eine und morgen das andere machte. Zwar schreibt Moses so. Er wusste es wohl viel besser: er that es aber um der Leute willen, die es nicht anders verstehen noch vernehmen konnten. Gott that dazu nichts weiter als bloss dies: er wollte und sie entstanden. Gott wirkt ohne Mittel und ohne Bild (7, 32).

7. Die Welt der Ideen und die sinnliche Welt.

Die Welt ist ewig; Gott ist nicht denkbar ohne eine Welt; die Schöpfung ist ein immerwährender Process in Gott: diese Lehre scheint zunächst der kirchlichen Vorstellung schnurstracks zu widersprechen. In Eckharts Sinne ist das nicht der Fall. Er weiss zwar sehr wohl, dass er seinen Zuhörern und Lesern ganz Neues und Unerhörtes sagt; aber er will offenbar nur den eigentlichen Sinn der christlichen Lehre aufdecken und sucht eifrig den

Zusammenhang mit der dogmatischen Auffassung. Nur dem ungeeigneten Ausdruck für die Wahrheit stellt er kühn den geeigneteren gegenüber, und er fasst das Dogma im Zusammenhange mit seinen obersten metaphysischen Voraussetzungen über das wahre Sein.

Eine Ewigkeit der Materie lehrt Eckhart nicht. Die ewige Welt ist nicht die Welt der Creaturen. In Gott ist die Welt ewig vorhanden nur als das ideale Princip einer Welt. Allem endlichen Sein zu Grunde liegt eine Welt der Ideen, der vorgehenden Bilder. Darin ist Eckhart durchaus der Schüler des Thomas. Die Dinge sind geschaffen nach Aehnlichkeit dieser Bilder, nicht unmittelbar nach Aehnlichkeit Gottes selber. Die Unendlichkeit des göttlichen Wesens breitet sich aus in einer glanzreichen lichten Fülle besonderer Gestalten, die aber als solche in Gott verbleiben und damit in der Einheit seines Wesens zur Einheit zusammengehalten werden. Erst durch das Heraustreten aus Gott, indem sie eine andere, zeitlich-räumliche Daseinsform annehmen, durch gegenseitige Begrenzung in eine reale Mannichfaltigkeit und Endlichkeit übergehen, materiell und sinnenfällig werden, entsteht diese endliche Welt der Creaturen, und von dieser allerdings gilt es nicht, dass sie ewig ist.

In der Lehre von der Idealwelt will Eckhart nur die Lehre des Thomas wiederholen. Die Hauptstelle, in welcher er sich über dieselbe in zusammenhängender Darstellung auslässt, ist zum Theil wörtliche Uebersetzung, zum Theil zusammenziehende oder erweiternde Bearbeitung des betreffenden Abschnitts aus Thomas' Summa (I, Quaest. XV, Art. 1—3). Wir wiederholen den wesentlichen Inhalt dieser Stelle, weil er obwohl nicht Eckharts ursprüngliches Eigenthum doch seine Meinung ausdrückt und für das Ganze seiner Lehre nicht entbehrt werden kann.

Aller Creaturen Wesen ist in Gott als dem Ursprung der Ideen, der vorgehenden Bilder, ewiglich ein göttliches Leben gewesen. Das vorgehende Bild nun kann in doppelter Weise in einer Seele sein: als Vorbild, nach welchem ich ein Abbild in sinnlichem Stoffe darstelle, und als allgemeiner Begriff, unter welchen ich die einzelnen Dinge erkennend befasse. In beiden Weisen müssen vorgehende Bilder in Gott sein. Denn alle Zeugung hält ein gemeinsames Schema fest, und jedes Ding entsteht aus einem andern seines gleichen nach diesem Schema. Der Mensch zeugt Menschen, der Löwe Löwen und Feuer zeugt Feuer. So finden wir ferner auch ausserhalb der Natur, in der Vernunft des Künstlers ein vorgehendes Bild des Werkes, das er wirken will. Da nun Gott die Welt geschaffen hat, so musste in seiner Vernunft ewiglich ein vorgehendes Bild sein, nach dessen Aehnlichkeit er grade diese Creaturen schuf und nicht andere, deren Bild er nicht in sich hatte. — Nun ist überall der letzte Zweck das eigentlich Beabsichtigte. Nach Aristoteles aber ist der letzte Zweck der Welt das Gute, und dies ist die Gott zugewendete Ordnung aller Creaturen. Darum muss die Weltordnung ewig in Gott, der ersten Ursache, erkannt und beabsichtigt gewesen sein. Hat Gott aber in sich das Bild der Weltordnung, so hat er auch in sich das besondere Bild einer jeden Creatur. Deshalb muss es in Gott ebensoviele Bilder geben, als es besondre Abstufungen in der Schöpfung giebt, und so hat die Rose ihr besonderes Bild, das Veilchen ein anderes, eben so der Mensch, der Engel und alle andern Dinge. — Wunderbar ist es dabei, wie die Mannichfaltigkeit der Bilder sich mit der Einfachheit des göttlichen Wesens verträgt, in welchem alle ihm zugehörenden Dinge eins sind. Begreifen lässt es sich folgendermaassen. Gott sieht das Bild als einen Spiegel seines eigenen Wesens, nach welchem er das sinnliche Ding gestaltet, aber nicht als eine ihm fremde äusserliche Bestimmung seiner Vernunft, die letztere zu ihrem Wirken befähigte. In aller Vielheit der Bilder sieht er nur den Reflex seines eigenen Wesens. Gott erkennt sein Wesen ganz so weit es erkennbar ist in sich selber und so weit die Creaturen ihr Gleichniss im göttlichen Wesen haben. Diese Gleichheit nun, welche die Creatur und das göttliche Wesen vereinigt, heisst das vorgehende Bild. Darum muss es so viel Bilder geben, als es Stufen der Schöpfung giebt, die ihr Gleichniss in Gott haben. Die vorgehenden Bilder sind das Wesen Gottes, nicht wie es an sich selbst ist, sondern sofern es ein Spiegel ist, in welchem sich das Wesen aller Creaturen abspiegelt. Es sind somit viele Bilder und zugleich nur ein Spiegel, ein Wesen. — Die vorgehenden Bilder sind das Princip der Schöpfung und zugleich das Princip der Erkenntniss der Creaturen; was Gott erkennt, erkennt er deshalb vermittelst dieser Bilder. Das Böse und das Uebel ist ohne Wesen, vielmehr eine Beraubung des Wesens, wie die Blindheit nichts an sich, vielmehr eine Beraubung des Gesichtes ist. Daher erkennt Gott das Uebel und die Sünde nicht an sich, sondern im Bilde der ihnen entgegengesetzten Tugend, die Lüge z. B. im Bilde der Wahrheit. In vorgehenden Bildern erkennt Gott die Modi wie die Substanzen. Indess die Modi, die ursprünglich und bleibend an der Substanz haften, sieht Gott ohne besonderes Bild in dem Bilde der Substanz, der sie zugehören. Aber alle Modi, die der Substanz nachträglich zufallen, erkennt er in besonderen Bildern (324—327).

In diesem Sinne hat Gott alle Dinge verborgen in sich. In ihrer einfältigen Natur und auch in dem Nichts, aus dem sie geschaffen sind, sind die Creaturen unbegreiflich, eine undurchdringliche, licht- und unterschiedslose Finsterniss (528, 4). Die Welt der vorgehenden Bilder ist die Natur, die von Gott ist, einfach in sich ohne Form und Gestalt (333, 4 ff.). Sie ist die erste Emanation. Da giebt Gott allen Dingen in gleichem Maasse, und wie sie von Gott fliessen, so sind sie gleich. Engel, Mensch und alle Creaturen sind in ihrem ersten Ausfliessen aus Gott gleich. Eine Fliege in Gott genommen ist herrlicher als der oberste Engel an sich ist. So sind alle Dinge in Gott gleich und sind Gott selber (311, 13), Gott in Gott (390, 36). Alle Dinge sind in Gott, sofern sie ewig in Gott gewesen sind, nicht in grober Materialität, wie wir jetzt sind, sondern wie die Kunst in dem Meister. Gott sah sich selber an und sah alle Dinge. Darum war Gott nicht so mannichfaltig, wie nun die Dinge sind mit ihren Unterschieden. Obgleich die Creaturen jetzt mannichfaltig sind, sie sind doch nur ein Bild in Gott (502, 22).

Von dieser intelligiblen Welt nun muss man in Eckharts Sinne die creatürliche Welt wohl unterscheiden. Jene ist ewig in Gott, diese ist zeitlich, jene mit Gott wesensgleich, diese wesenlos. Wäre nicht Zeit noch Ort noch Anderheit, so wäre Alles ein Wesen. Die Zeit trennt, die Ewigkeit vereinigt. Die Zeit ist Ursache des Alterns und Schwindens. In der Ewigkeit ist Alles ewig jung (87, 30; 88, 2). Körperlichkeit ist ein Abfall vom Wesen, eine blosse Accidenz und eine Verschlechterung (117, 29). Alle Dinge sind in der Zeit emaniert in endlicher Form, aber in der Ewigkeit sind sie unendlich geblieben (390, 30). Natur und Natürlichkeit sind nicht dasselbe. Natürlichkeit ist angenommen in der Zeit, Natur ist ewig an sich selbst (466, 30). In der ewigen Emanation, in welcher alle Dinge emaniert sind ohne sich selber (als blosse Möglichkeit ohne bestimmtes Fürsichsein), da wurden sie ein ewiges Nu; aber in der Zeit sind sie von Nichts geschaffen und ist ihr Leben in Gott. Dadurch sind sie Creaturen d. h. eine Emanation der obersten Ursache, die Offenbarung des unendlichen Vermögens in Gott, welches erkennbar wird durch ihre glanzreiche lichte Unterschiedenheit (582, 15). Sobald die Welt aus Gott hervorbrach, nahm sie Mannichfaltigkeit an, und doch ist alle ihre Mannichfaltigkeit dem Wesen nach einfach (589, 9).

Die creatürliche Welt ist somit ein Abfall vom Wesen, d. h. sie ist wesenlos und nichtig. Wenn ich alle Creaturen erkenne, so erkenne ich nichts (83, 17). Alle Creaturen wie sie an sich sind sind gleich nichts. Nur überstrahlt von dem Lichte, aus dem sie ihr Wesen schöpfen, sind sie etwas (107, 38). Alle Creaturen sind schlechtweg Nichts. Ich sage nicht, dass sie etwas Geringes oder irgend etwas seien; sie sind schlechtweg Nichts. Was keinerlei Wesen hat, ist Nichts. Alle Creaturen haben kein Wesen, denn ihr Wesen hängt an der Gegenwart Gottes in ihnen. Wendete sich Gott einen Augenblick ab, sie würden zu nichte (136, 23). Wer Gott sieht, der erkennt, dass alle Creaturen Nichts sind. Wenn man eine Creatur gegen die andere hält, so scheint sie schön und ist etwas; wenn man sie aber gegen Gott hält, so ist sie Nichts (222, 34).

8. Gott und die Creatur.

Eckhart zeigt die offenbare Absicht, den Pantheismus zu vermeiden. Den Irrthum, als ob die sinnlich-endlichen Dinge in ihrer Gesammtheit das Wesen Gottes ausdrückten, verwirft er mit Nachdruck. Gegen eine solche Auffassung seiner Lehre protestiert er in den allerstärksten Ausdrücken. Gott hat die Welt geschaffen: das bedeutet nicht etwa, dass die Creaturen aus dem Wesen Gottes entsprungen wären wie das ewige Wort des Vaters als eine Geburt aus Gottes Natur; denn so wäre die Creatur Gott, was kein Verständiger annehmen kann, sondern die Natur der Creaturen widerlegt das als etwas Unmögliches und Falsches (325, 24). Die Natur der drei Personen kann nicht auch die Natur der Dinge sein. Denn so müssten alle Dinge Gott sein in demselben Sinne wie Gott Gott ist, und das ist unmöglich (669, 10; 673, 20). Aber freilich auf dem Wege, den Eckhart einschlägt, lässt sich der Pantheismus auch bei dem ernstesten Willen nicht vermeiden.

Eckhart unterscheidet ein doppeltes Dasein der Welt: ein

Sein in Gott ohne reale Unterschiede, wo die Welt ein Einfaches und mit Gott wesentlich Gleiches ist und die Vielheit der Dinge nur in idealer Form als Möglichkeit gesetzt ist, und ein endliches Fürsichsein der Dinge, welche als solche ausser Gott, d. h. wesenlos und nichtig sind. Nun lässt sich wohl begreifen, wie die Welt im ersteren Sinne in Gott, aber nicht wie die Welt im zweiten Sinne ausser Gott sein kann. Ausser Gott ist ja nichts als nur das Nichts (321, 11). Eckhart zieht nun auch die Consequenz, dass mithin die Welt, sofern sie an sich ist und nicht in Gott gedacht wird, schlechthin Nichts ist. Gleichwohl drängt sich die Realität dieser endlichen Dinge immer wieder auf, und es erhebt sich das Problem, näher zu bestimmen, inwiefern nun doch die Dinge am Wesen, d. h. an Gott, Theil haben können. Eckharts Erklärungen über diesen Punkt sind äusserst zahlreich, aber doch kaum von genügender Klarheit. Ueber den unvermittelten Widerspruch kommt er im Grunde nicht heraus. Eckhart behauptet ebensowohl, dass die Dinge volle Gleichheit mit Gott haben, sofern von ihrem Wesen die Rede ist, als dass sie vollständig ausser Gott fallen und ein wesenloser Schein sind, sofern die materiellen Dinge gemeint sind, die in Raum und Zeit existieren.

1. Nach der einen Betrachtung, haben wir gesehen, ist die Welt im Begriffe Gottes mitgesetzt und hat Gott in den Dingen sein innerstes Wesen ausgesprochen. Gott ist Alles, und Alles ist Gott. Gott ist der Vater aller Dinge, denn er ist ihre Ursache. Er ist die Mutter aller Dinge, denn er bleibt bei der Creatur und erhält sie in ihrem Wesen. Sonst müsste sie zu nichte werden. Der Baumeister baut ein Haus und geht von dannen; das Haus aber bleibt bestehen. Das kommt daher, weil der Baumeister nicht die zureichende Ursache des Hauses ist; die Materie hat ihm die Natur geliefert. Gott aber giebt der Natur alles, Form und Materie (610, 29). Gott ist das Centrum aller Dinge (273, 5); die Gottheit hat alle Dinge in sich, aber in einem Wesen ungetheilt (541, 12). Insofern Gott in allen Dingen ist, ist er aller Seelen Seele (529, 34). Er ist aller Naturen Natur, weil er aller Naturen Natur an sich hat ungetheilt. Er ist das Licht der Lichte, das Leben der Lebenden, das Sein der Seienden, die Vernunft der Vernünftigen (540, 5). Hätte Gott jemals ein Werk aus sich heraus gesetzt, so wäre er nicht Gott gewesen. Gott wirkt alle seine Werke so, dass sie ihm immanent bleiben (466, 24). Gott hat alle

Dinge aus nichts gemacht, aber die Gottheit hat er ihnen eingeflösst, so dass sie der Gottheit voll sind. Sonst würden sie zu nichte (529, 21). Gott hat alle Dinge verborgen in sich, aber nicht dies oder jenes bestimmte Ding, sondern als Eines in Einheit (333, 10). Alle Creaturen sind in Gott und sind seine eigene Göttlichkeit und bezeichnen seine Fülle (322, 22). Gott hat alles in allem in sich beschlossen; da ist alles eins und eins alles in allem (391, 14). Was ich von Creaturen in Gott erkenne, da nehme ich nichts wahr als Gott allein. Denn in Gott ist nichts als Gott (83, 16). Gott ist ein Wesen, das aller Creaturen Wesen in sich hat (83, 7); er ist den Dingen als ihre Vernunft und ihre Natur inniger als sie sich selbst sind (10, 36). Wie Gott in den Dingen ist, das lässt sich sehr wohl begreifen, wenn wir statt Gott das Wort Wesen setzen. Als Wesen ist Gott in allen Dingen (613, 13). Gott hat alle Dinge in einer vollkommenen Form in sich (321, 14); darum sind die Dinge in Gott edler als sie an sich selber sind (530, 8). Nicht mit seiner Persönlichkeit ist Gott in den Dingen, und nicht mit seiner Natur. Person und Natur sind eins im Wesen, und so, als Wesen, ist Gott an allen Stätten und an einer jeglichen Statt ist Gott ganz. Weil nun Gott ohne Theile ist, darum sind alle Dinge und alle Stätten eine Gottesstatt. So sind alle Dinge Gottes voll nach seinem Wesen ohne Unterlass (389, 24). Gott war und ist ewiglich Vater; aber seit er die Creaturen schuf, ist er Herr (433, 15), ein Ausdruck, der an Tertullian erinnert (advers. Hermog. 3).

Es ist eine Consequenz desselben Gesichtspunktes, vermöge dessen das Einwohnen der Dinge in Gott und Gottes in den Dingen festgehalten wird, dass der Creatur zugeschrieben wird, sie drücke Gottes Wesen aus, sie leite zu Gott empor, sie sei ein Weg zu Gott (374, 28). Wer nichts als die Creaturen erkennte, der brauchte auf keine Predigt zu achten. Eine jede Creatur ist Gottes voll und ein Buch, das ihn predigt (271, 33). Gott ist in allen Dingen mit seinem Wesen, seinem Wirken und seiner Allmacht. Alle Creaturen sind die Fussstapfen Gottes (11, 6). Und zwar bezieht sich das grade auch auf die besonderen wirklichen Dinge. Gott theilt sich allen Dingen mit, und nun doch auch jedem in verschiedenem Maasse. Gott giebt allen Dingen gleichviel, die Dinge aber empfangen verschieden nach dem Maasse ihrer Fähigkeit. Wie die Gottheit in der Ewigkeit in sich selbst geflossen ist, in Vater, Sohn und Geist, so ist sie in der Zeitlichkeit in die Creaturen geflossen. Sie giebt einer jeden so viel sie empfangen kann: dem Steine das blosse Sein, dem Baume das Wachsen, dem Vogel das Fliegen, dem Vieh das Wahrnehmen, dem Engel die Vernunft, dem Menschen den freien Willen (514, 29). Ja, in uneigentlichem Ausdruck kann es auch heissen, dass Gott die Creaturen in verschiedenem Maasse liebt. Er liebt eine mehr als die andere: denn nach dem Maasse ihrer Empfänglichkeit ergiesst er sich in sie. In der That aber liebt er alle Creaturen gleich und erfüllt sie mit seinem Wesen; erst aus den Dingen stammt die Ungleichheit (272—273). In Gott sind zwar aller Dinge Bilder gleich; der Engel, die Seele und die Mücke haben dort ein gleiches Bild; aber als Bilder der Dinge sind sie ungleich (269, 13). Etwas von Gott ist Gott in seiner Totalität, etwas von ihm umfasst sein ganzes Wesen. Darum ist er in der niedrigsten Creatur ebenso vollkommen wie in der höchsten (512, 12).

2. Nach der anderen Betrachtung sind die sinnlich endlichen Dinge schlechthin die Negation des göttlichen Wesens. Was an den Dingen ist, ist nur Gott. Gott aber ist in ihnen nur das einfache in allen gleiche Wesen. Ihre Mannichfaltigkeit ist daher Nichts, ein wesenloser Schein. Die Creaturen heissen in diesem Sinne ein Weg der von Gott abführt (238, 31); sie können nicht an Gott heranreichen, Gott nicht ausdrücken. Alle Dinge sind Gott, sofern sie ewig in Gott gewesen sind und wieder in Gott zurückgelangen sollen. Alle Dinge sind Nichts; nämlich an sich selber sind sie Nichts, und in ihrem Ausfliessen aus der Gottheit wie in ihrem Rückgange in die Gottheit sind sie in ihrer Besonderheit aufgehoben. Gott ist alle Dinge, denn er hat aller Dinge Kräfte in sich in herrlicherer Form, als er sie den Creaturen gegeben hat. Gott ist Nichts, d. h. er ist ohne alle Bestimmtheit. Gott ist alles in allem, und in jedem Dinge ist Gott alles. Und zugleich ist Gott durchaus nichts in allen Dingen und in sich selber. Grade indem Gott alles ist, ist er nichts, und in diesem Sinne sind alle Dinge Gott (531—532; 83). Gott berührt alle Dinge und bleibt doch selber unberührt. Gott ist über alle Dinge erhaben ein Bestehen auf sich selber, und dieses sein Bestehen erhält alle Dinge. Alle Creaturen haben ein Oben und Unten; Gott hat es nicht. Er ist über alle Dinge und wird nirgends von etwas berührt. Alle Creaturen suchen ausser

sich selber, jede an der andern was sie nicht hat. Gott sucht nichts ausser sich. Was alle Creaturen haben, das alles hat Gott in sich; er ist der Boden, der Reif aller Creaturen (96, 25). Nichts Niederes wirkt auf das Höhere. Gott ist das Höchste; darum wirkt er auf alles, aber nichts wirkt auf ihn. Gott ist in allen Dingen so, dass er zugleich ausser allen Dingen ist. Darum kann ihn die Unvollkommenheit der Dinge nicht beflecken. Gott ist allein im Wesen der Creatur, im Wesen aber ist keine Unvollkommenheit; denn Unvollkommenheit ist Abfall vom Wesen (612, 15). Je mehr er in den Dingen ist, desto mehr ist er ausser den Dingen (206, 35). Was endliches Dasein hat, Zeit oder Ort, das gehört nicht zu Gott; er steht über demselben. Soviel er in allen Creaturen ist, soviel ist er doch über sie erhaben. Was im Vielen eins ist, das muss nothwendig über den Dingen stehen (268, 10). Wie Gott an sich ist, so konnte er sich nie einer Creatur zu verstehen geben, nicht dass er es nicht vermöchte, sondern die Creaturen konnten es nicht verstehen (313, 27). Alle Dinge sind in Gott und von Gott; denn ausserhalb seiner und ohne ihn ist nichts. Alle Creaturen sind werthlos und ein blosses Nichts gegen Gott. Was sie in Wahrheit sind, das sind sie in Gott, und darum ist in Wahrheit bloss Gott. Zugleich aber ist Gott untrennbar von allen Dingen, denn er ist ihnen mehr inne als sie sich selber sind (162, 38). Nähme man allen Creaturen das Wesen, das Gott giebt, so blieben sie ein blosses Nichts, widrig, werthlos und hässlich (441, 36).

Weil die Creatur mit ihrem eigenen Sein ein wesenloses Nichts ist, so kann sie auch Gott nicht offenbaren. Alle Fülle der Creaturen kann Gott so wenig ausdrücken als ein Tropfen Wasser das Meer, ja noch weniger; denn aus Tropfen könnte man ein Meer machen, aber vermittelst aller Creaturen kann man immer noch nicht Gott begreifen (173, 28; 314, 18; 662, 30). Was göttliche Natur sei, davon kam nie ein Tropfen in die Vernehmung einer Creatur (389, 7). Da alle Creaturen so wenig von Gott als das Mindeste in sich schliessen, deshalb können sie von ihm auch nichts offenbaren. An dem vollkommenen Bilde, das ein Maler gemacht hat, prüft man wohl seine Kunst; aber ihn selber kann man nicht daraus erkennen. Eben so wenig können die Creaturen Gott ausdrücken, weil sie Gottes nicht empfänglich sind in seinem wahren Sein (113, 4). Es ist keine Creatur, die nicht etwas Gutes und etwas Unvollkommenes an sich hätte (254, 1). Alles Gute aber an den Creaturen ist von Gott (188, 1); so bleibt ihnen denn als Eigenes nur der Mangel.

3. Blicken wir auf die eben dargelegte Gedankenreihe zurück. Nach den obersten Principien der Eckhartischen Denkweise ist die Welt als Emanation Gottes zu fassen. Es fragt sich für ihn zunächst, wie Gott der Endlichkeit inne wohnen könne. Er antwortet darauf: vermittelst der vorgehenden Bilder, der Ideen in Gott, welche zugleich Eins und Vieles sind, aus Gottes Wesen fliessen und ihm immanent sind. So wird die Welt gewissermaassen verdoppelt; aber trotz der Mittelinstanz bleibt die Frage: wie kann Gott im Endlichen sein, und wenn er es nicht sein kann, wie kann es Endliches geben, das ausser Gott ist? Die Antwort lautet: das Endliche hat kein wahres Sein, es ist vielmehr Nichts, ein scheinbares Sein. Für wen aber ist dann der Schein, und wie entsteht er?

Wenn als das, was an den Dingen wahrhaft ist, das in allem Seienden Gleiche, das Allgemeine, das Wesen bezeichnet wird, so ist damit die Individualität, der Unterscheidungsgrund der Dinge, das Eigenthümliche des Creaturseins eben noch nicht begriffen, und das war doch die Aufgabe. Ueber jene Bestimmung aber geht Eckhart nicht hinaus. Das besondere Sein, die Mannichfaltigkeit und Endlichkeit ist nur Schein, ein Schein, der für Gott und in Gott aufgehoben ist. Und doch drängt sich eine gewisse Realität der endlichen Dinge auch Eckhart auf, und er macht gradezu die endliche Welt in ihrer Endlichkeit und vermittelst ihrer Endlichkeit zu einer Offenbarung Gottes. Die ewigen Ideen, in denen sich das Wesen Gottes spiegelt und an denen die Dinge Theil haben, indem sie nach deren Aehnlichkeit geschaffen sind, sollen die Brücke bilden zwischen der Gottheit und der creatürlichen Welt. Aber die Schwierigkeit ist so nur hinausgeschoben. Denn die Bilder sind in Gott, die Dinge sind ausser Gott. Diese Kluft lässt sich nicht vermitteln. Ist in Wahrheit nur das Eine, wie kann das Mannichfaltige in irgend einem Sinne sein? Und hat das Mannichfaltige irgend welches Sein, wie kann dann Gott das Absolute sein, da er zugleich als das allumfassende Eine gedacht werden muss, ausser welchem schlechthin nichts ist?

Aber gesetzt nun, es wäre der volle baare Ernst: das Mannichfaltige sei an sich das pure Nichts, es sei durchaus in keinem Sinne. Jedenfalls erscheint es doch. Woher ist der Schein und für wen ist er? Wenn Eckhart an den Dingen zweierlei unterscheidet: das Allgemeine in ihnen, das Wesen, und das Besondere, das Nichtseiende, so hat er doch unterlassen anzugeben, woher dies Nichtgöttliche in den Dingen stammt. Man könnte meinen, der Schein der Mannichfaltigkeit entstehe im menschlichen Intellect, und manche Aeusserungen Eckharts scheinen darauf hinzudeuten. Was in uns als Zeitliches erscheint, das ist in Gott als Ewiges. Gott sieht alle Dinge als Eines; die Entzweiung ist in unserm Wahrnehmen. Gott spricht nur einen Spruch, sich selber; wir vernehmen zwei: Gott und die Creatur (207, 31). Das Wesen der Seele ist des Einströmens des göttlichen Lichtes empfänglich, aber nicht in so lauterer und klarer Weise, als es Gott zu geben vermag, sondern nur verhüllt. Man sieht das Licht der Sonne wohl, wie sie auf einen Baum oder ein ander Ding strahlt; aber in ihr selber kann man sie nicht begreifen. So müssen auch göttliche Gaben gemessen werden nach dem, der sie empfangen soll, nicht nach dem, der sie giebt (95, 9). Was die Seele begreift, das begreift sie in endlicher Form (153, 21). Jedes erkennbare Ding wird erfasst und verstanden nach dem Maasse des Vermögens des Verstehenden, nicht wie es an sich selbst erkennbar ist (484, 36). Gleichwohl ist Eckhart weit entfernt, die Endlichkeit und Mannichfaltigkeit der sinnlichen Dinge, die ganze Daseinsform in Raum und Zeit nur als subjektiven Schein aufzufassen. Die einzelne Menschenseele gehört eben mit zu der Vielheit der endlichen Wesen, und so lange sie in dieser Endlichkeit verbleibt und nicht Gott gleich wird, so lange bleibt sie auch in der Anschauung dieser unwahren und wesenlosen Vielheit befangen. Diese Vielheit gilt dem Eckhart wenn auch nicht als Seiendes, doch als etwas von dem menschlichen Intellect Unabhängiges. Jedes Ding geniesst sich zunächst selbst in dieser Einzelheit, aus der es dann freilich wie wir später sehen werden hinausstrebt. In jedem Dinge mischt sich sein ideales Urbild, das Göttliche in ihm, und seine ungöttliche Endlichkeit, die ihm als Negation und Unterschied anhaftet. Aber selbst wenn der Gedanke, die Endlichkeit sei nur subjektiver Schein, Eckhart nicht so fremd gewesen wäre, so wäre immer die für ihn unlösbare Aufgabe geblieben, zu zeigen, nach welchem wesentlichen Gesetze und zu welchem Zwecke Gott den menschlichen Intellect so eingerichtet habe, dass ihm eine endliche zeitlich-räumliche Welt erscheinen musste, eine Aufgabe, die erst auf dem Boden und mit den Hilfsmitteln der kritischen Philosophie Fichte sich stellen und zu lösen versuchen konnte durch den Primat der praktischen Vernunft. Der absolute Geist wird danach ein organisiertes Reich von Ichen, von endlichen Subjekten, um die Endlichkeit durch den sittlichen Willen zu überwinden. Doch ist es allerdings ein Ansatz zu diesem Gedanken, wenn Eckhart äussert: Könnte die Seele Gott so vollkommen erkennen, wie es die Engel thun, sie wäre nimmer in den Leib gekommen (170, 14).

Aber wenn nicht aus der Einrichtung des menschlichen Intellects, woher stammt dann der Schein der Endlichkeit? Der Erkenntnissprocess in Gott führt immer nur zu einer Selbstspiegelung in Gott, und alles was in diesem Spiegel erscheint muss Gott wesentlich immanent bleiben. Ein Princip ausser Gott kann eine Denkweise wie diejenige Eckharts nimmermehr anerkennen. Die Unterschiede in Gott sind aber nicht geeignet, etwas Aussergöttliches von ihnen abzuleiten. Eckhart geht um die Schwierigkeit herum. Ein Aussergöttliches muss er doch zugeben, den bösen creatürlichen Willen, die Sünde. So wenig er sich auch in eingehender und selbstständiger Weise mit diesem Begriffe beschäftigt, so wenig kann er ihn doch umgehen. In einfachem Anschluss an die kirchlich fixierte Lehre bezeichnet er als den Ursprung des Bösen den Sündenfall als eine Entschliessung des freien Willens, welchen letzteren Gott als das Siegel der Gottähnlichkeit dem Menschen mitgegeben habe. Wie dieser in Gott urspringende freie Wille ausser Gott fallen könne, hat er freilich zu erklären nicht versucht. Aus dem Sündenfall nun möchte Eckhart einmal alle aussergöttliche und ungöttliche Daseinsform erklären; erst mit dem Sündenfall sei die Mannichfaltigkeit und der Widerstreit in die Dinge gekommen (497, 2). Aber vollen Ernst kann er auch damit nicht machen. Das Böse ist ihm wie allen seinen Vorgängern nichts Positives, sondern nur eine Privation, ein mangelhaftes Gute, und da die Mangelhaftigkeit aus der Endlichkeit stammt, so ist vielmehr die Endlichkeit die Ursache des Bösen, nicht das Böse die Ursache der Endlichkeit.

Der Grund der Sinnenwelt kann nicht ausser Gott gefunden werden; er liegt auch nicht in dem absoluten Process. Es bleibt also nur die eine Erklärung übrig: die Welt ist von Gott geschaffen, eine That des göttlichen Willens. Aber auch diese Erklärung dürfen wir Eckhart nicht beilegen. Eckharts Schöpfungsbegriff ist durchaus unklar. Er unterscheidet die Schöpfung von dem trinitarischen Process, und doch ist der Sohn das Urbild alles Werdens und in dem Sohne sind alle Dinge „ausgeflossen". Die Welt, deren Princip der Sohn ist, ist die Ideenwelt, und auf diese wird der Ausdruck der Emanation um so eher angewandt werden müssen, als ja die Schöpfung vielmehr das Werk der gesammten Trinität ist. Die Schöpfung aus Nichts kann nur die Schöpfung der endlichen Creaturen sein. Grade aber in Bezug auf diese hat Eckhart das Bestreben, die Schöpfung nicht als eine freie That, sondern als einen nothwendigen Process in Gott darzustellen. Gottes Schaffen ist überzeitlich; wie kann daraus die Zeitlichkeit entstehen? Die Zeitlichkeit haben die Creaturen „angenommen"; woher haben sie sie nehmen können? Nicht aus Gott, denn in Gott ist keine Zeit; und nicht aus sich, denn sie waren ja noch nicht; noch weniger aus einem Dritten, denn das giebt es nicht. Gott giebt ferner allen Creaturen gleich viel, einer jeden sein ganzes Wesen. Nur die Creaturen empfangen verschieden nach ihrer verschiedenen Fähigkeit. Also ist die Verschiedenheit vielmehr nicht von Gott geschaffen, sondern die Creaturen sind schon verschieden, ehe sie Gott in's Dasein ruft. Es ist ganz unzweifelhaft, dass durch Eckharts Schöpfungsbegriff sich die endliche Welt nicht erklären lässt.

Eckhart bleibt beim blossen Widerspruche stehen. Gott ist alles, also auch das Wesen der Dinge, und die Dinge sind nichts ausser Gott. Und doch haben die Dinge noch etwas, dessen Ursprung nicht in Gott gesucht werden kann. Beides umfasst er in einfacher Anschauung. Die Materie nennt er ein grobes, körperhaftes Ding; es sei spröde und hindere, so dass die Zwecke der Natur nicht vollkommen realisiert werden (150, 39). Zeit und Ort sind Formen des Nichtseins. Und doch ist nach der monistischen Grundanschauung auch das materielle, zeitlich-räumliche Sein nicht schlechthin der Gegensatz zum Wesen. In welchem Sinne Eckhart dem Endlichen bald ein gewisses Sein beilegt, bald es als das schlechthin Nichtseiende betrachtet, wird nicht klar. Wenn er die Endlichkeit, die Unvollkommenheit der Dinge ableiten will aus dem Nichts, aus dem sie geschaffen sind, so verbirgt sich ihm der Widerspruch gewissermaassen durch die Doppeldeutigkeit des Wortes Nichts. Das Nichts ist die höchste Abstraktion von aller Bestimmtheit, und so kann die Gottheit selber mit demselben Rechte Nichts genannt werden, wie sie das Wesen heisst. Gott schafft die Dinge aus Nichts bedeutet somit: Gott schafft aus der Fülle seines göttlichen Wesens. Andererseits gebraucht Eckhart aber auch das Wort Nichts für das unwahre nichtige Sein im Gegensatze zum wahren Sein des Absoluten. Ein Nichts in diesem Sinne als selbstständiges Princip ausser Gott kann nun Eckhart nicht zugeben. Wenn gleichwohl ihm der Schein entsteht, als ob das Nichts, aus dem Gott die Welt geschaffen hat, etwas anderes sei als der Reichthum des göttlichen Wesens, und als ob das Nichts ein besonderer Erklärungsgrund des begrenzten Daseins in Zeit und Raum, der Materialität und Vielheit, kurz aller Beschaffenheiten der endlichen Creatur wäre, so fliessen bei ihm offenbar die beiden verschiedenen Bedeutungen, in denen er das Wort gebraucht, ineinander.

Es ist immer dieselbe ungelöste Schwierigkeit, sobald die Realität des Endlichen und Einzelnen neben der einzigen Wesenhaftigkeit des Unendlichen und Allgemeinen festgehalten werden soll. Wie die Welt der Creaturen, so entbehrt auch, wie wir sehen werden, das Reich der endlichen Persönlichkeiten einer verständlichen Begründung in den Principien des Seienden, und eben so unbegriffen bleibt der Ursprung des Bösen, ohne welches doch der eigentliche Kern und Mittelpunkt des Systems, die Rückbildung der Seele in Gott, seine Begründung entbehren müsste. Eckhart lehrt, weil der absolute Process sich vollziehen muss, deshalb giebt es eine Vielheit der Creaturen und der endlichen Persönlichkeiten, deshalb die Sünde und das Böse. Dennoch wagt er es nicht, die Endlichkeit und das Böse als etwas Gutes wenn auch nur im relativen Sinne zu bezeichnen, oder es unmittelbar aus dem Willen Gottes abzuleiten. Ein entgegengesetztes Princip aber, aus dem es stammen könnte, kennt er nicht. Der Meister hat das Widersprechende in einer Anschauung zu umfassen vermocht; aber um durch wissenschaftliche Speculation den Versuch zu machen, den Widerspruch zu heben, dazu war der Trieb des klaren dialektischen Denkens in ihm nicht mächtig genug, der Zug zu einer gewissen Form religiös-ethischer Begeisterung allzusehr überwiegend.

Das Problem also, die Vielheit der endlichen Dinge in Einklang zu bringen mit der absoluten Einfachheit des göttlichen

Wesens, welches das Wesen aller Dinge sein soll, hat Eckhart sich nicht ernstlich gestellt. Er spricht eine einfache Anschauung aus unbekümmert um die Widersprüche, in die sich sein Denken ihm unbewusst verwickelt. In seinem trotz aller Verwahrung dem Pantheismus zuneigenden Gedankenkreise findet sich kein Element, welches die Hebung dieser Widersprüche ermöglichte. Neue und eigenthümliche Versuche zur Lösung jenes Problems von einem dem Eckhartischen verwandten Standpunkte aus finden sich dann bei Jacob Boehme und denjenigen, die von ihm angeregt in mehr traumhafter oder mehr gedankenmässiger Weise ein Princip der Negativität in dem Absoluten selber angenommen haben. Erst das durch die Reformation vermittelte tiefere und gewaltigere Bewusstsein der Sünde hat auch der Frage nach dem Ursprung des Bösen ernster nachgehen gelehrt und dadurch für die Auffassung des Verhältnisses Gottes zur Welt der endlichen Creaturen neue und kräftige Anregungen gegeben.

9. Das Reich der Creaturen.

Die Gliederung des Reiches der Creaturen ist bei Eckhart nur in den äussersten Umrissen ausgeführt; ein selbstständiges Interesse für die Herrlichkeit und Bedeutung der hauptsächlichsten Formen des natürlichen Daseins fehlt bei ihm durchaus. Hier am meisten hat die spätere Theosophie besonders in Jacob Boehme seine Lehre ergänzt, und diesem wird bei aller Unklarheit, Unbildung und Verworrenheit doch das grosse Verdienst nicht bestritten werden können, dass er durch die Verwebung der Paracelsischen und Eckhartischen Lehren die Morgendämmerung einer tieferen Auffassung der Natur herbeigeführt und zuerst in freilich oft kindischer, aber für Spätere lehrhafter Weise den kühnen Versuch gemacht hat, die Natur durchgängig als Symbol des Geistes aufzufassen und ihre wichtigsten Erscheinungen mit geistigen Processen unter den Gesichtspunkt der Analogie zu bringen.

Bei Eckhart finden sich folgende Ideen über die Natur als Ganzes ausgesprochen. In Gott sind die Vollkommenheiten aller Creaturen, welche in ihnen zerstreuet und getheilt sind, gesammelt und vereinigt. Gäbe es eine Creatur, die die Vorzüge aller Creaturen dem Wesen und der Zahl nach an sich trüge, so würde Gott nicht mehr geschaffen haben als sie allein (324, 6). Gott konnte nicht dabei bleiben, nur eine Art von Creaturen zu schaffen; denn nur eine Art hätte nicht die Fülle seines Wesens ausdrücken können. Darum schuf er mancherlei Creaturen, damit ihre unbestimmte Menge Gott ausdrücke, was sie freilich auch so nicht erschöpfend vermag (173, 23). In dieser Fülle der Creaturen nimmt jede einzelne nach dem Maasse ihres Vermögens am göttlichen Wesen Theil; das giebt eine Stufenleiter der Wesen, welche der Gottheit theils näher theils ferner stehen.

Die Grundanschauung dabei ist die der Emanationslehre, wonach die Dinge verschieden sind nach der Reihenfolge, in der sie unmittelbarer oder vermittelter aus dem göttlichen Wesen geflossen sind. Wie die mit der zunehmenden Entfernung vom Centrum immer grösser, aber auch immer schwächer werdenden Kreise, die durch den Wurf eines Steines in das Wasser entstehen und von denen jeder folgende aus dem vorhergehenden entspringt, so verhalten sich in immer weiterem und vermittelterem Abstande von Gott ihrem Urquell die verschiedenen Systeme der Dinge. So emaniert aus dem Vater zuerst der Sohn, der die Ursache aller folgenden Emanationen ist, sodann der oberste Engel und die ganze Engelwelt vom höchsten bis zum niedrigsten, der selber noch in unendlichem Abstande von aller Materie steht, und vermittelst der Engel emanieren dann alle übrigen Creaturen. Die erste Emanation ist so kräftig: gäbe es tausend Welten und mehr, es gienge ihre Fähigkeit zu empfangen früher zu Ende, als in der ersten Emanation das Vermögen ausgienge auf sie alle zu wirken, grade wie es eher an der Ausdehnung des Wassers gebrechen würde, als in dem ursprünglichen Falle des Steines an Kraft, immer neue und immer weitere Kreise zu erzeugen (165—166).

Insbesondere giebt es drei Hauptunterschiede unter den Creaturen. Die einen haben nur durch das blosse unorganische Sein Theil an dem absoluten Wesen; es giebt andere, welche auch Leben besitzen, und es giebt drittens solche, welche durch Vernunft Ebenbilder Gottes sind, die Engel und die Menschenseele (660, 18; 479, 19). — Die Grundelemente aller Creatürlichkeit werden auch in folgender Weise aufgezählt: In der Reihenfolge der Dinge steht jedesmal das Umfassende höher als das Umfasste. So stehn die Engel, selber unter sich abgestuft vom höchsten bis zum niedrigsten, höher als der Himmel, dieser höher als das Feuer, und in absteigender Reihe folgen weiter das Wasser und die Erde (130, 1). Die Seele findet in dieser Aufzählung keine Stelle; denn sie steht gewissermaassen ausser allem Geschaffenen, und nur die Gottheit selber umfasst sie.

10. Die Engel.

Von der ausgebildeten Engellehre des Pseudo-Dionysius finden sich bei Eckhart nur leise Spuren (110, 14; 153, 25). Er ist überhaupt dieser Lehre nicht in grösserem Umfange nachgegangen. Dennoch nehmen in der Welt des Daseins die Engel bei ihm eine bedeutsame Stellung ein als die Vermittler zwischen der rein geistigen Welt der Ideen, mit der sie auch wohl identificiert werden (111, 1), und zwischen der Welt der materiellen Dinge, gewissermaassen als die Handhaben Gottes, um die endliche Creatur zu regieren. In ihrer Abstufung unter einander schreiten sie von dem Gott am nächsten verwandten Wesen des obersten Engels weiter zu dem der materiellen Creatur immer ähnlicher werdenden der niederen Engel, der indess immer noch in einem unendlichen Abstande über allem Stofflichen erhaben ist.

Die Engel sind aus Nichts geschaffen, rein geistige Wesen, die des seelischen Princips ermangeln, weil sie auf keinen Leib bezogen sind. Ihr Wesen ist die Vernunft, und durch diese geniessen sie die unablässige Anschauung des göttlichen Lichtes (677, 38; 647, 17; 682, 40; 162, 18). Die Zahl der Engel ist unendlich gross, der unendlichen Fülle der Gottheit entsprechend. Jeder Engel hat seine besondere Natur und empfängt die Totalität der Natur auf besondere Weise. Je näher er Gott ist, um so höher ist sein Rang; jeder empfängt von Gott so viel, als er zu empfangen fähig ist (276, 31; 135, 25; 400, 21). Der Engel ist ein fleckenloser Spiegel, in welchem sich das göttliche Licht ohne Trübung reflectiert. So steht er frei und immateriell mitten inne zwischen Gott und Materie. Selber ein Bild Gottes durchleuchtet er all sein Wesen mit dem Bilde Gottes (103, 24; 162, 2). Die Engel sind edler von Natur als die Seele; denn sie sind zuerst aus dem göttlichen Geiste entsprungen und bleiben in ihm, während die Seele sich in den Leib ergiessen muss (395, 12; 173, 19). Höher als alle Creaturen haben sie in ihrem Wesen nicht Zeit noch Veränderung. Sie erkennen auch in einem überzeitlichen Lichte.

Die Werke, die sie in Gott üben, sind unzeitlich. Aber in ihrem Wirken auf endliche Dinge haben sie einen Schatten von Zeitlichkeit (162, 10; 133, 28).

Dennoch ist in anderem Betracht der Engel nicht vollkommen und die Seele kann höher steigen als er. Die höchsten Engel selber sind der Seele in ihrer obersten Kraft, dem Fünklein, nur einigermaassen und doch nicht ganz ähnlich. Die Aehnlichkeit besteht in Erkenntniss und Liebe; aber es ist ihnen ein Ziel gesetzt, über das sie nicht hinaus können, während die Seele wohl weiter dringen kann. Erreichte die Seele den höchsten Standpunkt, der noch hienieden möglich ist, der Mensch könnte in seinem freien Vermögen unendlich viel höher gelangen als die Engel und alle geschaffnen Vernunftwesen (36, 5). Die Erkenntnissweise des Engels, der alles unter der Form der Ewigkeit schaut, ist keineswegs die höchste; denn in diesem Schauen ist das Endliche noch als solches vorhanden (587, 35). Die Engel können daher in Erkenntniss und Liebe fortschreiten, und sie nehmen darin zu bis zum jüngsten Tage. Der niedrigste von ihnen ist dann beinahe so weise wie der oberste es war, als er geschaffen ward. Aber was der Engel hat, das wird ihm ohne Anstrengung; der Seele dagegen wird es nur durch ihre Arbeit. Darum ist das Wachsthum der Seele etwas viel Herrlicheres als das des Engels, und eine Erkenntniss, die die Seele gewinnt, ist werthvoller als von dem Engel zehn es sind (639, 12).

Der oberste Engel ist der nächste an der ersten Emanation und besitzt so viel Gleichheit mit Gott und göttliche Macht, dass er die ganze Welt und die Engel dazu, die geringer sind als er, bewahrt und pfleget. Sein Wirken geschieht beständig in Gott als ein wesentliches Sein, nicht als ein äusseres Thun; er bleibt in Gott und verharrt beständig in ihm (321, 40). Er wirkt als die oberste Creatur mit göttlicher Vollmacht, so wie der Truchsess durch Vollmacht des Königs das Land regiert (124, 20). Durch ihn geht alle Wirksamkeit Gottes auf die Dinge. Der englische Beweger dreht den Himmel um und wird so der Anstoss zu aller Wirksamkeit der Natur. Von einem Fünklein des Engels lebt alles was auf Erden ist (212, 12; 257, 3). Die Engel wohnen bei uns, dienen uns und behüten uns. Aber ihr Wirken hindert nicht ihre ungetrübte Seligkeit. Denn ihr Wirken und der Wille Gottes ist eins und dasselbe. Beföhle Gott dem Engel, die Raupen von einem Baume zu lesen, der Engel wäre dazu bereit, und es wäre seine Seligkeit, wie es der Wille Gottes ist (311, 29; 587, 35). Insofern ist der Engel ein Vorbild für den Menschen. Gleichheit mit den Engeln ist eine Vorstufe des höchsten Zieles. Die niederen Engel bereiten durch Bilder und Gleichnisse, die ihnen Gott eingeprägt hat, die Seele für das Höchste vor (396, 25). Der Engel reinigt, erleuchtet und vollendet die Seele. Göttliches Licht ist so überschwenglich, dass es die Seele nicht ertragen könnte, würde es nicht in des Engels Lichte gemildert und so erst der Seele eingeflösst (104, 1; 159, 36). Der höchste Engel schöpft aus Gott und gestaltet das Empfangene nach sich; dann giebt er es den mittleren, diese geben es den niederen Engeln, und die niederen den Menschen. Der vollkommne Mensch aber ist über die Vermittlung durch die niederen Engel hinaus und empfängt unmittelbar vom obersten Engel. Die höchsten Wirkungen Gottes im Menschen entziehen sich auch der Kundschaft des obersten Engels (655, 38; 682, 40; 322, 2).

11. Der Mensch.

Der Engel ist eine bestimmte Art von creatürlichen Wesen; die Seele ist ihrer Anlage nach absolute Totalität. Vergleicht man den Engel mit der Seele in ihrem erfahrungsmässigen Zustande, so steht sein rein geistiges Wesen weit über ihr; vergleicht man ihn mit dem, was die Seele zu sein befähigt und bestimmt ist, was sie unverlierbar immer an sich ist, so ist die Seele gar nicht mit dem Engel, sondern allein mit Gott selber zu vergleichen.

Als Gott alle Creaturen schuf, da waren sie so niedrig und so eng, dass Gott sich nicht in ihnen bewegen konnte. Da machte er sich die Seele so gleich und so angemessen, dass er sich der Seele mittheilen könnte (136, 34). Er hat sie geschaffen nach der höchsten Vollkommenheit und ihr alle seine Klarheit in ursprünglicher Lauterkeit eingeflösst (286, 13). Gott hat nichts geschaffen, was ihm gleich wäre, als die Seele. Wie man Gott keine Gestalt beilegen kann, so auch nicht der Seele, und wie Gott unsterblich ist, so hat er auch der Seele Unsterblichkeit verliehen (394, 10). Die Seele ist edler, mächtiger und grösser, als alle Creaturen (395, 12). Alle Creaturen sind Fussstapfen Gottes; aber die Seele ist von Natur nach Gott gestaltet (11, 6). So unterscheidet auch

Thomas eine repraesentatio trinitatis per modum vestigii und eine andere per modum imaginis (S. th. I, Qu. 45, Art. 7). Gott ist in der Seele mit seiner Natur, seinem Wesen und seiner Gottheit, und doch ist er nicht die Seele (180, 39). Der Mensch nach dem obersten Theile seines Innern steht Gott näher als den Creaturen. Von Natur steht er innerhalb der geschaffenen Creatur; durch seine Vernunft ist er Gott gleicher als irgend eine Creatur (351, 16). Die Seele ist nicht geschaffen wie die andern Dinge in beliebiger Form, sondern in Gott, mit Gott ist sie gebildet und Gottes Bild ist ihr aufgeprägt (179, 25). Darum ist sie die edelste Creatur, die Gott je gedacht hat. Denn Gott griff zwischen die Gottheit und die göttliche Natur in sein ewiges Wesen und machte die Seele von Nichts. Und wenn man fragt, wie gross die Seele sei, so soll man wissen, dass ihre Grösse Himmel und Erde nicht auszufüllen vermag, sondern nur Gott selber, den die Himmel aller Himmel nicht umfassen können. Darum wer die Seele messen will, der nehme Gott als Maassstab; denn der Grund Gottes und der Grund der Seele sind ein Wesen (413, 21; 467, 13). Die Seele ist unaussprechlich und unbegreiflich wie Gott; was die Seele in ihrem Grunde sei, ist noch nie erkannt worden (89, 23; 236, 8; 305, 1). Nirgends ist Gott so eigentlich als in der Seele. In allen Creaturen ist etwas von Gott, aber in der Seele ist Gott auf göttliche Weise; denn sie ist seine Ruhestatt (230, 36; 207, 3). Selbst in der Hölle noch bleibt der Seele ewig dieser Adel ihrer Natur (11, 31). Sie ist geschaffen zwischen Zeit und Ewigkeit, und an beiden hat sie Theil (95, 24); sie ist ein Mittleres zwischen Creatur und Gottheit (395, 1). Gott ist an keinen Ort gebunden; eben so wenig ist es die Seele. Gott gestaltet alle Dinge nach dem Zweckbegriffe, den er in sich hat; eben so wirkt auch die Seele. Von allem, was man von Gott aussagen kann, trägt die Seele etwas Aehnliches an sich (386, 10). Das Bild der Dreieinigkeit in der Seele haftet vor allem an den drei obersten Kräften: Vernunft, Wille und Gedächtniss, welche die drei Personen der Gottheit repräsentieren (318, 1). Das Gedächtniss gleicht dem Vater, die Vernunft dem Sohne und der Wille dem Heiligen Geiste. Die oberste Form der Seele aber, der Funke, entspricht der unoffenbaren Gottheit, die der Seele höchster Gegenstand ist.

Die Gottähnlichkeit eignet der Seele, sofern sie ein vernünftiges Wesen ist. Anderen Creaturen wohnt Gott mit seinem Wesen inne, nicht so dass sie ihn begriffen, sondern allein darum, weil sie ohne ihn nicht sein können. Gott spricht sein Wort in allen Creaturen; aber keine Creatur kann seiner gewahr werden, als allein die vernünftige Creatur (479, 19). Gleichheit mit Gott ist die Bedingung der Gotteserkenntniss. Warum erkennt mein Mund oder mein Ohr den Himmel nicht? Weil sie keine Aehnlichkeit mit ihm haben. Das Auge, wie St. Bernhard bemerkt, ist dem Himmel ähnlich: rund, lauter, klar wie er, die höchste Stelle am Körper einnehmend, für Einwirkungen eines Aeusseren unzugänglich. Wäre Gott der Seele fremd, er wäre ihr nicht zugänglich. Was ich sonst erkenne, erkenne ich durch Bilder in vermittelter Weise: Gott wird unmittelbar erkannt, und darum muss Gott zu meinem Ich das Du, ich zu Gottes Ich das Du sein (139, 10). Das Licht der Vernunft hat die Seele mit den Engeln gemein (410, 35); nur die Engel und die Menschenseele sind nach Gottes Bilde geschaffen und werden seiner als vernünftige Wesen gewahr (616, 39). Die Seele hat ein vernünftiges, erkennendes Wesen; darum wo Gott ist, da ist die Seele, und wo die Seele ist, da ist Gott (267, 11). Mit andern Worten: sobald Gott ist, schaut er in sich das ewige Bild der Seele. Gott ist reines Selbstbewusstsein: so ist er das Urbild der Seele. Gott ist der Seele Form und die Seele der Seelen (658, 21). Alles, was Objekt des göttlichen Verstandes ist, das ist die Seele. Die Idee der Menschheit stand ewig am Throne Gottes, diese Idee ist der Sohn Gottes. Die Seele enthält implicite alle Creaturen in sich; sie ist die nothwendige Ergänzung Gottes. Gott kann sich nicht verstehen ohne die Seele (582, 30). In ihrem reinen, unzeitlichen und unräumlichen, naturfreien Wesen ist die Seele unveränderlich wie Gott (318, 30). Sie hat von ihm weiter keinen Unterschied, als dass sie geschaffen, nicht ihre eigene Ursache ist (581, 23). Könnte die Seele ihr Geboren- und Geschaffensein gänzlich ablegen, sie wäre ganz dasselbe wie der Sohn Gottes. Was die Seele hat, das trägt sie zu Lehen; ihr ist nichts eigen, sondern ihr ist alles gegeben (671, 35; 511, 29). Was in Gott durch sein eigenes Wesen ist, das ist in der Seele nicht durch ihr Wesen. Was die Seele ist, das hat sie von Gott, und sie ist von ihm so ausgeflossen, dass sie nicht im Wesen geblieben ist, sondern ein fremdes Wesen empfangen hat, das seinen Ursprung aus dem göttlichen Wesen genommen hat. Darum kann sie nicht wirken wie Gott, der alles bewegt im Himmel und auf Erden und allen Dingen das Leben giebt; sondern sie verleiht dem Leibe Bewegung und Leben (394, 18). Alles was die Seele hat, ist deshalb Gnade; der Mensch ist Gott von Gnaden, wie Gott von Natur Gott ist (531, 36). Aber das genügt der Seele nicht; es ist ihr tiefster Ingrimm, dass sie nicht ganz so ist wie Gott von Natur ist (542, 9).

Das fremde Wesen, das die Seele angenommen hat, ist offenbar ihre Endlichkeit in der Form der Individualität. Wie die Seele in diese Form gelangt, erklärt Eckhart nicht. Die Seele an sich ist nicht Einzelpersönlichkeit, sondern reines Wissen; die Individualität ist vielmehr, wenn man zum wahren Wesen der Seele gelangen will, schlechthin aufzuheben. Auch über den Grund der Zersplitterung der an sich einfachen Seele in die Vielheit der Kräfte erlangen wir bei Eckhart keine sichere Auskunft. Es ist dieselbe Schwierigkeit, wie diejenige, die uns in der Lehre von der Schöpfung der Creaturen entgegentrat. Nur das Streben zeigt sich überall, den Zweckbegriff zur Erklärung eintreten zu lassen und die Mannichfaltigkeit der Seele und der Seelen aus der Bestimmung und Aufgabe der Seele zu erklären. Könnte der Mensch, heisst es, in der Einheit verbleiben, so dass er alle Funktionen übte, die alle Creaturen jemals geübt haben, das wäre nicht so gut. Denn die oberste Kraft zöge die niedersten in sich, so dass der Mensch nichts wirken könnte, als ein göttliches Werk. Das kann aber nicht sein, und darum schaut die oberste Kraft in Gott ihr Heil und giesst es weiter in die niederen Kräfte, so dass sie Erkenntniss des Guten und Bösen haben. Das war der Zustand Adams vor dem Fall (496, 29). Die Zerspaltung der Seele in die Kräfte und der Ursprung der Einzelpersönlichkeit, die ja an den niederen Kräften hängt (511, 23), ist also ein Bestandtheil der ewigen Weltordnung und gehört zu den ursprünglichen Zwecken Gottes. Schon Adam vor dem Falle eignet die Zerspaltung der Seele in die vielen Kräfte. Der unendliche Werth der durch nichts zu ersetzenden, mit nichts zu vergleichenden Individualität wird ausdrücklich behauptet (519, 11; 260, 24).

Die Seele hat eine ewige Präexistenz in Gott. In der grundlosen Substanz der Gottheit stand menschliche Natur unwandelbar und unverhüllt in einem überglänzenden Lichte, um zur Lust allen Creaturen auszustrahlen (591, 34). Eckhart geht so weit, dies, was zunächst doch nur für das ideelle Princip der Seele Geltung haben könnte, auch von der individuellen Persönlichkeit auszusagen. Ich, sagt Eckhart, stehe in dem Grunde der ewigen Gottheit; da wirkt Gott alle seine Werke, noch ehe er Persönlichkeit gewonnen hat, aus durch mich, und alles was verstanden wird das bin ich. Gott hat alle Dinge gemacht durch mich, als ich in dem grundlosen Grunde Gottes war. Ich war da bloss und ledig aller Bestimmtheit, ungeschaffen (581—583; 182). Alles was in Gott ist, das ist Gott. Da nun mein Bild ewig in Gott gewesen ist, wie es noch ist und immer sein muss, darum ist meine Seele ewig mit Gott eins gewesen und ist Gott selber, und so finde ich mich in Gott in so hoher Weise stehen, dass ich ewiglich Gott in Gott gewesen bin (619, 13). So wird die Seele mit dem Worte identificiert, das ewig bei Gott war; in dem Menschen sind alle Creaturen geschaffen (589, 25). Zwischen dem Sohne Gottes und der Seele ist kein Unterschied; der Sohn ist das Urbild der Menschheit (266, 4). Als der Vater alle Creaturen gebar, da gebar er mich, und ich floss aus mit allen Creaturen und blieb doch in dem Vater immanent. So sind wir ein einiger Sohn, den der Vater ewiglich geboren hat (285, 14). Der einzelne Mensch ist nicht die ganze Menschheit. Lege ich nun ab, was mich von andern Menschen trennt, alle individuellen Unterschiede, und kehre ich zu meinem reinen Wesen zurück, so bleibt da das Wesen übrig, welches ewig in Gott gestanden hat als das Gegenbild seines Wesens, als sein Sohn (157 ff.). Darum ist die Seele im Begriff Gottes mitgesetzt, und wird das ausgedehnt auf die Einzelpersönlichkeit, die ihrem Wesen nach mit jenem Urbilde zusammenfällt, so hat Gott seine Gottheit von mir. Dann erst verstehe ich mich im höchsten Sinne, wenn ich mich nicht anders verstehe, als dass ich sei das Wesen, aus dem Gott sein Wesen oder seine eigene Gottheit entnimmt (588, 37). — Und hier zieht Eckhart herzhaft auch die letzte, äusserste Consequenz. Ist einmal der Unterschied zwischen der Seele an sich und der individuellen Seele ausser Augen gelassen, Gott aber seiner Natur nach seelenhaft, so ist die Seele Gott selber, und ich bin der Schöpfer aller Dinge. Ja, die Seele liegt noch über Gott hinaus in dem einfachen Absoluten und sie muss sich selbst Gottes entledigen, wenn sie in ihre wahre Form gelangen soll. In der Gottheit, dem bestimmungslosen Absoluten, da war ich selber, da wollte ich mich selber und erkannte mich selber; da ward ich mein eigner Schöpfer. So bin ich mit meinem Wesen, welches ewig ist, Ursache meiner selbst nach meinem Wesen, welches zeitlich ist. Indem ich entstand, entstanden alle Dinge; ich war die Ursache meiner selbst und aller Dinge, und wollte ich, ich wäre nicht und alle Dinge wären nicht. Wäre ich nicht, so wäre auch Gott nicht (283, 37).

Die Art, wie Eckhart das Verhältniss der Seele zu Gott bestimmt, ist durchaus analog seiner Lehre von dem Einwohnen Gottes in den Creaturen. Sein Blick bleibt einseitig gerichtet auf das einfache Wesen in aller Erscheinung; die Endlichkeit und die individuelle Daseinsform wird übersehen oder als das blosse Nichts bezeichnet. Der Versuch, die Thatsache der endlichen Persönlichkeit mit der Lehre vom absoluten Grunde der Seele in Einklang zu bringen, wird nicht gemacht, und die keiner weiteren Steigerung zugängliche Krassheit seiner Aussagen über das wahre Wesen der Seele rührt einfach daher, dass die vernünftige Persönlichkeit als solche als Erscheinungsform des Absoluten gesetzt und dann die endliche Persönlichkeit, weil sie mit jener die Persönlichkeit gemein hat, mit derselben ohne Weiteres verwechselt wird. Tritt Eckhart so einer äusserlichen judaisierenden Auffassung des Verhältnisses der Seele zu Gott kräftig gegenüber, so hat ihn doch eine falsche Consequenz aus halbwahren Prämissen bis an die äussersten Grenzen des entgegengesetzten Irrthums geführt, wo derselbe in einen wüsten, unsinnigen Fanatismus auszulaufen droht. Nur die Gesundheit seines sittlichen Gefühls und die Tiefe seiner Religiosität haben bewirkt, dass es hier bei einem falschen Philosophem, einer blossen mit hoher Begeisterung vorgetragenen Theorie verblieb. Wohl zeigt Eckharts Auffassung des Ethischen auf vielen Punkten die störenden Einwirkungen dieser Verirrung; aber grade in den entscheidenden Fragen hat er mit edler Besonnenheit inne gehalten, und es sind grade die nicht zu verkennenden tiefen und echten Seiten seiner Lehre von der Seele, welche in der Eckhartischen Ethik am meisten nachgewirkt und sie so hoch über alle Auffassungen seiner Zeitgenossen gestellt haben.

12. Der Rückgang in Gott.

Die Mannichfaltigkeit der Gestalten des natürlichen Daseins als ein organisches Ganzes zu betrachten, dieser Gesichtspunkt liegt Eckhart fern. Zu einer Wissenschaft der Natur fehlt bei ihm nicht weniger als alles. Seine meist dem Aberglauben seiner Zeit entsprungenen einzelnen Aeusserungen über Dinge der Natur, zumeist über den Himmel und die Himmelskörper, dürfen wir als werthlos für die Charakteristik des Mannes und seiner Lehre übergehen. Ausser den Engeln und dem Menschen hat keine Creatur sein Interesse gefesselt, das wesentlich ein religiöses ist. Aber was wir der Darstellung seiner Lehre von den Creaturen noch hinzuzufügen haben, das ist der Abschluss seiner Lehre vom absoluten Process, seine Lehre vom Rückgange aller Dinge in Gott.

1. Der Erkenntnissprocess in Gott ist der Grund, dass Gott eine unendliche Fülle von Dingen schuf, in denen er seinen Reichthum anschaut und offenbart. Die Dinge aber sind, — es ist nicht klar, in welchem Sinne, — nicht im Wesen Gottes geblieben, sondern haben ein fremdes Wesen angenommen. Bei diesem Aussergottsein kann es nicht verbleiben. Ist alle Creatur aus Gott als ihrem letzten Ursprung geflossen, so muss sie auch zu Gott als zu ihrem letzten Ende zurückkehren, weil sie sich ausser ihm nicht zu erhalten vermag. Auf dieses Ziel hin deutet alle Wirksamkeit der Creaturen, alles Geschehen in der Welt der Dinge, und das ist die Zweckbestimmung, die durch alle Reiche des Daseins geht.

Gott hat alles um seiner selbst willen gethan; er ist die Ursache aller Dinge, und wie er nach dem Gleichniss der ersten Ursache wirkt, so wirken alle Creaturen nach demselben Gleichniss. Das ist die Liebe, die sie zu Gott haben (529, 17). Gott hält alle Dinge wie an einem Zaum, um nach seinem Gleichniss zu wirken. Darum strebt die Natur allezeit nach dem höchsten Ziele (94, 14). Der Vater spricht den Sohn allezeit in der Ewigkeit und entgiesst in ihm alle Creaturen. An sie alle ergeht der Ruf, wieder in das zu gelangen, aus dem sie geflossen sind. All ihr Leben und Wesen ist nichts als ein Drängen und Eilen zurück zu dem, von dem sie ausgegangen sind (93, 13). Alle Creaturen in allen ihren Thätigkeiten wollen Gott offenbaren so eigentlich als sie können: aber sie können ihn nicht offenbaren. Wie mein Mund Gott verkündet und offenbart, so auch der Stein, und diese Offenbarung vermittelst des Wirkens ist deutlicher als die vermittelst der Worte. Aber selbst die obersten Engel reichen mit ihrem zu Gott emporstrebenden Wirken nicht an die Wirksamkeit Gottes heran (92—93). Alle Creaturen tragen an sich das Gepräge göttlicher Natur, aus der sie so entspringen, dass sie der göttlichen Natur aus der sie stammen entsprechend wirken möchten (93, 36). Alle Creaturen sind bei Gott, und das Wesen das sie haben das giebt ihnen Gott durch seine Gegenwart in ihnen. Die drei Personen haben ihr eigen Bild allen vernünftigen Creaturen eingeprägt. So ist die Dreifaltigkeit der Ursprung aller Dinge, und alle Dinge streben zurück in ihren Ursprung (503, 22). Sie sind ewig in Gott gewesen und sollen wieder in Gott zurückkehren (531, 7).

Daher ist Alles in Bewegung, und der Sinn dieser Bewegung ist die fortgehende Veredlung. Die Natur macht keinen Sprung; sie hebt immer an zu wirken beim Niedrigsten und strebt so hinauf zum Höchsten. Wie die Farben des Regenbogens unmerklich in einander übergehen, so ununterbrochen schliesst sich in der Natur Wirkung an Wirkung (124, 3, 15). Aller Natur ist es unmöglich, dass sie etwas zerstöre, verderbe oder auch nur antaste, ohne dass sie in dem was sie antastet, ein höheres Gut hervorzubringen beabsichtige. Es genügt ihr nicht, etwas anderes eben so Gutes hervorzubringen, ihr Wille geht immer auf das Bessere (439, 26). Alle Creaturen theilen sich mit, sofern sie gut sind (166, 21). Die Materie ruhet nicht, bis sie mit allen Formen erfüllt wird deren sie empfänglich ist, und die Vernunft ruhet nicht, bis sie mit alle dem erfüllt wird dessen sie empfänglich ist (26, 17). Alle Creaturen richten ihren Lauf auf ihre höchste Vollkommenheit. In allen findet man ein Jagen nach Gott; doch jagen sie ihm nach in verschiedener Weise je nach dem Maasse ihres Vermögens (180, 12; 286, 8; 582, 2). Alle Dinge streben von Natur zu Gott empor in mannichfacher Weise. Das Feuer zieht aufwärts, die Erde niederwärts, und jede Creatur sucht ihre Stätte, so wie sie ihr Gott zugewiesen hat (173, 7). Alle, selbst die niedrigsten, streben aus der Mannichfaltigkeit hinaus zur Einheit (439, 20). Gott gleich zu werden ist die gemeinsame Sehnsucht aller Creatur. Darum läuft der Himmel, darum begehrt Mensch und Vieh. Es ist keine Creatur so verworfen, dass sie irgend etwas lieben könnte, was böse ist; denn was man liebt, das muss entweder gut sein oder gut scheinen. Gott ist die Liebe, und so liebenswürdig ist er, dass alles das was zu lieben vermag ihn lieben muss, es sei ihnen lieb oder leid (31, 6). Der Himmel liefe nimmer, suchte er nicht Gott oder ein Gleichniss Gottes. Wäre Gott nicht in allen Dingen, die Natur wirkte und begehrte nichts an irgend einem Dinge; denn es sei dir lieb oder leid, du wissest es oder du wissest es nicht: dir unbewusst sucht und meint deine Natur in ihrem innersten Wesen Gott. Nie dürstete einen Menschen so sehr: gäbe man ihm zu trinken, er begehrte es nicht, wäre nicht etwas Göttliches darin. Die Natur strebt weder nach Essen und Trinken, nach Kleidern noch Wohngemach, nach nichts von allem, wäre nichts Göttliches darin; sie sehnt sich unbewusst und jagt und eilt immer mehr danach, dass sie Göttliches darin finde (143, 19). Darin liegt Wesen und Leben aller Creaturen, dass sie Gott suchen und ihm nachjagen (301, 3). Alles was die Natur leisten kann, das richtet sie auf dies eine Ziel; sie stürzt sich in den Grund der Vaterschaft, dass sie daselbst eins, ein Sohn werde, aller Anderheit entwachse und in der Vaterschaft allein sei, und wenn sie nicht eins sein kann, dass sie doch das Gleichniss des Einen sei. Die Natur, die von Gott ist, sucht nichts, was ausserhalb ihrer wäre; ja die Natur, die in sich ist, hat mit alledem gar nichts zu schaffen; denn die Natur, die von Gott ist, sucht nichts anders als Gottes Gleichniss (332, 40).

Alle Bewegung geschieht aus Begierde nach Ruhe (657, 22). Gott sucht Ruhe in allen Dingen; denn göttliche Natur ist Ruhe (152, 27). Ruhe war der Endzweck des Schöpfers, als er die Welt erschuf; Ruhe ist die Sehnsucht aller Creaturen in ihrer natürlichen Begierde; Ruhe sucht die Seele in aller ihrer Bewegung. Der Mensch thut nimmer das Auge auf oder zu, er suche denn Ruhe; entweder er will abwerfen was ihn hindert, oder sich aneignen was ihm Ruhe giebt. Lieb habe ich das, worin ich Gottes Gleichniss am meisten erkenne. Gott aber ist nichts in allen Creaturen so gleich als Ruhe (152, 10; 29). Dem Steine wird die Bewegung nimmer benommen, so lange er nicht auf Erden ist. Eben so verhält sich das Feuer, eben so alle Creaturen; sie suchen ihre natürliche Heimath. Gott hat allen Dingen ihre Heimath gegeben: dem Fische das Wasser, dem Vogel die Luft, dem Säugethier die Erde, der Seele die Gottheit (154, 19). Dass Gott unbeweglich ist, das macht, dass alle Dinge sich bewegen, und je edeler ein Ding ist, mit desto grösserer Lust bewegt es sich (620, 14). Wäre nicht Ruhe in Gott, so vergienge die göttliche Natur, so nähme das Himmelreich ein Ende (657, 23). Alle Creaturen wirken, weil sie gebären und dem Vater ähnlich werden wollen. Alles was thätig ist wirkt um des letzten Zieles willen, um Ruhe und Rast an seinem Ziele zu finden (285, 36).

Darum ist in der Natur ein unaufhörlicher Formenwechsel. Das Holz verbrennt, um Feuer, ja um alle Dinge zu werden. Das Weizenkorn verwest, um in neue Formen überzugehen. Die Pflanze, die meine Eltern assen, hat meinen Leib bauen helfen (333, 31). Das ist nun die eigentliche Bedeutung des Menschen in der Ordnung aller Dinge, dass er das wesentliche Mittel für die höchsten Zwecke Gottes ist. Die Seele ist ein Rüstzeug Gottes (402, 32; 526, 2). Gott kann nicht wirken ohne die Seele, und die Seele nicht ohne Gott (529, 30). Die Liebe, die Gott zu der Seele hat, die hat ihn überwunden, dass er alle Creaturen geschaffen hat, damit er ihr durch sie seine Ehre offenbarte (405, 39). Könnte die Seele Gott völlig erkennen wie die Engel, sie wäre nie in den Leib gekommen. Vermöchte sie Gott zu erkennen ohne die Welt, die Welt wäre nimmer erschaffen. Darum ist die Welt um ihretwillen geschaffen, damit das Auge der Seele geübt und gekräftigt werde, das göttliche Licht zu ertragen (170, 14). Das ist aller Dinge Streben, in menschliche Natur verwandelt zu werden. Der sittliche Mensch soll alle Dinge emportragen zu Gott in ihren ersten Ursprung. Alle Creaturen sind um des Menschen willen gemacht. Das kann man sehen an allen Creaturen, wie eine Creatur die andere nützt: das Rind nützt das Gras, der Fisch das Wasser, der Vogel die Luft, das Thier den Wald. So kommen alle Creaturen dem sittlichen Menschen zu Gute, und eine Creatur nach der andern erhebt ein sittlicher Mensch zu Gott empor (459, 16). Der Anlage nach ist der Mensch die Gesammtheit aller Creaturen. Wenn man vom Menschen spricht, so spricht man von allen Creaturen; alle Creaturen sind im Menschen versammelt (273, 10). Alle Creatur ist ein Mensch, den Gott von Natur lieben muss (587, 33), und dieser Mensch ist Gott (522, 3). In menschlicher Natur verändern alle Creaturen ihren Namen und werden geadelt; in menschlicher Natur verlieren sie ihre Natur und kehren in ihren Ursprung zurück. Und zwar schon auf leiblichem Wege. Speise und Trank, die der Mensch geniesst, werden in ihm zu Fleisch und Blut. So werden einst am Auferstehungstage mit dem Menschenleibe alle Dinge auferstehen und geistlich werden. In menschlicher Natur erlangt jede Creatur die Ewigkeit (390, 38).

2. Aber die höchste Wirkungsform des Menschen ist die geistige. Des Menschen Vernunft ist das eigentliche Werkzeug Gottes, vermittelst dessen der Rückgang aller Dinge in Gott vollzogen wird. Die menschliche Vernunft bildet in sich alle Dinge ab und schliesst alle Dinge in sich; aber sie lässt sie nicht, wie sie sie findet. Sinnlichkeit und Zeitlichkeit scheidet sie ab, das Niedrigste wird in ihr licht wie die Sonne. Die Vernunft gestaltet sich alle Dinge ein; sie schliesst alle Dinge in sich, und sie sind in werthvollerer Form in ihr, als sie an sich selber sind (352, 18; 90, 29). Durch seiner Seele Anlage hat der Mensch das Wesen aller Creatur in sich, der Steine wie der Bäume und weiter aller andern Creaturen; in Kraft dieser Anlage hat er die Bilder aller Creaturen mit ihren Unterschieden in seine Vernunft aufgenommen. So haben die fünf Sinne in sich den Umkreis der Wesen umschlossen, wodurch der Mensch Gleichheit mit vernünftigen und vernunftlosen Creaturen empfängt, und so umfasst der Mensch Wesen und Bild, Vernunft und Vernunftlosigkeit aller Creaturen. So sind im Menschen alle Dinge geschaffen (589, 17; 352, 18). Die Vernunft ist so edel schon von Natur, dass an sie nichts Körperliches hinanreicht. Wenn sie aber aus sich in den Ursprung zurückkehrt, aus dem sie geflossen ist, so saugt sie Gott in sich, und was sie in sich saugt, das wird sie (304, 8). Wird also die Vernunft mit Gott geeinigt, so kehren in der Vernunft alle Dinge in ihren Ursprung zurück. Darum ruht die Seele nimmer, sie komme denn in Gott, der ihre erste Form ist, und alle Creaturen ruhen nimmer, sie kommen denn in menschliche Natur und in dieser in ihre erste Form, in Gott (530, 39). Der Mensch ist berufen, alle Dinge in der Herrlichkeit zu halten, in welcher sie die ewige Weisheit ewig gehalten hat. Wir sollen alle Dinge vergeistigen; wir sollen allen Dingen Geist sein und alle Dinge sollen uns Geist im Geist sein. Wir sollen alle Dinge erkennen und uns mit allen Dingen „vergotten" (533, 5). Alle Creaturen verzichten auf ihr Leben, um ihr Wesen zu gewinnen. Alle Creaturen erheben sich in meine Vernunft, um in mir vernünftig zu werden. Ich allein führe alle Creaturen zu Gott zurück. Ich allein bringe alle Creaturen aus ihrer Vernunft in meine Vernunft, dass sie in mir eins sind (180, 22; 181, 14). Da nun der Mensch durch die Sünde die Kraft verloren hat, das zu vollbringen, wozu er berufen ist, so müssen alle Creaturen, die aus Gott geflossen sind, mit allen ihren Kräften dahin

wirken, wie sie einen Menschen erzeugen, der wieder in die Vereinigung mit Gott gelange, in welcher Adam vor dem Falle war, und der alle Creaturen wieder in dieselbe Kraft erhebe, die sie in menschlicher Natur besassen (497, 11). Die Erlösung des Menschen durch Christus ist damit zugleich das Ende des absoluten Processes und das letzte Ziel aller göttlichen Thätigkeit. Gott hat in allem seinem Wirken ein gar selig Ziel im Auge, nämlich sich selbst, und dass er die Seele mit allen ihren Kräften in dies Ziel, nämlich in sich selber bringe (13, 10). Gottes Entäusserung und seine Rückkehr in sich ist eins und dasselbe. In dem Maasse als ich Gott nahe bin, in dem Maasse spricht sich Gott in mich, und damit kehrt er bei sich selber ein (92, 5). Vermittelst der mit Christo eins gewordenen Menschenseele kehrt Gott mit allen Creaturen in sich selbst zurück, und dieselbe verborgene Finsterniss, in der das Absolute vor der Diremtion in seine Momente verharrte, ist wieder das letzte Ziel, in das die Seele mit aller Creatur in sich als mit aufgehobenen Momenten sich versenkt, ihr eigenes Sein aufgebend. Da versinkt die Welt der Creaturen und der offenbare dreieinige Gott selber im Abgrunde des Absoluten. Da kehrt der Vater in sich selbst zurück und spricht sich selber in sich selber; da fliesst er mit allen Creaturen in sich zurück (527, 32). Aller Dinge Werden endet im Vergehen, das zeitliche Werden endet im ewigen Vergehen (Entwerden), und der ewige Process ist die Wirkung der ewigen Natur und hat darum weder Anfang noch Ende (497, 23). So ist der Cirkel umlaufen, der Fluss in sich selber verflossen (387, 38), und das All ruhet wieder im dunkeln Schoosse der unaufgeschlossenen Gottheit.

III. Die Vereinigung der Seele mit Gott.

Die Darlegung des Weges, auf welchem die Seele zur Vereinigung mit Gott gelangt, ist die Hauptaufgabe, die sich Eckhart im Lehren und Predigen gestellt hat. Hier liegt sein Gegensatz zur Lehre der gleichzeitigen Kirche hauptsächlich begründet. Nicht äusserliche Vermittlung, sondern wesentliche Einheit mit Gott ist das Ziel, das er allem menschlichen Streben als das höchste, aber auch als das erreichbare und von Jedem zu erreichende vorsteckt. Alle metaphysischen und psychologischen Lehren dienen diesem Centrum seines Gedankenkreises. Seine gesammte sonstige Theorie hat zunächst nur die Geltung einer unumgänglichen Vorbedingung; man muss das andere alles treiben, um nur diesen Punkt recht klar zu fassen; es muss von Gott und den Dingen gelehrt werden, damit nur der Entwicklungsgang und die Bestimmung der Seele recht klar begriffen werde. Aber allerdings, das ist nicht so zu verstehen, als ob nun die praktische Abzweckung der Erbauung und Ermahnung und das rein theoretische Interesse ganz auseinander fiele. Im Gegentheil, die mühsame und sorgfältige Erwägung der rein theoretischen Probleme ist nur aus einer sich am Erkennen selbst befriedigenden Wissbegierde als ihrem treibenden Motive zu begreifen. Aber dieser Drang des Erkennens und die praktische Abzweckung der Theorie widersprechen sich nicht; denn das ist Eckharts Meinung, dass die Seele zu ihrem Heile nur vermittelst vernünftiger Erkenntniss zu gelangen vermag, ja dass das reine Erkennen schon das Heil selber ist.

Die Wiedervereinigung der Seele mit Gott, dem absoluten

Wesen, haben wir gesehen, ist der letzte Zweck alles Geschehens. Die Seele hat diese centrale Stellung inmitten des absoluten Processes, dass sie zugleich die höchste und vollkommenste Gottesoffenbarung und zugleich das Mittel ist, alle Dinge in Gott zurückzuführen. Die Seele nimmt die Gesammtheit aller Dinge in sich auf, um sie in Gott emporzutragen; vermittelst der Seele kehrt das Wesen aus seiner Entäusserung in sich selbst zurück. So ist Gottes Wirken im höchsten Sinne ein Wirken in und mit der Seele; dass die Seele sich wieder mit Gott vereinige und in ihr alle Dinge in ihren Ursprung zurückkehren, das ist der letzte Zweck alles Geschehens. Wie nun Eckhart sich dieses Wirken Gottes in der Seele vorgehend denkt, das wollen wir als seine Lehre vom Heile im Folgenden darstellen.

1. Die Seele in ihrem empirischen Zustande.

Wir haben im Vorhergehenden gesehen, welche überschwengliche Herrlichkeit Eckhart der Seele zuschreibt, wo sie in ihrem wahren Wesen verharrt, und wie er sie in die unmittelbare Nähe der Gottheit selber stellt. Aber in dieser Herrlichkeit ist die Seele nicht verblieben. Wie wir sie in der Wirklichkeit vorfinden, so existiert sie in der Form der endlichen Persönlichkeit, der sinnlich geistigen Individualität, gebunden an einen Leib mit seinen sinnlichen Organen und Thätigkeiten, zerfallen in eine Vielheit von Kräften und Funktionen, durch welche die unvergänglich im tiefsten Grunde verharrende Seeleneinheit nur hindurchschimmert. Und wenn, wie bei Eckhart die Möglichkeit wenigstens offen gelassen ist, diese ganze endliche Existenzform der Seele im Wesen des absoluten Processes als eine nothwendige Stufe der Offenbarung des Wesens und als ein Durchgangspunkt für die Verwirklichung des absoluten Zweckes begründet ist, so ist doch auch diejenige ursprüngliche Herrlichkeit der Seele, welche sie in ihrer Verbindung mit dem Leibe und in ihrer Beziehung auf die unendliche Vielheit der materiellen Dinge noch bewahrt hatte, vollständig gestört worden durch die Wirkung des Sündenfalles. Eckhart speculiert nicht über die Sünde; er sucht sie nicht zu erklären oder zu begreifen; er nimmt sie als Factum hin. In seinen Begriffen von den grossen Zusammenhängen des Universums hat er für die Sünde keine offene Stelle. So haben wir sie bisher aus den Augen lassen können, und erst wenn wir Eckharts Verhältniss zu den kirchlichen Dogmen im Einzelnen schildern, werden wir auf seine Aeusserungen über die Sünde näher eingehen können. Hier genügt es uns, dass Eckhart nur einen faktischen Zustand der Sünde anerkennt, den er nicht weiter aus seinen letzten Gründen zu erklären versucht, der aber für ihn der Ausgangspunkt wird, um eine Rückbildung der Seele in Gott zu schildern und den Weg zu zeichnen, auf welchem sie wieder geheiligt wird. Seine Lehre vom Heile braucht das Böse als Ausgangspunkt, und das sind in der Kürze seine Aussagen darüber: Der Mensch war als Einzelpersönlichkeit ursprünglich rein und vollkommen geschaffen und mit Freiheit des Willens begabt. Da wandte er sich mit seinem Willen auf sich selbst, statt auf Gott, und statt sein Einzelsein wollend aufzuheben, wollte er seine Eigenheit Gott gegenüber behaupten. Dadurch wurde nicht allein die menschliche Natur zerrüttet und verderbt, sondern auch die Creaturen wurden dem Menschen ungehorsam und unter einander zwiespältig; der Streit und das Uebel kam in die Welt. Aber selbst die Sünde vermochte nicht das Wesen der Seele aufzuheben oder zu verderben. Wie sie nur äusserlich an den Leib gebunden, wesentlich aber vom Leibe und den Sinnen frei ist, so ist sie auch nur äusserlich ein Vielfaches von Kräften und Wirksamkeiten. Besinnt sie sich auf sich selber in einem bilderfreien reinen Denken, so findet sie sich wieder als das was sie ursprünglich ist und immer bleiben muss, als einfaches geistiges übersinnliches von Raum und Zeit freies Wesen. Nur in ihrer irdischen Endlichkeit ist die Seele den Folgen des Sündenfalles unterworfen und durch die auf die Eigenheit gekehrte, also böse Richtung des Willens verderbt. Aber der Kern ihres Wesens ist von solcher Verderbniss frei geblieben. Der Adel göttlicher Natur ist ihr unverlierbar, und sie kann in jedem Augenblicke was sie soll, in diesen tiefsten Grund ihres Wesens, der auch der Grund des göttlichen Wesens ist, zurückkehren. Dazu reizt sie eine unauslöschliche Sehnsucht. Denn aller Creaturen Wesen und Leben liegt daran, dass sie Gott suchen und ihm nachjagen; vor allem aber ist dies bei der Seele der Fall. Gerade wie ein Mensch, der sich verbirgt und indem er sich räuspert seinen Versteck anzeigt, so hat sich Gott verrathen durch die Sehnsucht nach ihm in der Seele (301, 3 ff.). Denn die Seele ist so ungestüm, dass sie nirgends Ruhe findet als in dem Ursprung (101,

10), in dem ersten Bilde, wo alles eins ist, das heisst in Gott (99, 5), wo sie alles in allem findet, alle Vollkommenheit zumal ungetheilt (374, 5). Dahin strebt die Seele. Es soll gezeigt werden, wie sie dahin gelangt.

2. Die menschliche Freiheit.

1. Die Aufgabe, die der Seele gestellt ist, nämlich zur vollen Vereinigung mit Gott zu gelangen, wird erfüllt, indem die Seele zu ihrem eignen wahren Wesen zurückkehrt und alles das hinwegthut, was dieses ihr wahrhaftes Wesen zu verdecken geeignet ist. Die Voraussetzung ist nicht, dass die Seele durchaus verderbt ist; es wird ausdrücklich betont, dass man bei der Klage um seine Sünde sich nicht aufhalten, sich niemals fern von Gott dünken soll. Eckhart hält es für die passendere Ermahnung, jedem Christen vorzuhalten, wie nahe ihm Gott und seine Gnade sei und dass er in jedem Augenblicke zu Gott gelangen könne, sobald er nur wolle. Den Jammer um die Sünde und die durch sie bewirkte Gottentfremdung, die Furcht vor Gott, seiner Gerechtigkeit und der Strafe der Sünde verwirft er ausdrücklich oder weist ihr eine sehr geringe Bedeutung für das Erlangen der Gnade an. Der Mensch soll Gott nicht fürchten; zuweilen ist die Furcht schädlich. Das ist allein rechte Furcht, wenn man fürchtet Gott zu verlieren (287, 27). Der Mensch soll sich in keiner Weise und nimmer fern von Gott glauben weder um seiner Sünde noch um seiner Schwäche oder sonst eines Dinges willen. Hindert dich deine Sünde, dich Gott nahe zu glauben, so sollst du doch glauben, dass Gott dir nahe ist. Denn grosser Schade liegt daran, dass der Mensch sich Gott in die Ferne rückt. Der Mensch entferne sich von Gott oder nähere sich ihm, Gott entfernt sich doch nimmer; er bleibt immer in der Nähe stehen, und kann er nicht drinnen bleiben, so entfernt er sich doch nicht weiter als vor die Thür (561, 23). Was den Menschen von Gott trennt, das ist nur das Aeusserliche, Unwesentliche; im Wesen ist er schon mit Gott eins, und wenn diese Einheit auch im natürlichen Zustande des Menschen gewissermaassen latent, eine blosse Möglichkeit ist, so kann sie im nächsten Augenblick zur energischsten Wirklichkeit werden. Es ist nicht eigentlich ein positiv Neues anzueignen, als vielmehr nur ein Hinderniss hinwegzuthun, ein Band das uns zurückhält zu

zerreissen, damit wir wieder werden, was wir eigentlich immer waren und ewig bleiben sollen.

2. Wie aber schütteln wir das Hinderniss ab und zerreissen wir diese Fessel? Eckhart verweist uns zunächst an unsern freien Willen und an unsere denkende Vernunft. Beide zusammen sind das Siegel unserer Gottähnlichkeit und der ursprünglichen Herrlichkeit unserer Natur. Der Mystiker, dem die nahe Verwandtschaft der Seele mit Gott der oberste seiner Gesichtspunkte ist, kann auch im natürlichen Zustande der Seele keine vollkommene Entzweiung zugeben. Im Grunde der Seele ist Gott immer gegenwärtig; das Fünklein ist eine bleibende Statt Gottes; die Sehnsucht nach Gott schwindet niemals aus der Seele, und selbst in aller sinnlichen Begierde offenbart sich dieses Streben zu Gott empor. Denn nur was gut ist oder gut scheint begehren wir. Deshalb hat der Wille die Möglichkeit, sich von allen Endlichen und Creatürlichen abzuwenden und sich ganz auf Gott, das höchste Gut, zu richten. Und eben so kann es das Denken gar nicht lassen, über das Sinnliche und Endliche hinauszustreben, und das Vermögen hat die Vernunft immer, in dieser Richtung auf das Uebersinnliche und Ewige alle Schranken der Zeit und des Raumes zu überwinden, alles Denken in Bild und Gleichniss, alle bestimmten Vorstellungen und Formen hinwegzuthun und erst bei dem Allerallgemeinsten, dem Absoluten Halt zu machen. Das reine Erkennen des Absoluten aber ist auch schon das Leben im Absoluten; da ist der Mensch in seiner wahren Heimath, bei seinem wahren Wesen angelangt und vermag sich durch reine Contemplation des reinen Wesens in demselben zu erhalten. Die Lehre Eckharts will wesentlich eine Anregung sein zu diesem freien Wollen, das nichts Bestimmtes mehr will, und zu diesem reinen Denken, das nichts Bestimmtes mehr denkt, und sie besteht darauf ausschliesslich, als ob damit schon alles Uebrige gesetzt wäre. Die denkende Abstraction und die Entsagung des Willens auf alles Endliche ist selber schon die wesentliche Ursache der Heiligung. Im Denken, wo man nichts anderes mehr umfasst, hat man nur noch das reine Wesen, d. h. Gott selber, als einzigen Inhalt übrig; im Willen, wo man ledig ist jedes endlichen Zweckes, begehrt man nur noch das absolute Gut selber. Und damit hat man Gott als belebende Macht in die eigene Seele aufgenommen. Ist alles creatürliche Wesen abgethan, alles Endliche beseitigt, so finden

wir uns wieder in unserem wahren Wesen, welches Gott ist. Denn Gott ist selber das Nichts aller Bestimmtheit, welches da übrig bleibt, wo alle Bestimmtheit schwindet. So ist die Hülle gesprengt; Gott ist das Licht, welches in uns aufgeht. Wo wir selber nicht mehr denken und wollen, da ist Gott in uns das Wollende und Denkende; seine Vernunft setzt sich an die Stelle unserer Vernunft, sein Wille tritt an die Stelle unseres Willens, und seine Fülle greift in uns Platz, sobald wir durch Austreibung aller Creatürlichkeit vollkommen leer geworden sind.

Der Pantheismus, welcher das Absolute als die eine unendliche Substanz und alle Erscheinungen als nothwendige Wirkungen der absoluten Ursache denkt, kann keine selbstständige Causalität ausser dem Absoluten, also auch keine Freiheit des menschlichen Willens zugeben. Der Pantheismus des Meisters ist anderer Art. Sein Absolutes ist nicht eigentlich Persönlichkeit, aber es ist Vernunft, die Möglichkeit, sich denkend als Person zu ergreifen und damit die Nothwendigkeit, in den Process der Personbildung einzugehen; was die Welt zusammenhält, ist nicht die blinde causale Nothwendigkeit, sondern der vernünftige höchste Zweck, der sich zu einem Systeme von Zwecken in absteigender Stufenfolge gliedert. Innerhalb dieses Systemes steht der Mensch als centraler Träger dieses Organismus; er muss damit die Fähigkeit zu einem spontanen Wirken haben, sich Zwecke frei setzen und frei realisieren können. Daher bei Eckhart eine entschiedene Freiheitslehre, fern von allem Determinismus. Freilich, dass die grossen Schwierigkeiten, die aus diesem Nebeneinander entspringen: hier das eine absolute Wesen, in dessen Machtsphäre alles fällt, und dort die Welt der mit Freiheit begabten Individuen, dass diese Schwierigkeiten beseitigt wären, dass liesse sich nicht behaupten.

Dem Mystiker lag es nahe, die menschliche Freiheit so nachdrücklich zu betonen. Je gründlicher der Mensch in die Nähe des göttlichen Wesens gerückt wird, desto mehr muss er frei sein, wie Gott frei ist, desto entschiedener muss die sittliche Selbstständigkeit als unveräusserliche Anlage menschlicher Natur festgehalten werden. Bei dem Mystiker ist deshalb das Absolute der Grund einer Welt von endlichen Persönlichkeiten, denen es die Macht verleiht, sich als Endliches dem Absoluten gegenüber behaupten zu wollen oder sich seinem Ursprunge wieder zuzuwenden, Gottes Zwecke also zu fördern oder zu hemmen. Gott ist dann die übergreifende Macht, für welche auch diese Hemmungen wieder Mittel zur Realisierung ihrer Pläne werden. Gott sieht alles voraus, hat alles von Ewigkeit vorherbestimmt; es kann nichts, auch das Böse nicht, wider seinen Willen geschehen. Aber die Selbstständigkeit der Menschenseelen gilt damit doch keineswegs für aufgehoben; der Mensch verschwimmt keineswegs in der unendlichen Substanz; er ist wie ein Gott im Kleinen, und sein Wille hat die unverlierbare Freiheit, sich für Gott oder die Eigenheit zu entscheiden.

3. Eckhart nimmt diese Stellung mit aller Entschiedenheit ein. Dass die Seele höher steht als alles andere, das beruht auf ihrer Freiheit, indem sie erkennt, dass sie Niemand zu bezwingen vermag und Gott selber sie nicht bezwingen will (512, 3). Der Wille, die sich empor ringende Kraft, strebt alle Zeit zum Höchsten und Idealsten hinauf, zu der Wahrheit, in welcher Gott bei sich selber ist. Diese Kraft ist in ihrem Aufstreben so frei, dass sie keinen Zwang erleiden will (103, 1). Der Wille ist frei und unabhängig von allem Materiellen (130, 37). Gott hat uns alle zu seiner ewigen Seligkeit vorausbestimmt; das hat er uns dadurch angezeigt, dass er uns unseren freien Willen gegeben hat, so dass wir das Gute thun und das Böse lassen können (453, 4). Eben darum kann das Werk der Gnade nicht ohne Mitwirkung des freien Willens zu Stande kommen. Eckhart bekennt sich in vielfacher Wiederholung zu dem Satze des heiligen Thomas, dass die Gnade die Natur nicht zerstöre, sondern vollende. Natürlich kann hier nicht die Lehre von einer vollständigen Verderbtheit der Seele durch die Sünde gelten, so dass sie zu jedem Mitwirken in dem Wirken der Gnade unfähig wäre. Nach Eckhart ist die Natur an sich nicht durchaus schlecht; die Vernunft ist immer auf das Göttliche gerichtet, und wo sie durch böse Gewöhnung verkehrt und verderbt ist, da ist es Aufgabe der Erziehung, schon von früher Jugend an sie zurecht zu lenken und zu weisen (569, 10). Und wenn bei Eckhart sich auch nicht so starke Ausdrücke finden wie bei Tauler, der wiederholt und ausdrücklich die Natur gegen die Anklage in Schutz nimmt, sie sei der Sitz der Verderbniss, — vielmehr das Gute sei dem Menschen natürlich, die Sünde sei wider die Natur; irren sei nicht menschlich, sondern teuflisch, — so ist doch der Grund auch dieser Taulerischen Aussprüche in Eckharts Lehre zu suchen. Zerstörte Gott die Natur, lehrt er, so geschähe

ihr Gewalt und Unrecht. Das thut er nicht. Der Mensch hat einen freien Willen, mit dem kann er wählen zwischen Gut und Bös; und Gott legt ihm vor im Bösesthun den Tod und im Rechtthun das Leben. Der Mensch soll frei, ein Herr aller seiner Handlungen sein, unzerstört und ledig alles Zwanges. Gott zerstört nichts, was irgend am Wesen Theil hat, sondern er vollendet alle Dinge (573, 3), Darum will Gott an der Seele kein Werk wirken ohne die freie Zustimmung des Willens (509, 35). Erst wenn die Natur das Höchste erreicht, wozu sie aus eigenen Mitteln zu kommen vermag, so tritt Gott mit seiner Gnade ein und vollendet die Seele (27, 36). In der Natur giebt es keinen Sprung; wie die Farben des Regenbogens so allmählich in einander übergehen, dass kein noch so scharfes Auge die Grenzen erkennen kann, so schliesst sich eine Wirkungsform der Natur an die andere. Mit dem Niedrigsten hebt sie an und wirkt stetig weiter bis zum Höchsten, bis die Seele bereit ist, dass Gott in sie eingehen und der heilige Geist sie im Lichte und in der Gnade läutern und in das Allerhöchste emporziehen kann (124, 3, 14). Die Verschiedenheit in dem Maasse der göttlichen Gnadenwirkungen in den einzelnen Menschen rührt somit von der Verschiedenheit in dem Verhalten der Menschen zur Gnade her. Wäre man was man sollte, so thäte Gott was man wollte (649, 6). Gott kann nicht in allen Herzen grade so wirken wie er will. Denn ist auch Gott allmächtig, so kann er doch nur wirken, wo er Bereitschaft entweder findet oder hervorbringt; denn bei St. Paulus z. B. hat er die Bereitschaft durch das Eingiessen der Gnade erst hervorgebracht. Gott kann im Menschen nicht wirken wie in einem Steine. In einem und demselben Ofen ist überall die gleiche Hitze; und doch werden die Brode verschieden nach der Verschiedenheit des Teiges. Gerade so wirkt Gott nicht in allen Herzen gleich, sondern je nachdem er Bereitschaft und Empfänglichkeit findet (489, 37). Gott hat das Werk, und die Seele hat das Begehren und das Vermögen, dass Gott in sie geboren werde und sie in Gott (86, 18). Dich vermag niemand zu hindern als du dich selber (457, 30). Und deshalb ist diese Gnade Allen nahe und ist eigentlich schon in Allen. Es ist euer keines so unerleuchtet oder von so geringer Erkenntniss und Gott so fern, dass er nicht die volle Gnade in sich finden könnte, ehe ihr diesen Tag aus der Kirche geht, ja ehe ich diese Predigt heute beendige (186, 1). Der Vater zieht uns aus dem bösen Zustande der Sünde in das Heil der Gnade empor in Kraft seiner unbegrenzten Macht; denn er bedarf aller seiner Kraft, um den Sünder zu bekehren, mehr als wenn er tausend Himmel und Erden machen wollte; denn diese macht er ohne aller Creaturen Hilfe durch seine eigene Kraft. Wenn er aber den Sünder bekehren soll, so bedarf er, dass ihm der Sünder helfe; denn er bekehrt dich nicht ohne deine Hilfe (216, 20). Nichts hinderte Gott, als er die Seele aus Nichts schuf und ihr freien Willen gab, um fortan kein Werk an ihr zu wirken ohne die freie Zustimmung ihres freien Willens. Und ebenso wiederum hindert Gott nichts, wenn die Seele sich mit Freiheit ihm zugewandt hat. Darum eben ist das Werk der Gnade das herrlichste unter allen Werken Gottes. Denn da streift die Seele alles das ab, was Gottes Willen an ihr hindern könnte, und mit Freiheit wendet sie sich Gott so zu, als ob sie nie freien Willen empfangen hätte, so dass Gott, der doch nichts wider den freien Willen will, ebenso ungehindert in ihr wirken kann, als da er alle Dinge aus dem Nichts hervorrief (677, 35). Der Mensch hat sich da durch seinen freien Willen alles eigenen Willens entschlagen; nur in diesem Sinne ist von einem Mitwirken des Willens in der Bekehrung des Menschen zu reden. Ganz stille halten und ganz leer sein ist da das Allerbeste. Wohl möchte man zum Theil durch sich, zum Theil von Gott bereitet werden; aber das ist unmöglich. Du kannst nicht so schnell des Bereitens gedenken oder es begehren, dass nicht Gott dir dennoch zuvorkäme (27, 15).

3. Die Gnade.

1. Ganz in demselben Maasse, wie auf Seiten des Menschen in dem Werke der Vereinigung mit Gott die Freiheit betont wird, wird auf Seiten Gottes die Nothwendigkeit seines Wirkens hervorgehoben. Der Mensch kann sich selber wollen in seiner Endlichkeit, Gott muss sich selber wollen und kann nichts anderes wollen als sich selbst. Deshalb ist all sein Wille mit Nothwendigkeit dahin gerichtet, alles Endliche zu sich zu bekehren, in der menschlichen Seele sich selber hervorzubringen, vermittelst derselben alle Dinge in sich zu vereinigen. Es verhält sich die Gnade zu Gott, wie der Schein zur Sonne; sie ist eins mit ihm, seine nothwendige Wirksamkeit, ein nie versiegender Fluss, der in dem

Herzen der Gottheit entspringt (201, 32; 218, 17). Es ist mit Gott nicht wie mit einem menschlichen Baumeister, der wirkt und nicht wirkt wie er will. Wenn Gott dich bereit findet, so muss er wirken und sich in dich ergiessen, wie die Sonne, wenn die Luft klar und rein ist, sich in sie ergiessen muss und sich dessen nicht enthalten kann (27, 23). Denn das Werk der Gnade ist Gottes Offenbarung, mit der er sich selber für sich selber in der Seele offenbart; da wird das, in dem gewirkt wird, in das Wirkende verpflanzt und zur Gleichheit mit demselben erhoben (678, 16). So erscheint die Gnade als ein nothwendiger Process in Gott, und mit den stärksten Ausdrücken wird es ausgesprochen, dass Gott durch die Nothwendigkeit seines Wesens gebunden sei, zugleich in der Absicht, die Allen gleiche Nähe und Erreichbarkeit der Gnade auf's kräftigste vor Augen zu halten. Immer und immer wird es wiederholt: du bist Gott so nöthig, ja nöthiger, als Gott es dir ist. Empfängst du von Gott deine Menschheit, so empfängt Gott von dir seine Gottheit (614, 1). Gottes Natur, Wesen und Gottheit hängt daran, dass er in der Seele sein Werk treiben muss (179, 35). Der Mensch soll Gott nicht fürchten, sondern lieben; denn Gott liebt den Menschen mit seiner höchsten Vollkommenheit. Die Erde kann dem Himmel nicht entfliehen; wohin sie sich auch wende, der Himmel behält seine Macht über sie und befruchtet sie, es sei ihr lieb oder leid. So thut es Gott dem Menschen. Wer ihm zu entfliehen wähnt, der läuft ihm in den Schooss; denn ihm stehen alle Winkel offen. Es sei dir lieb oder leid, du schlafest oder wachest: Gott thut das Seine (287, 29). Alle Gaben, die Gott uns gegeben hat im Himmel und auf Erden, hat er nur um einer Gabe willen gegeben; mit allen will er uns nur vorbereiten zu der Gabe, die er selber ist. Und alle Werke, die Gott im Himmel und auf Erden gewirkt hat, die hat er gewirkt, um ein Werk wirken zu können, nämlich uns selig zu machen (569, 36). Sind wir nicht bereit, so verderben wir die Gabe und Gott in der Gabe. Das ist die Ursache, dass Gott uns nicht immer geben kann, wie wir ihn bitten. Der Mangel liegt nicht an ihm; denn ihm ist es tausendmal eiliger zu geben als uns zu empfangen. Nur wir thun ihm Gewalt und Unrecht an, indem wir ihn durch unsern Mangel an Bereitschaft an dem ihm durch seine Natur nothwendigen Wirken hindern (570, 22). Gott ist so begierig nach uns und eilt so sehr und thut grade, als ob ihm sein göttliches Wesen zu Grunde gehen und zu nichte werden wollte an sich selber, damit er uns die ganze Tiefe seiner Gottheit und die Fülle seines Wesens und seiner Natur offenbare; dahin eilt Gott, dass es uns so eigen werde, wie es ihm selber eigen ist (310, 2). Gott schmückt sich mit allem Liebreiz und wirbt um die Seele; alle seine Gottheit setzt er ein, um der Seele zu gefallen. Denn da will er keinen Nebenbuhler haben (148, 22; 323, 30). Seid dessen gewiss, dass Gott es nicht lässt, uns alles zu geben; und hätte er es verschworen, dennoch könnte er es nicht lassen und müsste uns geben. Ihm ist viel mehr noth, dass er uns gebe, als uns, dass wir empfangen. Und je grösser die Gabe, desto lieber giebt sie Gott (149, 9, 19). Gott liebte uns, da wir nicht waren und da wir seine Feinde waren. So noth ist Gott nach unserer Freundschaft, dass er es nicht abwarten kann, bis wir ihn bitten: er geht uns entgegen und bittet uns, dass wir seine Freunde seien (62, 7). Gott liebkost uns und bittet uns flehentlich; er kann nicht warten, bis sich die Seele schmückt und von der Creatur loslöst. Es ist eine sichere, eine Haupt- und Grundwahrheit, dass Gott so noth ist uns zu suchen, grade als ob alle seine Gottheit daran hienge, wie sie es denn auch thut. Gott kann unser so wenig entbehren, wie wir seiner; denn wäre es auch der Fall, dass wir uns von Gott abwenden könnten, so könnte sich doch Gott nimmer von uns abwenden. Ich will darum Gott nicht bitten, dass er mir gebe; ich will ihn auch nicht loben für das, was er mir gegeben hat; sondern ich will ihn bitten, dass er mich würdig mache zu empfangen, und will ihn loben, dass es seine Natur und sein Wesen ist, dass er geben muss. Der Gott das benehmen wollte, der benähme ihm sein eigenstes Wesen und sein eigenstes Leben (60, 10). Gott liebt die Seele so kräftiglich, wer das Gott benähme, dass er die Seele nicht lieben sollte, der benähme ihm sein Leben und sein Wesen, und er tödtete Gott, wenn man so sagen dürfte. Denn in derselben Liebe, mit der Gott die Seele liebt, entspringt der Heilige Geist und diese Liebe ist der Heilige Geist. Wenn Gott die Seele so kräftiglich liebt, so muss es um die Seele wohl etwas Grosses sein (141, 33). Ernstliches Verlangen und selbstverläugnende Demuth wirken Wunder. Gott vermag alles: aber das vermag er nicht, dass er dem Menschen etwas versage, der demüthig und voll ernsten Verlangens ist. Und wo ich Gott nicht zwinge, dass er alles thut was ich will, da mangelt es mir entweder an Demuth oder an Verlangen (168, 25). Denn der Mensch kann in diesem Leben dazu gelangen, dass er Gott zu zwingen vermag. Wenn sich der Mensch demüthigt, so kann sich Gott mit seiner Güte des nicht enthalten, dass er sich nicht in den Demüthigen herabsenken und in ihn einströmen müsste (287, 15). Gott ist so noth nach unserer Liebe, dass er uns zu sich lockt mit allem, womit er uns in sich versetzen kann, es sei Glück oder Schmerz. Trotz sei Gott geboten, dass er jemals über uns etwas verhänge, womit er nicht uns zu sich lockte. Ich will es Gott nimmer danken, dass er mich liebt; denn er kann es nicht lassen, er wolle oder wolle nicht, seine Natur zwingt ihn dazu. Das will ich ihm danken, dass er es in seiner Güte nicht lassen kann, dass er mich nicht lieben müsste (231, 9). — Eckhart vergisst nicht hervorzuheben, dass die Nothwendigkeit dieses Wirkens nicht die eines äusseren Zwanges, einer Gott angethanen Gewalt ist, sondern diejenige Nothwendigkeit, mit der die Verheissung erfüllt werden, mit der die Güte sich mittheilen muss (479, 31).

Eben deshalb ist die Gnade allgemein und Allen gleich zugänglich; denn sie ist eine nothwendige Folge aus dem Wesen Gottes und aus der Stellung des Menschen in der Gesammtheit der göttlichen Werke. Das Wirken der Freiheit macht den Unterschied zwischen den Menschen in Hinsicht auf das Maass der empfangenen Gaben; dass wir uns für die Gnade würdig und empfänglich machen, indem wir das der Gnade im Wege Stehende, die Lust an der Creatur und an der Eigenheit, aus dem Wege räumen, darauf kommt alles an. Liegt es an Gott nicht, so haben wir es also in unserer Macht. Dass ein Mensch nicht so viel Gnade hat als ein anderer, das ist seine Schuld, weil er sich dazu nicht so bereitet wie dieser, während er es doch ebensowohl thun könnte wie er (367, 8). Der Mensch, der jetzt ein Sünder ist, mag noch vor Nacht ein guter Mensch werden (451, 7; 136, 1). Zum göttlichen Leben kann ein Mensch kommen, während er isst und trinkt (603, 13). Kein Mensch ist so unerleuchtet, so unverständig und ungeschickt dazu, er kann seinen Willen durch Gottes Gnade ganz und vollkommen mit Gottes Willen vereinigen, und er braucht dann nicht mehr als in heissem Verlangen zu sprechen: Herr, zeige mir deinen liebsten Willen und stärke mich ihn zu erfüllen, und Gott thut es so wahr als er lebt und giebt ihm in reichlicher Fülle und in aller Weise bis zur Vollkommenheit. Seht, das kann der Ungeistlichste und Geringste von euch allen von Gott empfangen, ehe er heute aus dieser Kirche tritt, ja ehe ich heute diese Predigt beendige, so wahr als Gott lebt und ich ein Mensch bin (187, 25). Wie die Sonne mit ihrem Scheine die ganze Welt überstrahlt, sie werde denn von dem Gewölke gehindert, so scheint die Gnade des Heiligen Geistes in aller Menschen Herzen, sie werde denn von unseren Sünden gehindert (367, 17). Das Fünklein der Seele erlischt nicht, die Erkenntniss Gottes in demselben schwindet niemals so ganz, dass sich der Mensch nicht erheben und aus der Sünde Gott zuwenden könnte. In jedem Augenblicke kann es im Menschen hell und licht werden, sobald wir nur unseres freien Willens mächtig werden, der bis dahin der Sünde Knecht gewesen ist (395, 20).

Für Gottes Zwecke ist alles was geschieht das Mittel. Dass der Mensch selig werde ist der letzte Zweck aller Thaten Gottes. Darum offenbart sich in allem was wir erleben Gottes Gnadenrath an uns. So wunderlich der Menschen Gemüthsart, so wunderlich ist der Weg zu Gott; den einen zieht Gott zu sich durch Lust, den andern durch Schmerz und Plagen. Gott lockt die Seele zu sich durch die Creaturen, an denen doch die Seele kein volles Genüge haben kann, wie ein Schäflein durch einen grünen Zweig von einem Ort zum andern gelockt wird (406, 4 ff.). Oft ermahnt uns Gott zum Guten durch mancherlei Ungemach, das er uns sendet; könnten wir es verstehen und verhielten wir uns dazu, wie wir sollten, so könnten wir zu Gnaden kommen (367, 11). Gott giebt einem Jeglichen jedesmal das was für ihn das Beste ist. Uns zu lehren und zu warnen, nimmt er uns oft sowohl leibliche als geistige Güter. Will man einem einen Rock zuschneiden, so muss man ihm denselben nach seinem Maasse machen; der dem einen passt, der passt dem andern durchaus nicht; man misst einem jeden danach, wie es ihm passt. So giebt Gott Jeglichem das Beste, je nachdem er mehr erkennt und es ihn am meisten fördert (575, 6; 576, 26). Der Herr wirkt theils vermittelst der Creatur, theils ohne Hilfe der Creatur. Die Gnade gelangt an die Seele verhüllt in Wort und Predigt; aber rein und unwiderstehlich wirkt sie, wo der Heilige Geist ohne alle äussere Vermittlung in das empfängliche Herz einspricht und das Herz sie versteht und willig aufnimmt (200, 35).

2. Der freie Wille ist die Voraussetzung des Werkes der

Gnade; aber die Gnade selber ist ganz und durchaus Gottes Werk in uns. Sie kann nicht ohne unseren Willen in uns mächtig werden; aber unser Wille kann auch nichts Positives thun, um sie zu erlangen, sondern nur die Hindernisse wegräumen, die ihr im Wege sind. Alle Gaben Gottes sind von Gnaden und unverdient (446, 16), uns geziemt es, geduldiglich ihrer zu warten. Im Willen liegt die Ewigkeit, wie im Wissen; wer die Sünde will, der will sie für ewig und kann von selber nicht wieder umkehren. Es ist noch weniger möglich, dass ein Sünder aus eigener Kraft von der Sünde sich bekehre, als dass ein Mensch sich selber tödtete und sich aus eigener Kraft wieder lebendig machen wollte. Wer sich von den Sünden bekehren und zu Gott in das Himmelreich kommen soll, den muss der himmlische Vater mit der Kraft seiner göttlichen Allmacht emporziehen (217, 40). Was die Seele nicht durch ihre Natur empfangen kann, das kann ihr durch die Gnade nimmer werden (581, 27). Aber das Wesen der Gnade ist in keiner Creatur durch ihre eigene Natur; die Gnade wird deshalb in der Seele Wesen in übernatürlicher Weise als etwas zu ihr Hinzukommendes eingeflösst (327, 37). Das Licht der natürlichen Vernunft ist gegen das Licht der Gnade wie ein einziger Tropfen gegen das Meer und noch tausendmal geringer (229, 21). Soll ich Gott, dem wesentlichen Punkt, der da in der Mitte steht allen Creaturen gleich ferne und gleich nahe, soll ich dem genähert werden, so muss meine natürliche Vernunft über sich erhoben werden durch ein Licht, das höher steht als sie. Wäre mein Auge ein Licht und so kräftig, dass es das Licht der Sonne in seine Kraft aufnähme und mit demselben eins würde, so geschähe das nicht durch seine eigene Kraft, sondern durch das Licht der Sonne geschähe es, wie diese an sich selbst ist. So ist es mit meiner Vernunft. Kehre ich die Vernunft, die ein Licht ist, von allen Dingen ab und richte sie auf Gott, der ja ohne Unterlass in Gnaden ausströmt, so wird meine Vernunft erleuchtet und in Liebe mit ihm vereinigt und darin lernt sie Gott erkennen und lieben, wie er an sich selbst ist (273, 38). Ohne den Heiligen Geist vermögen wir nichts (364, 11). Ohne die Wirksamkeit Gottes ist Leib und Seele überall todt. Die Seele ist wie ein erstorbener Baum und vermag keine Frucht zum Leben hervorzubringen, es sei denn die Gnade fortwährend in ihr mächtig (366, 31). Darum kann die Seele aus sich selber nichts thun; des Menschen eigner

Wille muss vielmehr aufhören, die Seele muss sich rein leidend verhalten und Gott in sich walten lassen (77, 27). Die Seligkeit kann Niemand verdienen (381, 16). Aber Freiheit und Gnade stehen keineswegs im Gegensatze zu einander. Das eben ist das sichere Zeichen des Lichtes der Gnade in der Seele, wenn ein Mensch mit seinem freien Willen sich von den vergänglichen Dingen ab und Gott, dem höchsten Gute, zuwendet (385, 6).

Von einer Prädestination kann Eckhart nicht sprechen, sofern sie die menschliche Freiheit beeinträchtigen soll. Aber insofern die Gnade das ewige Werk Gottes, alles Zukünftige schon von Ewigkeit her in seinem Vorherwissen vorweggenommen ist, kann auch Eckhart von einer Gnadenwahl und Vorausbestimmung sprechen. Gott giebt seinen Geist denjenigen, die er ewiglich erwählt hat (530, 4; 48, 38). Deshalb muss der Mensch beständig wachen und seine Vernunft in die höchsten Dinge und in die ewigen Regeln erheben, die Gott von Ewigkeit her geschrieben hat von allen denen, die gerettet werden oder verloren gehen sollten. Darum sollten wir alle Tage bitten, dass die ewigen Regeln und Gesetze an uns vollbracht werden (481, 27). Aber wen Gott erwählt habe oder nicht, das soll dem Menschen keine Unruhe machen; er soll alle diese Dinge rein als eine Sache der Ehre Gottes, nicht des eigenen Wohles ansehen und sie der göttlichen Allgewalt anheimstellen, dass sie ihm ebenso wohl gefallen, wie sie Gott gefallen, und dann mit Christo sprechen: „Vater, dein Wille geschehe in allen Dingen und nicht der meine“ (482, 33).

Auf die eigenthümlichen Schwierigkeiten dieser Lehre geht Eckhart nirgends ein; er kennt nur das die Andacht anregende Moment in derselben. Der Gesichtspunkt, unter welchem Eckhart die ganze Frage nach dem Verhältniss der Freiheit zur Gnade betrachtet, ist ein rein speculativer und ethischer. Die eigentlich theologisch-dogmatische Seite derselben liegt ihm fern, und deshalb hat er sich auch eines Eingehens auf die Einzelheiten der Augustinischen Lehre enthalten. Es fasst mehr im allgemeinen die Bedingungen in's Auge, die in der menschlichen Natur und im göttlichen Wesen liegen, als dass er auf den Zusammenhang der Erbsünde und des Werkes Christi näher eingienge. Die scharfsinnigen Distinktionen der gleichzeitigen Scholastik auch auf diesem Gebiete existieren für ihn nicht. Wie er sich gegen die genauere Fassung der dogmatischen Bestimmungen mehr abwehrend verhält, werden wir weiter unten noch klarer erkennen, wo wir sein Verhältniss zur historisch-dogmatischen Begründung der christlichen Lehre besonders in's Auge fassen. So erhalten wir auf diesem Gebiete von ihm nur ungefähre Antworten, die wohl die Richtung seines Denkens und die Art seiner Andacht bezeichnen, aber die in der Sache liegenden Schwierigkeiten umgehen. Nach Eckhart ist es der ihrer Natur unverlierbar eingeborne Zug, der die Seele vorwärts treibt, bis die Gnade in ihr Raum gewinnt. Insofern hängt alles vom Willen ab, ob er diesem Zuge folgen will oder nicht. Aber wie es kommt, dass die einen diesen Willen haben, die andern ihn nicht haben, erörtert Eckhart nicht; die Freiheit des Willens ist ihm der letzte Erklärungsgrund. Er begnügt sich mit den Sätzen: Jeder kann selig werden, sobald er will, und Gott kann keinen selig machen ohne seinen Willen; aber alles Positive an dem Werke der Gnade ist Gottes Werk, der Wille kann nur die Hindernisse aus dem Wege räumen.

4. Der Glaube.

Das eigentliche Siegel der Gottähnlichkeit im Menschen ist nach Eckhart die Vernunft. An die Vernunft knüpft sich deshalb die ganze Bewegung in der Seele an, welche zu der Losreissung des freien Willens von allem Creatürlichen und von der Sünde und endlich zur vollen Wiedervereinigung der Seele mit Gott führt. Der Ausdruck Glaube dagegen erscheint in der Heilslehre, wie sie Eckhart ausführt, nur ausnahmsweise und hat hier jedenfalls eine weit geringere Bedeutung, als in der Lehre der Kirche seiner Zeit und noch mehr der protestantischen Kirche.

1. Das Wort Glaube kommt bei Eckhart in mehrfachem Sinne vor, in näherer oder entfernterer Beziehung zur Lehre vom Heile, aber nirgends als deren eigentlicher Mittelpunkt. Glaube steht zunächst im Gegensatze zum vollen und adäquaten Erkennen als ein blosses Annehmen auf Autorität hin und als eine Anerkennung bestimmter Thatsachen und Lehren (190, 40). Wem von Gott rechte Erkenntniss aller Dinge mitgetheilt wird, dem wird das Dünken, Wähnen und Glauben benommen; der braucht nicht mehr zu fragen nach Worten und Beweisen, wie er sie von andern Menschen gehört oder aus dem eigenen Geiste geschöpft hat und wie sie früher seinem Glauben und Erkennen zu Grunde

lagen (242, 28). Der Mystiker dringt auf ein volles Haben und Erkennen Gottes; so erscheint ihm der Glaube in diesem Sinne als ein Zustand relativer Fremdheit gegen Gott und eben deshalb als ein noch unvollkommener und zu überwindender Standpunkt. Der Glaube setzt Belehrung durch Menschen, eine in bestimmten geschichtlichen Thatsachen vollzogene göttliche Offenbarung und weitere kirchliche Ueberlieferung voraus; das Leben in der Wahrheit aber, in der vollen Erkenntniss Gottes ist ein unmittelbares Empfangen vom Heiligen Geiste. Da hört alles Gleichniss und damit alles Aussprechen in Worten auf in der unmittelbaren Anschauung der Wahrheit. Eine Offenbarung, die früher einmal an Andere geschehen ist, kann nur die Anleitung sein, um die gleiche oder eine noch höhere Offenbarung im eigenen Herzen zu erfahren. Deshalb fordert Eckhart in unerschöpflich immer neuen Wendungen auf, über alle bestimmte kirchlich fixierte Fassung der Lehre, über die Heilige Schrift selbst und über die menschliche Erscheinung des Herrn hinaus fortzuschreiten, um zur reinen Anschauung des Absoluten zu gelangen. Das alles sei nur Bild, nur Gleichniss, vorstellungsmässige Verhüllung der Wahrheit. Alle Gleichnisse, aller bestimmte Lehrinhalt müssen abgethan werden; erst in der Finsterniss der wüsten Gottheit findet die Seele ihre Ruhe. Freilich bleibt so der Inhalt des religiösen Erkennens ohne alle positive Bestimmung, durchaus leer, und der höchste Standpunkt der religiösen Beschauung, den Eckhart mit begeisterter Rede zu schildern nicht müde wird, ist die Versenkung des Gemüthes in das reine Nichts.

Eckhart kennt drei Standpunkte in der Anschauung Gottes, unter diesen ist der des Glaubens der niedrigste. Diejenigen, die auf dem Standpunkte des Glaubens stehen, wissen von Gott nicht mehr, als soviel sie in verständigen Begriffen erfassen können. Der zweite Standpunkt ist der der Gnade; aber auch diesem haftet noch der Mangel an, dass Gott hier nicht tiefer erfasst wird, als so viel er das Verlangen der Seele stillt, innere Erquickung, Andacht, Beseligung und anderes derartige gewährt. Ueber beiden steht ein dritter Standpunkt, der der Vollkommenheit, des adäquaten Schauens Gottes im göttlichen Lichte (245, 1). Aehnlich werden der Götter Kinder, die Götter und der Götter Väter unterschieden. Der Götter Kinder sind die, welche die Heilige Schrift lesen oder lesen hören, und sie im Innersten verstehen und in guten Werken erfüllen, bis sie die Wahrheit in Gott empfinden lernen. In dem Lichte des Glaubens begreifen sie die Heilige Schrift, bis sie durch das Licht des Glaubens in den Thau der Gnaden kommen, und in diesem lernen sie Gefallen finden an den Wegen des ewigen Lebens. Sie sind Kinder der Götter, d. h. der Dreieinigkeit, der Macht, der Weisheit und der Güte. Wohl sind sie selig zu preisen. Aber die Leute welche Götter genannt werden sind die, welche in Gott todt sind und an denen nichts mehr lebt als Gott; sie sind verborgen in der Einheit mit Gott und leben ein göttliches Leben. Aber die dritten erst, der Götter Väter, sind die vollkommensten; denn sie sind versunken in die grundlose Tiefe Gottes, und Gott lebt nicht allein in ihnen, sondern sie leben auch in Gott. Denn in ihnen ist schon jetzt der Anfang des göttlichen Lebens. Sie haben die Hügel und die Berge überstiegen und sind mit Verlangen und Verständniss bis an das Rund der wahren Sonne geflogen, und die flammende Gluth des Heiligen Geistes hat alle Materie an ihnen verbrannt, so dass da nichts erscheint als ein Licht in Gott (302, 13).

Der höchste Standpunkt also, den die Seele einnehmen kann und einnehmen soll, ist der Standpunkt des Glaubens in diesem Sinne nicht, und über dem durch den Glauben an die Lehren der Kirche vermittelten Heile kennt Eckhart ein anderes und vollkommneres. Der Glaube lässt sein Objekt noch draussen stehen; es muss noch dazu kommen die innere Beseligung und zuletzt die unmittelbare Anschauung. Aber sein relatives Recht will Eckhart dem Glauben nicht streitig machen für diejenigen, welche weiter vorzudringen nicht vermögen. Die Kirche, welche Glauben fordert, will er keineswegs bekämpfen. Diejenigen, die dem hohen Fluge seiner Speculationen nicht zu folgen vermögen, verweist er auf den einfältigen Glauben an den dreieinigen Gott, wenngleich es Pflicht sei, sich um das Verständniss ernstlich zu bemühen (174, 35). Könnt ihr die Tiefen der göttlichen Natur nicht begreifen, so glaubet an Christum, folgt seinem heiligen Vorbilde und lasst euch erlösen; denn thätiger Christenglaube schützt vor der Verdammniss (498, 22). Aber auch in anderem Sinne hat der Glaube sein Recht. Glaube ist die Vorstufe der Erkenntniss. Was man zuvor glaubte, das wird mit der Zunahme der Erkenntniss ein eigentliches Erleben. Glaube und Hoffnung und alle Wirksamkeiten der Seele müssen stehen bleiben und vermögen nicht weiterzukommen, darum schwinden sie vor der wahren Erkenntniss; sie sind die Diener und bereiten die Seele vor für das wahre Erleben der ewigen Seligkeit (127, 1). Der Glaube haftet an dem Lichte der Vernunft, die Hoffnung an der aufstrebenden Kraft des Willens; sie leiten zur Wahrheit (102, 40). Durch eine Art von Anticipation soll die Vernunft der Seele ein Zeugniss ablegen von dem Einblick in die tiefste Innerlichkeit, aus dem das „Fünklein" ausstrahlt. So wird die Seele mit allen ihren Kräften einen ewigen Sohn des Vaters glauben und bekennen (585, 24).

Aber ist der Glaube eben nur ein vorläufiger Standpunkt, so muss die Seele weiter vorwärtsschreiten. Alles umfassend, das Sinnliche mit den äusseren Sinnen und das Geistige mit den geistigen Vermögen, und von allem abstrahierend, so erst wird der Mensch alle Creatur und dann erst ist der Mensch wahrhaft zu sich gekommen und bereit in Gott einzugehen. Dass wir Gott nicht finden, daran ist das Schuld, dass wir ihn in Gleichnissen suchen, der doch kein Gleichniss hat. In Gleichnissen bewegt sich auch die Heilige Schrift. Erkennte die Seele sich selber, so würde sie auch Gott erkennen. Dass sich die Seele in Vorstellungen bewegt und ihren Gott in Vorstellungen fasst, das kommt ihr daher, weil sie auf zu vieles attendiert. In die Gottheit versinkend verliert ihr alles Wahrnehmen (513, 31). Auch in besonderen Offenbarungen Gottes, in Visionen und Verzückungen, soll man nicht die rechte Erkenntniss suchen; denn sie trügen oft und verhüllen jedenfalls die reine Erkenntniss in sinnlichen Gestalten und Vorstellungen, in Lauten und Bildern (559, 5. 240, 21). Wir sollen das ewige Wort erkennen und lieben, wie es unter des Priesters Händen am Altar ausgetheilt wird; wir sollen es erkennen, wie es durch den Prediger wie durch einen Canal uns zufliesst; wir sollen es verstehen in allen Freunden unseres Herrn, die lebendig in ihm stehen. Aber wir sollen es auch verstehen, wie es von der blossen Gottheit unmittelbar in die blosse Seele gesprochen wird und wie es in keine Worte gefasst werden kann. Da erkennt die Seele das ewige Wort besser, als es alle Lehrer der Kirche ausdrücken können. Was man in Worte fassen kann, ist allzu gering; von alle dem hat das ewige Wort die Seele in einem Augenblick unterrichtet. Darum sollen wir billig zu der Schule eilen, wo der Heilige Geist selber der Lehrmeister ist. Ein König achtet nicht viel auf die Knechte, die ihm die niedere Arbeit leisten, sondern derer achtet er, die in seiner geheimen Kammer sind, und denen thut er ihren Willen. Ebenso Gott mit seinen auserwählten Freunden, die in seinem innersten Vertrauen sind. Viele Leute kommen in das Himmelreich, die auf Erden die Vertraulichkeit mit Gott nicht in höherem Grade geniessen, als einer des hellen Sonnenscheins geniesst im finsteren Walde. Aber wir sollen uns damit nicht begnügen, sondern nach dem Höchsten streben (76 ff.). — Das ist nun Eckhart, wie den übrigen Mystikern, insbesondere Tauler, eine geläufige Vorstellung, diese Schule des Heiligen Geistes, wo der Himmel die Schule, das Buch ein lauteres Herz, die Ewigkeit die Lection, das ungeschaffene Licht der Lehrmeister ist, wo man nicht ausser sich zu suchen hat, was einen zur ewigen Seligkeit fördere, sondern alle Wahrheit in einem in sich erlebt (616, 11. 500, 23. 458, 32. 412, 18. 365, 18. 12, 34). Alle dogmatischen Vorstellungen sind nicht die Wahrheit selber. Alles was man so in Worte fasst und den Leuten in Bildern vorlegt, das ist nur eine Lockung zu Gott. Wer sich mit dem genügen lässt, was man in Worte fassen kann: Gott ist ein Wort, Himmelreich ist ein Wort, — wer nicht weiter dringen will mit der Seele Kräften, mit Erkenntniss und Liebe, als je in Worte gefasst worden ist, der soll billig ungläubig heissen. Was man in Worte fasst, das begreifen die niederen Sinne oder Seelenkräfte. Daran genügt den obersten Seelenkräften nicht: sie dringen immer weiter bis in den Ursprung, aus dem die Seele geflossen ist (469, 6, 24. 513, 9). — Es ist also unser Beruf, nicht bei dem blossen Glauben stehen zu bleiben, sondern über den Glauben zum Erkennen und über alles Erkennen in Begriffen des Verstandes zur reinen unmittelbaren Anschauung hinauszugehen.

2. Aber das Wort Glaube bezeichnet nicht bloss den Gegensatz zur rechten Erkenntniss, sondern es bedeutet auch das herzliche Vertrauen zu Gott und die unbedingte Hingebung an Gott, und insofern gilt der Glaube auch bei Eckhart als ein wesentliches Merkmal des Frommen (176, 32. 454, 34. 458, 36. 362, 5). — Dann aber nimmt das Wort eine viel umfassendere Bedeutung an und unter Glauben wird überhaupt das lebendige Verhältniss zum Uebersinnlichen verstanden. So bezeichnet es zunächst das höchste Erkennen selber, insofern dasselbe dem natürlichen, durch discursives Denken erworbenen Wissen entgegengesetzt ist als eine reine einfache Anschauung, die nicht sowohl der menschlichen Verstan-

desthätigkeit, als vielmehr der unmittelbaren göttlichen Gnadenmittheilung entstammt. Und auch noch in einer anderen Weise wird das Wissen als Glaube bezeichnet. Die höchste Erkenntniss der Wahrheit nämlich eignet nicht mehr ausschliesslich der theoretischen Vernunft als einer besonderen Kraft der Seele, sondern sie entspringt im tiefsten Seelengrunde und theilt sich von da aus allen Kräften mit. Sie ist daher zugleich ein Wollen, sie ist eine Veränderung in dem Gesammthabitus des Menschen, die ihn aus dem natürlichen Zustande herausreisst und in ein höheres Lebensgebiet einpflanzt. Als diese das Wollen und den ganzen Menschen bestimmende Macht, welche schrankenlose Hingabe des Herzens an Gott, unbedingtes Vertrauen und alle Trennung aufhebende Vereinigung mit Gott zur Wirkung hat, heisst dann das Wissen der Glaube, und so kann im Glauben diejenige Erkenntnissstufe gefunden werden, welche unmittelbar zur Vereinigung der Seele mit Gott führt.

Das Denken in Verstandesbegriffen reicht nicht an die Wahrheit heran. Das Wort fliesst aus Gott und bleibt doch in Gott; alle Creaturen fliessen aus Gott und bleiben doch in Gott; was Gott gegeben hat und was er zu geben verheissen hat, alle Thaten Gottes sind wundersam, unbegreiflich und unglaublich. Und so ist es recht; wäre es begreiflich und glaublich, so wäre es vielmehr nicht das Rechte (206, 29). Zum Erkennen Gottes ist daher eine Erhebung über alle Verstandesbegriffe erforderlich, und dieses höhere Erkennen heisst auch wohl ein Glaube. Zu klarem Verständniss und vernünftigem unterscheidendem Begreifen in Bildern und Formen kommen Viele; aber deren giebt es wenig, die über diesen Standpunkt hinauskommen, so viel lieber auch Gott ein Mensch wäre, der frei wäre von allen solchen bestimmten Vorstellungen, als hundert tausend, die sich selber geniessen in ihrer dialektischen Fertigkeit und damit Gottes Einkehren in sie hindern. Wer Gott kennen will wie er ist, der muss ledig sein von allem kunstfertigen Denken (513, 12). Erst wenn sie über dieses vernünftige Begreifen hinausgehoben sind und im Lichte des Glaubens stehen, findet sich Gott ungehindert, in ihnen zu wirken. Aber freilich dahin gelangt Niemand als durch reines Erkennen und klare Vernunft (475, 35). Wenn sich das göttliche Licht in die Seele ergiesst, so wird sie mit Gott vereinigt wie ein Licht mit dem anderen, und das heisst dann ein Licht des Glaubens, eine der göttlichen Tugenden. Denn wohin die Seele mit ihren Kräften und Sinnen nicht zu kommen vermag, dahin trägt sie der Glaube (406, 34). Der Blick, der aus Gott in die Seele eingeht, ist der Beginn des Glaubens, dass ich glaube, was mir nie geoffenbart ward. So weit als sich die Seele im Glauben in das unerkennbare Gut versenken kann, so weit wird sie eins mit ihm, sich selber aber und allen Creaturen unerkennbar (537, 17). Der Verstand fasst Gott unter besonderen Prädicaten; im Glauben aber umfasst man alle Prädicate zugleich. Als dieses unergründliche Licht macht uns der Glaube eben durch die Grösse des Wissens vom Wissen, durch die Grösse des Wollens vom Wollen und durch die Fülle der Bilder von Bildern frei (591, 11). Darum steht der Glaube auch im Gegensatze zu allem äusseren Erfahren und Wahrnehmen (406, 37). Die Dinge glauben wir, die unseren Sinnen unerkennbar sind; durch die Kraft des Glaubens werden wir ihrer gewiss. Dem Gläubigen sind alle Dinge möglich, nach seinem Glauben wird der Mensch in seinem Gebete erhört. Alle ihre Wunder thaten die Heiligen in Kraft ihres Glaubens (380, 35). Je weniger du empfindest und je fester du glaubst, desto werthvoller ist dein Glaube. Denn ein ernstlicher Glaube ist weit mehr als ein Wähnen, in ihm haben wir ein wahrhaftes Wissen (566, 39).

Aber dieses Wissen vom Uebersinnlichen bleibt nun zweitens nicht ein blosses Wissen, sondern es wird ein Bestimmungsgrund des Willens; dies ist bei Eckhart das wesentlichste Moment im Begriffe des Glaubens. Es ist das herrliche Amt der Vernunft, alle Dinge zu erkennen. Aber sie gelangt an eine Grenze, die sie nicht überschreiten kann. Da tritt der Wille, in dieser Hinsicht der Vernunft überlegen, für dieselbe ein mit dem Lichte und der herrlichen Kraft des Glaubens. Der Wille ist durchaus frei; aber dieses Hinausgehen über jede Grenze hat er nicht aus blossem eigenen Vermögen, sondern dazu helfen ihm die anderen Kräfte und auch der Glaube. Die einfache Natur der Seele nämlich, in der alle Kräfte wurzeln, diese verleiht dem Willen jene Transscendenz; in dieser einfachen Natur wirken eben alle Kräfte zusammen. Der Glaube entspringt in der Vernunft, er wird aber fruchtbar im Willen und der Wille wird fruchtbar durch den Glauben. So ist das Licht des Glaubens für den Willen die Ursache jener Erhebung in das Unendliche. Die Vernunft empfängt von aussen; sie hört und vernimmt; sie setzt Unterschiede, ordnet, bestimmt. Wenn sie nun ihre Aufgabe vollendet hat soweit sie es irgend vermag, so bleibt ihr noch ein Höchstes, was sie nicht ergründen kann; nur dass es ein Höchstes ist, weiss sie. Dies theilt sie nun in dem gemeinsamen Seelengrunde, nicht in ihrer besondern Bestimmtheit als Vernunft, dem Willen mit. So erhebt sie den Willen über sich und versetzt ihn in jenes Höchste (384, 7). Da stürzt sich der Wille in das Nichtwissen, welches Gott selber ist (521, 30. 496, 20). Weil der Glaube in diesem Sinne das tiefste Motiv des Willens ist, so wird der Glaube als das Innerlichste dem Gebote als einem äusserlichen Bestimmungsgrunde des Handelns entgegengesetzt (439, 3). —

3. Den Glauben also, sofern er eine Unterwerfung der Vernunft unter die Autorität einer überlieferten Lehre bedeutet, weist Eckhart als eine niedere Stufe ab; er verlangt einen unmittelbaren Verkehr der Seele mit Gott und Unabhängigkeit von jedem äusseren Zeugniss. Freilich bedeutet ihm Glaube dann auch ein Höheres, alles transscendente Wissen, insbesondere sofern es zugleich ein Bestimmungsgrund des Willens wird. Aber so fremd wie der kirchliche Begriff des Glaubens selber, so fremd ist ihm auch die kirchliche Lehre von der Rechtfertigung durch den Glauben. Ueber das rein äusserliche Hinnehmen auf Autorität hin springt er zu leicht hinüber zu dem entgegengesetzten Extrem, zu der Verflüchtigung alles Glaubensinhalts in eine Anschauung, deren Object ohne alle positive Bestimmung ist. Die Mitte zwischen den Extremen, das lebendige, höchst persönliche Erfahren eines bestimmten thatsächlichen Offenbarungsinhalts, bleibt von ihm unberührt. Es ist ein ganz ähnliches Verhältniss, welches die Lehre von der Rechtfertigung bei Eckhart ganz zurücktreten lässt. Bei ihm nimmt die ganze Lehre vom Heil von vorn herein eine andere Wendung als in dem kirchlichen Lehrsysteme. Im Vordergrunde seiner Anschauung steht nicht die Sünde, sondern die Endlichkeit und Creatürlichkeit als die aufzuhebende Beschaffenheit der menschlichen Natur, und nicht bloss der Friede mit Gott, sondern die volle Einheit mit dem göttlichen Wesen als das anzustrebende Ziel. Der natürliche Zustand des Menschen gilt ihm als ein Zustand der Gottentfremdung, des Aussergottseins; es ist das Gefühl nicht des Zornes Gottes, sondern des Andersseins als Gott, ein Gefühl der Unvollkommenheit, nicht der Verworfenheit, was über diesen Zustand hinaustreibt. Gleichheit, Einheit

mit Gott ist deshalb die Forderung. Der Mystiker ist nicht zufrieden mit dem blossen äusserlichen Sündenerlass, bei welchem nicht zugleich eine wesentliche Umformung des Menschen als Bedingung mitgesetzt wäre. Wie der Begriff des Glaubens, so war auch der Begriff der Rechtfertigung in der herrschenden Anschauung der römischen Kirche gefälscht. Eckhart steht im Gegensatze zu der mechanisierenden Verflachung dieser Begriffe. Aber allzuschnell überspringt er jede Zwischenstufe und zeichnet einen Zustand, in welchem jede Grenze zwischen dem Schöpfer und dem Geschöpfe, dem Heiligen und dem Sünder verwischt ist. Diese Ueberschwenglichkeit beherrscht auf diesem Gebiete die ganze Vorstellungsweise des Mystikers und hindert ihre Fruchtbarkeit für ein wirklich religiöses Bedürfniss. Hier ist der eigentliche Sitz mystischer Schwärmerei, und in der That, die letzten Consequenzen dieser Grundanschauung hat Niemand so ungescheut und mit vollem Bewusstsein von ihrer Tragweite gezogen wie grade Eckhart.

5. Die Rechtfertigung.

Nicht an den Begriff des Glaubens knüpft sich bei Eckhart die Lehre von der Rechtfertigung des Sünders vor Gott an; er betrachtet die Rechtfertigung als unmittelbare Folge der rechten und vollkommenen Busse. Das erste was die Gnade an uns bewirkt, ist, dass sie unsern freien Willen zur Abwendung von der Sünde und zum Schmerze über die Sünde bewegt, die uns so fern von Gott und von dem ewigen unwandelbaren Gute der Gottheit hinweggeleitet hat (218, 10). Denn die erste Stufe auf dem Wege zum Reiche Gottes ist die Bekehrung. Niemand ist gut, der nicht seine alte Sitte gewandelt hat (101, 30). Und zwar haben wir zweierlei abzulegen: nicht nur das, was wir nicht von Natur haben, Sünden und Fehle, sondern auch das was wir von Natur haben, unsere Eigenheit (155, 18). Im Anfang der Bekehrung durchdringt Furcht die Seele, um der Sünde willen; hernach erst treibt die Liebe die Furcht aus (245, 29). So lange du Leid in deinen Herzen hast, sei es auch um der Sünde willen, so lange liegst du gleichsam in den Wehen; da bist du noch im Gebären. Ist die Geburt vollendet, so hört aller Schmerz auf und tritt die vollkommene Freude ein (41, 18). Der Schmerz ist die Busse. Es ist eine Gnadengabe, wenn die Busse sich in schmerzlichen Thränen kund giebt, zuerst aus

Furcht vor der Hölle, dann aber aus Sehnsucht nach dem Reiche Gottes. Busse, die ohne Thränen bleibt, ist unvollkommen und das Zeichen eines harten Herzens (362, 28). Die Busse soll in uns so kräftig sein, dass wir eher tausend Tode erleiden, als eine geringe Sünde begehen wollten. Wer da sagt, er habe rechte Busse, und in der Sünde beharrt, spricht unwahr und vermehrt seine Sünde (453, 8). Eine ungebüsste Sünde auch bei dem sonst heiligsten Leben macht, dass der Mensch ewiglich verloren ist. Kein Gebet der Heiligen könnte dem Menschen helfen; ja fiele Christus selbst zu seines Vaters Füssen mit Maria seiner Mutter, der Seele könnte nimmer Rath werden. Wer aber tausend Todsünden geübt und sie erkannt und in rechter Busse und ernster Willensbesserung abgelegt hätte, der würde selig sein mit den Seligen (454, 5). Die rechte Busse allein befähigt uns, dass wir Gott wahrhaft in uns aufnehmen. Durch sie erkennen wir jegliche Sünde und erreichen es, dass Gott von allem was wir an ihm suchen einen Widerschein an uns findet (659, 27). Es giebt aber zweierlei Busse; die eine ist zeitlich oder sinnlich, die andere göttlich und übernatürlich. Die zeitliche Busse versinkt immer tiefer in den Schmerz; sie bringt den Menschen in Verzweiflung und kommt nicht vorwärts, und so bleibt sie ohne Frucht. Ganz anders ist die göttliche Busse. Sobald der Mensch an seiner Sünde Missfallen empfindet, erhebt er sich zu Gott und beginnt sich emsig von allen Sünden hinweg zu kehren in einen unveränderlichen Willensentschluss. Da fasst er ein festes Vertrauen zu Gott und gewinnt eine grosse Sicherheit; davon kommt eine geistige Freudigkeit, die die Seele über allen Schmerz und Jammer emporhebt und in Gott befestigt (558, 3). Die Frucht der rechten Busse ist die Vergebung der Sünden. Alle Sünden, über die man rechte Busse empfunden hat, hat Gott vergessen, und wir sollen ihrer nicht mehr gedenken (451, 11). Je grösser man selbst die Sünden achtet, desto schneller ist Gott bereit die Sünden zu vergeben. Denn jeder ist am eifrigsten das hinwegzuthun, was ihm am meisten zuwider ist. Darum je mehr der Sünden ist und je grösser sie sind, desto lieber und desto schneller vergiebt sie Gott (558, 18). Davon allerdings spricht Eckhart nicht, dass Gott die Sünde vergäbe aus Rücksicht auf das Verdienst Christi, er vergiebt sie vielmehr wegen der Beschaffenheit des Menschen; noch viel weniger findet er den Grund in dem was der Mensch thut, sondern in dem was er ist. Gott ist ein Gott der Gegenwart; wie er dich findet, so nimmt er dich und sieht nicht an, was du gewesen bist, sondern was du jetzt bist. Wenn darum der Mensch sich gänzlich von der Sünde bekehrt, so thut Gott, als ob der Mensch nie in Sünde gefallen wäre, und wenn er ihn jetzt in der rechten Beschaffenheit findet, so sieht er nicht an, was der Mensch zuvor gewesen ist (557, 14). So oft der Mensch in eine Gleichheit mit Gott gelangt, dass ihm Gott so lieb wird, dass er sich selbst verleugnet und das Seine nicht sucht weder in Zeit noch in Ewigkeit, so oft wird er aller seiner Sünde und seines Fegefeuers ledig, und hätte er auch aller Menschen Sünde gethan. Denn was ein Tropfen ist gegen das Meer, das ist aller Menschen Sünde gegen die grundlose Güte Gottes (603, 9).

An die Vergebung der Sünden schliesst sich die Erleuchtung. Durch göttliche Gnadenmittheilung erlangt dann die Seele im unmittelbaren Verkehr mit Gott eine volle Erkenntniss aller Dinge; sie bedarf dann keiner äusseren Autorität mehr; sie schaut nicht mehr in Bildern und Vorstellungen, sie ist nicht mehr gebunden an den bestimmten begrifflichen Ausdruck der Wahrheit noch an die Aussprüche der Heiligen Schrift, an keines Menschen Lehre. Mehr als sie irgend von aussen erlangen könnte, trägt sie schon in sich und prägt es dann in allen Kräften aus, so dass Wille und Gedächtniss wie die niederen Seelenkräfte alle gleichmässig Diener und Werkzeuge jenes höchsten Erkennens werden und das ganze Leben des Menschen ein göttliches Leben wird. Damit erlangt auch der Wille das unbegrenzte Vermögen, dass ihm alles möglich wird und dass er das Empfangene in einem heiligen Leben ausprägen kann (242, 26. 37, 15. 667, 34).

6. Die Abgeschiedenheit.

Dieses in dem ganzen Verhalten der Persönlichkeit sich darstellende heilige Leben wird nun zunächst negativ bezeichnet als die vollkommene Ablösung von allem Endlichen und aller Eigenheit. Dies ergiebt den Begriff der Abgeschiedenheit. Die Forderung nämlich ist, dass der Mensch mit Gott eins werde. Dazu gehört zuerst, dass dasjenige hinweggeräumt werde, was den Menschen von Gott trennt, zunächst also die Sünde. Durch die rechte Busse wird Vergebung der Sünden erlangt. Das aber ist erst die erste Stufe der Gnade. Denn nicht allein das, was die menschliche Natur verderbt und von ihrer rechten Bahn abgelenkt hat, sondern auch die menschliche Natur selber ist ein Hinderniss der Vereinigung mit Gott. Zur Vereinigung mit Gott wird Gleichheit mit Gott erfordert; darum muss alles abgelegt werden, was an uns nicht Gott ist, und das geschieht in der Abgeschiedenheit.

1. Was Gott von uns verlangt, und was er in uns wirkt, auf dass wir in ihn eingehen können, ist Gleichheit. Die Liebe kann nicht sein, sie finde denn Gleichheit oder bewirke sie (86. 196. 430). Gott liebt nichts als sich selber oder sein Gleichniss in allen Dingen. Er hat sich niemals gesenkt und senkt sich niemals in einen fremden Willen, sondern nur in seinen eigenen Willen. Wo Gott diesen findet, da senkt er sich hinein mit seinem ganzen Wesen (507, 12. 570, 30). Darum muss der Mensch zunächst sich innerlich sammeln und in den tiefsten Grund seiner eigenen Seele einkehren, um alles Ungöttliche hinauszutreiben. Die Seele hat sich im Aeusseren zertheilt und zerstreut mit ihren Kräften, deren jegliche ihre eigenthümliche Function übt; dadurch ist sie um so schwächer geworden in ihrer innerlichen Thätigkeit, denn jede getheilte Kraft ist unvollkommen. Darum, will sie kräftig im Innern wirken, so muss sie alle ihre Kräfte wieder heim rufen und sie aus der Zerstreuung in den Dingen zum innerlichen Wirken sammeln, um die einige unendliche ungeschaffene ewige Wahrheit zu erkennen. Vernunft und Gedächtniss müssen in den Seelengrund zurückgenommen werden, und alle anderen Funktionen aufgebend müssen wir zum Nichtwissen alles Endlichen gelangen. Denn das Wahrnehmen und Wissen zerstreuet und stört. Was dir geläufig und vertraulich ist, das ist in Wahrheit dein Feind. Jenes Nichtwissen ist aber nicht zu verstehen als Unwissenheit, sondern als ein potenziertes Wissen, ein durch das Wissen hindurchgegangenes Nichtwissen, ein übernatürliches Wissen (13—15). Die an sich einheitliche, durch die Verbindung mit dem Körper in eine Vielheit von Kräften zertheilte Seele wird geläutert, indem sie das Zerstreute und Veräusserlichte sammelt. Sie hat eine Kraft, alles von den Sinnen in sie Eingeführte in eins zusammenzufassen und im praktischen Verhalten zu einem einfachen in sich gesammelten Leben emporzuklimmen. Darin besteht der Seele Lauterkeit, dass sie aus der Getheiltheit des Lebens zur Einheit gelangt, über Zeitlichkeit und Gegensatz hinaus, und an nichts Aeusserem

haftet (264, 5). Alle Kräfte der Seele und alle ihre Funktionen sind ein Mannichfaches; Gedächtniss, Verstand und Wille, das alles zieht dich in das Mannichfache herab. Darum musst du sie alle lassen, Sinnlichkeit und Vorstellungskraft und alles worin du dich selber findest und dir selber das Ziel bist (24, 31). Vernunft und Wille müssen über sich selbst hinausgehen und in den Ursprung zurückkehren, woraus sie geflossen sind (304, 9, 33). In unserm tiefsten Innern da will Gott bei uns sein, wenn er uns zu Hause findet und nicht die Seele ausgegangen ist mit den fünf Sinnen zu sponsieren (102, 15). Kommt die Abgeschiedenheit auf's höchste, so wird sie durch das Erkennen des Erkennens, durch die Liebe der Liebe ledig und durch das Licht finster (491, 7). Nur so kannst du Gott auf göttliche Weise wissen. Auch die Vorstellungen von Gott, die auf sinnlichen, von den äusseren Dingen stammenden Wahrnehmungen beruhen, wie dass Gott gut, weise, barmherzig sei, musst du lassen. Erst wenn du von deinem Wissen und deinem Wollen dich frei und ledig machst, da geht Gott mit seinem Wissen und seinem Willen in dich ein (25).

2. Abgeschiedenheit als diese Sammlung der Seele in sich hebt alle Beziehungen der Seele zu den Creaturen auf im Erkennen und Begehren. Soll die Seele Gott sehen, so darf sie auf kein zeitliches Ding sehen. Soll sie Gott erkennen, so darf sie mit dem Nichts keine Gemeinschaft haben (222, 29). Die Creaturen sind etwas Trennendes zwischen uns und Gott. Dem Kranken schmeckt Speise und Wein nicht, weil sie nicht die Zunge unmittelbar, sondern die Decke berühren, mit der die Krankheit die Zunge überzieht. So lange jenes Trennende nicht hinweggethan ist, kann uns Gott nicht wohlgefallen wie er an sich ist. So lange wir die Creaturen nicht lassen, Lust und Schmerz durch sie empfangen, so lange sind wir fern von Gott (298, 16). Alle Creaturen tragen etwas Bitteres an sich. So reizvoll sie Gott auch ausgestattet hat, er hat doch zugleich Schmerz und Leid ihnen zugesellt. Denn das ist aller Creatur versagt, dass irgend eine alles habe, was ein Menschenherz völlig beglücken könnte. Hätte ich alles, was ich begehren könnte, aber der Finger thäte mir weh, so hätte ich kein volles Glück. Brot ist dem Menschen gar angenehm, wenn ihn hungert; dürstet ihn aber, so wäre es ihm so werthlos wie ein Stein. Kleider sind ihm willkommen, wenn ihn friert; ist ihm aber zu heiss, so gewähren sie ihm keine Freude. So ist es mit allen Creaturen;

ihr Reiz ist nur oben abgeschöpft wie Schaum, und in keiner Creatur ist volle Befriedigung, sondern jede trägt in sich einen Mangel. Denn es ist keine Creatur, die alle Vollkommenheit an sich trage. Was nun der Mensch an der einen nicht findet, das sucht er an der andern und wird voll Sorgen und Unruhe. Ferner die Creaturen erzeugen Ueberdruss. Keine ist so angenehm, dass sie nicht durch langes Ansehen widerlich würde. Die Seele kann an den Creaturen kein Genüge finden, welche endlich, materiell und vergänglich sind (300, 11. 374—375. 406, 1, 13). Licht und Finsterniss können nicht zusammen bestehen, noch Gott und Creatur. Soll Gott in dich eingehen, so muss die Creatur nothwendig aus dir herausgehn (12, 8). Wo die Creatur endet, da erst beginnt Gott. Nun begehrt Gott von dir nichts weiter, als dass du aus dir selber, wie du mit Creatürlichem behaftet bist, herausgehest und Gott Gott in dir sein lassest. Das geringste Bild einer Creatur, das in dir haftet, das ist so gross wie Gott; denn es entzieht dir einen ganzen Gott. Sowie dies Bild eingeht, so muss Gott mit aller seiner Gottheit weichen. Aber sobald dies Bild hinausgeht, so geht Gott hinein (66, 26). Wer die Dinge lässt, sofern sie ein nichtiges, zufälliges Sein sind, der erwirbt sie, sofern sie ein reines Wesen und ewig sind (67, 33). Wer alle Dinge gelassen hat in ihrer niedrigsten Form und wo sie sterblich sind, der empfängt sie wieder in Gott, wo sie Wahrheit sind (233, 8). Leer sein aller Creatur heisst Gottes voll sein, und voll sein aller Creatur heisst Gottes leer sein (487, 10). Es ist wie ein Tausch, bei welchem die Waare genau dem gezahlten Preise entspricht: so viel du dich aller Dinge entledigst, so viel, nicht weniger und nicht mehr, geht Gott mit allem Seinigen in dich ein (546, 14). Wer alle Dinge empfangen will, der muss erst alle Dinge dahingeben (574, 36).

3. Aber nicht allein die Dinge, auch sich selber muss der Abgeschiedene gelassen haben. Ein guter Mensch soll so stehen: mein Werk ist nicht mein Werk und mein Leben ist nicht mein Leben. Es ist zu unterscheiden zwischen der Menschheit und dem menschlichen Individuum. Gott hat nicht die Natur eines bestimmten einzelnen Menschen, sondern die Menschheit, die allgemeine menschliche Natur hat er angenommen. Die Menschheit im höchsten Sinne ist den Engeln gleich und der Gottheit verwandt. Darum soll ich das Individuelle ablegen und mich als Menschheit erfassen. Schlage ich dich, so treffe ich zuerst einen Burchard oder

einen Heinrich und danach erst den Menschen. Alles das müsst ihr ablegen, was zwischen euch Unterschiede macht. Denn das Individuum ist an der Substanz der Gattung nur eine Accidenz. Alles Accidentiellen macht euch ledig und erfasst euch in der freien Totalität menschlicher Natur, nicht wie ihr dieser oder jener bestimmte seid. Scheidet euch von allem Nicht, denn das Nicht ist die Ursache des Unterschiedes, dass du ein Mensch und nicht der Mensch bist. Wollt ihr selig sein, so müsst ihr ein einiger Sohn Gottes, nicht viele Söhne sein. Dieser Mensch ist nicht jener; ich bin nicht was ihr seid, und ihr seid nicht, was ich bin. Thut ab das Nicht, so sind wir alle eins; thut ab das Nicht von allen Creaturen, so sind alle Creaturen eins. Was da bleibt ist eins, nämlich der Sohn, den der Vater gebiert. Willst du derselbe Christus und Gott sein, so entledige dich alles dessen, was das ewige Wort nicht an sich genommen hat. Zwischen deiner menschlichen Natur und der seinen ist kein Unterschied; sie ist eins; was sie in Christus ist, das ist sie auch in dir (56, 4. 157 ff. 620, 33. 306, 30). Soll die Seele Gott erkennen, so muss sie auch sich selber vergessen und verlieren; denn indem sie sich selber sieht und erkennt, so sieht und erkennt sie Gott nicht. Wenn sie sich aber um Gottes willen verliert und alle Dinge lässt, so findet sie sich in Gott wieder, indem sie Gott erkennt, und dann erkennt sie sich selber und alle Dinge, von denen sie sich entledigt hat, in Gott auf vollkommene Weise (222, 37). Könntest du dich selber vernichten einen Augenblick, ja kürzer als einen Augenblick, so wäre dir alles eigen, was Gott an sich selber ist. So lange du dich selber für etwas achtest, weisst du so wenig was Gott ist, als mein Mund weiss was Farbe oder mein Auge was Geschmack ist (261, 15). Die Seele soll sich selber hassen; denn sofern sie mein ist, ist sie nicht Gottes; meine Seele ist nicht durchaus in Gott gesetzt, gepflanzt und ihm nachgeformt. Gefällt die Seele sich selber, sofern sie Seele ist, und hat sie in der Empfindung Gottes noch die Empfindung ihrer selbst, so ist sie auf falschem Wege (89, 32). Du sollst ganz und gar entsinken deiner Deinheit und zerfliessen in seine Seinheit; dein Du soll mit seinem Ich so gänzlich ein Ich werden, dass du mit ihm ewiglich seine ungewordene Substanz und sein namenloses Nichts verstehst (319, 18). Wer Gott empfangen soll, der muss sich gänzlich dahingegeben und sich seiner selbst entledigt haben (136, 40).

Der Abgeschiedene hängt am wenigsten mit seinem Willen an sich selber. Alle Liebe dieser Welt ist gebaut auf Selbstliebe; hättest du diese gelassen, so hättest du die ganze Welt gelassen (204, 38). Für sich begehrt der Abgeschiedene nichts mehr, ja er begehrt überhaupt nichts Einzelnes und Bestimmtes mehr; sein Wille ist ganz eins geworden mit dem Willen Gottes; er hat aufgehört überhaupt zu wollen. Das ist Gottes Absicht in allen Dingen, dass wir den Willen aufgeben. Nichts bringt den Menschen in die wahre Beschaffenheit als das Aufgeben des Willens. Das allein wäre ein vollkommener und wahrer Wille, dass man ganz in Gottes Willen getreten und ohne eigenen Willen wäre (555). Gott hat sich niemals mitgetheilt und theilt sich niemals mit einem fremden Willen. Nur seinem eignen Willen theilt er sich mit. Wo er den findet, in den giebt er sich hin und ergiesst sich in ihn mit allem was er ist (570, 30). Der Mensch, der so in dem Willen Gottes steht, der will nichts anderes als was Gott und Gottes Wille ist. Wäre er krank, er wollte nicht gesund sein. Alle Pein ist ihm eine Freude, alle Mannichfaltigkeit ein Unvermischtes und Einfaches, steht er wahrhaft im Willen Gottes. Ja hienge Höllenpein daran, es wäre ihm Freude und Seligkeit. Er ist seiner ledig und aus sich selbst herausgegangen; er ist sich selber todt und allem Geschaffenen und achtet sich selbst so wenig wie eines andern über tausend Meilen Entfernten (311, 39). Es ist also die Abgeschiedenheit ein Zustand vollkommener Passivität. Gott sucht Ruhe in allen Dingen, denn göttliche Natur ist Ruhe. An allen Creaturen ist Gott nichts so gleich wie Ruhe; nichts Lieberes kann die Seele Gott darbieten als Ruhe. Gott braucht nicht mehr, als dass man ihm ein ruhiges Herz gebe (152 ff.). Alles in der Seele soll schweigen und die Seele selber soll schweigen, sonst kann Gott nicht in ihr sprechen (15). Der Abgeschiedene empfängt von den Creaturen weder Leid noch Lust, die Vielheit irdischer Triebe und Sorgen ist zum Schweigen gebracht. Die Seele ist unbeweglich geworden. Rechte Abgeschiedenheit ist nichts anderes, als dass der Geist so unbeweglich stehe gegenüber allen äusseren Geschicken, Liebe und Leid, Ehre, Schande und Lästerung, wie ein starker Fels einem leisen Windeshauche, gegenüber unbeweglich feststeht. Diese unbewegliche Abgeschiedenheit bringt den Menschen in die grösste Gleichheit mit Gott; denn dass Gott Gott ist, das hat er von seiner unbeweglichen Abgeschiedenheit (486, 35). Die Seele muss in Gott so befestigt sein, dass sich ihr nichts einzudrücken vermag, nicht Hoffnung noch Furcht, nicht Freude noch Jammer, nicht Liebe noch Leid oder irgend etwas was sie ausser sich zu bringen vermöchte (222, 12).

3. Aber nicht allein der Dinge und sein selber ist der Abgeschiedene ledig, sondern auch Gottes, sofern er von der Gottheit verschieden ist. Denn selbst Gott ist noch ein bestimmtes Object. Darum bitten wir, dass wir Gottes ledig werden und die volle Wahrheit erlangen und die Ewigkeit geniessen, den letzten einfachen absoluten Ursprung, in dem die obersten Engel und die Seelen gleich sind, dort wo ich stand und wollte was ich war und war was ich wollte. Ich bitte Gott, dass er mich ledig mache Gottes (281, 35. 283, 37). Der Abgeschiedene soll um Gottes Willen Gott selber lassen, wie St. Paulus ewiglich wollte geschieden sein von Gott um seiner Freunde und um Gottes willen [Röm. IX, 33.]. Er liess alles das, was er von Gott ergreifen und mittheilen und alles was er von Gott empfangen konnte. Da blieb ihm Gott in seiner reinen Substantialität, wie er an sich selber ist. Das ist das Höchste und Eigentlichste, was der Mensch lassen kann, nämlich dass er um Gottes willen Gott selber lasse (310, 25). Das Nichts, welches Gott selber ist, zieht die Seele durch alle Dinge, über alle Dinge und ausser allen Dingen in das äusserste Nichts, wo sie allen Creaturen unerkennbar ist. Da ist sie nichts, da hat sie nichts, da will sie nichts; da hat sie Gott und alle Dinge Gott dahingegeben (532, 3).

4. Indem die Seele so sich alles bestimmten Inhalts entledigt hat, kehrt sie in ihren eigenen Grund, der zugleich der absolute Grund Gottes ist, zurück. In ihrer eignen wüsten Tiefe wird sie ihres eigenen Bildes beraubt und die wüste Tiefe der Gottheit leitet sie ausser ihr selber in sich, dass sie ihren Namen verliert und nicht mehr Seele heisst, sondern Gott in Gott (503, 1). Hange kühnlich nach deiner blossen Natur und dem bedürfnisslosen Nichts und suche keine andere Wohnstatt als dieses. Gott der dich von Nichts geschaffen hat, soll selber deine Wohnstatt sein nach seinem bedürfnisslosen Nichts und seiner Unbeweglichkeit. Da sollst du unbeweglicher werden als das Nichts (510, 23). Das ist des Menschen höchste Seligkeit, dass die Seele bei keinem Etwas stehen bleiben kann, bis dass sie stehe sonder Bild, sich spiegelnd in dem Nichts, in welchem sie ewig geschwebt hat vor ihrem eigenen Da-

sein (658, 24). Alle unsere Vollkommenheit und Seligkeit liegt daran, dass der Mensch hindurchdringe und hinausklimme über alle Geschaffenheit und Zeitlichkeit und alles Wesen, und eingehe in den Grund, der grundlos ist (258, 29). So an sich selbst vernichtet, in die Wüste der Gottheit aufgegangen, ist die Seele todt, in Gott begraben. In diesen Begriff wandelt sich bei Eckhart, was die Schrift vom Sterben und Begrabenwerden mit Christo sagt. Der Mensch, der Gott schauen soll, muss todt sein. Denn Niemand kann Gott sehen und leben. Todt ist, wen nichts berührt, was in der Welt ist (106, 37). Davon allein wird die Seele vollkommen selig, dass sie sich in die wüste Gottheit stürzt, in der nicht Werk noch Bild ist, um sich dort zu verlieren und in der Wüste zu versenken, wo sie an sich selber zu nichte wird, dass sie sich aller Dinge so wenig annehme, als sie es that, da sie nicht war. So ist sie an sich selber todt und lebt in Gott, und was da todt ist, das wird zu nichte. So wird die Seele zu nichte, die in der Gottheit begraben wird (242, 1). Wer nicht von Grund aus todt ist, der kann nicht das Geringste von der Heiligkeit erkennen, die Gott seinen geliebten Freunden je geoffenbart hat. So lange du weisst, wer dein Vater und deine Mutter hienieden gewesen ist, so wisse, dass du des rechten Todes noch nicht gestorben bist. Noch mehr, so lange es dich bekümmert, dass man deine Beichte nicht hören, dir den Leib Gottes nicht reichen, dass dich Niemand herbergen will und alle Menschen dich verschmähen, so lange du in dir findest, dass dich das zu bekümmern vermag, so wisse, dass du dem rechten Tode noch fremd bist. Wenn du in dir nicht findest, von wo du abstammst nach irdischer Art, wenn dir alle Ehrenerweisung und was dir je hienieden zugestossen entschwunden ist, so dass du keine Vorstellung davon in dir hast und nichts in dir findest als ein lauteres Emporsteigen deiner Seele, dann kannst du sagen, dass du von Grund aus todt bist. Wer in dieser Weise todt ist, der bleibt überall in unveränderlicher Gleichheit, so dass ihn nichts berührt. In diesem Sinne sagt St. Johannes: Selig sind, die in Gott sterben [Offb. XIV, 13] (462, 21). Was der Tod ergreift, das kann ihm Niemand rauben: er scheidet das Leben vom Leibe, und er scheidet die Seele von Gott; er stürzt sie in die Gottheit und begräbt sie in ihr, so dass sie allen Creaturen unerkennbar wird. Da wird sie vergessen wie die in dem Grabe Verwandelten, und unbegreiflich allen Begreifern wie Gott selber. Diesen Tod sucht die Seele ewiglich (536, 36).

So hat sich die Seele fähig gemacht, um Gott zu empfangen. Soll das Herz wohl vorbereitet sein im höchsten Grade, so muss es stehen auf dem reinen Nichts; denn darin liegt die grösste Empfänglichkeit. Will ich auf eine weisse Tafel schreiben, so könnte nichts, was auf der Tafel geschrieben stände, so herrlich sein, dass es mich nicht im Schreiben hinderte; will ich gut schreiben, so muss ich alles tilgen was auf der Tafel steht, und nimmer passt sie mir zum Schreiben so gut, wie wenn sie ganz leer ist. So muss das Herz des Menschen leer sein, wenn Gott in dasselbe schreiben soll (490, 13). Jene Finsterniss und jenes Nichtwissen des Abgeschiedenen heisst eigentlich ein unbeschränktes Vermögen zu empfangen, ein Vermögen, welches keiner Art des Wesens ermangelt oder entbehrt, und in welchem du vollendet werden sollst (26, 5). Alles was nehmen und empfänglich sein soll, das soll und muss nackt und bloss sein. Wer arm am Geiste ist, der ist darum empfänglich für alles Geistige und allen Geist. Nackt und bloss sein, nichts haben, leer sein wandelt den Lauf der Natur um; das Leersein lässt das Wasser bergauf klimmen; ein Becher, der von allem, auch von Luft, leer wäre, kein Zweifel er vergässe seiner Natur, und Leerheit trüge ihn zum Himmel empor. So trägt das Arm- und Leersein von allem Creatürlichen die Seele empor zu Gott, in Gott, und wie die Leerheit so wirkt die Gleichheit und das Feuer der Begierde (429 ff.). In der Abgeschiedenheit kann nichts wohnen ausser Gott dem absolut Einfachen und Immateriellen; darum ist sie keiner Sache empfänglich als Gottes (484, 29). Deshalb wenn der Geist frei in rechter Abgeschiedenheit steht, so zwingt er Gott zu seinem Wesen (399, 3). Gottes natürliche eigenthümliche Wohnstatt ist Einheit und Lauterkeit; diese aber sind in der Abgeschiedenheit gegeben. Darum zwinge ich durch Abgeschiedenheit Gott bei mir einzukehren, und Gott muss sich nothwendig einem abgeschiedenen Herzen geben (484, 15). Gott begehrt so sehr danach, dass du dich selber lassest wie du Creatur bist, als ob alle seine Seligkeit daran läge. Ach, lieber Mensch, was schadet es dir, dass du Gott vergönnest, dass er in dir Gott sei? (66, 36).

7. Die Geburt Gottes in der Seele.

In der Abgeschiedenheit streift die Seele alles ab, was an ihr nicht Gott ist; was dann übrig bleibt, ihr eignes wahres Wesen, ist Gott selber als das Allerallgemeinste und Allerabstrakteste, als das Sein = Nichts gedacht. Diese Selbstvernichtung ist die Bedingung der höchsten Gnadenwirkung Gottes. Gott ist dann in der Seele, wie er an sich ist, und Gott wirkt sein ewiges Werk in der Seele, wie er es unzeitlich und überzeitlich in sich selber wirkt. Dies Werk Gottes ist das Gebären seines Sohnes. So wird der Sohn in der Seele geboren, die Seele wird selber der Sohn Gottes. Die Geburt des Sohnes in der Menschenseele, das ist der positive Ausdruck Eckharts für die Gnadenwirkung, deren Bedingung in der Abgeschiedenheit gegeben ist.

Der Ausdruck ist nicht von Eckhart neu geprägt; er findet sich seit den ältesten Zeiten der Kirche als Bezeichnung des Eingehens Gottes in den Menschen und des Menschen in Gott. Den entfernten Anlass dazu bietet der biblische Begriff der Wiedergeburt. Aber erst bei Eckhart wird der Begriff der Geburt Gottes in der Seele der Mittelpunkt der gesammten Heilslehre. Für Eckhart ist die Vergebung der Sünden nur erst eine Vorstufe des Gnadenstandes, er verlangt etwas Höheres. Zwischen dem durch Gott gerechtfertigten Menschen und Gott selber darf auch nicht ein Schatten einer Trennung übrig bleiben. Darum muss alles Trennende in der Abgeschiedenheit hinweggethan werden. Eckhart nimmt die Forderung im allerstrengsten Sinne; er überbietet sich selber in schwärmerischen Schilderungen des Zustandes der Abgeschiedenheit. In demjenigen der diesen Forderungen genügt hat muss nun derselbe Process sich wiederholen, der von Ewigkeit her in Gott stattgefunden hat. Es wird dies gedacht als eine That Gottes am Menschen, die er wirken kann, wenn der Mensch sich dazu fähig gemacht hat, doch eben deshalb auch als eine That des Menschen. In Wahrheit ist die Geburt des Sohnes in der Seele nur ein anderer Ausdruck für das, was in der Abgeschiedenheit schon gesetzt ist. Denn ist der Mensch alles anderen Inhalts entledigt, so bleibt nur sein ewiges Wesen übrig als der Sohn, den der Vater von Ewigkeit geboren hat. Die Abgeschiedenheit stellt gewissermaassen den leeren Raum her, den Gott dann durch die Geburt seines Sohnes ausfüllt. Der Gedanke ist, dass nachdem aller endliche Inhalt der Seele ausgetrieben ist, Gott einen neuen Inhalt in dieselbe eingiesst, sein eignes unendliches Wesen. Aber freilich, ermangelt doch Gott selber alles wahrhaften Inhalts, aller concreten Bestimmtheit. Wie soll das im Stande sein, die Leere auszufüllen, was selber nur ein anderer Ausdruck ist für die unendliche Leere des Nichts!

1. Die Geburt des Sohnes in der Menschenseele, diese eigentliche und höchste Form, in der sich Gott jeder einzelnen Seele offenbart, wird durchaus als identisch gedacht mit dem ewigen immanenten Process der Zeugung des Sohnes in der Gottheit. Und wie von der ewigen Zeugung des Sohnes, so wird auch hier in ganz gleichem Sinne der Ausdruck vom Sprechen des Wortes gebraucht (77, 9). — Gott thut nichts als seinen Sohn gebären; in diesem Werke verzehrt er alle seine Kraft (254, 19). Und wie von Gott, so wird auch wiederum von der Seele gesagt, dass sie den Sohn gebäre (256, 3). Dazu hat Gott die Seele geschaffen, dass sein eingeborner Sohn in ihr geboren werde (401, 5); dahin jagt er und treibt er, als ob alle seine Gottheit daran hienge (190, 10). Warum ist alle Schrift geschrieben und warum hat Gott des Engels Natur und alle Welt geschaffen? Darum allein, dass Gott in der Seele geboren werde (104, 30). Alle seine Freude und Wonne hat der Vater an diesem Werke der Geburt seines Sohnes; diese Geburt bereitet ihm so grosse Lust, dass er seine ganze Macht und alle seine Natur auf sie verbraucht (166, 29. 185, 38). Der Vater liebt nichts als seinen Sohn und alles was er in dem Sohne findet; nur darum weil jeder von uns dieser Sohn werden kann, hat er uns von Ewigkeit her geliebt (159, 30). Dieses Werkes ist keine Creatur empfänglich als allein die Seele. Alle Vollkommenheit, Licht Gnade Seligkeit, muss nothwendig mit dieser Geburt in die Seele kommen und auf keine Weise sonst. In ihr findest du alles Gute, sie versäumend versäumst du alles Gute. Alles andere vergeht, dies allein macht dich wesenhaft (10 ff.). — In Folge dieser Geburt wird der Mensch der Sohn Gottes selber. Du wirst da geboren als des himmlischen Vaters Kind und er giebt dir alle Gewalt seines Sohnes (9, 39). Gottes Sohn ist der Seele Sohn, und darin hat Gott und die Seele einen und denselben Sohn, nämlich Gott (401, 15) Zwischen dem eingebornen Sohn und der Seele ist kein Unterschied (266, 5). Gerade wie der ewige Sohn aus des Vaters Herzen quillt, so quillt er in einer von Gottes-

liebe erfüllten Seele (101, 13). Du kannst nicht der Sohn Gottes sein, ohne dass du dasselbe Wesen Gottes hast, wie es der Sohn hat, so wenig wie man weise sein kann ohne Wissen (38, 25). Oder wo Eckhart sich gemässigter ausdrückt: in der Geburt steht die Seele zu Gott beinahe wie der Sohn in der Dreieinigkeit; beinahe, weil sie nur von Gnaden, der Sohn aber durch seine Natur dort steht (652, 40). Gott allein wirkt das Werk, und er wirkt es so geheim, dass nicht Engel noch Heilige darum wissen, und die Seele kann nichts dazu thun, als dass sie es leidet (160, 14).

In dieser Geburt sind wir alle eins. Hätte Gott tausend Söhne, sie müssten nothwendig alle ein Sohn sein. Gott kann nur einen Sohn haben, wie er nur eine Vernunft hat (167, 9). Jeder von uns hat an dieser Bestimmung auf gleiche Weise Antheil. Von Ewigkeit her bin ich der Sohn Gottes gewesen meiner Bestimmung nach; ich war es aber noch nicht in Wirklichkeit. Wir alle sind ein einiger Sohn, den der Vater von Ewigkeit geboren hat aus dem unaufgeschlossenen Verstande der ewigen unergründeten Tiefe, noch ungeschieden von der letzten Ursache, der ursprünglichen sich selbst genügenden Einfachheit. Hier habe ich von Ewigkeit geruhet und geschlummert in der unaufgeschlossenen Erkenntniss des ewigen Vaters, ungeschieden und noch nicht zu besonderem Sein herausgesetzt. Aus der Einfachheit hat er mich von Ewigkeit geboren als seinen eingebornen Sohn zu derselben Form seiner ewigen Vaterschaft, auf dass ich Vater sei und gebäre den, von dem ich geboren bin. Die Seele ist wie das Echo, welches den empfangenen Ruf einer Stimme in gleicher Weise zurückschallen lässt. Gott gebiert seinen eingeborenen Sohn in das höchste Theil der Seele, und indem er seinen Sohn in mich gebiert, gebäre ich ihn wieder in den Vater (286, 21). In dem Worte, welches der Vater vermöge seiner Natur sprechen muss, spricht er meinen und deinen und eines jeglichen Menschen Geist in Gleichheit mit jenem Worte. In diesem Sprechen bist du und ich ein Sohn aus Gottes Natur wie jenes Wort. Denn der Vater erkennt nichts als dieses Wort; in ihm erkennt er sich selbst und die ganze göttliche Natur und alle Dinge, und was er darin erkennt, das ist dem Worte gleich und es ist von Natur und in Wahrheit eben dieses Wort. In dieser Erkenntniss giebt dir Gott sein Leben, sein Wesen und seine Gottheit. Ein menschlicher Vater theilt seinem Kinde wohl seine Natur mit, aber nicht sein Leben noch sein Wesen; der Vater mag sterben und das Kind lebt dennoch weiter, und umgekehrt. Aber der himmlische Vater giebt sich dir ganz und gar; denn der Vater und das Wort sind wohl zwei Personen, aber doch ein untheilbares Leben und Wesen. In diesem Worte giebt dir Gott die Gewalt, zugleich mit ihm selber dich selber und alle Dinge zu gebären; er giebt dir seine eigene Kraft in diesem Worte. Auf dieser Gnadenstufe erkennt der Vater keinen Unterschied zwischen dir und sich (290, 34). Diese Geburt ist allen gemeinsam, welche sich derselben zuwenden wollen, die zu ihr bereit sind und sie eifrig begehren (483, 24). Aber auch einzig dieses Begehren ist es, was die Seele erfüllen soll, die sich auf jene Geburt vorbereitet. Denn Gott verlangt von uns nur Abgeschiedenheit. Zu dieser Geburt will er und muss er haben eine ledige unbekümmerte freie Seele, in der nichts sei als er allein und die auf nichts und niemand achte, als allein auf ihn (14, 19). Das Werk ist Gottes; es gehört zu Gottes Natur, dass er es nicht lassen kann sich in mir und in euch allen zu gebären (620, 29).

2. Eckhart giebt nun auch nähere Bestimmungen, wie man sich diese Geburt zu denken hat. Sie wird geschildert als die höchste Verzückung, wie sie St. Paulus an sich erfuhr und wie sie den Jüngern am Pfingstfeste zu Theil ward (652, 26). Sie geschieht über Zeit und Raum in der Ewigkeit (101, 19), nicht etwa in einem bestimmten Augenblick, in diesem Jahre, in diesem Monat, an diesem Tage, sondern allezeit, das heisst über der Zeit in der Weite, wo kein Hier noch Jetzt, nicht Natur noch Gedanke ist (110, 28). Sie setzt deshalb eine Seele voraus, welche sich über die Zeit erhoben hat und in einem ewig gegenwärtigen Nun steht (105, 10. 266, 32). Die Geburt findet statt in dem allerinnersten Wesen der Seele, im Fünklein der Vernunft (110, 26). Aber alle Kräfte der Seele werden sie gewahr in einer göttlichen Wahrnehmung. Der Geist verhält sich dabei durchaus leidend und hat von diesem Werke kein Bewusstsein, wie etwa von anderen geringeren Gnadenwirkungen, wie Andacht, fromme Rührung; er steht da in einer reinen Anschauung der obersten Wahrheit. Auch der Körper ist in einer stillen Ruhe, dass kein Glied sich bewegt; denn das ewige Wort wird geboren zugleich im Geiste und im Körper. Keine Kraft der Seele übt dabei ihre Funktion, alle sind sie im Innersten gesammelt. Es ist somit Gottes Geburt in der Seele nichts anderes als ein Ergriffenwerden von Gott in

besonderem Grade und in besonderer himmlischer Weise, wobei Gott den Geist aus dem Sturme creatürlicher Unruhe in seine stille Einfachheit lockt, in der sich Gott mit seiner ihm eigenen göttlichen Natur dem Geiste mittheilen kann (479—481). Die Geburt ist ein Act der sich wiederholen kann und soll und dessen Wirkungen durch Wiederholung immer kräftiger werden. Die Seele, in der die Geburt einmal geschieht, wird nach Gott geformt; je öfter aber diese Geburt geschieht, desto mehr wird die Seele in Gott und in das väterliche Herz hineingebildet (401, 16).

8. Die Heiligung.

Die Geburt Gottes in der Seele, die höchste Gnadenwirkung, geht im Jenseitigen, Ueberzeitlichen vor; aber während sie selber als ein vorübergehender Moment vorgestellt wird, erstrecken sich doch ihre Wirkungen nicht bloss auf das überzeitliche Wesen der Seele, sondern auch auf die zeitliche Erscheinungsform derselben. Alle Kräfte der Seele und der Körper selber nehmen an diesen Wirkungen Theil; sie offenbaren sich im ganzen irdischen Leben und Thun des Menschen. Durch jene Geburt wird der Mensch von Grund aus verändert; dies wenigstens hat sie mit der Wiedergeburt in ihrem biblischen Sinne gemeinsam. Sie ist der Abschluss jener Bewegung, die mit der Bekehrung, der Busse und der durch diese erworbenen Sündenvergebung begonnen und in der Abgeschiedenheit zur Empfänglichkeit für die ganze Fülle der göttlichen Gnadenmittheilung geführt hat. Diese gänzliche Veränderung des innern Wesens muss um so mehr zu einer gänzlich veränderten Wirkungsform den Anstoss geben, als das überzeitliche und das zeitliche Wesen der Persönlichkeit keineswegs auseinanderfallen, sondern jenes. als das letztere durchwirkend und bestimmend gedacht wird. Das durch die Rechtfertigung gewonnene unendliche Vermögen des Willens, das in der Abgeschiedenheit erst im negativen Sinne als das Vermögen sich von allem Nichtgöttlichen zu reinigen sich bewährte, das erlangt somit in der Heiligung seinen positiven Inhalt als das Vermögen sich mit allem Göttlichen zu erfüllen. Hier erst wird in Folge jener Wiedergeburt der Wille befähigt, ganz in Gottes Willen aufzugehen. Wir werden die Erscheinungsform des geheiligten Willens in einem besonderen Hauptabschnitte, der die Ethik des Meisters darstellt, des näheren zu schildern haben. Aber die wichtigsten Grundbegriffe, denen gegenüber sich die Ethik Eckharts nur als die ausdrücklich gezogene Consequenz darstellt, können an diesem Orte nicht fehlen. —

Die Heiligung beginnt erst mit der vollzogenen Wiedergeburt. Weit entfernt, dass wir nach erlangter Gnade die Hände in den Schooss legen könnten, beginnt vielmehr erst dann die rechte Gott wohlgefällige Wirksamkeit (121, 9). Erst nachdem die Jünger den heiligen Geist empfangen hatten, da erst fiengen sie an tugendhaft zu wirken. Wenn die Heiligen zu Heiligen werden, dann erst fangen sie an tugendhaft zu wirken und dann sammeln sie den Schatz ewiger Herrlichkeit. Was sie zuvor wirkten, dient nur dazu für ihre Sünden genugzuthun und die Strafe von sich abzuleiten. Davon kann also nicht die Rede sein, dass man im Stande der Gnade quietistisch sich alles Wirkens entledigen dürfte (53, 23). Vielmehr, sind wir durch diese Geburt Gottes Sohn geworden, so wird auch all unser Leben göttlich, und das uns eingepflanzte göttliche Princip wirkt sich in den Werken der Liebe und Gerechtigkeit aus. Ein Rest der Unvollkommenheit bleibt freilich auch nach jener Geburt noch in den Begnadigten, weil die unendliche Fülle nicht ganz in die endliche Persönlichkeit einzugehen vermag. Selbst St. Paulus nach der Zeit wo er verzückt ward und St. Petrus nach dem Pfingsttage waren nicht frei von leichteren Fehlen (645, 25. 653, 2). Aber diese Unvollkommenheit ist da nur wie ein Zufall, eine Accidenz, die Heiligkeit ist das Wesen. Wem in der Geburt das ewige Licht zu Theil geworden ist, der kann nicht mehr fallen. Der freie Wille bleibt zwar bestehen. Die Verzückung geschieht weder so, dass der freie Wille dadurch berührt, noch so dass er nicht dadurch berührt würde, gewissermaassen in einer höheren Sphäre, die über dem freien Willen hinausliegt. Nur mittelbar und nur in gewisser Weise wird er durch die Wiedergeburt aufgehoben; denn wer Gott in jener Gnadenhöhe geschaut hat, der kann nicht mehr fallen. Es wäre Todsünde und Ketzerei, das Gegentheil zu glauben. So wenig der himmlische Vater seinen Sohn lassen kann, so wenig kann er die Seele lassen, in der er seinen Sohn gebiert (652, 11). Der Mensch in diesem Stande kann nimmer und in keiner Weise von Gott geschieden werden und nimmer in eine Todsünde fallen noch mit Willen eine geringere Sünde begehen (10, 14).

Die überfliessende Fülle des Lichtes, das mit der Geburt in

der Seele Grund kommt, ergiesst sich auch in den Körper, und dieser wird dadurch verklärt. Alle Kräfte und der äussere Mensch werden durchleuchtet. Die höchste Erkenntniss kommt uns mit der Geburt. Wir erkennen die heilige Dreieinigkeit und alle Dinge, wie sie ein lauteres Nichts in Gott sind. In Gemüth und Vernunft wird der Wille in den Ursprung zurückzukehren eingepflanzt. Wie die Seele dem Leibe sein Wesen giebt, so ist Gott der Seele Leben. Wie die Seele sich ergiesst in alle Glieder, so fliesst Gott in alle Kräfte der Seele, dass sie es weiter ergiessen in Güte und Liebe auf alles was unter ihnen ist (109, 32). Da soll der Mensch in allen seinen Handlungen ein Zeugniss ablegen vor dem Lichte der heiligen Dreifaltigkeit, das alle Menschen erleuchtet hat, dass sie den Sohn recht ergreifen, erkennen und glauben, der in dem Menschen ohne Unterlass geboren wird (586, 14). Dann bewirkt der Heilige Geist, dass ich in ihm gewissermassen verbrannt werde und schmelze und ganz und gar Liebe werde. Die Dreieinigkeit, die mit der Geburt in die Seele eingegangen ist, arbeitet dann weiter an der Seele, um alle ihre Kräfte und Wirksamkeiten nach jenem göttlichen Principe zu bestimmen. Der Vater zieht mit seiner Kraft die niederen Kräfte der Seele empor, der Sohn durchleuchtet die mittleren Kräfte, der Heilige Geist ergreift die Schneide des Geistes, das Fünklein, und rückt es in das bestimmungslose Nichts, die Einheit der drei Personen (12. 191. 521, 26. 586, 7. 660, 28). Und weil doch der irdische Zustand kein durchaus vollkommener ist, so ist innerhalb desselben noch ein unendliches Wachsen und Fortschreiten möglich, welches erst mit dem irdischen Leben selber aufhört. Es bleibt die Aufgabe, nachdem das Göttliche als Princip in das innerste Wesen der Person aufgenommen worden ist, alle Lebensfunktionen immer mehr und mehr diesem Principe entsprechend zu gestalten.

9. Die Vereinigung mit Gott.

Die Wirkungen der Geburt Gottes in der Seele stellen sich in der Heiligung nur als Wirkungen an der irdischen Erscheinungsform des Menschen, an den Kräften der Seele und deren Wirkungsweise dar. Aber Eckhart kennt darüber hinaus noch eine höhere Wirkung der Geburt auf das reine Wesen der Seele: die Vereinigung mit Gott. Die Wiedergeburt, sahen wir, lässt in den Kräften der Seele manche Unvollkommenheit zurück und die Aufgabe einer unendlichen Vervollkommnung bleibt noch nach ihr bestehen. Sie ist selber ein überzeitlicher Moment, der uns wie ein plötzliches und augenblickliches Hinausgehobensein der Seele in das Reich des Zeitlosen und Göttlichen erscheint; die Wirkungen auf das endliche Leben selber aber treten nur allmählich hervor, und in irdischer Erscheinung ist der Mensch, in welchem dem Princip nach das Ebenbild Gottes wiederhergestellt ist, immer noch mit einem Rest von Endlichkeit behaftet. Aber was unmittelbar mit der Geburt gegeben ist, darum aber auch wie sie eigentlich im Ueberzeitlichen sich an demjenigen vollzieht, in welchem Gott seinen Sohn gebiert, das ist die Vereinigung mit Gott.

Will man Eckhart nicht durchaus missverstehen, will man in seinen fremdartig, ja unerhört klingenden Aussprüchen über diese Vereinigung nicht schlechtweg Gotteslästerung und fanatische Ueberspannung finden, so muss man sich das wohl gegenwärtig halten, dass nach Eckhart der Mensch schon im irdischen Leben in dem tiefsten Seelengrunde am absoluten Wesen Theil hat, dass aber daneben alle Mannichfaltigkeit endlicher Bethätigungen der Seelenkräfte ganz wohl bestehen kann, ohne dass doch der Mensch gleichsam mit Haut und Haaren in die Gottheit transformiert würde. So ist auch die Vereinigung mit Gott zunächst nichts sich in der äusseren Erscheinung Ausprägendes; sie ist nur ein vollkommenes Versinken des Seelengrundes in den absoluten Grund, ein im zeitlichen Leben empfundener, aber eigentlich jenseits desselben eintretender Zustand, an welchem die leiblich-geistige Form des Menschen unmittelbar nicht Theil nimmt. In dieser Vereinigung ist der Mensch selber das Absolute geworden, aber doch nur wie er es eigentlich von Ewigkeit her gewesen ist; es sind nur die Hemmnisse und Bande beseitigt, welche ihn hinderten, sich seiner wahren und ursprünglichen Würde auch wirklich zu bemächtigen. Aber auch neben jener Vereinigung besteht die ganze Endlichkeit im Menschen fort; eines stört zunächst das andere nicht. Es ist dies der höchstgesteigerte Ausdruck für den Begriff des Gnadenstandes; aber er bezieht sich zunächst immer nur auf das „Fünklein" der Seele; dieses allein ist es, von dem jene vollkommene Einheit mit Gott ausgesagt wird, und das Befremdende liegt doch theilweise mehr im Ausdruck als im Gedanken. Es wird statt des Fünkleins eben die Seele selber, der Mensch genannt. Dagegen weiss doch Eckhart gar wohl, dass hier auf Erden die Unvollkommenheit unser Loos ist und bleibt. Er zeichnet ein Ideal, dem wir nachzustreben haben; er schildert es als vollzogen und versenkt sich so tief in diese Schilderung, dass es ihm selber als etwas Reales und Vorhandenes gilt. Aber im Grunde bleibt er sich sehr wohl bewusst, dass die Durchwirkung des ganzen Menschen durch das göttliche Leben in diesem zeitlichen Dasein immer nur Aufgabe bleibt, dass die Erfüllung erst dem Jenseits vorbehalten ist. Man muss das nicht als Widersprüche in der Lehre des Meisters ansehen; es sind nur zwei verschiedene Ausdrucksweisen für denselben Gedanken. Setzt Eckhart das Wesen der Heiligung auseinander, so überwiegt die Erfahrung der unaustilgbaren menschlichen Unvollkommenheit; spricht Eckhart von der Gnadenwirkung Gottes, so überwiegt seine Grundanschauung von der ideellen Möglichkeit einer vollkommenen Vereinigung mit Gott.

Eckhart erträgt es nicht, bei den Zwischenstufen stehen zu bleiben; er dringt unaufhaltsam auf das letzte Ziel vorwärts, und das höchste Ideal allein genügt seinem unersättlichen Verlangen. Zu gleichem Verlangen will er jeden Christen entflammen, daher die Ueberschwenglichkeit seines Ausdruckes. Ihm genügt keine Rechtfertigung, bei der ich zu Gnaden angenommen würde durch fremdes Verdienst, keine Gnade, bei der mir Gott noch als ein Anderer gegenüberstände, keine Ebenbildlichkeit, bei der noch ein Rest der Ungleichheit übrig bliebe. Grade im Gegensatze zu der äusserlichen Abfindung mit Gott durch die kirchlichen Gnadenmittel, wie sie die römische Kirche allein kennt, nimmt seine Ausdrucksweise diese schneidige Schärfe, sein Gedanke dieses schwärmerische Uebermaass an. Das ist überall seine dringendste Mahnung, dass man sich selber und seinen Werth nicht zu gering anschlage. Das Höchste ist erreichbar; es ist unwürdig, sich mit dem Niederen zu begnügen. Oder wer würde in irdischen Dingen mit ein paar elenden Pfennigen zufrieden sein, wo ihm ein unermesslicher Schatz von Rechts wegen zukäme (230, 39)! Das vor allem fühlt er sich berufen seinen Zeitgenossen zuzurufen: was bedürft ihr des Priesters? was lasst ihr euch an einer äusserlichen Rechtfertigung genügen? was wandelt ihr in alltäglichem Treiben bequem und wohlgemuth dahin oder macht euch selbsterfundene Regeln über ganz Gleichgiltiges und peinigt euch mit erfinderisch ausgesonnenen Qualen? Wisst ihr nicht, wie hoch und köstlich eure Bestimmung ist? Ihr seid göttlichen Geschlechts. Was ihr ursprünglich wart, sollt ihr wieder werden. Jeden Augenblick könnt ihr's haben, und ihr tröstet euch mit falschem Trost und seid zufrieden mit dem Nichtigen, mit dem was unter eurer Würdigkeit ist. Wer noch nicht alles hat, der hat noch gar nichts. — Und wenn Eckhart in solcher Predigt zuweilen über alle Schranken nüchterner Besonnenheit hinweggeht, wenn er die Macht der Sünde so sehr unterschätzt, die Bedingungen dieses irdischen Lebens so ganz aus den Augen lässt: so müssen wir vor allem doch auch der kirchlichen Zustände denen er gegenüber stand eingedenk bleiben, um nicht ungerecht gegen ihn zu werden; wir müssen im Auge behalten, dass jene schwärmerischen Uebertreibungen zwar das Köstlichste bei ihm zu trüben vermögen, dass aber wiederum nur durch sie so manches Werthvolle, was er in die weitere Entwicklung des religiösen und des philosophischen Geistes eingepflanzt hat, erzeugt werden konnte. Sprach sich ein an sich vollberechtigtes Princip in dem edlen Manne in einem nicht mehr zu überbietenden, fast fanatischen Extreme aus, so war es die Aufgabe der Folgezeit, das Excentrische in seinen Lehren, das sich um den gesunden Kern gelagert hatte, auszuscheiden, das Ueberspannte zu mässigen, aus dem gährenden Moste einen heilenden und erquickenden Trank zu bereiten.

Die Vorstellung von einer Gottwerdung des Menschen als Correlat zur Menschwerdung Gottes ist schon von Alters her in der Kirche geläufig gewesen seit den Zeiten der Apostel und der ältesten Väter. Bei Eckhart musste diese Vorstellung allen Principien seines Denkens gemäss den schärfsten Ausdruck finden, der sich einer noch weiteren Steigerung entzog. Das ursprünglich und auch nach dem Sündenfall noch unverlierbare Göttliche in der Seele hatte Niemand vor ihm so kräftig betont; Niemand hatte so consequent auf solchem Fundamente eine innerlich einheitliche Gedankenwelt aufgebaut. Selbst die Mystik vor Eckhart, diejenige Richtung also, der die Einheit des Göttlichen und Menschlichen am meisten am Herzen lag und die über eine einseitig verständige Trennung der beiden Naturen am eifrigsten hinausstrebte, hatte sich fast immer in der reinen passiven Contemplation des Göttlichen als in der höchsten erreichbaren Stufe der Gnadenerfahrung befriedigt. Stehen Erigena und Amalrich dem Eckhartischen Standpunkte am nächsten, so verschwimmt doch bei jenem der Mensch in dem Meer der Dinge, von denen er nicht wesentlich geschieden ist, und scheint sich bei diesem eine grob materialistische Denkweise hervorzudrängen, die insbesondere die sittlichen Gefahren der Lehrweise auf's stärkste hervortreten lässt. Eckhart zuerst hat die Lehre von der substantiellen Einigung des Menschen mit Gott im grossen Zusammenhange einer alle Gegensätze überwindenden Speculation als das letzte Resultat hervorgehen lassen; hier zuerst hat sie sich, ohne den sittlichen Gehalt der Lehre zu beeinträchtigen, als die nothwendige Consequenz eines zusammenhängenden Ganzen von religiösen und speculativen Gedanken erwiesen, deren Lücken und Mängel freilich, wie sie in allem menschlichen Gedankenleben sich finden, wir damit keineswegs gemeint sind in Abrede zu stellen. In diesem Punkte gipfelt Eckharts geistige Originalität. Hier liegt das Geheimniss seiner Persönlichkeit aufgeschlossen, und dies ist der springende Punkt, der den ganzen Aufbau der Gedankenwelt des Meisters, alle Entlehnungen aus den vorhandenen Lehrsystemen, wie alle Modifikationen, die er an denselben vorgenommen, und alle eigenen Weiterbildungen bedingt hat. —

1. Die kirchliche Heilslehre bleibt bei dem Begriffe der Gnade stehen; für Eckharts Auffassung des Verhältnisses von Seele und Gott ist Gnade nicht mehr der geeignete Ausdruck. Gnade ist noch etwas Creatürliches, eine Beziehung Gottes auf das was nicht er selber ist, ein Afficiertsein Gottes, nicht Gott selber. Gnade setzt voraus, dass der Mensch dem sie widerfährt noch ausser Gott sei, noch unter Gott stehe. Darüber müssen wir hinauskommen (306). Die Gnade, mit der Gott in der Seele wirkt und sie in Gott hineinzieht, ist Creatur; indem sie die Seele ihrer Bestimmung zuführt, steht die Gnade höher als die Seele; aber in Rücksicht auf das dessen sie fähig ist, steht die Seele über der Gnade (529, 37). In der Gnade sieht man Gott, aber von ferne. So lange Gnade als Gnade in uns ist, können wir Gott nicht sehen. Die Seele steht noch niedrig, so lange sie auf dem Standpunkte der Gnade steht. Darum soll sie in der Gnade aufsteigen, bis sie vollendet wird und über die Gnade hinauskommt; da erkennt sie Gott (139—140.) Das Licht der Gnade leuchtet dem Menschen auf dem Wege zu seiner Erlösung; aber es giebt ein höheres Licht, in das sich der Mensch erheben soll (460, 22). Die Seele soll Gott werden über die Gnade hinaus, sie soll zu einer Höhe kom-

men, wo sie der Gnade nicht mehr bedarf. Die Gnade erregt das Verlangen und zieht die Seele aus sich selber, so dass sie mit der Gnade und in der Gnade fortschreitet und über die Gnade hinaus in Gott, in ihren letzten Ursprung kommt (386, 39. 401, 22). Gott muss mir sich selber so zu eigen geben, wie er sich selber zu eigen ist, oder mir wird nichts zu Theil und nichts befriedigt mich (136, 38). Unser Herr spricht zu einer jeden Seele: ich bin euch zu Liebe Mensch gewesen; seid ihr nicht mir zu Liebe Götter, so thut ihr mir Unrecht (181, 29). So wahr Gott Mensch geworden ist, so wahr ist der Mensch Gott geworden (158, 7). Alles was der Sohn hat, das hat er von seinem Vater, Wesen und Natur, auf dass wir derselbe eingeborne Sohn seien (234, 4). Das ist das Ziel der Schöpfung und Offenbarung. Gott ist Mensch geboren, damit ich als derselbe Gott geboren würde. Darum ist Gott gestorben, damit ich der Welt und allen geschaffenen Dingen sterbe. Das ist der Sinn der Offenbarung Christi, dass wir eben derselbe Sohn sind. Gottes Grund ist mein Grund, und mein Grund ist Gottes Grund (233, 36. 362, 22. 66, 2).

Eckhart sucht eine vollkommene Freiheit, in der alles Gefühl der Abhängigkeit aufhört. Das ist die wahre Freiheit, dass wir von nichts abhängig und so frei, so rein und unbehaftet mit anderem seien, als wir es in unserm ersten Ausfliessen waren (252, 8). Alles was geschaffen ist ist nicht frei. So lange irgend etwas über mir ist, was nicht Gott selber ist, das drückt auf mir, wie klein es auch sei oder wie beschaffen, und wäre es Vernunft und Liebe, sofern sie geschaffen und nicht Gott selber sind, es drückt auf mir, denn es ist unfrei (260, 17). Die Seele ruht nicht, bis sie alles das durchbricht was nicht Gott ist und in die göttliche Freiheit kommt. Das Ding ist frei, das von nichts abhängt und dem auch nichts anhängt. Die Seele ist vollkommen frei, die über alles das hinausgekommen ist, was Gott nicht ist, die weder an der Creatur noch an sich selber hängt (379, 3). Aber auch die Abhängigkeit von Gott soll aufhören. Wir sollen von Gott nichts begehren wie von einem Fremden. Wer etwas von einem Andern begehrt, ist Knecht, wer da spendet ist Herr. Ich will mich sehr wohl berathen, ob ich von Gott etwas annehmen oder begehren wollte. Denn wenn ich von Gott etwas annähme, so stände ich darin unter Gott wie ein Knecht unter seinem Herrn. Und so sollen wir doch nicht sein im ewigen Leben (205, 33). Was mein ist, das habe ich von Niemand. Habe ich es aber von einem Andern, so ist es nicht mein, so ist es dessen, von dem ich es habe (209, 26). Zwischen dem Herrn und dem Knecht kann niemals Liebe auf dem Fusse der Gleichheit walten, sie bleiben sich ewig fern und ungleich (266, 5). Darum sollen wir schaffen, dass wir Gott nicht zu bitten brauchen, dass er uns seine Gnade und göttliche Güte gebe; sondern wir sollen schaffen, dass wir selber nehmen und dass wir ihn nicht darum fragen (614, 35).

Diese vollkommene Freiheit erlangt die Seele erst in der Vereinigung mit Gott. Zu der Vereinigung mit Gott aber ist die Vorbedingung, dass Gott in der Seele seinen Sohn gebiert. Gott gebiert dann nicht allein mich als seinen Sohn, sondern er gebiert mich als sich und sich als mich und mich als sein Wesen und seine Natur (205, 9). Wer Gottes Sohn ist, der ist mit Gott eins wie der Sohn mit dem Vater eins ist von Wesen und Natur. Du hast es von Gott nicht zu Lehen, denn Gott ist dein eigen (158, 28). Darum besteht die Einheit mit Gott darin, dass Gott allezeit in dem Menschen geboren wird, d. h. dass sich Gottes Ebenbild immerfort in ihm offenbart (198, 12). In dieser Geburt bin ich eins mit Gott; da kann er mich nicht ausschliessen, und da empfängt der Heilige Geist sein Wesen, sein Wirken und Werden von mir wie von Gott (55, 24). Ist nun die Abgeschiedenheit eine vollkommene und ist die ganze endliche Individualität dahin gegeben, so kehrt Gott in den Menschen ein, nicht theilweise, sondern mit seiner ganzen Fülle. Der Mensch in seinem Einzeldasein hat aufgehört, er ist alles in allem geworden. Wenn alle Unvollkommenheit und Endlichkeit, alles Negative hinausgetrieben ist und damit aller Unterschied, so werden wir Gott gleich; wir werden alles in allem, wie Gott alles in allem ist (41, 12). Wo ich Christi Leben mehr habe als mein eigenes Leben, da habe ich Christus mehr als mich selber, und da heisse ich auch eigentlicher Christus als Johann oder Jacob oder Ulrich, und sowie dies geschieht über Zeit, so werde ich in Gott verwandelt (592, 11). Wenn ich in dem absoluten Wesen so vergangen bin, dass ich in mir und in allen Dingen nichts mehr erblicke als das Wesen, so hat meine Seele ihren Namen verloren und da bleibt das reine Wesen übrig, das in dem Vater ewiglich den Sohn geboren hat, und so bin ich als ein neuer Mensch in dem Wesen geboren und wirke alle meine Werke über Natur in göttlicher Natur. So werde ich mit Christo ein Leib und mit Gott ein Geist; ich bin mit allen meinen Kräften in das ungeschaffene Gut erhoben und ziehe alle Dinge mir nach in das absolut Einfache. Da verstehe ich mich nicht anders denn als einen Sohn Gottes, und so wird das ewige Wort ohne Unterlass in mir geboren (584, 4—19). Mit Gott ein Geist und mit Christo ein Leib, das ist wahre Einigkeit (522, 12).

2. Damit ist nun auch die innigste Gemeinschaft, ja die vollkommenste Einheit gesetzt unter allen, die mit Gott geeinigt sind. Im Himmelreich ist alles in allem, alles eins und alles unser. Was Maria an Gnade besitzt, das habe ich ebensowohl, wofern ich im Himmelreich bin, und ich habe es nicht als etwas von Maria mir Zufliessendes, sondern als mein eigenstes Eigenthum, das mir von keinem Fremden kommt. Was da der eine hat, das hat auch der andere, und nicht als von dem andern oder in dem andern, sondern als in sich selbst, so dass die Gnade, die in dem einen ist, ganz und gar und als ihm eigenthümlich zugehörend in dem andern ist (39, 35). Alle Werke, die alle Heiligen und alle Engel und Maria Gottes Mutter je vollbracht haben, von denen will ich ewige Freude empfangen, als hätte ich sie selber vollbracht. Alles was Gott seinem eingebornen Sohne gegeben hat, das hat er dann mir ebenso vollkommen gegeben als ihm (56, 5. 412, 36. 137, 2).

Die Einheit mit Gott ist ferner eine Einheit des Wesens nicht allein, sondern auch des Wirkens. Wo der Mensch über die Zeit in die Ewigkeit erhoben ist, da wirkt er ein und dasselbe Werk mit Gott; er wirkt mit Gott, was Gott vor Jahrtausenden gewirkt hat und nach Jahrtausenden wirken wird. Denn in Gott ist keine Zeit und all sein Thun ist ein Werk (190, 29). Die Seele soll sich nicht früher am Ziele glauben, als bis sie mit Gott in gleicher Kraft wirkt. Dann wirkt sie mit dem Vater alle seine Werke (161, 30). Wenn der Mensch mit Gott eins ist, so bringt er mit Gott alle Creaturen hervor, so bringt er allen Creaturen die Seligkeit in dem Maasse als er mit Gott eins ist (199, 12). Und andererseits wirkt da nicht der Mensch selber mehr, sondern Gott ist dann in dieser Person der eigentliche Thäter ihrer Handlungen. Gott setzt sich an die Stelle der Vernunft und des Willens, und alles Thun des Menschen ist vielmehr ein Thun Gottes in dem Menschen (467, 10).

Aber andererseits ist die Einheit, die wir mit Gott haben sollen, nicht bloss eine Einheit des Wirkens, sondern des Wesens

(226, 31). In der Leere des unergründlichen Abgrundes göttlicher Natur soll die Seele mit Gott so eins werden, dass sie selber sprechen könnte, sie wäre Gott (511, 4). Dies Durchbrechen aller Schranken der Endlichkeit ist viel herrlicher als das ursprüngliche Hervorgehen aus Gott. In diesem verhalte ich mich als Creatur. Aber in jenem Durchbrechen, in welchem ich frei und ledig stehen will im Willen Gottes, ledig sogar des Willens Gottes und aller seiner Wirksamkeiten und Gottes selber, da bin ich über allen Creaturen, weder Gott noch Creatur; ich bin was ich war und was ich jetzt und immerdar bleiben soll. Da empfange ich einen Schwung, der mich über alle Engel emportragen soll. In diesem Schwunge empfange ich so reiche Fülle, dass mir nicht genügen kann Gott mit alle dem, was er als Gott ist, mit allen seinen göttlichen Wirksamkeiten. Denn ich empfange in diesem Durchbrechen, dass ich und Gott eins sind. Da bin ich was ich war; da nehme ich weder ab noch zu; da bin ich eine unbewegliche Ursache, welche alle Dinge bewegt (284, 11). Wo Gott und Geist ihre sie unterscheidende Besonderheit verloren haben, da bin ich der Sohn Gottes, den Gott von Ewigkeit geboren hat; wo ich dann bin, ist Gott, und wo Gott ist bin ich. Es giebt keine innigere Vereinigung als die zwischen Gott und der Seele (590, 32. 267, 4). Gott ist eins und dasselbe was ich bin, Gottes Wesen ist mein Leben; darum muss was Gottes ist mein sein und Gottes Substanz meine Substanz sein. Es heisst dies nicht Gott werden, sondern Gott sein. In dem ewigen unwandelbaren Sein ist nichts als Gott in Gott. Da lebt an der Seele nur der ungeschaffene Geist; dieses ungeschaffene Ewige aber ist nicht geringer als Gott. Gott gleich sein, das klingt noch nach Fremdheit und Trennung. Solche ist aber nicht zwischen Gott und der Seele; darum ist die Seele nicht Gott gleich, sondern sie ist mit ihm ganz und gar eins und eben dasselbe was er ist (439, 11. 204, 20. 377, 26. 532, 11. 620, 19. 163, 35). Gott ist, was er ist, und was er ist, das ist mein, und was mein ist, das liebe ich, und was ich liebe, das liebt mich und zieht mich in sich hinein, und was mich in sich gezogen hat, das bin ich mehr als ich ich selber bin. Darum liebet Gott, so werdet ihr Gott mit Gott (392, 31). Aber die Einheit mit Gott ist nicht wie die Einheit, welche von der Liebe erzeugt wird, eine Einheit bloss des Wirkens, sondern wie die, welche das Erkennen erzeugt, ein völliges Aufgehen des einen das andere (227, 34). Gott giebt sich uns zu erkennen. Sein Erkennen aber ist sein Wesen und seine Substanz; so ist denn sein Wesen und seine Substanz mein, und ich bin der Sohn Gottes. Zwischen dem Menschen und Gott ist kein Unterschied; da ist blosse Einheit, enger als die der drei Personen in der Gottheit, die immerhin doch mehrere sind. Seine Seligkeit schöpft der Mensch, wo Gott sie schöpft; er hat ein und dasselbe Wissen, Wirken und Erkennen wie Gott (198, 2. 40, 8, 34).

3. Es ist im höchsten Grade charakteristisch für Eckharts Auffassung des Verhältnisses der Seele zu Gott, dass er für die Vereinigung der Seele mit Gott das gewagte und oft so übel ausgemalte Gleichniss vom Verhältniss zwischen Braut und Bräutigam fast nie gebraucht. Das Gleichniss hat seinen guten biblischen Grund im Alten wie im Neuen Testamente; aber wie es in schwärmerischer Andacht und gerade bei Mystikern am meisten gebraucht zu werden pflegte und pflegt, so verleitet es zu anstössigen Bildern und Schilderungen, die ebenso wenig dem Wesen der Sache als einem besonnenen religiösen Gefühle entsprechen. Für Eckhart war das Gleichniss fast unbrauchbar. Ihm ruht die Einheit mit Gott wesentlich auf der Versenkung der erkennenden Vernunft in Gott, alle sinnliche Liebesgluth kann davon nur hinwegführen. Aber zugleich ist diese Liebe ein Verhältniss von Person zu Person; die Vereinigung mit Gott in Eckhartischer Auffassung setzt gerade die Abstreifung der persönlichen Eigenheit und das Verschmelzen mit dem unpersönlichen Absoluten voraus. Erscheint darum Christus auch wohl einmal als der Bräutigam, dem Gott die Seele von Ewigkeit als sein rechtmässiges Gemahl verlobt hat (288, 6. vgl. 402, 38. 407, 12), so zieht doch Eckhart sonst andere für seine Auffassung bezeichnendere Gleichnisse vor. Die Seele vereinigt sich mit Gott wie die Speise mit dem Körper. Wie diese Auge wird in den Augen und Ohr in den Ohren, so wird die Seele Gott in Gott. Mit einer jeglichen göttlichen Kraft vereinigt sie sich, wie die Kraft in Gott ist, und Gott vereinigt sich mit der Seele so, wie jegliche Kraft in der Seele ist; die beiden Naturen fliessen in einem Lichte zusammen und die Seele wird zu nichte, indem sie ihre höchste Form erreicht. Was sie ist, das ist sie in Gott. Die göttlichen Kräfte ziehen sie in sich, wie die Sonne alle Creaturen in sich zieht (531, 25. 113, 24. 226, 31). Wie in dem Sacramente das Brot in den Leib des Herrn verwandelt wird, —

so viel Brote es auch sind, es ist doch nur ein Leib, — so werden wir in Gott verwandelt (205, 21). Die Seele wird mit der blossen Gottheit vereint, so dass sie in dieser nicht mehr als besonderes Wesen gefunden werden kann, so wenig wie ein Tropfen Weines mitten im Meer (467, 6. 566, 35). Das Feuer verwandelt in sich, was ihm zugeführt wird, und bringt es in seine Natur. So werden wir in Gott verwandelt (206, 15).

Der Mensch, der so mit Gott vereinigt ist, heisst ein vergotteter, ein gottförmiger Mensch (643, 38. 240, 14). Es ist noch dieselbe Seele, aber ein anderer Zustand der Seele; denn die alte Weise ist ganz dahin und todt. Die Seele hat ihr rechtes Wesen wieder gewonnen und steht in ihrer ursprünglichen Unschuld. Die Vernunft und alles in Begriffen Erfassbare bleibt draussen, die Seele wird in die reine Einheit aufgenommen. Was bisher die oberste Seelenkraft gewirkt hat, das wirkt nun Gott im Menschen; sie aber steht bloss und ledig aller Dinge. Man kann wohl sagen: dieser Mensch ist Gott und Mensch. Er hat das alles erlangt von Gnaden, was Christus hatte von Natur. Der Leib ist so durchströmt von der herrlichen Wesenheit der Seele, dass man wohl sagen kann: dies ist ein göttlicher Mensch (127, 25). Er ist mehr Gott als Creatur (185, 1). Eckhart spricht von fünf Standpunkten, welche die Seele einnehmen kann. Der Standpunkt des Teufels ist das Genüge an der Sinnlichkeit; der Standpunkt der Natur (d. h. des sich als allgemeines Ich erfassenden Bewusstseins) ist der der Andacht und eigenlosen Liebe, die sich doch endlicher Bilder und Vorstellungen nicht entschlagen kann; der Standpunkt des Engels ist der des von Affekten freien und ungehinderten Schauens aller Dinge unter der Form der Ewigkeit. Auf dem Standpunkte des Geistes ergreift man die unendliche Substantialität der eigenen Seele und erfasst sich selbst als Christus. Wer aber in den göttlichen Standpunkt verzückt wird unmittelbar, der versteht sich nicht anders, als dass er das Wesen sei, aus dem Gott sein Wesen und seine eigene Gottheit entnimmt (586, 21 ff.). — Das Aeusserste, was Eckhart in dieser Hinsicht ausgesprochen hat, findet sich in der merkwürdigen Abhandlung (448—475), in welcher er sein Ideal der Frömmigkeit im Bilde einer Jungfrau schildert, welche unter der Anleitung ihres Beichtvaters aus den Bedrängnissen ihres Gewissens herausstrebt und von dem gesetzlichen auf den evangelischen, von dem evangelischen auf den mystischen

Standpunkt sich erhebt. Bald wächst sie in Erfahrungen der Gnade über ihren Beichtvater hinaus, so dass nun sie im Stande ist diesen zu leiten, und endlich erreicht sie die letzte Höhe, die sie ihrem Beichtvater mit den Worten ankündigt: „Herr, freuet euch mit mir; ich bin Gott geworden." Es wird dann ihre Verzückung geschildert. Die Jungfrau, in der Ueberlieferung Schwester Katrei, Meister Eckharts Tochter, genannt, geht in einen Winkel der Kirche. Da kam sie dahin, dass sie alles Endliche vergass und so weit über sich und alles Geschaffene erhoben wurde, dass sie bis an den dritten Tag lag und für todt galt. Wäre nicht der Beichtiger gewesen, man hätte sie begraben. Erst am dritten Tage kommt sie zu sich und spricht: Ach ich Arme, bin ich wieder hier? Was sie aber empfunden hat, kann sie Niemandem mittheilen. — Eckhart hat hier an einem concreten Bilde sein Ideal darstellen wollen. Das, will er sagen, könntet ihr erreichen; schwerlich ist die Färbung des Bildes im Einzelnen ernstlich gemeint. Erst durch die Wiederholung dieser Verzückung wird die Tochter bewährt; der Beichtvater nennt dies, sie bleibe Gott. Nirgends erscheint die Lehrweise Eckharts so abschreckend als ein fanatisches Extrem, wie in dieser Darstellung; nur muss man sich auch hier gegenwärtig halten, dass Eckhart nicht gemeint ist, damit wirkliche Seelenzustände zu schildern, sondern dass ihm das Ganze nur als eine poetische Fiction, ein Bild, ein Beispiel gilt, in welchem seine Lehre von der vollkommenen Abgeschiedenheit und von der Vergottung concret und anschaulich sich darstellt. Es ist nur ein Ideal, was er zeichnet; dass es realisiert oder realisierbar ist, hat er nicht sagen wollen. Aber freilich, das Ideal selber ist falsch aufgefasst und ein Produkt mehr der Schwärmerei als besonnener Ueberlegung.

4. Eckhart schildert die Vereinigung mit Gott als etwas in einzelnen Menschen Verwirklichtes. Sein Zweck ist dabei wesentlich, die Sehnsucht und den Trieb auf das Höchste zu lenken; zu solcher extremen Steigerung veranlasst ihn zumeist die Polemik gegen die herrschende Verflachung. Aber sein voller positiver Ernst ist die Schilderung doch nur im Momente des Affects. Bei ruhigerer Ueberlegung lauten seine Aeusserungen wesentlich milder und besonnener, und er fügt nicht selten seinen extremsten Darlegungen abschwächende Restrictionen hinzu, die dann aller-

dings seine Lehre der gewöhnlichen Auffassung in wesentlichen Punkten annähern.

Eine gewisse Abschwächung des Gedankens erscheint schon darin, dass der Mensch doch nicht grade so Gott sein soll, wie Gott selber; denn dieser ist es von Natur, d. h. durch sich selber, jener aber nur von Gnaden, d. h. durch ein Geschenk Gottes (185, 2. 382, 8. 398, 34). Was Gott hat von Natur, das hat die Seele von Gnaden; einen weiteren Unterschied zwischen sich und der Seele schreibt sich Gott selber nicht zu (531, 36. 533, 16). Aber dieser eine Unterschied ist durchgreifend; der Mensch ist eben nicht das Absolute. Und das wird nun als der tiefste Schmerz der Seele bezeichnet, dass sie das Absolute selber durchaus nicht und in keiner Weise werden kann. Vor Zorn ist das Antlitz der Seele geröthet, Niemand kann sie in ihrem Leide trösten. Sie zürnet Gott selber. Wäre sie der Schöpfer und Gott von ihr geschaffen, wie es die Seele von Gott ist, sie würde sich dahingeben und Creatur werden und dem andern die Macht geben Gott zu werden; ja, wäre es für Gott ein Schmerz, über den er nicht hinwegkommen könnte, dass er sein Wesen von der Seele hätte, so würde sie wollen, dass er sie vertilgte und dass sie zu nichte würde, um ihm das Gefühl des Geringerseins zu ersparen. Aber sich so seiner zu berauben und das andere an seine Stelle zu erheben, ist eben gegen des Absoluten Natur; der Seele wiederum klebt unabänderlich die Geschaffenheit an; die Creatur erlangt in ihr die Form der Ewigkeit, das ist der Seele Bestimmung. Darum bleibt der Seele nichts übrig, als in tiefster Demuth, im Gefühl ihrer Unvollkommenheit sich Gottes ganz unwürdig zu halten, zu verzichten und sich zu ergeben. So will die Seele aus sich hervorgehen und so kann ihr reines Wesen in Gott eingehen (542, 9).

Das Absolute selber also kann die Seele nicht werden. Wie der Tropfen in dem Meere aufgeht, das Meer aber nicht in dem Tropfen, so geschieht der Seele, wenn Gott sie in sich zieht, so dass die Seele göttlich, Gott aber nicht die Seele wird. Da verliert die Seele ihren Namen, ihre Kraft und ihre Thätigkeit, aber nicht ihr Sein; die Seele bleibt in Gott, wie Gott in sich selber bleibt (314, 20). Die Seele wird Gott in höherer Weise als in der Form der Gnade. Da hat sie sich verloren und fliesst sie in einem Strome in die Einheit göttlicher Natur ein. Aber so sehr sie in der Einheit versinkt, so kann sie doch den absoluten Grund nimmer umfassen. Darum hat ihr Gott ein Pünktlein gelassen, wo sie in sich zurückkehrt und sich als Creatur wiederfindet und erkennt. Das gerade ist der Seele Wesen, dass sie ihren Schöpfer nicht zu ergründen vermag (386, 39). Dieses ihr vernünftiges Wesen, sich selber zu verstehen, kann der Seele nie abhanden kommen; sie kann niemals nichts werden (506, 25). Es ist nicht die höchste Seligkeit der Seele, die creatürliche Beschaffenheit ganz zu verlieren, so dass sie zu erkennen, zu lieben und zu fühlen aufhörte. Vielmehr in Gott einzugehen und doch als Unterschiedenes, unterschiedslose Einheit zu besitzen als Creatur und doch mit voller Energie des Fühlens und Liebens, das ist die höchste Seligkeit. Denn in Gott ganz aufgenommen würde sie völlig verschwinden; in Gott ist alle Creatur etwas unendlich Kleines und Verschwindendes wie ein Thautropfen im Meer (662, 20). Die Erwählten, welche ihr Erkennen Gott zuwenden, fliessen in dasselbe Nichts, wie die Verdammten. Aber der Verdammten Qual ist das Bewusstsein des Nichts, in das sie immer tiefer versinken und das sie doch nicht zu begreifen vermögen. Durch diese Finsterniss des Nichts gehen auch die Seligen hindurch; aber sie sehen in diesem Nichts nicht das blosse Nichts, sondern die unendliche Fülle des göttlichen Wesens, die sie nicht umfassen können. Da versinkt die Seele immer tiefer in den Grund des Nichts. Aber in diesem Versinken bleibt ihre Substanz und wird nicht zu nichte. Denn das Nichts welches sinkt kann das Nichts in welches es sinkt nimmer umfassen (522, 18). Und darum kann Eckhart zu dem Satze: die Seele wird Gott in Gott, die Beschränkung hinzufügen: soweit es einer Creatur überhaupt möglich ist (356, 23). Eben dahin zielt es, wenn Eckhart das Wörtlein „quasi" als das bezeichnet, worauf all sein Predigen hinauslaufe. Das Wörtlein bezeichne, was die Kinder in der Schule ein „Beiwort", d. h. ein Beispiel, ein Gleichniss nennen. So sollen wir zum Worte ein „Beiwort" sein (271, 10). — Die Seele geht also nicht ganz unter in der Finsterniss des absoluten Wesens. Es bleibt ihr ein Rest von Endlichkeit, welcher ihr aber zugleich die Bürgschaft der Ewigkeit giebt. Alles was an ihrem individuellen Sein göttlich und vernünftig ist, soll ihr ewig bleiben. Durch die Schranke ihres Bewusstseins bleibt die Seele sich immer ihrer selbst als eines endlichen Wesens bewusst mitten in der sie umfangenden Unendlichkeit des Absoluten, mit welchem sie sich vereinigt hat.

Es bleibt Eckharts Ueberzeugung, dass die höchste Vollkommenheit, von der man nur sprechen kann, auch erreicht werden kann (642, 28). Aber dass sie hier schon im irdischen Leben erreichbar ist, behauptet er doch nicht in vollem Ernste. Alle Seligkeit, die wir hienieden haben, ist doch nur ein Vorschmack; der volle Genuss derselben wird uns erst im Jenseits zu Theil. Hier beginnt sie und ewiglich soll sie dauern. Gnade, wie wir sie in diesem Leben haben, und Seligkeit, wie wir sie dereinst im ewigen Leben haben sollen, die verhalten sich zu einander wie die Blüthe zur Frucht (323, 5. 377, 15. 382, 18). Was uns jetzt noch verborgen ist, soll uns dereinst offenbar werden. Zum vollen Schauen und Erkennen der göttlichen Wirksamkeiten kann man in diesem Leibe nicht kommen; aber das Streben dahin, die Liebe bleibt uns (238, 13. 619, 21). Hienieden kann eine solche Einigung mit Gott, dass alles Streben und alle Veränderung aufhörte, nicht geschehen (252, 3). Der Leib ehe er verklärt ist kann nimmer dem Aufschwunge des Geistes folgen (655, 2. 668, 11).

Deshalb wird der Sinn, in welchem allein man von einer Vereinigung des Menschen mit Gott sprechen kann, so erläutert. Wenn der Mensch das göttliche Ebenbild, welches Gott in seine Natur eingeprägt hat, von allen Hüllen und Decken befreit, so wird in ihm das Ebenbild Gottes offenbart, d. h. Gott wird in ihm geboren; denn der Sohn heisst vom Vater geboren, weil er den Vater als solchen offenbart. Durch diese Aufweckung des göttlichen Ebenbildes in sich macht sich der Mensch Gott gleich. Denn das Urbild des Menschen ist dem Urbilde Gottes gleich, welches Gott nach seinem reinen Wesen ist. Je mehr der Mensch so Gott gleicht, desto mehr ist er mit Gott eins. In diesem Sinne sagt man: der Mensch wird in Gott geboren, indem des Menschen Urbild mit dem Urbilde Gottes in gleichem Lichte strahlt. Diese Gleichheit des Urbildes macht die Einheit Gottes mit dem Menschen aus. Darum, wenn man sagt, dass der Mensch mit Gott eins sei, so denkt man dabei an sein Urbild, mit dem er Gott gleich ist, nicht an sein geschaffenes Wesen. Man sieht dabei von seiner Creatürlichkeit ab, nicht als ob diese überhaupt nicht wäre, sondern weil sie in dieser Beziehung nicht vorhanden ist (198, 13).

Aber allerdings, trotz aller dieser Einschränkungen und Erwägungen, die er nicht unterdrücken will, verweilt Eckhart mit Vorliebe bei der Ausmalung eines absolut vollendeten Zustandes, in welchem er einerseits alle Schranken zwischen Gott und der Seele aufhebt, andererseits einen Unterschied zwischen dem Diesseits und dem Jenseits nicht hervortreten lässt. Dennoch wird man Eckharts Gedanken dahin zu interpretieren haben, dass ihm die gänzliche Vereinigung des Menschen mit Gott nur als das höchste Ideal gilt, das er sich berufen fühlt, den am Aeusserlichen klebenden Zeitgenossen als das einzig rechtmässige Ziel ihres Strebens vorzuhalten, und dass die Ueberschwenglichkeit mehr im Ausdruck als im Gedanken vorhanden ist. Wenn er es meist vorzieht, von der endlichen Bedingtheit alles unseres Strebens, von der unvermeidlichen Unvollkommenheit alles Irdischen abzusehen, so gehört das nicht sowohl seiner Lehre und ihrem Grundgedanken an, als vielmehr dem Vortrage dieser Lehre und ihrem erziehlichen Zwecke. Eckhart glaubt wirksamer zu sein, wenn er das letzte Ziel des Strebens als ein Realisierbares und Realisiertes darstellt und anschauen lässt, als wenn er, was eigentlich seine Meinung ist, nur von einer unendlichen Annäherung an dies Ideal spräche als dem Höchsten, was wir hoffen könnten. Deutlicher noch wird dies hervortreten in Eckharts Lehre von der sittlichen Thätigkeit. Dabei soll nicht geleugnet werden, dass eine gewisse Vermischung des Menschlichen und Göttlichen schon in der Grundanlage seiner Denkweise, in der Bestimmung des Wesens der Seele, sichtbar wird.

IV. Vom sittlichen Leben.

In der Darstellung der Lehre Eckharts von dem Wege der zur Vereinigung mit Gott führt haben wir die principielle Seite seiner Auffassung von dem Wesen und dem eigentlichen Inhalte des Sittlichen kennen gelernt. Aber Eckhart begnügt sich nicht damit, das gottförmige Leben nur so im allgemeinen zu schildern; er versucht auch im einzelnen darzustellen, wie sich das unter dem Einflusse der Gnade in den Geist aufgenommene göttliche Princip in den mannichfaltigen Bethätigungen und in dem gesammten Zustande des Geistes offenbart und gewissermaassen in seine Momente expliciert. Die Gedanken, welche Eckhart darüber theils in zusammenhängender Form, theils zerstreut und vereinzelt äussert, fassen wir zusammen unter dem Gesichtspunkte einer Lehre vom sittlichen Leben.

1. Die Voraussetzungen des sittlichen Lebens.

Wenn Eckhart das Thun des Sittlichen unter den Verhältnissen des irdischen Lebens im einzelnen zu schildern unternimmt, so erwächst ihm die grosse Schwierigkeit, dass er alles das als ein Nichtseiendes oder Nichtseinsollendes betrachtet, was allein den positiven Grund für eine sittliche Bestimmtheit der Handlungen abgeben kann. Das Princip und die Voraussetzung alles sittlichen Handelns nach Eckhart ist das Sein des Menschen in Gott, d. h. zugleich die Erhebung über Raum und Zeit und alle irdischen Bedingungen und Verhältnisse, die reine Abgeschiedenheit. Das Irdische hat ihm überall keinen selbstständigen Werth; es ist vielmehr ein beständig zu Negierendes und Aufzuhebendes, und der Wille, soweit er sich auf das sinnlich Einzelne bezieht, ist eben kein sittlicher, sondern ein natürlicher, also unsittlicher Wille. So aber wäre das ganze irdische Leben mit seinen durch keinen Willen aufzuhebenden körperlichen und geistigen Bedürfnissen eine Negation des sittlichen Lebens; des Sittlichen erste Aufgabe müsste demnach die sein, dies irdische Leben selber aufzuheben. So lange der Mensch auf Erden ist, hört die Thätigkeit der Sinne, die Mannichfaltigkeit der Wahrnehmungen, das verschlungene Spiel der Seelenkräfte, die Vielheit der Sorgen und Begierden, die Zersplitterung der einen geistigen Gesammtkraft in lauter einzelne und auf das Sinnliche gerichtete Beschäftigungen nimmer auf; die Seelenruhe, die doch unbeweglich in dem einen absoluten Grunde haften sollte, wird immer auf's neue gestört; der unabänderlich sich gleich bleibende Wille, der wenn er in Einheit mit dem göttlichen Willen ist allein dem Begriff des sittlichen Willens entspricht, durch immer andere und immer neue Versuchungen von innen und aussen gestört. Es sind immer wieder neue Entschliessungen nöthig; es kommt der Kampf nicht zum Stillstande, der Streit führt zu keinem abschliessenden Siege, und die mühsam errungene geistige Sammlung wird immer wieder zur Zerstreuung in der Noth und Sorge des Irdischen. Die Verschiedenheit der inneren und äusseren Güter die alle gleichmässig gewahrt sein wollen führt zu immer wiederkehrenden Collisionen, zu einem Streite der Pflichten, aus dem sich das Gewissen nicht immer rein zurück bringen kann. Gegen diese im Begriff der Endlichkeit liegenden Folgerungen kann auch der Mystiker seinen Blick nicht verschliessen, und erkennt er sie an, wie es Eckhart denn thut, so scheint sich ihm die Alternative zu stellen: entweder sein Ideal des sittlichen Lebens oder das irdische Leben als die Stätte der Verwirklichung dieses Ideales aufzugeben.

Der Meister, dem es bei aller mönchischen Befangenheit doch nicht durchaus am Blicke für die Bedeutung des irdischen Lebens selbst in den Einzelheiten seiner äusseren Bedingungen mangelt, entscheidet sich in der Schwierigkeit der scheinbaren Alternative weder für die eine noch für die andere Seite. Sein tiefes sittliches Gefühl drängt ihn, beide Seiten zugleich festzuhalten. Er lässt von der Strenge seines sittlichen Ideals nicht das mindeste nach; aber andererseits schreibt er dem irdischen Leben mit allen seinen Unvollkommenheiten eine unendliche und unvergleichliche Bedeutung zu.

Die stricte Consequenz des mystischen Standpunktes wäre der Quietismus, diese Carricatur des gottergebenen Willens. Läuft doch die Anforderung, die der Mystiker an den Willen stellt, darauf hinaus, dass wir den Willen aufgeben, alles eigene Wollen und Thun unterlassen, um Gott allein in uns walten zu lassen. Selbstvernichtung und vollkommene Passivität bleiben als die einzige Pflicht übrig, wo die Tendenz zur absoluten Einheit sich so schrankenlos geltend macht. Und dennoch ist jene scheinbar so zwingende Consequenz in Wahrheit nicht vorhanden; eine tiefere Speculation kann die Vordersätze zugeben, ohne die in den Widersinn führenden Folgerungen anzuerkennen.

Wohl möchte die Seele Gott sein; wohl wünschte sie, dass es überhaupt keine Creatur gäbe, sondern allein Gott, wie er in der Ewigkeit war vor der Erschaffung der Creaturen, damit sie die göttliche Natur in ihrer Einheit so geniessen könnte, wie sie es einst gethan hat. Aber so hätte es Gott an einem Gegenstande seiner Liebe gefehlt; und es ist doch die Natur des Guten, dass es sich mittheile (543, 1). Indem Gott eine Welt des Endlichen schaffen muss, um wirklich und vollkommen Gott zu sein, muss der Mensch eine sinnlich-endliche Einzelpersönlichkeit werden, und das Ziel dieses endlichen Daseins ist, die Rückkehr der Seele und mit ihr aller Dinge in Gott zu vermitteln. Damit ist schon die unendliche Aufgabe ausgesprochen, die die Seele in diesem Erdenleben zu erfüllen hat, nicht bloss dass sie selbst die Schranken der Endlichkeit durchbreche, sondern dass sie auch alle endlichen Dinge soviel sie es vermag ihrer Macht unterwerfe und mit sich emporziehe. Das Heil der Menschenseele umschliesst damit zugleich das Heil aller Creatur. Dem Menschen ist die Arbeit geboten, im Denken, Fühlen, Thun alle Dinge zu vergeistigen, dass sie wieder Geist werden, wie sie es ihrer Natur nach von Anfang an gewesen sind (533, 5). — So lässt sich von den Principien der Eckhartischen Denkweise aus die Anforderung einer unaufhörlichen Arbeit zum Zwecke der Bewältigung des Irdischen und seiner Unterwerfung unter den Geist allerdings begreifen.

Aber davon ist Eckhart allerdings weit entfernt, das System der Güter, welche dem Menschen als Grund und Ziel seiner sittlichen Thätigkeit auf Erden gegeben sind, irgend annähernd zu begreifen, den Umfang und die Mannichfaltigkeit der Arbeit im Endlichen zu zeichnen und zu beschreiben, die volle Bedeutung aller einzelnen Berufsarten für den Aufbau des Reiches Gottes zu würdigen. Er arbeitet mit dem Gedanken- und Anschauungsmaterial seiner Zeit, und sein mönchischer Stand setzt seiner Auffassung in dieser Beziehung noch bestimmtere Grenzen. Nur die Tendenz werden wir hier durchbrechen sehen, deren weiterer Verfolg zu einer mit wahrhaft positivem Inhalt angefüllten Ethik führen müsste. Nur zarte Keime, schwache Anfänge sind es, die uns bei dem Meister entgegen treten. Er selber gelangt in seiner Fassung der Lehre über eine rein negative Ethik der Weltentfremdung nicht allzuweit hinaus. Hier ergänzend einzutreten, ist dem Zeitalter der Reformation vorbehalten geblieben, und den vollen begrifflichen Ausdruck der ethischen Grundlehren haben erst die letzten beiden Jahrhunderte gefunden in tieferem Anschluss an die Traditionen des Alterthums und mit gründlicherem Verständniss insbesondere der aristotelischen Ethik.

Um aber den Widerspruch zu heben zwischen der Forderung einer fortdauernden sittlichen Arbeit und zwischen jener absoluten Ruhe, in welcher doch allein der sittliche Zustand der Seele bestehen soll, erweist sich jene Unterscheidung besonders fruchtbar zwischen der Totalität der Seele und ihren einzelnen Kräften, zwischen dem Fünklein, welches auch im irdischen Leben das wahre Wesen der Seele ausmacht, obgleich es selber in der Transscendenz über das räumlich-zeitliche Dasein verharrt, und den einzelnen Vermögen und deren Bethätigungen, mit denen die Seele in die irdischen Bedingungen der Endlichkeit eingeht. Das Fünklein schlummert zunächst in der Seele; aber es erhält doch eine beständige Sehnsucht und Neigung zu der Gottheit in der Seele lebendig. Es bedarf nur des sittlichen Willensentschlusses, welcher mit der Wiedergeburt, der Geburt des Sohnes in der Seele, zusammenfällt, damit das Fünklein zu lebendiger Energie erregt und zur bestimmenden Macht für alle einzelnen Lebensfunktionen erhoben werde. Das nun ist zunächst die Forderung an den sittlichen Charakter, dass im Fünklein, also auch selber in überzeitlicher Form, Gott in der Seele vorhanden sei, dass hier alle die verhüllenden Decken hinweggeräumt seien und das Göttliche als solches hervortrete. Hier soll in der Wiedergeburt das Ideal der Heiligkeit im Princip vollzogen sein; aber daran nehmen die einzelnen Kräfte der Seele als solche noch nicht Theil. Nun ersteht vielmehr erst die eigentliche Sittlichkeit, die unendliche Aufgabe für dieses irdische Leben; denn nun gilt es, das im Fünklein als bestimmendes Princip für das gesammte geistige und leibliche Dasein des Menschen Gesetzte auf alle einzelnen Thätigkeiten der Seele und des Leibes einwirken, alle Lebensäusserungen durch jene gestaltende Kraft durchwirken zu lassen, in stufenweiser Steigerung die ganze irdische Erscheinungsform des Menschen immer völliger und immer reiner in jenes Element einzutauchen und dies heilige göttliche Lebensprincip in allen durch die Bedürfnisse und Sorgen, die Begierden und Versuchungen der Erde hervorgerufenen Bethätigungen wiederzuspiegeln. Ist jenes Eingebären des Göttlichen in die Seele ein unzeitlicher Moment, so ist die Durchwirkung des ganzen Menschen durch dasselbe und die Ausgestaltung desselben in einem heiligen Leben ein allmählich sich vollziehender, nach Stufen fortschreitender zeitlicher Process, dessen Abschluss auf Erden innerhalb der Schranken der Endlichkeit niemals stattfinden kann, dem aber eine äusserliche Grenze gesetzt ist durch das Ende des zeitlichen Lebens im physischen Tode. Dann muss es ein Fortschreiten auch noch innerhalb der Seligkeit geben; aber allerdings das Resultat des endlichen Lebens dauert für alle Ewigkeit gültig fort in dem einen Punkte, wo von keinem Mehr oder Minder die Rede sein kann, in dem rein Qualitativen, ob nämlich die Geburt Gottes in der Seele stattgefunden hat oder nicht. —

Auf diese Weise also mag im Funken die reine Passivität, die unbewegliche Einheit mit Gott vorhanden sein und doch daneben das unendliche Spiel der Seelenkräfte mit ihrer mannichfachen Beweglichkeit und ihren wechselnden Thätigkeiten hergehen. Aber allerdings die Frage, die sich auf allen Punkten erhebt, kehrt auch hier wieder: wie kann das absolut Unzeitliche auf das durchaus Zeitliche wirken und das schlechtweg Unendliche endliche Wirkungen haben? Die Seele wird dualistisch in ein transscendentes Wesen und eine endliche Erscheinungungsform getrennt. Wie der Zusammenhang zwischen beiden herzustellen, welcher Grad von Realität überhaupt der endlichen Form der Seele zuzuerkennen sei, darüber treten uns bei Eckhart nur unbestimmte Vorstellungen, keine klaren Begriffe entgegen. Das Verhältniss der Wiedergeburt zur Heiligung ist niemals tiefer erfasst, der Begriff der Wiedergeburt niemals gründlicher angeeignet worden, als es bei Eckhart geschehen ist. Aber es bleibt doch mehr bei der Form einer erhabenen Intuition. Man vermisst eben so sehr eine Entwicklung in klar gegliederten Begriffen, als einen bewussten Anschluss an die Autorität der Heiligen Schrift.

2. Werk und Gesinnung.

Seinen Voraussetzungen gemäss lehrt uns Eckhart, wenn es sich um den Begriff des Sittlichen handelt, unsern Blick abwenden von dem Aeusseren, der in die sinnliche Erscheinung eingehenden Thätigkeit, und unser Augenmerk richten ausschliesslich auf das Innere, die Quelle, der alle einzelnen Thätigkeiten entstammen. Er wendet sich damit auf das allerentschiedenste gegen die in der römischen Kirche herrschend gewordene Auffassung, welche in dem praktischen Verhalten des Menschen das äussere Moment des Werkes in falscher Weise verselbstständigte und ihm auch abgesehen von der dasselbe tragenden inneren Beschaffenheit, der sittlichen Gesinnung, einen sittlichen Werth beilegte. In solcher Ablösung von seinem Grunde in der Willensbeschaffenheit des Menschen gilt dem Meister das äussere Werk schlechthin nichts. Es ist sein oberstes Princip im sittlichen Urtheil, dass das Werk an sich als ein äusserer Vorgang gedacht, der sich durch den Menschen vollzieht, etwas vollkommen Indifferentes ist, dass das Thun des Menschen sittlichen Werth erst erhält durch die correspondierende Gesinnung, die Beschaffenheit des Willens, und dass mithin nur diese, nicht ihre Aeusserung im Werke sittlich oder unsittlich genannt werden kann.

1. Von der Macht des Willens hat Eckhart die höchsten Vorstellungen. Der Wille aber ist von Natur ewig, seine Aeusserung im Werke ist zeitlich und endlich. Die Sittlichkeit besteht in jenem Ewigen des Willens, nicht in der zeitlichen Manifestation desselben im Werke. Der Wille, wenn er recht ernst ist, ist gar kräftig; dann darf er aber kein blosses Begehren, keine blosse Neigung sein; es darf nicht heissen: ich möchte wohl, sondern: ich will. Manches scheinbar geringfügige Thun, einmal geübt, ist Gott wohlgefälliger, als manches scheinbar bedeutende Werk, welches ein Anderer lange und oft geübt hat, wenn jenes geringfügige unter dem Gesichtspunkt der Ewigkeit geschah. Der Wille,

der sich im Nu in die Ewigkeit erhoben hat, erringt vor den Augen Gottes mehr als alles zeitliche Thun zu erringen vermag. Denn in dem Nu ist alle Zeit enthalten (304, 11). Der Mensch soll deshalb so lange über nichts erschrecken, als er in sich den Willen zum Guten findet, und er soll sich nicht betrüben, wenn er ihn in Werken zu vollbringen nicht vermag. Der Tugend braucht er sich darum nicht fern zu dünken; denn die Tugend und alle Sittlichkeit liegt im guten Willen. Es kann dir an nichts fehlen, wenn du nur den rechten Willen hast. Aber dass du kräftiglich und mit ganzem Willen willst, das steht bei dir, und weder Gott noch Creatur kann es dir nehmen. Was ich haben will, das habe ich. Thäte ich nimmer etwas Böses, hätte aber den Willen zum Bösen, so trüge ich die Sünde, als ob ich sie geübt hätte. In dem blossen ernstlichen Willen könnte ich so grosse Sünde thun, als hätte ich alle Welt getödtet, wenn ich auch dazu nicht den Finger gerührt hätte. Mit dem Willen vermag ich alles. Ich kann aller Menschen Mühsal tragen, alle Armen speisen und aller Menschen Werke verrichten, und was du dir auch ausdenken kannst: gebricht es dir nicht am Willen, nur an der Macht, in Wahrheit, vor Gott hast du es alles gethan und Niemand kann es dir nehmen. Denn etwas thun wollen, sobald ich kann, und es gethan haben, das gilt vor Gott gleich. In der Liebe ist zweierlei zu unterscheiden: das Wesen der Liebe und ihr Werk, d. h. die blosse Aeusserung des Wesens der Liebe. Der wahre Ort der Liebe ist allein im Willen. Wer mehr Willen hat, der hat auch mehr Liebe (552 ff.). Gott sieht nicht an, wie beschaffen die Werke sind, sondern allein, wie die Liebe ist und die Gesinnung und das Gemüth in den Werken. Denn ihm ist es nicht zu thun um unsere Werke, sondern allein um unser Gemüth in allen unseren Werken, darum nämlich, dass wir ihn allein lieben (560, 34). Ein Mensch, der nichts hat zu geben, kann doch mildthätig sein; denn er kann mit dem Willen geben (607, 34). Ein jeder Mensch wird beurtheilt nach den Zwecken, die er sich setzt; sein Werth wird bestimmt durch das Ziel, das er anstrebt. Wer sich etwas Geringeres zum Ziele setzt als Gott, der ist Gottes nicht werth; wer aber Gott liebt, dem kann nur mit Gott gelohnt werden und dem will sich Gott selber zum Lohne geben (608, 31). Eben so gilt es von den Handlungen; nach der Absicht, auf welche die Handlungen hinauslaufen, bestimmt sich ihr Charakter (297, 11).

Gäbe einer hundert Mark Goldes um Gottes willen, das wäre eine grosse That und erschiene als eine grosse That. Aber ich sage: habe ich den ernsten Willen hundert Mark zu geben wenn ich sie hätte, in Wahrheit, so habe ich sie Gott bezahlt und Gott muss mir erwidern, als ob ich ihm hundert Mark bezahlt hätte. Und hingegen: würde der Papst von meiner Hand erschlagen und es wäre nicht mit meinem Willen geschehen, ich wollte an den Altar gehen und Messe lesen wie sonst (56, 39). Nicht der heisst tugendhaft, der Tugendwerke wirkt, sondern der, der sie in einer der Tugend entsprechenden Weise wirkt. Wer ein Almosen giebt widerwillig und nicht mit fröhlichem Herzen, der übt ein Tugendwerk, aber nicht in angemessener Weise. Nicht das äussere Leiden macht den geduldigen Menschen aus, sondern es zeigt und offenbart nur, ob der Mensch geduldig sei, wie das Feuer zeigt, ob der Pfennig silbern oder kupfern ist. Ein Geduldiger würde geduldig heissen, auch ohne dass ihm jemals äusseres Leiden zustiesse (611, 36). Aller Werth des äusseren Leidens kommt und fliesst aus dem Werthe des guten Willens. Alles darum, was der gute Mensch um Gottes willen zu leiden bereit ist und begehrt, das leidet er vor Gottes Angesicht wirklich (444, 8).

2. Ueber das Verhältniss der einzelnen Handlungen zum bleibenden Wesen des Geistes sich näher auszusprechen, nimmt Eckhart Anlass aus einer Streitfrage, die Aufsehen erregt haben muss und in der seine Meinung von der aller Gelehrten seiner Zeit abwich. Es ist Eckharts Behauptung, dass im Zustande der Todsünde gute Werke geübt werden können, die wenn der Mensch dann zu Gnaden angenommen wird demselben zur Förderung gereichen. Wir geben seine Ausführung dieses Gedankens in Kürze wieder. Alle guten Werke, sagt er, wie die Zeit in der sie geschehen, vergehen an sich schlechthin wirkungslos. Keinem Werke kommt das Prädicat heilig oder selig zu; böse und gute Werke gehen gleich wirkungslos vorüber. Heiligkeit, Seligkeit, Güte sind nur äusserlich beigelegte Prädicate des Werkes und der Zeit, in der es geschah, und eignen ihnen nicht wahrhaft. Ein Werk als solches ist an sich nichts; es ist nicht um seiner selbst willen, es weiss auch nichts von sich selbst. Sobald die Handlung geschehen ist, so ist sie zu nichte geworden und vorüber wie die Zeit, in der sie geschehen; sie ist weder hier noch da, der Geist hat mit ihr nichts mehr zu thun. Soll dieser weiter wirken, so muss

es mit anderen Handlungen und zu anderer Zeit geschehen. Darum gehen gute und böse Thaten auf gleiche Weise vorüber; sie haben keine Dauer im Geiste, kein Wesen und keinen Ort an sich selber, und Gott weiss mit ihnen auch nichts anzufangen; denn in Gott fällt nicht Zeit noch zeitliches Thun. Aber allerdings einen negativen Werth hat die geübte That für den Geist. Denn durch die That macht sich der Geist von einer Vorstellung, einem Vorsatze frei, der ihn erfüllt hat; diese Befreiung bringt ihn seinem wahren Wesen näher und dadurch wird er seliger und besser. Nur in diesem übertragenen Sinne kann man ein Werk selig und gut heissen. Eigentlich ist nur der Mensch selig, in dem die Frucht des Werkes bleibt nicht als Werk oder Zeit, sondern als eine mit dem Geiste gleich ewige Wirkung, und eben deshalb als der Geist selber. Da Werk und Zeit an sich nichts sind, so verliert der auch nichts, der sie verliert. — Sind aber gute Werke möglich in dem Stande der Todsünde? Ja; denn der an sich gute Grund des Geistes kann nicht erlöschen, und aus diesem heraus können auch ausserhalb des Zustandes der Gnade gute Werke geübt werden. Das Himmelreich können solche Werke nicht erwerben, aber noch weniger können sie dem Geiste schaden; vielmehr ihre Wirkung bleibt ewig im Geiste. Erreicht nun der Mensch die Gnade, so wird das alles was vorher von Natur in ihm war durch die Gnade geadelt, und dass er früher seinen Geist in den Werken von Vorstellungen entledigt hat, erleichtert ihm jetzt die Vereinigung mit Gott. Sollte er die Werke jetzt wirken, so brauchte er dazu Zeit, die er jetzt besser und förderlicher verwenden kann. Die Aeusserung des Geistes in Handlungen hat so eine wirklich veredelnde Kraft, die in dem Geiste ewig fortwirkt (71—74). — Man denke nur an die durch Fleiss und ernste Anstrengung erworbenen Geschicklichkeiten, an die durch Gewöhnung erlangten Fertigkeiten, die dem später Begnadigten als Mittel eines für sich und andere heilsamen Wirkens dienen können, um diesen Gedankengang gerechtfertigt zu finden.

3. In dieser Ausführung ist das entscheidende Moment, dass den Werken an sich aller eigene Werth abgesprochen, ihr Werth nur darin gefunden wird, dass sich in ihnen der Geist von einem ihn beherrschenden Motive befreit. Dem entspricht durchaus, was Eckhart von der Bedeutung der sogenannten guten Werke lehrt, wie sie die Kirche kennt. Alle Regeln über solche äussere Hand-

lungen sind zu dem Zwecke festgesetzt und angeordnet worden, damit der äussere Mensch durch sie Gott zugewendet, zu geistlichem Leben und allem Guten bereit gemacht werde, damit er bei sich selber bleibe und zu nichts Unangemessenem sich wende, so dass, wenn Gott in ihm wirken will, er den Menschen bereit findet und ihn nicht erst aus der Entfremdung in der Sinnlichkeit emporzuziehen braucht. Nur damit der Mensch vor Selbstentfremdung, vor allem Ungöttlichen bewahrt werde, sind jene äusseren Uebungen erfunden worden, das Beten, Lesen, Singen, Wachen, Fasten, Kniebeugen, die Bussübungen, Wallfahrten, die Kasteiungen und Selbstpeinigungen aller Art. So lange darum der Mensch sich noch schwach und Gott entfremdet fühlt, so lange sind ihm jene Uebungen nützlich. Sobald er aber wahre Andacht in sich wahrnimmt, so lasse er kühnlich ab von allem äusserlichen Wesen, selbst von solchen Uebungen, zu denen er sich durch ein Gelübde verpflichtet hätte, das ihm kein Papst noch Bischof abnehmen könnte. Denn Niemand kann von einem Gelübde befreien, durch welches der Mensch sich persönlich Gott gegenüber verpflichtet hat; und doch hebt schon der Eintritt in einen Orden alle solche Gelübde auf, weil man sich da im Princip zu allem was heilig ist Gott gegenüber verpflichtet. Grade so hebt der Zustand wahrer Andacht alle Gelübde auf; denn da wirkt Gott in dem Menschen, und sein Werk ist besser als alles Thun der Creaturen. Gilt dies nun von durchgebildeten und kundigen Leuten, deren Augen Gott und die Heilige Schrift aufgeschlossen hat, wie steht es um den einfachen Laien, der ein Gelübde gethan hat? Nun, findet er, dass es ihn hindert und dass es ihn mehr förderte, wenn er dessen ledig wäre, so mache er sich kühnlich frei davon; denn das Werk, das dich Gott in höherem Maasse näher bringt, ist jedesmal das beste. Man soll mehr sehen auf die fruchtbare Wirkung und die innere Wahrheit, als auf das äussere Werk (22, 18 ff.). Die äussere Disciplin des Lebens hat ihre Berechtigung darin, dass Leib und Fleisch allezeit wider den Geist streiten. Der Leib ist hienieden kühn und stark; denn er hat hier seine Heimath; die Welt hilft ihm, diese Erde ist sein Vaterland; ihm helfen hier alle seine Verwandten: Speise, Trank, Wohlgemach. Der Geist ist hier in der Fremde; im Himmel sind alle seine Verwandten und sein ganzes Geschlecht; da ist er wohl befreundet. Dass man dem Geiste in seiner Verbannung zu Hilfe komme und dem Fleisch in diesem Streite einigermaassen Abbruch thue, damit es nicht über den Geist den Sieg davontrage, darum legt man ihm den Zaum der Bussübungen an, und man bedrückt ihn, damit sich der Geist seiner zu erwehren vermöge. Aber willst du ihn tausendmal besser fesseln und belasten, so lege ihm den Zaum der Liebe an. Mit der Liebe überwindest du ihn am schnellsten, belastest du ihn am schwersten. Und darum stellt uns Gott mit nichts so kräftig nach als mit der Liebe. Es ist grade mit der Liebe wie mit der Angel des Fischers. Dem Fischer wird der Fisch nicht zu Theile, er hafte denn an der Angel. Hat ihn aber die Angel erfasst, so ist der Fischer des Fisches sicher, wie sich der Fisch auch sträube. So gilt es von der Liebe: wer von ihr gefangen wird, der trägt die allerstärkste Fessel und doch eine süsse Bürde. Wer diese süsse Bürde auf sich genommen hat, der erlangt mehr und wird dadurch mehr gefördert, als durch alle äussere Uebung und Kasteiung. Er vermag fröhlich alles zu tragen und zu leiden, was ihm begegnet und was Gott über ihn verhängt. Nichts macht dich Gott und Gott dir so eigen, als diese süsse Fessel. Wer diesen Weg gefunden hat, der suche keinen anderen. Wer an dieser Angel haftet, der ist so gefangen, dass Fuss und Hand, Mund, Augen, Herz und alles was im Menschen ist Gottes eigen sein muss. Und darum kannst du jenen Feind mit nichts besser überwinden, als mit der Liebe. Darum steht geschrieben: „die Liebe ist stark wie der Tod, fest wie die Hölle.“ Der Tod scheidet die Seele vom Leibe; aber die Liebe scheidet alles von der Seele. Was nicht Gott oder göttlich ist, duldet sie nicht. Wer in diesem Netze gefangen ist und in diesem Wege wandelt, was er thut, das thut vielmehr die Liebe und ihr gehört es an; er thue etwas oder er thue nichts, daran ist nichts gelegen. Doch ist dieses Menschen unbedeutendstes Thun ihm selber und allen Menschen nützlicher und Gott wohlgefälliger, als aller Menschen Uebung, die in geringerer Liebe stehen. Sein Ruhen ist nützlicher als anderer Wirken. Darum habe allein Acht auf diese Angel, so wirst du selig gefangen, und je mehr gefangen, desto mehr befreit (29, 12).

4. Haben die guten Werke keinen selbstständigen Werth, dienen sie nur als Vorbereitung für den rechten Standpunkt, so erscheinen sie unter anderm Gesichtspunkt gradezu als schädlich, und was von diesen Uebungen der Andacht und der Busse gilt, das gilt in ähnlicher Weise auch von den Werken der Liebe. Alle

bestimmten Handlungen, auch wenn man sie um Gottes willen übt und ohne alle Eigensucht, sofern sie an bestimmte Regeln, an Zeit und Zahl, an Vor und Nach gebunden sind, nehmen dem Menschen die Freiheit und hindern ihn deshalb an dem rechten und wahren Leben, vermöge dessen er in jedem Augenblicke Gott bereit stehen soll, seine Gabe zu empfangen, sein Wirken in sich walten zu lassen und das zu thun, was eben jetzt Gott von dem Menschen fordert (35, 20). Jegliches bestimmte begrenzte Thun, das dem Menschen die Freiheit nimmt, in diesem gegenwärtigen Augenblick Gottes zu warten und ihm allein zu folgen in dem Lichte, mit dem er dich anwiese in jedem Augenblick frei und immer neu zu thun und zu lassen, als ob du anders nicht könntest noch wolltest, das hindert dich die rechte Frucht zu tragen, weil du an dieses Bestimmte dich bindest. Da hast du Vertrauen weder zu Gott noch zu dir selber, du habest denn eben jenes bestimmte Werk vollbracht, und ohne das hast du keinen Frieden (43, 30). Unsere Seligkeit liegt deshalb nicht an unseren Werken, sondern daran dass wir uns Gott leidend hingeben (15, 24). Der Mensch kann Gott nichts Lieberes bieten als Ruhe. Dein Wachen, Fasten oder Beten achtet Gott für nichts gegen diese Ruhe. Gott bedarf nur, dass man ihm ein ruhig Herz gebe; dann übt er solche göttliche Wirkungen in der Seele, dass keine Creatur da heranreichen oder einen Einblick gewinnen kann (153, 11). Innerliche Ruhe in dem Anschauen der wunderbaren Natur Gottes und in der Liebe zu ihr übertrifft an Werth und Lieblichkeit alles äussere Wirken. Denn jene haftet an den edelsten Kräften, an Vernunft und Willen, und ihr Object ist das herrlichste und höchste; das äussere Wirken aber vollzieht sich in dem Veränderlichen und Sinnlichen. Jenes Schauen und Lieben ist dauernd, das Werk vorübergehend. Die innerliche Ruhe macht uns Gott ähnlich, dessen Ruhe durch sein ewiges Wirken nicht gestört wird; unser äusserliches Wirken aber führt stete Unruhe mit sich. Jene ist bedürfnisslos und genügt sich selber, dieses macht uns vom Aeusseren abhängig. Selbst an den Werken der Barmherzigkeit, die um Gottes willen geschehen, hängt Sorge und Betrübniss. Jene Ruhe ist ohne Hinderung und Gegensatz, die doch von dem Wirken unabtrennbar sind. Nur sie wird um ihrer selbst willen begehrt, das Wirken aber nur als Mittel zum Zwecke. Jene richtet unseren Sinn auf das Göttliche, dieses auf das Menschliche; jene haftet an den uns eigenthümlichen Kräften; die Kräfte, die uns zu dem äusseren Wirken dienen, sind uns mit den Thieren gemeinsam, nämlich die Sinnlichkeit. Die Uebung des inneren Menschen fängt hienieden an und währt ewiglich. Das äussere Leben dagegen in den Werken der Barmherzigkeit hat ein Ende da wo es keinen Jammer und keine Armuth mehr giebt, in der Ewigkeit (328, 37ff.). Genügt sich die Seele in solchen äusseren Tugendwerken, so ist sie nicht gleich einer freien Tochter, sondern gleich einer dienstbaren Dirne (353, 3). Gott lohnt nicht nach der Länge und Grösse und Menge der Werke, sondern danach ob sie in Gott vollbracht werden; denn die Seele ist ein Rüstzeug Gottes, in dem er seine Werke wirkt (402, 29). Alle die Werke, die nicht aus deinem eigensten Innern stammen, zu denen du veranlasst wirst durch äussere Ursachen, sind vor Gott todte Werke. Denn nur das Ding lebt, welches die Ursache seiner Bewegung in sich selbst hat (158, 38). Unterschied, Zahl und Theile, Endlichkeit und Bestimmtheit, alles das und dessen gleichen wie alles Gleichniss überhaupt Gott selber fremd und fern ist, das macht den Charakter der Werke aus. Sie haften und beharren in dem was gut, was Creatur ist, blind durchaus gegen das Gute und das Licht an sich (435, 34). Das Werk ist Creatur und endlich und fällt in die Zeit. Darum sind die Werke zu klein und werthlos, als dass sie Gott irgend lohnen müsste. Nur die Werke, die Gott in uns wirkt ohne unser Zuthun, wo die Seele nur leidet und nur Gott wirkt, die muss Gott mit sich selber lohnen, weil sie rein göttlich und unendlich sind (480, 1).

Es ist durchaus nöthig, den Werth der Werke recht zu bestimmen. Denn als Vorstufe freilich haben sie ihre Bedeutung, aber man darf ihnen nicht mehr zugestehen. Man muss wohl beachten, wie wir zu äusseren Werken aufgefordert werden. Denn der Engel wie der Teufel ertheilt uns Rath. Der Engel räth uns nur das Nöthige und thut es in sanfter bittender Weise, etwa so: Sieh, das musst du noch ablegen, und das thun und das lassen; sein Rath ist besonnen und verständig, und in die Seele kommt ein stiller Friede durch seinen Rath. Des bösen Feindes Rath aber gebietet überflüssige Werke von besonderer Heiligkeit, wie übermässiges Fasten, Wachen, Kniebeugen, Jammern, und er befiehlt sie in strengem Tone, etwa so: kannst du es nicht thun, so bist du verloren, oder so bist du nicht gut noch vollkommen.

Solche ungewöhnlichen Tugendwerke ohne Besonnenheit und rechten Verstand sind des Teufels Rath; vor ihm erschrickt die Seele und ist ohne Frieden. Gott aber verlangt gar keine Werke von uns; er wirkt an unserer Seele das Werk der Gnade, und die Werke sind dann die einfache Folge der Beschaffenheit, in die unsere Seele gesetzt ist (633, 18). — Im Wesen haben wir hier Amsdorfs Lehre vor uns von der Schädlichkeit der guten Werke. —

Dieser Lehre Eckharts von der Werthlosigkeit der äusseren Werke haben besonders zwei Männer vorgearbeitet: Abälard, der Moralist, der von dem Werke auf die Gesinnung verwies, und der heilige Bernhard, dessen tiefere Auffassung des Sittlichen überall den Ausführungen Eckharts zu Grunde liegt. Aber weder an Consequenz, noch an principieller Tiefe kann irgend einer der Vorgänger Eckharts mit diesem verglichen werden. Der Gegensatz zu der katholischen Lehre vom Werthe der guten Werke ist weder jemals vor Eckhart so kräftig ausgesprochen, noch so in dem tiefsten Grunde der Sache ergriffen worden. Eckhart würde für einen höchst bedeutsamen reformatorischen Geist zu gelten haben, auch wenn er keine andere Wahrheit neu an das Licht gebracht hätte ausser dieser. Eckharts Lehre ist eine lebendige Erneuerung der paulinischen Lehre. Wie der Apostel Paulus im Gegensatze zu der pharisäischen Gesetzesgerechtigkeit, so baut Eckhart seine Gedanken aus im Gegensatze zu der katholischen Werkheiligkeit. Er ist auch in diesem Gegensatze ganz naiv; er hat auch hier nicht entfernt die Absicht, der Kirche entgegenzutreten, noch das Bewusstsein, wie tief er der kirchlichen Anschauung entfremdet ist. In der That war ja eine reinere Auffassung von dem Werthe der Werke von den Lehrern der Kirche immer bis zu einem gewissen Grade vertreten worden, und die Verkehrtheiten sind weit mehr auf Rechnung der kirchlich-hierarchischen Praxis zu schreiben, der sich dann nachträglich die Theorie nur allzu gefügig und nachgiebig zu erweisen pflegte. In der That glaubte Eckhart nur in seiner Anschauung consequent festzuhalten, was die Besten immer gelehrt hatten und was die Kirche gar nicht umhin konnte, wenigstens äusserlich als den tiefsten Grund ihres eigenen Bestandes anzuerkennen. Ein Rest kirchlicher Gebundenheit offenbart sich aber auch bei Eckhart zumal darin, dass er den rein äusserlichen Uebungen immer noch selbst für die Vorbildung zur echten christlichen Freiheit einen allzu hohen Werth beizulegen scheint.

Das Negative, was Eckhart über den Werth der äusseren Werke lehrt, trifft das Wesen der Sache und bleibt unzweifelhafte Wahrheit. Nun aber erwächst die Aufgabe, positiv das Wesen des Sittlichen darzustellen. In manchen Punkten, — das dürfen wir gleich hier am Eingange bemerken, — nähert sich Eckhart auch in diesen positiven Bestimmungen der echt evangelischen Lehre und dem nachreformatorischen Bewusstsein. Aber schon in seinen Aussagen über die Werke lässt sich erkennen, dass er sittliche Grundmächte der objectiven Welt nicht kennt, dass sein Blick deshalb zu ausschliesslich und einseitig an der subjectiven Willensbeschaffenheit haftet, die deshalb des eigentlichen Inhaltes, des Objectes, worauf sie sich richtet, entbehren muss. Er kann doch zu wenig den mittelalterlichen Menschen und den Mönch verleugnen und hält den Gegensatz des Inneren und des Aeusseren in allzu starrer und schroffer Form fest. Jene mystische Tendenz zum Einen raubt dem sittlichen Leben alle Bestimmtheit. Dass er das Wesen einer harmonischen Sittlichkeit, der es möglich ist, alle irdischen Verhältnisse in dem verklärenden Lichte des göttlichen Berufes erscheinen zu lassen, ergriffen hätte, lässt sich von ihm nicht erwarten.

3. Das innere Werk.

Alles äussere Wirken bezieht sich auf ein creatürliches Dasein. Die Creaturen aber und die Beziehung auf die Creaturen schieben sich zwischen den Menschen und Gott als ein Vermittelndes ein, während doch das Verhältniss ein unmittelbares sein sollte. Das Werk, welches den Menschen in das rechte Verhältniss zu Gott setzen oder demselben ganz entsprechen soll, kann also kein äusseres Werk sein, sondern nur im Innern der Seele vorgehen, wo Gott selber unmittelbar das Wesen der Seele berührt. Dies ergiebt den Begriff des inneren Werkes.

Das innere Werk kann nur vollzogen werden im Zustande der Abgeschiedenheit, also in demjenigen Zustande, in welchem der Mensch alles und sich selbst dahingiebt, um für Gottes Wirken empfänglich zu werden. Willst du leben und willst du dass deine Werke leben, so musst du für alle Dinge todt und zu nichte geworden sein. Der Creatur kommt es zu, dass sie aus etwas etwas mache; aber Gott kommt es zu, dass er aus nichts etwas mache. Darum, soll Gott etwas in dir oder mit dir machen, so musst du zuvor zu nichte geworden sein. Gehe deshalb in deinen eigenen Grund und wirke da; die Werke, welche du da wirkst, sind alle lebendig (189, 26). Die Abgeschiedenheit selber, gedacht als ein sich ununterbrochen wiederherstellender Zustand, ist das innere Werk. Doch wird bei der Abgeschiedenheit mehr das rein negative Verhältniss zu den Dingen betont; sie ist die vollständige Entleerung des Geistes von allem endlichen Inhalte, welche die Bedingung dafür ist, dass man Gottes empfänglich sei. Bei dem inneren Werke dagegen wird mehr an das durch jene Entleerung wieder möglich gewordene positive Verhältniss zu den Dingen gedacht; dasselbe ist deshalb das Princip aller Sittlichkeit, auch insofern diese sich in den einzelnen Beziehungen des irdischen Lebens in bestimmter Handlungsweise dem endlichen Stoffe gegenüber offenbart. Die Abgeschiedenheit ist die blosse Zuwendung zu Gott, welche die Empfänglichkeit für das Heil bedingt; das innere Werk ist die Abgeschiedenheit, insofern sie auch eine Vorbereitung für das irdische Thun involviert. In des Abgeschiedenen Seele geht Gott durch die Geburt seines Sohnes ein. Diese Geburt wird als eine That Gottes und als ein Einmaliges, das innere Werk mehr als eine That des Menschen und als ein Jedesmaliges gedacht; aber in der That gehören sie zusammen. Nur dass die Geburt des Sohnes in der Seele schlechtweg als ein Hineinziehen derselben in das Göttliche gedacht wird, das innere Werk aber den correspondierenden Willensentschluss ausdrückt, der dann in den einzelnen Handlungen des irdischen Berufs fruchtbar wird.

Die Aufgabe ist, sich nicht hindern zu lassen durch äussere Geschäftigkeit, die das Leben mit sich bringt. Dann aber ist man solcher Hinderung ledig, wenn man all sein Wirken auf wohlgeordnete Weise dem einen Ziele, dem absoluten Ideale, zuwendet. Die äussere Geschäftigkeit wird dadurch geadelt und zu einem höheren Standpunkt erhoben, indem man mit Vernunft und besonnener Ueberlegung innerlich in sich arbeitet; da steht man mitten unter den Dingen zugleich doch nicht in die Dinge versenkt. Man steht dann dem Ziele nahe, als stände man über alles Endliche erhaben am Umkreise der Ewigkeit. Ohne äusserlich zu wirken und thätig zu sein in der Zeit kann Niemand zu Gott kommen; sondern eben dazu sind wir in die Zeit gesetzt, dass wir durch zeitliches vernünftiges Thun Gott näher und ähnlicher werden. Und dazu gehört, dass man ohne Unterlass seine Vernunft in Gott erhebe, nicht in der Form unterschiedener endlicher Vorstellungen, sondern in der Form der reinen ideellen Wahrheit. Wer in diesem Sinne wirkt, der erhebt sich frei und von allem Vermittelnden entledigt in Gott; das Licht, das ihm leuchtet, und sein Thun ist durchaus eins und dasselbe (49, 19). Soll der Mensch dies innere Werk vollziehen, so muss er alle seine Kräfte in sich sammeln recht wie in einen Winkel seiner Seele; er muss sich vor allen besonderen Vorstellungen und Gestalten verschliessen und zu einem Vergessen und Nichtwissen gelangen. In der Stille und im Schweigen muss es geschehen, soll das Wort Gottes in ihm gehört werden (14, 31).

In der Freiheit von allen endlichen Vorstellungen, von allem Aeusseren besteht der Gegensatz des inneren Werkes zum äusseren Werke. Alles äussere Thun ist endlich und zeitlich; eben deshalb giebt es auch ein inneres Werk, welches nicht Zeit noch Raum zu umschliessen oder zu begrenzen vermag; in ihm ist alles enthalten, was Gott, was göttlich und Gott ähnlich ist, den auch weder Zeit noch Raum umschliesst. Dies innere Werk kann Niemand hindern, ebensowenig als Jemand Gott hindern kann. Dies Werk glänzt und strahlt bei Tag und bei Nacht; es rühmt und preist Gottes Lob in immer neuen Weisen. Das äussere Werk liebt Gott nicht, welches Zeit und Raum umschliesst, welches beschränkt ist, welches man hindern und bezwingen kann, welches müde und alt wird durch Zeit und Wiederholung. Das innere wahre Werk ist Gott lieben, das Gute und die Güte an sich wollen. Davon haben wir ein deutliches Beispiel an dem Steine. Dessen äussere Thätigkeit ist niederzufallen und auf der Erde zu liegen. Diese Thätigkeit kann man hindern, und er fällt nicht allezeit noch ohne Unterlass. Aber ein ander Werk ist dem Steine innerlicher, und das ist sein beständiges Streben nach unten. Das ist ihm angeboren, und das kann ihm weder Gott noch Creatur noch irgend Jemand nehmen. Dieses Werk wirkt der Stein ohne Unterlass Nacht und Tag. Läge er tausend Jahre still, sein Streben würde deshalb nicht geringer noch grösser als es am ersten Tage war. Grade so ist das innere Werk ein Wollen und Streben nach allem Guten, ein Fliehen und Widerstreben von allem was böse und übel, Gott und der Güte unähnlich ist. Und je böser und Gott unähnlicher das Werk, desto grösser der Abscheu; und je schwerer und gottähnlicher das Werk, desto leichter, lieber und willkommener ist es (434, 1).

Das innere Werk ist auch in folgender Hinsicht göttlich und dem eigensten Wesen Gottes nachgebildet. Grade so wie alle Creatur zu Gott hinzugefügt, und gäbe es tausend Welten, nicht um eines Haares Breite besser wäre als Gott allein, so wird auch durch das innere Werk, seine Länge und Weite, seine Menge und Grösse die Güte des inneren Werkes nicht vermehrt. Es hat seine Güte in sich selber. Darum kann das äussere Werk nimmer gering sein, wenn das innere gross ist, noch kann es gross oder gut sein, wenn das innere gering oder nicht vorhanden ist. Wer das innere Werk allezeit in sich umschlossen hat: alle seine Grösse, Weite und Länge schöpft und nimmt das innere Werk nirgends als von Gott und in Gottes Herzen. Gott liebt den Sohn und wird als Sohn geboren in des himmlischen Vaters Schoosse. Um das äussere Werk ist es nicht also: sondern es empfängt seine göttliche Güte in dem inneren Werke, aber wie es entäussert und seinem Wesen entfremdet ist zu einer niederen Erscheinungsform der Gottheit, die in Unterschied, Vielheit und Theilen wie in dichter Hülle verborgen ist (435, 22). —

Fassen wir alles zusammen, so ist Eckharts Lehre vom inneren Werke folgende. Die Liebe, die sich in äusseren Werken offenbart, ist nicht der letzte Grund des Sittlichen; sie ist nur eine Folge des inneren Werkes. Dies innere Werk ist ein beständiger, immer neu gefasster Willensentschluss, dem eigenen Willen zu entsagen und sich Gott ganz zu ergeben. Es ist somit weit mehr eine aus allen Anregungen der äusseren Welt sich wiederherstellende Ruhe, als eine Thätigkeit; eine Ruhe, welche ein unablässiges Neigen und Sehnen zu Gott umschliesst und ein Kämpfen wider alles Ungöttliche. Aber dieses Neigen und Streiten soll in jedem Augenblicke auch schon wieder befriedigte Stille sein, eine reine Passivität, um Gott in uns wirken zu lassen. Diese Ruhe des Willens ist zugleich reine Erkenntniss; der Wille hört auf als besondere Kraft der Seele zu wirken und geht über in die reine Contemplation, in der die Seele in der Totalität ihres Wesens Gott selber als das Absolute zum einigen Objecte ihres adäquaten Schauens hat. Dieser sich stetig vollziehende Zustand des

Geistes ist das Princip der wahrhaften Sittlichkeit, das dann in seinen Consequenzen als eine zusammenhängende Reihe von äusseren Wirksamkeiten in der creatürlichen Welt sich offenbart. Nur dieser Zustand ist gut und involviert die Seligkeit und Gottes Wohlgefallen; die Werke, die seine Folgen sind, sind an sich nicht gut, sondern nur soweit das innere Werk in ihnen sich darlegt. Denn jenes innere Werk und sein äusseres Fruchtbarwerden in Werken sind ein untrennbares und zusammengehöriges Eines. —

Es ist klar, dass dieser Eckhartische Begriff des inneren Werkes dem evangelischen Begriffe des Glaubens am nächsten kommt, wenn man nur von der Vermittlung durch die geschichtlichen Thatsachen der Offenbarung absehen will, die allerdings zum kirchlichen Begriffe des Glaubens als dessen concretes Object nothwendig mit gehören. Doch zieht Eckhart in das innere Werk die sittliche Umformung des gesammten Menschen entschiedener mit hinein, weil es vom Willen ausgeht, während bei dem Glauben, bei welchem zunächst immer an das theoretische Vermögen des Geistes gedacht wird, die sittliche Erneuerung nur gewissermaassen als ein Zweites und Hinzukommendes zu erscheinen pflegt.

4. Die Tugend.

Das innere Werk ist ein stetig sich vollziehender Entschluss des Willens. Indem dieser einen dauernden Zustand des Geistes herstellt, wird er die Quelle der Tugend. Das innere Werk ist der Grund, die Tugend die Folge. Jenes bezeichnet die Art, wie im Innern das Princip eines göttlichen Lebens begründet wird, welches fähig ist sich auch in den einzelnen Aufgaben des irdischen Berufes zu bewähren; die Tugend dagegen ist diejenige dauernde Beschaffenheit des Geistes, aus welcher sich als aus ihrem Principe die rechte und sittliche Form aller Handlungen und aller Beziehungen des Geistes auf das Aeussere mit Nothwendigkeit ergiebt.

1. Das innere Werk war bestimmt worden als ein stetes innerliches sich Zuwenden zu Gott und Abwenden von allem Ungöttlichen. Die Tugend kann keinen anderen Inhalt haben. Sie ist ein beständiges Bleiben in Gott, ihr Grund ist die Liebe zu Gott. Alles das gehört der Tugend an, was rein und ausschliesslich die

Liebe zu Gott in der Seele wirkt (495, 22). Aber in den stärksten Ausdrücken verwahrt sich Eckhart dabei gegen eine Auffassung, als wäre das Gute nur deshalb gut, weil es Gottes Wille ist; vielmehr es ist Gottes Wille, weil es gut und vernünftig ist und Gott nichts wollen kann als was gut ist. Jeder Denkweise, welche unbewusst oder ausdrücklich Gott und die Vernunft und das Gute scheiden und das Sittengebot als das zufällige Belieben der göttlichen Willkür erscheinen lassen möchte, widerspricht er auf das heftigste. Die Liebe kann sich auf Gott nur beziehen, sofern Gott selber gut und gerecht und das Urbild aller Tugend und Sittlichkeit ist, und alles andere gilt erst recht für vollkommen indifferent neben diesem einen und höchsten Zwecke. Die Sittlichkeit ist sich selbst der höchste Zweck. Der wahrhaft Tugendhafte liebt das Gute nicht um eines andern Zweckes willen, sondern um seiner selbst willen. Den Gerechten ist es so ernst um die Gerechtigkeit: könnte man es denken, dass Gott nicht gerecht wäre, sie gäben nicht einer Bohne Werth auf Gott; ja, sie stehen so fest in der Gerechtigkeit und haben sich selbst so gänzlich aufgegeben, dass sie weder die Qualen der Hölle noch die Freuden des Himmels achten noch irgend etwas anderes. Und wäre alle Qual derer, die in der Hölle sind, oder alle Qual, die auf Erden jemals ist gelitten worden oder noch gelitten werden wird, der Gerechtigkeit beigelegt: sie kümmerten sich darum nicht im mindesten, so fest hängen sie an Gott und an der Gerechtigkeit (203, 28). Wäre der Teufel gerecht, der Gerechte liebte ihn, sofern er gerecht wäre, und nicht um Haaresbreite mehr. Der Gerechte liebt an Gott weder dies noch das Besondere; und gäbe ihm Gott alle seine Weisheit und alles was er zu bieten vermag ausser sich selbst, er achtete nicht darauf und es gefiele ihm nicht. Denn er will und begehrt nichts; er hat keine endlichen Zwecke, um deren willen er etwas thäte. Wie Gott ohne endliche Zwecke wirkt, so auch der Gerechte; und wie das Leben sich selbst der höchste Zweck ist, so wird auch der Gerechte durch keine endlichen Zwecke in seinem Thun bestimmt (146, 10).

2. Darum verträgt sich die Tugend mit keiner Art von Lohnsucht. Das innere Werk ist der immer neue Verzicht des Menschen auf sich selbst. Wie könnte daher die Tugend dabei bestehen, dass der Mensch im Handeln etwas für sich selbst begehrte? Gott ist der absolute Zweck; ihm sich hinzugeben ist die Voraus-

setzung aller Tugend. Wie könnte der Tugendhafte einen anderen Zweck im Auge haben als Gott selber? Die Tugend ist selbstlos, sie begehrt nichts für sich selbst, sie wird nicht geübt mit Rücksicht auf irgend etwas anderes, irgend einen zu erwartenden Lohn. Alle diejenigen, die sich vor groben Sünden hüten, die gern gut wären und ihre guten Werke zu Gottes Ehren thun, aber doch mit der Absicht, dass ihnen Gott etwas dafür gebe oder thue was ihnen lieb sei: alle diese sind gleich den Kaufleuten, die Jesus aus dem Tempel trieb. Sie wollen eines um das andere geben und gleichsam einen Handel treiben mit unserem Herrn. Aber sie werden in dem Handel betrogen. Denn alles was sie haben und zu wirken vermögen, das haben sie von Gott, um es um Gottes willen allzumal auszuwirken. Darum wäre ihnen Gott nichts schuldig zu geben oder zu thun, wofern er es nicht freiwillig und umsonst thun will. Gott sucht nicht das Seine; in allem seinem Wirken ist er ledig und frei, er wirkt allein aus Liebe. So auch der Mensch, der mit Gott vereinigt ist; er steht ledig und frei in allen seinen Handlungen; er wirkt sie aus Liebe und ohne äusseren Zweck allein zur Ehre Gottes; er sucht nicht das Seine darin und Gott wirkt es in ihm (34, 10).

Man kann die Lohnsucht nicht mit härteren Worten strafen, als es Eckhart gethan hat. Waltet irgend ein besonderer Gedanke vor oder wird irgend welcher eigene Nutzen gesucht, so ist es nicht mehr eine Tugend, sondern es wird das Gegentheil, eine „Untugend“ (ein „glänzendes Laster“ im Sinne des Augustinus). Und so beschaffen ist alle Tugend aus Natur (106, 13). Zu falscher Lohnsucht rechnet aber Eckhart nicht nur die Rücksicht auf irdische Güter und zeitliches Wohlergehen: er schliesst auch das Streben nach der himmlischen Seligkeit darin ein und findet in diesem letzteren nur einen feineren und um so gefährlicheren Eudämonismus, der den sittlichen Charakter aller Handlungen geradezu aufhebe und vernichte. Die härtesten Aeusserungen Fichtes gegen eine solche Gesinnung finden sich schon bei dem alten Meister, der nur noch starrer und schroffer ist in seiner Consequenz. Denn die Formel: das Gute um des Guten willen, kann ihm noch nicht genügen, sofern das Gute einen besonderen unterscheidenden Inhalt hat, und sie gestaltet sich ihm um in die Forderung: werde das Absolute selber und wirke in der Weise des absoluten Wesens.

Die Tugend besteht darin, dass man aus seinem eigensten innersten Wesen heraus ohne alle fremdartige Rücksicht wirkt und wirkend überhaupt nichts begehrt als das Wirken selber. So wenig daher eine Handlung noch für sittlich gelten kann, wenn sie aus Furcht vor der Hölle geschehen ist, eben so wenig kann ein Handeln für sittlich gelten, welches durch die Rücksicht auf die ewige Seligkeit bestimmt ist. Das Begehren der Seligkeit ist um nichts besser als jedes andere eudämonistische Motiv. Wer Gott sucht und noch irgend etwas obendrein, der findet Gott nicht; wer aber Gott allein sucht, der findet Gott und zwar nicht Gott allein, sondern alles was Gott zu bieten vermag noch dazu. Suchst du zwar Gott, aber geschieht es um deines eigenen Nutzens, deiner Seligkeit willen, in Wahrheit, so suchst du Gott nicht. Gott suche um Gottes, die Wahrheit um der Wahrheit, die Gerechtigkeit um der Gerechtigkeit willen. Wen die Wahrheit, die Gerechtigkeit, die Güte einmal ergriffen hat, wäre es, dass alle Qual der Hölle daran hienge, der Mensch könnte sich nie auch nur für einen Augenblick davon abkehren (58, 8). So ernst sollte es uns um die Tugend sein, dass je grösser die damit verbundene Qual wäre, desto grösser unsere Liebe zur Tugend würde (62, 15). So lange du deine Werke noch wirkst um des Himmelreiches oder um Gottes oder deiner ewigen Seligkeit willen, also aus einem äusseren Motive, so bist du noch nicht auf dem rechten Wege. Man wird dich deshalb loben, aber das Beste ist das nicht. Wenn man einen wahrhaft sittlichen Menschen, der aus seinem eigenen Grunde heraus wirkt, fragte: warum wirkst du deine Werke, er könnte nicht anders antworten als: ich wirke um zu wirken (66, 7). Manche Menschen sehen Gott an, wie sie eine Kuh ansehen, und wollen ihn lieben wie sie eine Kuh lieben. Die liebst du um der Milch und des Käses, überhaupt um deines Nutzens willen. Ebenso thun alle die, die Gott lieben um äusseren Reichthums oder innerer Erquickung willen; sie lieben Gott nicht in der rechten Weise, sondern sie lieben ihn aus Eigennutz. Jegliches Motiv und jede Absicht, die etwas anderes ist als Gott an sich selber, so gut sie auch sonst sei, ist doch nur ein Hinderniss, um zur wahrhaften Sittlichkeit zu gelangen (70, 16). Wer Gott liebt, damit ihm etwas anderes zu Theil werde was nicht Gott ist, der thut wie der, der etwas sucht beim Schein einer Kerze. Hat er das Gesuchte gefunden, so wirft er die Kerze weg. Wie Judas

Gott verkaufte, so verkauft ihn ein solcher Mensch. Wird ihm das Begehrte zu Theil, es sei Andacht oder Erquickung oder was ihm sonst gefiele, so kümmert er sich um Gott selbst nicht mehr (147, 18). Gott lohnt alles Gute, und was du um seinetwillen lässt, das giebt er dir hundertfältig wieder. Geht aber deine Absicht auf diese Vergeltung, so erlangst du nichts; denn du hast nichts gelassen. Der Mensch sollte keinen Lohn begehren, weder Verstehen und Wissen noch Rührung und Andacht oder Seelenfrieden, sondern allein Gottes Willen (177, 2). Der Gerechte begehrt überall nichts in seinen Werken; denn die etwas begehren und um eines äusserlichen Zweckes willen wirken, sind Knechte und Miethlinge. Thust du das was im Stande ist dich in Gott einzubilden mit der Absicht, dass es dies vollbringe, so wird das Werk durch diese fremdartige Nebenabsicht geradezu sündhaft und entfernt dich von Gott (189, 16). In dem Gerechten soll nichts wirken als Gott allein. Treibt dich irgend etwas Aeusseres an in deinem Wirken, so sind deine Werke todte Werke (190, 17). Hätte ich einen Freund und liebte ihn in der Absicht, dass er mir Gutes erwiese und alle meine Wünsche erfüllte, so liebte ich nicht den Freund, sondern mich selbst. So besteht die wahre Liebe zu Gott darin, dass man frei von aller Selbstsucht Gott allein um seiner Güte willen liebe, um alles dessen willen, was er an sich selber ist (259, 17). Wer irdisch Hab' und Gut lässt, aber mit der Absicht, dass er dadurch seine Seele retten will, wie wenig und wie Geringes hat er gelassen! (260, 4). Das rechte vollkommene Wesen des Geistes ist, wenn auch Himmel und Hölle nicht wäre, Gott doch zu lieben um seiner eigenen Güte willen (517, 22). Die Furcht des Knechtes ist es, wenn man die Sünde aus Furcht vor der Qual der Hölle lässt und nicht aus Liebe zu Gott. Die Furcht schielt mit dem einen Auge auf Gott und mit dem andern auf die Qual. Die blosse natürliche Furcht, da man die Dinge fürchtet, die unserer Natur schaden, ist ganz indifferent und verdient weder Lohn noch Strafe. Denn sie ist keine Sache der freien Willkür; sie ist auch nicht darum der Natur gegeben worden, dass die Natur durch sie bewahrt werde, sondern sie ist eine durch die Erbsünde eingetretene Störung der Natur (368, 6). —

Solche Gedanken sind vor Eckhart nicht unerhört gewesen; nur hat sie keiner in so starke Ausdrücke gekleidet. Auch Abälard befiehlt Gott zu lieben und nicht das was er geben kann;

der heilige Bernhard nennt nur die Liebe ächt und wahr, die frei von Rücksicht auf eine Belohnung ist, und findet nur darin die Vergöttlichung der Seele, dass man alles nur wolle um Gottes willen. Wenn aber Bernhard daran zweifelt, ob ein Mensch in diesem Leben je auf diesen Standpunkt sich erheben könne, so spricht dagegen Eckhart jedem Handeln auf einem andern Standpunkte den sittlichen Charakter ab und fordert diese reine Liebe nicht als ein Ideal, dem man sich mehr und mehr anzunähern habe, sondern als etwas, das durchaus schon hienieden zu realisieren sei. Eckhart findet die rechte Selbstlosigkeit nur in dem Aufgeben aller bestimmten Vorstellungen, in der Einkehr in das reine Nichts. Es ist aber unmöglich, von diesem reinen Nichts zu einem positiven Princip des guten Willens zu gelangen. Verwürfe Eckhart bloss die fleischliche Vorstellung von sinnlichen Paradiesesgenüssen als dem zu erstrebenden Ersatze für irdisches Entsagen, wer wollte ihm widersprechen? Aber dieser Zuspitzung seiner Gedanken gegenüber wird man den Gesichtspunkt Hugos von St. Victor festhalten dürfen, dass ein Streben nach dem Himmelreich und der Seligkeit so lange als kein dem sittlichen Handeln fremdartiges Motiv zu gelten habe, als wir von der Seligkeit nur erwarten, dass uns Gott sich selber gebe. — Wenn übrigens Eckhart, wie er es oft thut, selber durch die Vorstellung eines zu erwartenden Lohnes auf den sittlichen Willensentschluss zu wirken sucht, so macht er allerdings kein theoretisches, aber ein praktisches Zugeständniss, welches immerhin den Satz involviert, dass ein so bestimmtes Handeln wenn auch nicht den höchsten, so doch einigen Werth besitze.

3. Es ist aber noch ein zweites, was nach Eckhart für die Bezeichnung des Wesens der Tugend in's Auge zu fassen ist. Die Tugend besteht nicht selber in einer bestimmten Art zu wirken und entnimmt ihren Werth nicht aus den äusseren Werken. Sie ist ebenso werthvoll und ebenso gut in dem geringsten in rechter Art geübten Werke als in tausend Werken; ihr Werth besteht nicht in der Menge der Werke. Denn wäre sie gut dadurch, dass der Werke viel wäre, so wäre sie nicht gut durch sich selbst (611, 20). Tugend ist ferner die sich gleich bleibende dauernde Gesinnung; sie kann nicht jetzt vorhanden sein und jetzt wieder nicht. Tugend ist erst da, wo nicht bloss einzelne tugendhafte Handlungen gethan werden, sondern wo das Gute zum bleibenden Charak-

ter geworden ist. Um die Tugend recht zu lieben, muss man daher die Tugend selbst, muss die Tugend unser Wesen geworden sein. Die Tugend soll in Wahrheit unsere einzige Neigung, unser natürliches Wesen durch dies neue Princip vollständig verdrängt sein. Niemand liebt die Tugend, als wer die Tugend selber ist (232, 39). Das rechte vollkommene Wesen der Seele wäre das, dass alles Gute ihr zur Natur würde, so dass sie nicht allein die Tugend ausübte, sondern dass alle Tugenden ihr Wesen wären und alle an ihr glänzten ohne mit Bewusstsein ausgeübt zu werden. Dass man an uns den Schein der Tugend und des Gegentheils findet, daran ist das schuld, dass wir zu einer Zeit das eine und zu einer anderen Zeit das andere ausüben. So sollte es aber nicht sein: wir sollten unsern beständigen Aufenthalt in dem Wesen der Vollkommenheit haben (524, 12). Allen Fleiss soll man darauf verwenden, dass man gut sei, nicht so sehr darauf, was man thue oder welcher Art die einzelnen Handlungen seien, als vielmehr darauf, wie der Grund der Handlungen beschaffen sei. Die Menschen sollten nicht so viel bedenken, was sie thun, sondern sie sollten bedenken, was sie sind. Wären nur die Menschen und ihre Beschaffenheit gut, so könnten ihre Handlungen hell erglänzen. Bist du gerecht, so sind auch deine Werke gerecht. Denke nicht deine Heiligkeit zu setzen in ein Thun; man soll die Heiligkeit setzen in ein Sein. Denn die Werke machen nicht uns, sondern wir sollen die Werke heilig machen (546, 19). Es genügt nicht, dass man die Werke der Tugend übe; sondern dem soll man nachtrachten und nimmer aufhören, bis man die Tugend gewinne in ihrem Wesen und in ihrem Grunde. Und dass man sie habe, kann man daran erkennen, dass man zur Tugend sich vor allem anderen geneigt findet. Wenn man die Werke der Tugend wirkt ohne besonderen Entschluss des Willens und ohne dass man jedesmal einen besonderen Vorsatz, ein grosses sittliches Ziel sich vorhält, sondern wenn sie mehr unmittelbar, aus der der Seele innewohnenden Liebe der Tugend und ohne besondere jedesmalige Absicht thätig wird: dann hat man die Tugend in vollkommener Weise und nicht früher (571, 3). Wir müssen alle Schranken durchbrechen lernen und Gott in uns in wesentlicher Weise ausprägen können. Es ist wie mit einem der schreiben lernen will. Zuerst muss er sich thätig üben, wie sauer und schwer es ihm auch werde und wie unmöglich es ihm dünke; da muss er an jeden einzelnen Buchstaben denken und dessen Bild sich fest einprägen. Dann aber wenn er die Kunst erlernt hat, so braucht er nicht mehr auf jedes einzelne zu merken; da schreibt er ledig und frei hin und übt mühelos die ihm zur anderen Natur gewordene Kunst aus. So soll der Mensch, nachdem er sich zuerst wie der Schüler geübt, von dem in ihm wohnenden Gotte durchdrungen, in die Form des Gottes den er liebt umgewandelt und in ihm so befestigt sein, dass aus ihm ohne alle Mühe der Glanz des in ihm gegenwärtigen Gottes ausstrahle (549, 20). —

Wir haben in der Lehre Eckharts von dem Wesen der Tugend eine Gedankenreihe vor uns von unabsehbarer Tragweite. Es lohnt sich wohl der Mühe, hier einen Augenblick innezuhalten. Gerade hier ist die Lehre des Meisters auch für unsere Zeitgenossen noch von hohem Werthe. Vergegenwärtigen wir uns nur in einigen Hauptzügen den Entwicklungsgang der Lehre vom Sittlichen in der jüngst abgelaufenen Epoche. Bis auf Kant stand ein mehr oder minder offen hervortretender Eudämonismus in allgemeiner Geltung; man fragte, indem man die Natur des Guten untersuchte, wozu denn das Gute gut sei. Dass das Gute sich selbst der höchste und letzte Zweck sei, diese Ueberzeugung brach bei Kant mächtig durch, und alle fremdartigen Rücksichten ausser der auf das Sittengesetz selber wurden aus dem Gebiete des Sittlichen verbannt. Aber der Begriff des Gesetzes blieb bei dem Vater der neueren deutschen Philosophie der höchste Ausdruck des Sittlichen. Die Tugend bestand in dem jedesmal neu zu erkämpfenden Siege des dem Gesetze gehorchenden Willens über die widerstrebende natürliche Neigung. Je schwerer der Sieg erfochten wird, desto höher steht der Werth der guten That. Nach dieser Auffassung hat der Wille das Gute ausser sich als eine ihm zunächst fremde Macht, als ein starres Gesetz, dem er sich in jedem gegebenen Falle zu unterwerfen hat, und dies Gesetz wird formuliert als ein allgemeiner Satz, der durch abstrahierendes Denken gewonnen wird. Hier giebt es wohl sittliche Handlungen, jede für sich vereinzelt, jede immer wieder von vorn anhebend, aber keinen sittlichen Zustand des gesammten Menschen. Es ist der Standpunkt der reinen Moral, eines strengen Gesetzesdienstes, der an die Weise des Alten Bundes erinnert, nur dass der Inhalt des Gesetzes aus der Gesetzgebung der denkenden Vernunft, nicht aus Offenbarung stammt und sich nicht auch auf mehr oder minder zufällige Formen des Handelns, sondern allein auf die Grundverhältnisse in der Beziehung freier Wesen zu einander und zur ganzen Aussenwelt bezieht. Der Rationalismus auch in der Theologie beruht wesentlich mit auf dieser äusserlichen Auffassung der Sittlichkeit als eines gesetzlichen Thuns.

Den Bann dieser bloss moralischen Anschauungen hat zuerst mit nachhaltiger Wirkung Schiller gebrochen. Es ist diese tiefere Auffassung des Sittlichen sein persönlichster Besitz; schon in seiner vorkantischen Periode, im Gedichte „die Künstler", weiss er, dass das Gesetz nur „matte Blüthen langsam treibt", verlangt er eine Erziehung zur Sittlichkeit, welche allmählich die ganze Person in das Element der Freiheit untertaucht, erscheinen ihm die Pflichten als ein „knechtisches Geleit". Das Princip einer wahrhaft ethischen Weltanschauung ist ihm dann durch das Studium Kants nur um so klarer aufgegangen; liegt ihm die religiöse Seite der Sache fremd, so setzt er die Kunst an die Stelle der Religion, um ihr, was sie nicht leisten kann, die Erziehung der Menschheit aufzutragen. Darin hat er geirrt; aber diese Forderung einer echten Sittlichkeit statt des Kantischen Tugendideals ist das bleibend Bedeutende darin. Sehen wir von jenem Irrthum ab, so hat das ethische Ideal kaum irgendwo einen schöneren und vollendeteren Ausdruck gefunden, als in Schillers Dichtung. Wer gedenkt nicht jenes unvergleichlichen Gedichtes: „das Ideal und das Leben" und besonders der Verse: „Nehmt die Gottheit auf in euren Willen, und sie steigt von ihrem Weltenthron. Des Gesetzes strenge Fessel bindet nur den Sklavensinn, der es verschmäht; mit des Menschen Widerstand verschwindet auch des Gottes Majestät." Wir fügen nur noch die Prosastelle hinzu, die sich gegen den Schluss der Abhandlung „über Anmuth und Würde" findet: „Die Liebe allein ist also eine freie Empfindung, denn ihre reine Quelle strömt hervor aus dem Sitz der Freiheit, aus unsrer göttlichen Natur. Es ist hier nicht das Kleine und Niedrige, was sich mit dem Grossen und Hohen misst, nicht der Sinn, der an dem Vernunftgesetz schwindelnd hinaufsieht; es ist das absolut Grosse selbst, was in der Anmuth und Schönheit sich nachgeahmt und in der Sittlichkeit sich befriedigt findet, es ist der Gesetzgeber selbst, der Gott in uns, der mit seinem eigenen Bilde in der Sinnenwelt spielt." — Dieser ethische Gehalt in allen seinen Schöpfungen ist es, der das Geheimniss der Wirksamkeit des gewaltigen Mannes ausmacht.

Wir deuten nur noch darauf hin, dass Fichte in seiner zweiten Periode auf denselben Principien eine Sittenlehre aufbaut, die in allen Stücken den Charakter der Mystik an sich trägt, dass die ganze Speculation der Identitätsphilosophie hier ihren wesentlichsten Anknüpfungspunkt findet. Die blosse Andeutung muss an dieser Stelle genügen. Es unterliegt keinem Zweifel, dass wir hier einen eigenthümlichen Charakterzug des specifisch deutschen Wesens finden. Die englische Cultur scheint unwiderruflich festzustecken in theokratischer Gesetzlichkeit; die nationale Bildung des französischen Volkes beruht durchaus auf einem dem Heidnischen verwandten Tugendbegriff; die deutsche Volksthümlichkeit hat sich mehr und mehr in die ethischen Gesichtspunkte der Mystik eingelebt.

5. Die Tugenden.

Eine Gliederung der einen Tugend in viele Tugenden nach der Verschiedenheit des Verhältnisses des Willens zu der äusseren oder inneren Welt findet sich bei Eckhart nicht. Wie er immer nur die Form des tugendhaften Willens beschreibt, ohne einen positiven Inhalt desselben zu bezeichnen, so entzieht sich ihm auch die Möglichkeit, den Begriff der Tugend sich in seine Momente entfalten zu lassen. Er kennt und nennt verschiedene Tugenden, aber ein Princip der Eintheilung legt er nicht dar. Die Einheit aller Tugenden ist ihm so sehr das Ueberwiegende, dass er eine wesentliche Verschiedenheit derselben nicht gelten lässt. Es ist nur eine Sittlichkeit und es gilt für den Sittlichen nur der eine höchste Gesichtspunkt. Sein Streben soll nicht auf die einzelnen Manifestationen, sondern auf das Wesen der Tugend selbst gehen. Alle Tugenden hangen nothwendig zusammen (116, 2). Dünket dich eine Tugend wichtiger als die anderen und achtest du sie vor anderen, so liebst du sie nicht, insofern sie zur Sittlichkeit gehört, und Gott wirkt noch nicht in dir. So lange ist der Mensch auch nicht sittlich; denn der Sittliche liebt und übt alle Tugenden insofern sie zur Sittlichkeit gehören (190, 22).

Eckhart nennt die vier Cardinaltugenden: Weisheit, Mässigkeit, Tapferkeit und Gerechtigkeit, und daneben die drei „göttlichen“ Tugenden des Glaubens, der Hoffnung und der Liebe (244,

35. 410, 16). Aber er zählt auch wohl zwölf Tugenden in recht willkürlicher Ordnung auf, nämlich ausser jenen noch folgende sechs: Demuth, Geduld, Furcht, Sanftmuth, Barmherzigkeit und Mitleid (343, 1); dabei ist dann die Gerechtigkeit ausgefallen, deren Name bei Eckhart gewöhnlich die Sittlichkeit überhaupt bedeutet.

Auf diesem ganzen Gebiete herrscht bei Eckhart die allergrösste Verwirrung. Liebe, Gerechtigkeit bezeichnen bald einzelne Tugenden, bald sind sie das Princip aller Tugend. Die Liebe insbesondere ist identisch mit Gott, und so viel wir in der Liebe wohnen, so viel wohnen wir in Gott (377, 39). Liebe verleiht allen Tugenden, dass sie den Namen der Tugend führen können (606, 33). Wo die Liebe ist, da wirkt sie Grosses; wo nicht heilige und vollkommene Werke erscheinen, da muss auch die Liebe gering oder gar nicht vorhanden sein (378, 17). Wenn die Seele um andere Tugenden eher bemüht wäre, als um die Liebe, so hätte sie überhaupt keine Tugend (352, 35). In allen den Antrieben, in denen wir zur Liebe gereizt werden, da treibt uns nichts anderes als der Heilige Geist. Das Ziel, auf welches die Liebe alle ihre äusseren Wirkungen richtet, ist die Güte, und diese Güte ist Gott. So wenig mein Auge sprechen, meine Zunge Farben erkennen kann, so wenig kann sich Liebe auf irgend etwas anderes richten als auf Güte. Nichts kann gut heissen, es geschehe denn in der Liebe. Die Liebe aber soll rein, ledig und abgeschieden sein; sie soll sich nicht richten auf mich oder auf meinen Freund oder auf irgend etwas ausser sich, sondern allein auf die Güte und auf Gott selber (61, 4). Deshalb erstreckt sich die Liebe auf alles in gleicher Weise. Hast du einen Menschen lieber als einen anderen, das ist unrecht; und hast du deinen Vater und deine Mutter und dich selber lieber als einen anderen, das ist unrecht; und hast du die Seligkeit lieber in dir als in einem andern, das ist unrecht. Jedes Glied dient dem ganzen Körper und zugleich jedem einzelnen Gliede besonders, gerade wie sich selber und nicht weniger. So soll es noch viel mehr im Reich der Gnade sein. Was du liebst, sollst du in Gott lieben; in ihm ist dein Nächster gerade ebenso wie du selber Gegenstand deiner Liebe (208, 26). Wer sich in das absolut Einfache erhoben hat, der muss alles Ansehen der Person aufgegeben haben, so dass er dem Menschen jenseits des Meeres, den er nie mit Augen gesehen hat, eben so viel Gutes gönne, als dem der bei ihm und sein vertrauter Freund ist (65, 8). Hast du dich selber lieb, so hast du alle Menschen lieb wie dich selber. So lange du noch einen Menschen weniger lieb hast als dich selber, so lange hast du dich selber noch nicht in Wahrheit lieb (310, 9).

Von den anderen Tugenden bespricht Eckhart am häufigsten die Demuth und die Geduld. Da bei ihm auf das Bewusstsein der Sündhaftigkeit ein geringerer Nachdruck gelegt wird, so bezeichnet ihm die Demuth vielmehr das Bewusstsein der creatürlichen Endlichkeit, die Willigkeit, von Gott zu empfangen und sich des eigenen Willens zu begeben. Wer von oben empfangen will, der muss nothwendigerweise sich in rechter Demuth niedrig halten (137, 22). Die Seele muss sich von allem entblössen, was nicht zu ihrem Wesen gehört; sollen wir in Gottes Grund eindringen, so müssen wir zuvörderst in unsern eigenen Grund gehen in reiner Demuth (225, 31). Das ist rechte Demuth, dass ein Mensch sich bewusst bleibe, was er von Natur ist, ein aus Nichts geschaffenes Etwas. Dass er im Thun und Lassen nicht selber wähle, sondern die Erleuchtung durch die Gnade abwarte, um im Thun und Lassen das Rechte zu finden, das ist rechte Demuth der Natur. Das ist dagegen Demuth des Geistes, dass er alles Gute, was Gott in ihm thut, sich ebenso wenig zuschreibe oder zueigne, als er es that, da er nicht war (295, 21). Diese Demuth nun äussert sich auch den Menschen gegenüber. Die Gerechten halten sich für die allerunwürdigsten Menschen, die es auf Erden giebt: darum vermögen sie sich unter alle Leute zu demüthigen (478, 3). In der rechten Demuth, in der man schweigt, wenn die Andern schelten, da überwindet man wahrhaft. Den Andern erwiedern bis sie schweigen müssen, heisst nicht überwinden, sondern überwunden werden (639, 7). — Uebrigens ist die Demuth, die Eckhart predigt, eine sehr stolze Demuth. Nichts sucht er so eifrig in seinen Zuhörern zu erwecken, als das hohe Bewusstsein des eigenen Berufes und der eigenen Gottähnlichkeit. Er hat diesem stolzen Bewusstsein einen zuweilen vermessenen Ausdruck gegeben, und wenn er eine Tugend im Vortrage des Christenthums hintangesetzt hat, so ist es eben die der Demuth.

Unermüdlich ist Eckhart im Preise der Geduld. Sie ist ihm nur ein anderer Ausdruck für jene gänzliche Aufgebung des eigenen Willens und des eigenen Interesses, jene schrankenlose

Hingabe an Gott, die das Wesen der Tugend bildet. Aus ihr folgt unmittelbar, dass der Mensch alles in gleicher Weise aus den Händen Gottes entgegennimmt, dass er in reiner Passivität willig über sich ergehen lässt was Gott sendet und im Leiden ebenso freudig ist als im Wohlergehen. Die Gerechten hungern und dursten so sehr nach dem Willen Gottes und er gefällt ihnen so wohl, dass sie nichts anderes wollen oder begehren möchten, als was Gott über sie verhängt. Und wollte Gott es ihnen erlassen, sie möchten desselben nicht erlassen sein. Was Gott dem Gerechten giebt, Krankheit oder Armuth oder was immer sonst, das hat er lieber als jedes andere, weil Gott es will. Wäre es nicht Gottes Wille, im selben Augenblicke wäre es auch nicht. Gefiele dir nun Gottes Wille, so wärest du recht wie im Himmel, was dir auch geschehe oder nicht geschehe. Denn denen, die etwas anderes als Gottes Willen begehren, denen geschieht ganz recht: sie sind immer in Jammer und Noth, man fügt ihnen häufig Gewalt und Unrecht zu und sie haben überall Leid (146, 32). Und nicht allein äusseres Leiden, Hunger, Durst, Kälte, Schmach und anderes derartige soll man willig und fröhlich hinnehmen, sondern auch geistliche Entbehrung und Traurigkeit. Wollte Gott uns vernichten oder in die Hölle werfen, so sollten wir nicht wollen noch begehren, dass uns Gott in unserm Sein erhalte oder uns vor der Hölle behüte; sondern wir sollen Gott mit uns machen lassen ganz wie er will, als ob wir nicht wären. Gott soll in allem was du bist ebenso gewaltig sein, wie in seiner eigenen ungeschaffenen Natur (293, 31). Wir betäuben Gott Nacht und Tag und sagen: Herr, dein Wille geschehe. Und wenn dann Gottes Wille geschieht, so zürnen wir und es ist uns gar nicht recht. Wenn unser Wille Gottes Wille wird, das ist gut; aber wenn Gottes Wille unser Wille wird, das ist weit besser. Wenn dein Wille Gottes Wille wird, bist du dann krank, so wolltest du zwar nicht wider Gottes Willen gesund sein, aber du wolltest, dass es Gottes Wille wäre, dass du gesund würdest. Und wenn es dir übel ergeht, so wolltest du, dass es Gottes Wille wäre, dass es dir wohl ergienge. Aber wenn Gottes Wille dein Wille wird: bist du krank, in Gottes Namen; stirbt dein Freund, in Gottes Namen. Es ist eine sichere und nothwendige Wahrheit: hienge alle Pein der Hölle und des Fegefeuers und der Welt daran, der Fromme wollte es gern ewig leiden mit Gottes Willen und es immerdar für seine ewige Seligkeit halten und allen Heiligen ihre Seligkeit und ihre Vollkommenheit gern lassen, und selbst sich nicht einen Augenblick von der Pein abwenden, ja nicht den Gedanken fassen, dass es anders sein möchte (55, 5). Die Geduld macht alles Leiden süss und verwandelt das was dem natürlichen Menschen die bitterste Pein ist in die höchste Seligkeit, in die Gewissheit, dass Gott im Leiden bei uns ist, dass er mit uns leidet und dass wir leidend und entbehrend Gott näher kommen, als in Freude und allem Gemach (426 ff. 435. 441 ff.).

6. Der tugendhafte Zustand.

Geht Eckhart in eine nähere Darlegung des Wesens der Tugend an sich und der verschiedenen Tugenden nicht näher ein, so schildert er doch in manchen Zügen, wie der Sittliche sich inmitten der Verhältnisse dieses irdischen Lebens darstellt. Und zwar stellt er zunächst die höchste und idealste Anforderung, welche dahin geht, dass der Mensch von allem Sinnlichen und Endlichen gar nicht mehr berührt werde; er ermässigt aber zweitens oder besser er verdeutlicht diese Forderung, indem er nachweist, inwiefern und bis zu welchem Maasse eine solche Verwicklung in das Getriebe der endlichen Dinge vom irdischen Leben unabtrennbar sei und wie sich dann in Bezug auf das Irdische das göttliche Princip im sittlichen Menschen erprobe.

1. Zunächst also wird als der Zustand des sittlichen Menschen die vollkommene Passivität, die Indifferenz gegen alle Dinge ausser dem einen Absoluten, die Unbeweglichkeit und Verschlossenheit gegen alle Eindrücke von aussen bezeichnet. Wir sollen unbeweglicher werden als das Nichts, das wir waren ehe wir wurden, das nichts bedurfte und nichts vermochte und allem widerstand, nur der göttlichen Kraft nicht; diese machte das Nichts beweglich, indem Gott alle Dinge aus Nichts schuf. Die Seele soll alle ihre Kräfte zusammenfassen in ihren freien Willen, so dass sie ungehindert bleibe von sich selber und von allen Dingen; sie soll ganz aufgehen in den unbeweglichen Gott, der nie von irgend welchen Wirksamkeiten der Dreieinigkeit bewegt ward, noch dieses Wirkens je bedurfte. Die Seele muss sich so gänzlich versenken in den grundlosen Grund des göttlichen Nichts, dass nichts sie vermöge herauszuziehen, dass sie sich niemals dem Niederen zuwende und soweit es Creaturen möglich ist so stetig darin verharre, wie

der himmlische Vater in seiner Natur verharrt. Wohlan, edle Seele, gehe aus dir heraus, um nie wieder in dich zurückzukehren; gehe in Gott ein, um nie wieder aus ihm zu treten, und halte dich fest daselbst, um nie wieder dich der Creatur zuzuwenden. Was dir verkündet wird, damit belaste dich nicht; was dir vor Augen liegt, davon lass dich nicht irre machen, und halte dich nicht auf mit irgend welcher Dienstbarkeit und äusserer Verrichtung. Folge fest deiner reinen Natur und dem bedürfnisslosen Nichts und suche keine andere Wohnstatt als dieses. Gott der dich von Nichts geschaffen hat soll selber deine Wohnstatt sein nach seinem bedürfnisslosen Nichts und seiner Unbeweglichkeit. Da sollst du unbeweglicher werden als das Nichts (509, 29).

Diese Unbeweglichkeit ergiebt eine vollkommene Indifferenz gegen alles Aeussere und Freiheit von allen Affecten. Diejenigen sind sittlich, die alles auf gleiche Weise hinnehmen von Gott was es auch sei, Grosses oder Kleines, Lieb oder Leid. Wen das Eine noch freut und das Andere betrübt, ist nicht sittlich. Wer die Gerechtigkeit liebt, steht so fest in ihr: was er liebt, das ist sein Wesen; kein Ding kann ihn davon abziehen und kein Ding sonst achtet er (203, 13—40). Willst du die Wahrheit völlig erkennen, so lege ab Freude und Furcht, Zuversicht und Hoffnung und Schmerz. Alles dies ist eine Scheidewand; so lange du es ansiehst oder es dich ansieht, siehst du Gott nicht (142, 15).

2. Aber diese Enthaltung von allen Thätigkeiten und allen Affecten ist kein auf Erden zu verwirklichender Standpunkt. Dies irdische Leben ist der im göttlichen Processe nothwendige Durchgang zu höherer Lebensform, und deshalb sind alle die Consequenzen, die aus der Form des irdischen Daseins mit Nothwendigkeit sich ergeben, selber sittlich gerechtfertigt. Man braucht nur auf dasjenige zu achten, was unabweisbares Ergebniss der sinnlichen Existenz ist, um einzusehen, dass für das äussere Leben die Forderung jener vollkommenen Unbeweglichkeit nicht erfüllbar ist. Darum ist die eigentliche Aufgabe auch nach des Meisters Auffassung die, schon hier das Irdische an sich zu verklären. Zunächst — es ist nicht möglich, dass immer und überall nur Gott in der Seele gegenwärtig sei. Weil das Erleiden und Schauen Gottes dem Geiste in diesem Leibe unerträglich ist wenn es immerdar dauert, darum entzieht sich Gott dem Geiste zuweilen. Denn die Seele ist eine einfache Form des Leibes, und worauf sie sich wendet, darauf

wendet sie sich ganz. Wäre ihr nun das Gut das Gott ist ganz ohne Scheidewand und ohne Unterbrechung bekannt, so könnte sie sich in keiner Weise wegwenden, so dass sie auf den Leib zu wirken nicht im Stande wäre. Weil es also zu diesem Leben nicht passt noch gehört, so entzieht es der treue Gott und ertheilt es wie er will und wie er weiss dass es dir am nützlichsten ist und dir am besten passt, wie ein getreuer Arzt. Denn er will die Natur nicht zerstören, sondern vollenden (17, 18; ebd., 30). Weil aber der Mensch immer wieder auf das Sinnliche zurückgewiesen wird, so kann er auch niemals ganz frei von Affecten werden. Aber dies gilt doch nur für die äussere leiblich-sinnliche Natur. Wenigstens im Innersten seiner Vernunft soll der Mensch unbeweglich sein. Manche Leute von guter Meinung wähnen es erreichen zu können, dass ihre Sinne frei werden von der Einwirkung sinnlicher Dinge. Das wird ihnen nimmer zu Theil. Dass ein widerlich Getöne meinen Ohren so angenehm sei wie ein süsses Saitenspiel, das erreiche ich nimmer. Aber das soll man haben, dass ein verständiger gottförmiger Wille ledig stehe von aller Lust der Natur, und dass, wenn die Vernunft es betrachtet und dem Willen gebietet sich hinwegzuwenden, der Wille spreche: ich thue es gern. Da wird der Streit in Lust verwandelt, und was der Mensch mit grosser Mühe erringen muss, das wird ihm nun eine Herzensfreude, und dann erst wird es recht fruchtbar (53, 14). So sagen auch manche wohlgesinnte Leute, man solle so vollkommen werden, dass uns keine Freude zu bewegen vermöge und dass man unberührbar sei von Freud' und Leid. Darin haben sie nicht recht. Es war nie ein Heiliger so heilig, dass er nicht hätte bewegt werden können. Aber das wird dem Heiligen wohl schon hienieden zu Theil, dass ihn nichts von Gott hinweg zu bewegen vermag. Ihr wähnet, so lange euch noch Worte in Freude und Leid zu bewegen vermögen, seid ihr unvollkommen? Dem ist nicht so. Christus hatte es nicht; das bewies er als er sprach: „Meine Seele ist betrübt bis in den Tod.“ Christo thaten Worte so wehe; und wäre aller Creaturen Weh auf e i n e Creatur gefallen, das Wehe wäre so gross nicht gewesen, als Christo wehe war. Und das kam gerade von der Herrlichkeit seiner Natur und von der heiligen Vereinigung göttlicher und menschlicher Natur. Darum sage ich, dass nie ein Heiliger es erreicht, dass ihm nicht Schmerz wehe und Freude wohl thue. Das freilich bewirkt zuweilen Freude, Liebe und Gnade: wenn man einem Menschen seinen Glauben oder was man sonst wollte anrührte, wenn der Mensch durch die Gnade ganz ergriffen wäre, dass er sich gleichmüthig verhielte in Freude und Leid. Aber das wird dem Heiligen wohl, dass ihn nichts aus Gott zu bewegen vermag, und wird auch das Herz gepeinigt, als ob der Mensch nicht in der Gnade wäre, dass doch der Wille fest in Gott bestehe und also spreche: Herr, ich in dir und du in mir! Was dann den Menschen berührt, das hindert nicht die ewige Seligkeit, so lange es nicht an den obersten Wipfel des Geistes heranreicht, dort oben wo er in Einheit steht mit Gottes allerliebstem Willen (52, 18). Ein guter Mensch kann ganz wohl ein guter Mensch sein und doch berührt werden und wanken von natürlicher Liebe zu Vater und Mutter, minder oder mehr, und doch nicht aus Gott und der Güte fallen. Und dennoch in dem Maasse ist er gut und besser, als er weniger oder mehr erfreut und berührt wird und gewahr wird der natürlichen Liebe und Zuneigung zu Vater und Mutter, zu Schwester und Bruder und zu sich selber. Gleichwohl wenn ein Mensch das hinnehmen könnte als Gottes Willen, sofern es Gottes Wille ist, dass der Mensch diese Unvollkommenheit habe, insbesondere durch Gottes Gerechtigkeit wegen der Sünde des ersten Menschen, und selbst davon abgesehen, wollte er es gern entbehren weil es Gottes Wille wäre: so wäre ihm durchaus recht zu Sinne und er würde sicherlich getröstet in seinem Leide (427, 22). Darum dass der Mensch bewegt wird, verliert er nicht die göttliche Erleuchtung. Denn alles Zeitliche wird in der Zeit bewegt. Aber freilich je weniger der Mensch bewegbar ist, um so mehr ist er schon in der Zeit in die Ewigkeit gesetzt. Erst wenn wir den Fuss setzen auf alle Creaturen, erst so reichen wir an den Saum der Gottheit: und das heisst eine vergeistigte Natürlichkeit (641, 17; ebd., 32). Unbeweglichkeit wird dem Menschen nimmer so zu seinem Wesen, dass nicht die lebendige Regung der Sinnlichkeit ohne Theilnahme der Vernunft erweckt werden könnte. Aber sobald es von der Vernunft ergriffen wird, da entschwindet es und der Mensch steht gleichmüthig wie zuvor, und dann ist der Mensch nicht ein Mensch nach Menschenart, sondern er ist ein vergotteter Mensch (643, 26). Wenn die thierischen Sinne bewegt werden, das ist nicht Beweglichkeit von innen, sondern von aussen. Wie der Baum, den der Wind hin und her wehet, und er wird doch nicht aus seinem Boden gerissen; die

Wurzel steht unerschüttert. So muss man zuweilen harte Worte haben, die äusserlich nach Bewegung aussehen: aber das Innere soll in dem Einen feststehen (666, 31). Die natürliche Leiblichkeit ergreift Freud' und Leid fortwährend und das verliert sie nimmer. Aber der Wille steht gleichmüthig in Freud' und Leid, und das Vermögen zu allem unangemessenen Thun wird dem benommen, dem ewiges Licht gegeben wird (667, 6). Die Seele ist von Natur geschickt, der Leib ist ungefüge und materiell. Dass diese materielle Ungefügigkeit so geschickt sei wie des Geistes ideelle Natur, das wird einem Leibe vor der Verklärung nicht zu Theil. Des Auges eigenthümliche Bestimmung ist Farben zu sehen, des Ohres Töne zu hören. Darin liegt keine Verschuldung, kein Hinderniss, der ewigen Wahrheit theilhaftig zu werden. So wahr es ist dass man dessen ledig stehen sollte, so kann es doch nicht sein. Eins sage ich dir und daran soll dir genügen: dass Wille und Liebe aus dem Gleichgewichte kommen, das wird dir benommen. Noch mehr: schon die blosse Möglichkeit mit Willen und Liebe fehl zu gehn wird der Seele benommen, und so ist ihr Vermögen zu ihrem Wesen geworden, ein wesentliches Vermögen. Das rechte Zeichen dass es dein Wesen geworden ist ist das, dass alles was du von aussen wirkst, nimmer in die Tiefen der Seele störende Vorstellungen bringt (668, 10).

3. Das also ist die eigentliche Aufgabe, nicht dass der Mensch mit allen seinen Kräften sich aus dem veränderlichen Getriebe der Dinge ganz zurückziehe, sondern dass der Geist in der Unruhe dieses Treibens, in der Vielheit dieser Sorgen, in der Bewegung dieses Kampfes nicht aufgehe. Kann der äussere Mensch nimmer in Ruhe sein, so soll dafür im tiefsten Wesen der Seele, im Fünklein diese Ruhe herrschen unbeweglich und unerschütterlich. Die Seele hafte nur nicht mit Lust auf irgend welchen Vorstellungen, an irgend welchen Begierden; es sei nur immer das Streben und die Sehnsucht vorhanden nach der Ruhe in Gott. Nur das Fünklein der Seele sei allezeit bei Gott und mit Gott vereinigt. Darin besteht die Beschaffenheit des tugendhaften Menschen. Aber diese manifestiert sich in allen einzelnen Lebensäusserungen des Menschen, indem alle Kräfte der Seele und des Leibes dadurch bestimmt werden. Wie das Licht von der Sonne ausgeht und von ihr zuerst der Luft mitgetheilt und von der Luft weiter alle dem gespendet wird, was des Lichtes empfänglich ist, gerade so ist es in der Seele.

Gott gebiert in der Seele sein Wort, und die Seele empfängt es und bietet es weiter dar den Kräften in mannichfacher Weise, bald als eine Begierde, bald als eine gute Absicht, bald in Liebeswerken, bald in Dankbarkeit oder wie es dich sonst ergreift. Alles das ist Gottes Wirken in dir, und als das seine nicht als das deine sollst du es ansehen (21, 33). In der Seele soll eine rechte Ordnung sein, d. h. die niederen Kräfte sollen sich den oberen unterordnen. Wenn ein Herr sein Volk ordnen will, so ist der Knecht unter den Rittern und der Ritter unter dem Grafen; denn sie wollen alle Frieden haben, darum hilft ein jeder dem andern. So soll jede Kraft der andern unterthan sein und streiten helfen, damit eitel Friede und Ruhe in der Seele sei (160, 38). Der äussere Mensch kann beschäftigt sein, während doch der innere Mensch dessen gänzlich ledig steht und unbeweglich ist. Wie die Thüre sich in der Angel dreht, die Thüre also sich bewegt, die Angel aber unbeweglich bleibt, so ist es auch hier. Der Mensch der Gott liebt gebraucht die Kräfte der Seele im äusseren Menschen nicht weiter, als es die fünf Sinne nothwendig bedürfen. Das Innere wendet sich den fünf Sinnen nicht weiter zu, als so weit es für diese ein Wegweiser und Führer ist, dass sie nicht dem thierischen Genusse sich zuwenden. Alle höheren Kräfte aber überlässt die Seele dem inneren Menschen, und wenn dieser sich einem hohen und herrlichen Gegenstande zuwendet, so zieht sie auch die den fünf Sinnen geliehenen Kräfte an sich, und der Mensch heisst dann sinnenfrei und verzückt (489, 17. 488, 30). Das ist der Seele Schönheit, dass sie wohl geordnet sei. Die Seele soll mit den niedersten Kräften unter die obersten geordnet sein und mit den obersten unter Gott; die äusseren Sinne unter die inneren, diese unter den Verstand; der Verstand unter die Vernunft, die Vernunft unter den Willen, und der Wille in die Einheit, so dass die Seele allein sei und nichts anderes in sie dringe als die Gottheit (514, 12). Die obersten Kräfte sollen in Gott erhoben, ganz ihm dahingegeben und zugeeignet sein. Aber alles Leiden soll man dem Körper, den niedersten Kräften und den Sinnen überlassen; der Geist soll sich hingegen mit ganzer Kraft erheben und lediglich sich in seinen Gott versenken. Das Leiden der Sinne und der niedersten Kräfte und ihre Anfechtung geht den Geist nicht an (567, 15).

Es hat damit der sittliche Mensch gewissermaassen eine doppelte Natur. In dem reinen Wesen seines Geistes wohnt Gott und nichts als Gott; daneben geht das Spiel der Seelenkräfte, der Sinne und der Gedanken, in Freud' und Leid, Sorgen und Thätigkeiten seinen Gang, nur geregelt und in Schranken gehalten durch den in die Seele eingebornen Gott. Dieses Nebeneinanderbestehen der beiden Naturen war in niemandem vollkommener vorhanden als in Christus. Darum ist Christus die höchste Realisation des sittlichen Ideals, und alles tugendhafte Leben erscheint unter dem Gesichtspunkte einer Nachfolge Christi (567, 9).

7. Die Nachfolge Christi.

Was Eckhart von dem Christus der Offenbarung gelehrt hat, das werden wir später betrachten. Hier geht uns nur die Thatsache an, dass Eckhart sein Ideal des ganz versittlichten Menschen an die biblische Christusvorstellung angeknüpft hat, freilich nicht ohne das Christusbild der Heiligen Schrift in wesentlichen Zügen umzugestalten. Den Menschen, welchem das ganze göttliche Wesen ohne allen Abzug innewohnt, der selbst ganz in das göttliche Wesen aufgehoben und eingegangen ist und der nun im irdischen Leben dieses göttliche Princip vollkommen bewährt, diesen Menschen nennt Eckhart Christus. Er ist identisch mit dem ewigen Worte, welches Gott geboren hat, mit der zweiten Person in der Trinität. Ein solcher Mensch ist einmal vorhanden gewesen und hat in Freud' und Leid, in höchster Seligkeit und schwersten Martern, im Verkehr mit Gott und den Menschen das absolut Göttliche zur Darstellung gebracht. Den Spuren dieses heiligen Lebens nachzugehen, Christi Jünger und Nachfolger zu werden, das ist unsere sittliche Aufgabe. Dadurch wird jeder von uns eben jener Christus und ganz wie er. Das abstracte Princip der Sittlichkeit wird in dem Christusbilde zu einer concreten Anschauung.

Christus allein, — die Heiligen werden ausdrücklich von dieser Würdigkeit ausgeschlossen, — ist unser Ende, dem wir nachfolgen, und unser Ziel, dem wir zustreben sollen und mit dem wir vereinigt werden sollen in Gleichheit aller seiner Ehren, je nach dem Maasse als uns die Vereinigung zugehört (295, 7). Die rechten Bekenner Gottes nehmen das Leben und die Lehre unseres Herrn Jesu Christi für sich zu einem Vorbilde alles ihres Lebens, um sich ohne Unterlass darin abzuspiegeln und alles ablegen zu können, was diesem herrlichen Vorbilde unähnlich ist (478, 6). Der Geist nimmt zu und empfängt Gottes Natur, indem er der Person Christi und seiner menschlichen Natur nachfolgt (515, 12). Aber die höchste Regel ist doch: man soll Christi Menschheit nachjagen, bis man die Gottheit ergreife und der Menschheit mit ihren schmerzlichen und lustbaren Vorstellungen ledig werde (636, 29). Die Seele soll sich mit stetem Fleisse üben in dem Vorbilde der Menschheit Christi. Denn so zuerst wird ihr Gott vertraut und kommt zu ihr als ein König der Freundschaft (348, 17).

Zweierlei Züge sind es besonders, die Eckhart, von der Vorstellungsweise seiner Zeit beeinflusst, an dem Christusbilde hervorhebt: erstens dass der absolut Heilige auch der mit Leiden am schwersten Ueberhäufte war und dieses Leiden freudig und willig trug; zweitens dass er arm war und absolut arm zu sein begehrte. Im Leiden bewährte sich die vollkommene Aufgebung des Eigenwillens und Einheit mit dem Gotteswillen; in der Armuth offenbarte sich der Verzicht auf die Welt, auf alle Dinge, auf alle Lust an der Eigenheit. Dies nun sind die beiden hauptsächlichsten Kennzeichen der wahren Nachfolger Christi: williges Leiden und vollkommene Armuth.

8. Das Leiden.

An Christo war nichts in so hohem Maasse vorhanden als Leiden. Darum giebt es auch nächst Gott nichts Herrlicheres als das Leiden. Als Christus geboren ward, da stellte sich auch das Leiden ein und verliess ihn nicht, so lange er Mensch war auf Erden. Und wäre Christus nur Mensch gewesen ohne Gottheit, dennoch hätte ihn sein Leiden über das ganze Menschengeschlecht erhoben. Denn wer am meisten leidet, der ist der Herrlichste. Gäbe es etwas Herrlicheres als Leiden, so wären wir dadurch erlöst worden. Rechtes Leiden ist die Mutter aller Tugend; denn es wehrt der Hoffahrt und macht demüthig und keusch, es tödtet alle Untugend und tilgt alle Sünde (337, 26 ff.). Was kann dem Menschen zu schwer sein zu leiden, wenn er das Leiden dessen betrachtet, der in göttlicher Gestalt war? Der gute Kriegsmann klagt seiner Wunden nicht, wenn er den König ansieht, der mit ihm verwundet ist. Er bietet uns einen Trank, den er zuvor selbst getrunken hat; er gebietet uns nichts, was er nicht vor uns gethan oder gelitten hätte (183, 21). Dann folgt die Seele dem Vorbilde Christi nach, wenn sie Armuth, Elend, Schmach, Unglück und alles was ihr zustossen mag, geduldig, willig, begierig, fröhlich leidet, so dass sie unerschüttert bleibe von allen Dingen und weder Freude noch Leid von irgend etwas empfange (637, 18).

In dem tiefsten Leiden liegt der höchste Segen. Ohne Leiden kann der Mensch nicht zu seinem Heile gelangen. Erst in der Finsterniss des Leidens und Ungemachs erreicht uns das Licht. Die Finsterniss des Leidens soll in helles Licht gewandelt werden: aber nicht auf diese Vergeltung soll unsere Absicht gerichtet sein; wir sollen am Leiden als solchem uns genügen lassen (334, 27). Das Leiden erzeugt die Abwendung von der Welt und allem Geschaffenen, die Abgeschiedenheit, die die Voraussetzung aller Empfänglichkeit für die Gaben Gottes ist. Darum der schnellste Renner, der euch an das Ziel der Vollkommenheit trägt, ist das Leiden. Niemand geniesst mehr der ewigen Seligkeit, als die mit Christo in der grössten Trübsal stehen. Nichts Bittreres als Leiden, nichts Süsseres als gelitten haben. Freude bringt Leid und Leid bringt Freude (492, 23). Je grösser das Leiden, desto geringer ist es, wie zwei Eimer am Brunnen: je schwerer der eine, desto leichter der andere. Je mehr der Mensch lässt, desto leichter wird ihm zu lassen. Wer Gott liebt, dem würde so leicht die Welt zu lassen als ein Ei zu lassen (209, 13). Leidest du um deiner selbst willen, das Leiden thut dir weh und wird dir schwer zu tragen. Leidest du um Gottes und allein um Gottes willen, das Leiden thut dir nicht wehe und ist dir auch nicht schwer; denn Gott trägt die Last (45, 22). Ein guter Mensch soll zu Gott das Vertrauen haben, dass es Gott unmöglich ist zuzugeben, dass dem Menschen ein Leiden zustosse, mit dem Gott nicht dem Menschen viel grössere Leiden ersparen oder viel reicheren Trost verschaffen oder ein viel besseres Gut darreichen wollte (425, 27). Eigentlicher empfängt man Gott im Entbehren als im Empfangen. Denn empfängt der Mensch, so hat die Gabe an sich, was den Menschen froh und trostreich macht. Empfängt man aber nichts, so hat man nichts, findet und weiss auch nichts, um sich daran zu freuen, als Gott und Gottes Willen allein (427, 4). Der Tugend Klage und Leid ist daher, wenn Leid sie zu berühren vermag, dass dies Leiden um Gottes willen zu klein ist und alle äusseren Werke in der Zeit zu klein sind, so dass sie sich nicht ganz und völlig bewähren und darin ausprägen kann. Sie wollte nicht gelitten haben, Schmach und Leiden nicht überstanden haben; sie möchte allezeit ohne Unterlass um Gottes und seiner Güte willen leiden. Gelitten haben ist ein Freisein von Leiden, und das Leiden allein liebt der Fromme. Lieber noch möchte er zukünftiges als vergangenes Leiden (434, 35). Gott leidet mit dem Menschen, ja ungleich mehr nach seiner Weise als der leidet, der um seinetwillen leidet. Will dann Gott selber leiden, so soll ich gar billig leiden (442, 6). Trinkt der Kranke süssen Wein, so wird er bitter auf seiner Zunge, ehe die Seele seine Süssigkeit empfinden kann. Leidet der Mensch um Gottes willen, so verliert das Leid durch Gottes Süssigkeit seine Bitterkeit, ehe es des Menschen Seele zu berühren vermag (442, 33). Was der gute Mensch um Gottes Willen leidet, das leidet er in Gott, und Gott ist mit mir im Leiden. Mein Leiden ist in Gott, und Gott ist mein Leiden. Wie kann mir denn das Leiden zum Leide gereichen, wenn Leiden im Leide vom Leide frei wird? Wer einem Freunde ein Leiden kurzer Tage, das ihm grossen Nutzen, Ehre und Wohlergehen für lange Zeit einbringen könnte, abnehmen wollte, der wäre sein Freund nicht und hätte ihn nicht lieb. Darum möchte Gott nicht zugeben, dass seine Freunde jemals ohne Leiden wären, wenn sie willig zu leiden und ohne Leid zu leiden vermöchten (443, 29. 444, 2).

9. Die Armuth.

Christus, das absolute Vorbild, war nicht nur der Leidenvollste, er war auch der Allerärmste. Und wie sein Leiden uns das Vorbild sein soll, gleich ihm willig und freudig zu leiden, so soll seine Armuth uns antreiben, in der äussersten Armuth unseren höchsten Reichthum zu finden.

Die Armuth ist ein anderer Ausdruck für den höchsten Grad der Abgeschiedenheit. Aber während diese sich mehr auf das inwendige Verhältniss des Geistes zu Gott und den Dingen bezieht, wie es der Grund und die Voraussetzung der Heiligung bildet, ist die Armuth ein Moment des tugendhaften Lebens selber und wiederholt die Abgeschiedenheit in ihrer praktischen Bedeutung für die Behandlung aller irdischen und endlichen Dinge.

Es giebt zweierlei Armuth. Die eine ist die äussere Armuth;

diese ist gut und sehr zu loben an dem Menschen, der sie freudig aus Liebe zu Christo übernimmt; denn Christus hat sie auf Erden selbst an sich gehabt. Aber es giebt noch eine andere, die inwendige Armuth; von dieser ist das Wort des Herrn zu verstehen: „Selig sind, die da geistlich arm sind.“ Ein armer Mensch ist, wer nichts will und nichts weiss und nichts hat. So lange der Mensch noch den Willen hat, Gottes Willen zu erfüllen, so ist er noch nicht recht arm. Will der Mensch wahrhaft arm sein, so muss er seines geschaffenen Willens so ledig sein, wie er es war, als er nicht war. Er muss ferner arm sein an allem eigenen Wissen, so dass er nichts weiss, weder Gott noch Creatur noch sich selber. Der Arme endlich hat nichts; nicht einmal eine Stätte in sich hat er, in der Gott wirken könnte. Aller Unterschied und alle Trennung hört da auf, Gottes selber als eines von uns unterschiedenen Wesens sind wir ledig, und wenn Gott in dem Menschen wirkt, so wirkt er in sich selber (280—282. 417—418). Wer wahrhaft Armuth begehrt, dem ist so noth zu ihr, dass er Niemandem gönnt, dass er weniger habe als er. Und so ist es mit allen Tugenden; er will das Höchste erreichen, immer die höchste Stufe inne haben, die man hienieden erreichen kann, und duldet es nicht, dass Jemand über ihm sei (276, 4).

Armuth umfasst alle wesentlichen Anforderungen an den sittlichen Menschen. Sie bezeichnet denjenigen Zustand, in welchem der Mensch frei und ledig von allem Endlichen sich im Innersten seines Wesens dem absolut Einfachen zugewandt hat. Die willig Armen geben Freund und Gut und Ehre der Welt dahin und stürzen sich in das Thal der Demuth und tragen Schmach und Hass der Welt. Sie halten sich frei von Schuld und allem Fehl; sie hangen an nichts was endlich ist, sie begehren keines Lohnes; sie vergessen alle Eigenheit und fliessen mit allem was sie sind in den grundlosen Abgrund ihres Ursprungs. Ohne diese willige Armuth kann Niemand seine höchste Bestimmung im Erkennen und Leben erreichen (393, 4; ebd., 17 u. 38). Die geistlich Armen sind die, die Gott alle Dinge gelassen haben, wie er sie hatte, als wir nicht waren (533, 20).

Mit der Nachfolge Christi im willigen Leiden und in der Armuth ist ein Zustand nicht sowohl der Seelenkräfte, als vielmehr des Seelengrundes gezeichnet. Die Aufgabe ist nun, diesen Zustand in das wirkliche Leben und die Welt der endlichen Dinge hereinwirken zu lassen. Wie Eckhart die Nachfolge Christi in dieser Beziehung auf die Verhältnisse des irdischen Lebens schildert, soll der Gegenstand der folgenden Darstellung sein.

10. Das beschauliche und das wirkende Leben.

1. Der Zustand der vollkommenen Armuth ist der Zustand des vollkommenen Versenktseins in das Absolute. Indem der Mensch nichts will, nichts weiss und nichts hat, bleibt da nur ein unmittelbares Verhältniss zum schlechthin Bestimmungslosen übrig, welches nur nach Analogie des rein theoretischen Verhaltens der Vernunft gefasst werden kann: es ist der Zustand der reinen Anschauung. Die erste Forderung an den, der Christo nachfolgen will, ist somit die, dass er im Fünklein des Geistes immerdar die Gottheit präsent habe, dass er ein beschauliches Leben führe.

Beschaulichkeit ist der Zustand vollkommener Ruhe. Es gehört zum beschaulichen Leben, dass alle einzelnen Kräfte der Seele als solche schweigen, alle in dem einen Centrum der Seele gesammelt sind, dass alle besonderen Seelenthätigkeiten aufhören und dass die gesammte Energie der Seele nur dem einen zugewandt werde: der ruhenden zeitlosen Betrachtung des absoluten Wesens. Es ist das charakteristische Wesen der Vernunft, nur innerlich auf sich selbst zu wirken. Die Gottheit wirkt nur in sich und all ihr Wirken fliesst in sie selber zurück; was aus ihr herausgeht, bleibt doch vielmehr in ihr. So soll die Vernunft wirken. Sie darf nicht aus sich herausgehen, sie muss gegen alles Aeussere verschlossen sein. Durch kein Haften an irgend welchen bestimmten Vorstellungen oder Begierden soll sie sich aus sich ziehen lassen, und wenn sie alles auf sich bezieht, so soll sie es beziehen auf sich nicht als auf ein eigenthümlich bestimmtes Wesen, sondern sofern sie das Absolute selber ist.

Aber die Contemplation wäre nicht die rechte, wenn sie sich zu dem wirkenden Leben in einen feindlichen Gegensatz stellen wollte. Das irdische Leben hat seine unabweisbaren Forderungen, die erfüllt sein wollen. So lange die Seele in diesem Leibe ist, treten mit der vollen Berechtigung göttlicher Verpflichtung die Bedürfnisse des endlichen Daseins an sie heran; sie muss sich mit thätiger Liebe in die Bedingungen des eigenen Lebens und in die Interessen der Brüder hineinstellen. Die Contemplation und diese thätige Liebe können keine Gegensätze sein; der Quietismus ist eine unmögliche, eine in sich widerspruchsvolle Denkweise.

Frühere und spätere Mystiker haben einen solchen Gegensatz des beschaulichen und des übenden oder wirkenden Lebens angenommen, als ob beide einander ausschlössen, als ob die Contemplation das irdische Wirken, die Geschäftigkeit des Wirkens die Ruhe der Contemplation nicht ertrüge. So galt dann die Contemplation als das Höhere, als der einzige vollkommen dem göttlichen Willen entsprechende Zustand, und ein mönchisches Leben der Zurückgezogenheit von allen weltlichen Beschäftigungen und Bedürfnissen als das Leben in wahrer Heiligkeit. Es ist das Verdienst besonders des heiligen Bernhard, einer so einseitigen Auffassung nachdrücklich begegnet zu sein. Aber über das Ideal mönchischer Heiligkeit kommt doch auch er nicht hinaus. Viel gründlicher und vermöge der reicheren Voraussetzungen seiner Lehre viel tiefer behandelt dieselbe Frage Eckhart, und viel befriedigender ist das von ihm erreichte Resultat.

2. Um die reine Contemplation zu schildern, ist dem Meister kein Ausdruck zu kühn oder zu hoch. Von der Gnade aus kommt man zum Ziel. Die Gnade erregt die Begierde und zieht die Seele aus ihr selber, dass sie mit der Gnade und in der Gnade über die Gnade hinausgeht in Gott und in ihren ersten Ursprung gelangt. Da verstummen alle Sinne; der Wille der Seele und der Wille Gottes fliessen in einander und umfassen sich liebevoll in vollkommener Einigung. Da kann die Seele nichts mehr und nichts weniger wirken als göttliche Werke, weil an ihr nichts mehr lebt als Gott. Da wird ein Pfeil ohne Zorn geschossen, und man empfindet ihn ohne Schmerzen; da wird aufgethan der lautere und klare Brunnen der Gnadenarzenei, der das innere Auge erleuchtet, so dass sie in wonnevoller Anschauung die Wollust göttlicher Heimsuchung empfindet, in der man nie gehörte Dinge an geistlichem Schatze findet, die nie gehört noch gepredigt und nie in einem Buche verzeichnet worden sind (401, 22). Gott erhebt die Seele über alle Vorstellungen materieller und vergänglicher Dinge. In dieser seligen Vereinigung mit Gott hat die Seele kein Kommen oder Gehen, nicht Lust oder Leid von irgend einem Dinge; da hat sie alle Dinge in dem ewigen unwandelbaren Nu, in der Ewigkeit, die Gott selber ist. Sie befindet sich in einem Zustande der Vergessenheit ihrer selbst und aller Dinge, die nicht Gott sind. Gott

erhebt die Seele auch über alle Pflicht inneren oder äusseren Wirkens (375, 37).

Aber diese Unempfindlichkeit und Unbeweglichkeit kann nicht allein und ausschliesslich in der Seele herrschen. Damit hörte der Zusammenhang der Seele mit dem Leibe auf und das irdische Leben würde vor der Zeit zerstört werden. Vielmehr diese ruhige Contemplation muss innerhalb der Unruhe des Empfindens, Wollens und Begehrens bestehen können. Und das ist der Fall. Die Contemplation darf nicht ein Zustand neben anderen sein, sondern sie muss alle Zustände des Menschen gleichmässig durchdringen. Die Aufgabe ist die, dass die contemplative Einigung mit Gott das Wesen des Menschen werde, nicht ein blosser vorübergehender Zustand, so dass sie, auch ohne den Vordergrund des Bewusstseins zu füllen, immer vorhanden ist. So als der Grundton des gesammten geistigen Lebens soll sie in aller Mannichfaltigkeit der Bethätigungen des Geistes hindurchklingen, nicht sie stören oder durchkreuzen, sondern alle auf das eine Ziel hin richten, dass sich diese Versenkung in Gott immer kräftiger und immer lebensvoller wieder herstelle. Die Contemplation eignet dem Grunde der Seele, das wirkende Leben gehört den Kräften an. Beides widerspricht sich nicht; vielmehr eins wird durch das andere gestützt und getragen.

Bliebe der Mensch ununterbrochen im Zustande der Einheit mit Gott, das wäre keineswegs das Beste. Denn so könnte der Mensch nichts wirken, als ein einziges göttliches Werk. Der Mensch ist aber berufen viele Werke zu wirken, und darum ist es nöthig, dass zwar die oberste Kraft den Blick fest auf das Heil in Gott gerichtet halte, dass sie aber was sie erschaut weiter den niederen Kräften mittheile und diesen eine discursive Erkenntniss des Guten und Bösen verleihe (496, 29). Die Contemplation fordert deshalb eine lebendige Wirksamkeit aller Kräfte. Thomas lehrt, da sei das wirkende Leben besser als das schauende, wo man in seiner Thätigkeit in Liebe ausströmt, was man in der Beschauung in sich gezogen hat. Da ist gleichwohl nur eins; denn man ergreift es nirgends besser als in jenem Grunde der Beschauung, und man lässt es fruchtbar werden in seiner Thätigkeit, und da wird der Zweck der Beschauung erfüllt. Und wenn auch damit Bewegung verbunden ist, es ist doch nur eins und kommt von einem Ausgang und in denselben kehrt es wieder zurück. Wie wenn ich in diesem Hause von einem Ende zum andern gienge; das wäre wohl Bewegung und wäre doch nur eines in einem. So hat man in dieser Thätigkeit nichts Niederes und nichts Höheres als jene Beschauung in sich. Das eine beruht auf dem andern und vollendet das andere. Denn Gott bezweckt in der Einheit der Beschauung die Fruchtbarkeit des Wirkens; denn in der Beschauung dienst du allein dir selber, aber in der Ausübung der Tugend da dienst du den Vielen. Dazu ermahnt uns Christus durch all sein Leben und das Leben aller seiner Heiligen, die er alle getrieben hat, den Vielen zu dienen. Darum wird Timotheus angewiesen, das Wort zu predigen [2. Tim. IV, 2], nicht das äussere Wort, das die Luft schlägt, sondern das innere in der Seele verborgene Wort. Dies Wort sollte er predigen, dass es den Kräften kund würde und diese sich daran nährten, und der Mensch einträte in alles äussere Leben, wo es der Nächste bedürfte, dass man es alles an dir fände wie du es nach deiner Kraft vollbringst. Es soll in dir sein im Gedanken, in der Vernunft, im Willen, und ausstrahlen in den Werken. In diesem Sinne hat Christus gesprochen: „Lasst euer Licht leuchten vor den Leuten.“ Das ist wider die gesprochen, die nur der Beschaulichkeit pflegen, der Uebung der Tugend aber sich entschlagen und sprechen, des bedürften sie nicht, sie seien darüber hinaus gekommen. Freilich nun gehören zu diesem Wirken viele endliche Vorstellungen. Jedes Werk entspringt einer besonderen Vorstellung, innerliche wie äussere Werke, lehren und trösten und ordnen. Dabei scheint jene Ruhe und Sammlung aufzuhören. Aber vielmehr: alles was die wirkende Vernunft in einem natürlichen Menschen thut, dasselbe und weit mehr thut Gott in einem abgeschiedenen Menschen. Er nimmt ihm die wirkende Vernunft ab und setzt sich selber an ihre Stelle, und da verrichtet er alles das, was die wirkende Vernunft verrichten sollte. Ja, wenn sich der Mensch durchaus entledigt und die wirkende Vernunft in ihm schweigt, dann muss sich Gott des Werkes unterwinden und selber der Werkmeister sein und sich in die leidende Vernunft gebären. Die wirkende Vernunft kann immer nur eine Vorstellung nach der andern haben. Aber wenn Gott sich an ihre Stelle setzt, so erzeugt er eine Fülle von Vorstellungen zugleich und in einem. Wenn dich Gott so zu einem guten Werke treibt, sogleich stehen alle deine Kräfte zu allem Guten bereit; dein Gemüth richtet sich sogleich auf alles Gute. Was du Gutes vermagst, das prägt sich aus und steht bereit alles zugleich in einer Anschauung und in

Vernunft = Verstand, Bewußtsein —

einem Augenblick. Die wirkende Vernunft vermöchte das nicht; also ist es offenbar Gottes Werk, der alle Vorstellungen in einem in sich trägt. Also sind auch jene Vorstellungen nicht dein und gehören nicht der Natur an, sondern dem Werkmeister der Natur, der das wirkt und sein Bild darin eingeprägt hat. Schreib' es nicht dir zu, denn es ist sein und nicht dein. Wenn es auch in zeitlicher Form von dir empfangen wird, so wird es doch von Gott gezeugt und gegeben über Zeit und in Ewigkeit, über alle bildliche Form hinaus. — Nun müssen freilich alle geistigen Kräfte immer ein bestimmtes endliches Object ihrer Thätigkeit haben. Eben darum ruht die Vernunft nimmer in diesem Leben, sondern es erfüllt sie eine unauslöschliche Sehnsucht, die sie über alles Bestimmte immer weiter hinaustreibt in das reine Wesen. Alles was uns Gott von sich in diesem Leben offenbart ist ein Nichts gegen das was er an sich ist. Wenn auch die Wahrheit vorhanden ist im Grunde der Seele, so ist sie doch der Vernunft bedeckt und verborgen. Darum strebt die Vernunft mit unbefriedigter Sehnsucht immer höher hinauf. Aber dies Sehnen stört nicht die innere Stille und Sammlung. Wenn du dich ganz deiner selbst entledigt und Gott gelassen hast: was dann in dir auftaucht und dich ergreift, das ist nicht dein, es ist deines Gottes, dem du dich gelassen hast, wie das Wort nicht eigentlich dessen ist, der es hört, sondern dessen, der es spricht (18—21).

Durchgängig wird der Gegensatz des wirkenden und des beschaulichen Lebens angeknüpft an die Gestalten der Maria und Martha (Luc. X, 42), und Eckhart bietet den äussersten Scharfsinn auf, um zu zeigen, dass auch nach den Worten Christi der Standpunkt der Martha der höhere ist. Maria ist noch im Stadium der Vorbereitung; Martha hat die Wahrheit lebendig ergriffen. Sie hat sie in lebendiger Erfahrung und durch Gewöhnung in aller Tugend als volles Eigenthum errungen; das höchste Gut ist ihr zum Wesen geworden und sie kann es deshalb in einem wirkenden Leben ausprägen. In der Beschaulichkeit ist die Gefahr, dass man aus Lustgefühl in der Andacht versenkt bleibe und nicht weiter komme, um wahrhaft Gottes Werke zu wirken. Maria soll erst werden, was Martha schon war; sie geht noch zur Schule und lernt leben. Martha hatte eine wohl geübte, in sich befestigte Tugend und die Freiheit des Gemüthes, die kein Gestürme äusserer Dinge zu hindern vermag, schon errungen; Maria soll sie erst noch erringen. Maria hat das beste Theil erst erwählt, und freilich soll es nicht von ihr genommen werden; sie soll immer weiter dringen, bis sie heilig wird wie ihre Schwester. Manche Leute wollen dahin gelangen, dass sie des Wirkens ledig stehen. Das kann nicht sein. Erst nachdem die Jünger den heiligen Geist empfangen hatten, fingen sie an Tugend zu üben. Christus selber ist der Beweis. Von Anfang an dass Gott Mensch ward und der Mensch Gott, fing er an unsere Seligkeit zu wirken bis zu Ende, da er am Kreuze starb. Es war kein Glied an seinem Leibe, das nicht in seiner besonderen Weise Tugend geübt hätte (47—53). Wohl ist es wahr, dass die innere Ruhe der Beschauung an Herrlichkeit und innerer Freude alle Werke des äusseren Menschen übertrifft. Aber wenn auch das innere Leben an sich selber das bessere ist, so ist doch zuweilen das äussere besser, wenn ein Bedürfniss leiblicher Hilfe vorhanden ist; so ist es besser, dem Hungrigen Speise reichen, als sich derweile in innerer Beschauung ergehen (328, 37. 330, 30). Und wäre der Mensch in Verzückung wie St. Paulus und wüsste er einen Kranken, der eines Süppleins von ihm bedürfte, es wäre viel besser, du liessest aus Liebe von der Verzückung und dientest dem Dürftigen. Darin soll man nicht wähnen, der Gnade beraubt zu werden. Denn was der Mensch aus Liebe freudig lässt, das erhält er viel herrlicher zurück (553, 38). So ist der Maria, der Mutter Jesu, ganzes Leben ein Tadel alles unvollkommenen Wesens gewesen. Sie hat darum mitten unter den Menschen gelebt, damit diese durch ihr gutes Vorbild zu Gott gezogen würden. Sie hat die Betrübten getröstet, den schwachen Glauben gestärkt und Niemandem ihren Rath versagt. Aber nun fliehen Leute, die nach dem Scheine der Heiligkeit streben, in Klöster und Klausen, um der Anfechtung durch die irdischen Dinge ledig zu werden. Das mag gut sein, wenn sie allein an Gott dabei denken; aber es ist zu fürchten, manche denken dabei mehr an sich selbst als an Gott (340, 26).

3. Von den niederen Kräften werden die oberen nicht gehindert. Wenn die oberste Kraft über die Zeit in die Ewigkeit versetzt ist, wo sie die Wahrheit erkennt, alle Dinge in sich und sich in allen Dingen, da hindern weder noch fördern die weit entlegenen niederen Kräfte oder irgend eine Creatur. Aber freilich, sofern zu allen Thätigkeiten Ueberlegung und deutliche Vorstellung des Endlichen nöthig ist, um jedem seine rechte Ordnung zu ge-

ben, so findet eine solche Behinderung der obersten Kraft gleichwohl statt. Denn während sie das Aeussere ordnet, kann sie nicht das Innere ordnen (373, 16). Die unaussprechliche göttliche Lust der Beschauung verdrängt alle Lust an den Creaturen; sie verdrängt alles, was die Seele an der Anschauung der göttlichen Wahrheit und an dem Genuss der göttlichen Lust zu hindern vermag. Sie muss sich da Gewalt anthun, um sich den Dingen zuzuwenden, deren sie aus menschlicher Schwachheit bedarf (375, 23). Eine jede wohl bereitete Seele möchte allewege gern fasten und wachen und keine Lust des Leibes haben, und so viel an ihr ist, möchte sie ohne Unterlass an Gott gedenken, von dem sie gekommen ist, und da sie ein Geist und der Engel Schwester ist, so möchte sie gern ein engelhaftes Leben führen. Aber so lange die Seele mit dem sterblichen Leibe beschwert ist, muss sie Jammer und Noth leiden in ihrem täglichen Streite wider ihre Feinde (357, 7). Der Mensch soll deshalb beständig seinem Gemüthe himmlische Bilder vorhalten und göttliche Worte; er soll allewege das höchste Gut gegenwärtig haben, so weit es die Natur zu ertragen vermag; er soll immerdar darin wohnen, so weit es sich mit seiner Natur verträgt, und geht er hinaus in die Creaturen, um seines Leibes Nothdurft zu befriedigen, dass er dann nicht länger unter ihnen bleibe, als er ihrer zu seiner Nothdurft bedarf (482, 15).

Dazu also kann kein Mensch in diesem Leben gelangen, dass er sich nicht in äusseren Werken üben sollte. Denn wenn der Mensch sich im beschaulichen Leben übt, so kann er es schon wegen der inneren Fülle gar nicht entbehren, dass er diese Fülle nicht ausströmte und sich im wirkenden Leben übte. Deshalb sind diejenigen, die sich gegen äussere Werke verschliessen, alle auf falschem Wege. Denn Niemand kann allezeit und beständig in der Beschauung verharren, und das wirkende Leben sichert und schützt das beschauende Leben (607, 30). Der Quell göttlicher Liebe erfüllt die Seele bis zum Ueberfliessen, so dass sich die oberen Kräfte in die niederen und diese in den äusseren Menschen ergiessen und ihn über alles Niedrige erheben, dass er nichts zu wirken vermag als geistliche Dinge. Wenn der Geist nach Gleichheit der Wirksamkeiten Gottes wirkt, so muss der äussere Mensch nach Gleichheit des Geistes wirken (385, 29). Wenn man in der Lust der Beschauung steht, so soll man sich gewaltsam zu einem äusseren oder inneren Werke entschliessen. Man soll der Innerlichkeit nicht entgehen oder sie vergessen, sondern in ihr, mit ihr und durch sie soll man wirken lernen, so dass man die Innerlichkeit hinüberführe in die Wirksamkeit und die Wirksamkeit hineinleite in die Innerlichkeit und sich so gewöhne in Ledigkeit zu wirken. Man soll das äussere Auge zu diesem inneren Werke wenden und aus diesem heraus wirken, es sei lesen, beten oder wenn es an der Zeit ist äussere Geschäfte. Aber will das äussere Werk das innere zerstreuen, so gehe man dem inneren nach; könnten sie aber beide in einem sein, das wäre das beste (573, 24). Drei Dinge hindern den Menschen an der Erkenntniss Gottes: Zeit, Leiblichkeit und Mannichfaltigkeit. Diese Dinge müssen hinaus, soll Gott hineingehen: du hättest sie denn in einer höheren und besseren Form, so dass die Vielheit in dir zu Einem geworden ist. Dann ist, je mehr Mannichfaltigkeit in dir ist, desto mehr Einheit in dir; denn das eine ist in das andere umgewandelt (296, 13). Das Auge wird nimmer satt, liebliche Dinge zu sehen, noch das Ohr, zu hören; das ist eine Unvollkommenheit, aber keine Verschuldung. Aber man soll ihm widerstehen; denn es ist Unvollkommenheit, dass sich der Mensch zu irgend etwas neige, was nicht göttlich ist. Er soll sich hüten, dass er sich daran genüge; denn darin gienge er hinter sich (663, 30). Wer darum zum vollkommensten Leben hienieden gelangen will, der nehme in kurzen Worten die folgende Lehre an. Halte dich abgeschieden von allen Menschen, lauter von allen äusseren Vorstellungen; mache dich frei von alle dem, was deinem Wesen fremd, äusserlich dir anhaftend deinen Geist beschweren kann, und richte dein Gemüth allezeit auf ein heiliges Schauen, in welchem du Gott in deinem Herzen tragest wie ein unvergänglich dauerndes Spiegelbild, an dem deine Augen unwandelbar haften. Und was andere Uebung anbetrifft, es sei Fasten, Wachen, Beten, die richte auf jenes als auf ihren Zweck, und habe ihrer so viel, als sie dich dazu zu fördern vermag; so erreichst du das Ziel der Vollkommenheit. Und wollte Jemand sagen: wer kann in dem unverwandten Anblick des Widerscheines Gottes bestehen? dem erwidere ich: Niemand der heute lebt in diesem zeitlichen Dasein. Es ist dir darum allein gesagt, dass du wissest, was das Höchste sei und wonach du trachten und Begierde hegen sollst. Wenn aber dieser Anblick dir entzogen wird: bist du ein guter Mensch, so soll dir sein, als ob dir deine ewige Seligkeit entzogen sei und sollst schnell in jenen Zustand zurückkehren, dass er dir wieder zu Theil werde. Du sollst auf dich selber allezeit Acht haben; deine Absicht soll auf jenes gehen, und das soll deine Zuflucht sein, so weit es möglich ist (492, 30).

11. Das Princip des sittlichen Handelns.

Das irdische Leben legt also dem Sittlichen die Pflicht auf, in irdischem Stoffe zu wirken. Das Leben in Gott, welches den Charakter der Sittlichkeit ausmacht, muss sich in Werken der Liebe äussern. Es handelt sich darum, dies Wirken der Liebe darzustellen, für die unendliche Einzelheit des Handelns die allumfassenden Normen und die allgemeinen Gesetze darzulegen. Diese Forderung erfüllt Eckhart nicht; ja, er weist sie ausdrücklich ab.

Die Voraussetzung alles sittlichen Handelns ist ein mit Gott geeinigter Geist, ein Geist, dem die Tugend zum Wesen geworden ist, der sich seiner selbst so entäussert hat, dass nicht mehr er selbst, sondern in ihm und statt seiner Gott wirkt. Dieser Zustand ist ein Zustand unbedingter Freiheit; das sittliche Handeln ist eine unmittelbare Folge desselben. Ein so vergöttlichter Geist kann nicht mehr die Gesetze seines Handelns ausser sich haben; was er thut, das muss nothwendig gut sein, weil es eine Aeusserung seines schlechtweg guten Wesens ist. Für ihn giebt es keine bindenden Formeln; das Gesetz ist auf diesem Standpunkte aufgehoben. Der sittliche Mensch hat nur dem Gott in sich zu gehorchen und er kann nicht irren.

1. Der sittliche Mensch ist der wahrhaft freie Mensch. Indem der Wille unberührt bleibt von allen Creaturen und aller Endlichkeit und sich von sich selber hinweg in seinen Ursprung zurückwendet, so ist der Wille frei (67, 3; ebd., 12). Gott führt den Geist in die Oede und in die Einheit, die er selbst ist und da er aus sich selbst hervorquillt. Dann hat der Geist keine endlichen Zwecke, sonst müsste auch die lautere Einheit ihre endlichen Zwecke haben. Da steht der Geist in Einheit und Freiheit. Gott bezwingt den Willen nicht; er setzt ihn in Freiheit, so dass er nichts anderes will als was Gott und was die Freiheit selber ist. Der Geist kann nichts anderes wollen als was Gott will, und das ist nicht seine Unfreiheit, sondern seine eigenthümliche Frei-

heit (232, 18). So wenig Gott fallen kann, so wenig kann ein solcher Mensch in irgend eine Sünde fallen. Gott ist in seiner Person die treibende Kraft. Dieser Mensch hat eine wahre Erkenntniss aller Dinge; sie stehen in ihm ohne endliche Form, weil er eins ist mit Gott und alle Dinge in ihm sind. Wie Gott alle seine Werke so wirkt, dass sie in ihm bleiben, so sollen auch wir in unseren Werken uns verhalten; dann bestehen sie in Ewigkeit. Das heisst mein und bleibt in mir, was mir Niemand nehmen kann (467, 8. 466, 25). Wer die Gerechtigkeit liebt, des bemächtigt sich die Gerechtigkeit; er wird ergriffen von der Gerechtigkeit und ist mit ihr eins. Der gerechte Mensch dient weder Gott noch den Creaturen; denn er ist frei, und je näher der Gerechtigkeit, desto näher ist er der Freiheit und desto mehr die Freiheit selbst. Alles was geschaffen ist ist nicht frei. So lange irgend etwas über mir ist was nicht Gott selber ist, das drückt mich nieder, wie klein es auch sei oder wie beschaffen; und wäre es auch Vernunft und Liebe, sofern sie geschaffen und nicht Gott selber sind: es drückt mich nieder, denn es ist unfrei. Der ungerechte Mensch dient der Unwahrheit, es sei ihm lieb oder leid; er dient aller Welt und allen Creaturen und ist ein Knecht der Sünde (260, 12). Die Freiheit des Sittlichen besteht darin, dass er gar nicht mehr das Vermögen besitzt, unsittlich zu handeln, dass er sich Gewalt anthun müsste, um sich dem Niederen zuzuneigen, dass er in dem bleiben muss, was seinem Wesen adäquat ist. Dieses Unvermögen ist das höchste Vermögen, das Wesen gewordene Vermögen. Da heisst es in Wahrheit: je mehr Gebundenheit, desto mehr Freiheit (641, 5. 648, 3).

2. Ein gerechter Mensch ist der, der in die Gerechtigkeit eingestaltet und über sich hinausgehoben ist. Der Gerechte lebt in Gott und Gott in ihm, denn Gott wird in dem Gerechten geboren und der Gerechte in Gott. Und darum wird Gott von einer jeglichen Tugend des Gerechten geboren uud erfreuet; und selbst von jedem Werke des Gerechten, wie gering es auch sei, das aus der Tugend und der Gerechtigkeit entspringt, wird Gott ganz durchfreuet (189, 6). Des Gerechten Seligkeit und Gottes Seligkeit ist eins. Wer in der Gerechtigkeit ist, ist in Gott und ist selber Gott. Der Vater gebiert seinen Sohn als den Gerechten und den Gerechten als seinen Sohn; denn alle Tugend des Gerechten und jede Wirksamkeit dieser Tugend bedeutet nichts anderes,

als dass der Sohn vom Vater geboren wird. Im Gerechten soll nichts wirken als Gott. Bewegt dich irgend ein äusserliches Motiv, so sind deine Werke todt (189, 37—190, 21). In jedem guten Gedanken, jeder guten Absicht, jeder guten Handlung werden wir immer wieder auf's neue in Gott geboren (147, 35). Und mit einem öfter wiederkehrenden äusserst krassen Ausdruck heisst es: Wie eine Frau, die im Kindbette liegt, so ruht Gott in jeder guten Seele (598, 12). Wie der Sohn mit dem Vater eins ist von Wesen, so bist du es mit Gott. Du hast es von Gott nicht zu Lehen, denn Gott ist dein eigen. Was du also schöpfest, das schöpfest du aus deinem Eigenthum. Liebt ihr die Gerechtigkeit sofern sie Gottes Wille ist, so liebt ihr sie nicht als Gerechtigkeit. Und liebt ihr Gott sofern er die Gerechtigkeit ist, so liebt ihr ihn nicht sofern er Gott und einfach ist. Darum ergreift die Gerechtigkeit als Gerechtigkeit, so ergreift ihr sie auch sofern sie Gott ist. Und dann wo die Gerechtigkeit wirkt, da wirkt ihr. Ihr wäret die Gerechtigkeit selber, und darum müsstet ihr Gerechtigkeit wirken (158, 28).

3. Gottes Gebote sind nichts als der Ausdruck seiner Liebe und Güte. Denn Güte ist Gottes Natur. Darum sind Gottes Gebote kein äusserlicher Bestimmungsgrund des Willens. Wer in der Liebe Gottes wohnt, der wohnt in der Güte, die seine Natur ist. Die Liebe ist frei von Lohnsucht und allen endlichen Zwecken. Weil Gott die Güte ist, darum liebt ihn der Gerechte (259, 12). Wäre nicht die Güte in Gott, mein Wille hätte nichts mit ihm zu schaffen (270, 35). Diejenigen, die Gott nur so anhangen, wie man einem Herrn anhangt, sind nur Knechte Gottes und begnügen sich in äusserlichem Wirken; Gottes Freunde sind die, die seiner Natur mit ihm theilhaftig geworden sind. Ein König achtet nicht viel auf die Knechte, die ihm seine niederen Geschäfte verrichten; aber derer achtet er, die in seinem heimlichen Gemache als seine Vertraute weilen; denen erfüllt er alle ihre Wünsche. Der Herr will uns nicht seine Knechte, er will uns seine Freunde heissen; denn der Knecht weiss nicht, was sein Herr will. Zwischen dem Knecht und dem Herrn kann nimmer Liebe auf dem Fusse der Gleichheit sein. So lange ich noch ein Knecht bin, bin ich dem eingebornen Sohne gar fern und ungleich (77, 34. 233, 24. 266, 5. 62, 19). Ein rechter Mensch der bedarf Gottes nicht; was ich habe, des bedarf ich nicht. Er dient um keinen Lohn,

er achtet aller Dinge nicht; er hat Gott, darum braucht er nichts anderes (178, 31).

Keinerlei äussere Vorschrift oder bestimmte Formel reicht deshalb aus, um dem Sittlichen seine Handlungsweise vorzuzeichnen. Man muss jede Schranke niederwerfen, die uns von dem reinen Wesen trennt, nicht allein die Welt verschmähen und Tugenden haben: sondern ich muss auch die Tugend selber lassen, wenn ich Gott unmittelbar anschauen will; nicht so dass ich die Tugend verschmähe, sondern die Tugend soll in mir als mein Wesen sein und ich soll über die Tugend hinaus sein. Dann ist zwischen Gott und der Seele keine Schranke mehr, und so weit als die Seele Gott nachfolgt in die Oede der Gottheit, so weit folgt der Leib Christo nach in die Oede der willigen Armuth, und wie die Seele mit der Gottheit vereinigt ist, so ist der Leib in der Ausübung wahrhafter Tugenden mit Christo vereinigt (182, 31. 183, 13).

4. Auf dieser Höhe nun ist der Mensch der Wendepunkt, in welchem alle Creatur in ihren Ursprung zurückkehrt. Im geheiligten Menschen wird alle Creatur geadelt. Darum ist er der unbeschränkte Herr aller Creatur. Warum, — könnte man fragen, — wenn Gott die Seele über sich selbst und alle Creaturen erhebt und sie heimführt in sich selber, warum veredelt er dann nicht den Leib, dass er nichts Irdisches mehr bedürfte? Wenn die Seele jene Einheit mit Gott erlangt, dann erst ist der Leib vollkommen dahin gelangt, dass er alle Dinge geniessen kann zu Gottes Ehren. Denn um des Menschen willen sind alle Creaturen aus Gott geflossen, und was der Leib verständigerweise an Creaturen geniessen kann, das ist für die Seele nicht eine Verminderung, sondern eine Vermehrung ihrer Herrlichkeit. Denn die Creatur könnte nicht auf herrlichere Weise in ihren Ursprung zurückfliessen, als in dem gerechten Menschen, der auch nur einen Augenblick seiner Seele gestattete, dass er in die göttliche Einheit hineingezogen ward (182, 40). Alle Dinge sind da des Menschen Eigenthum; alle Creaturen beugen sich unter ihm und sind ihm unterthan, als wären sie von ihm geschaffen (351, 20).

Es ist das ausgesprochene Princip des Antinomismus, das wir hier vor uns haben. Aber Eckhart unterlässt nicht, die etwaigen falschen und unsittlichen Consequenzen dieses Standpunktes zurückzuweisen. Dem Sittlichen ist alles erlaubt, was er sich selber erlaubt. Nun sagen manche: habe ich Gott und Gottes Liebe, so kann ich alles thun was ich will. Das sagen sie in falschem Sinne. So lange du irgend etwas vermagst, was wider Gott und wider sein Gebot ist, so lange hast du Gottes Liebe nicht, möchtest du auch die Welt wohl täuschen als habest du sie. Dem Menschen, der da steht in Gottes Willen und in Gottes Liebe, dem ist es eine Lust, alles zu thun was Gott wohlgefällt, und alles zu lassen was Gott zuwider ist. Ihm ist es eben so unmöglich, irgend etwas zu lassen was Gott gewirkt haben will, als irgend etwas zu thun was wider Gott ist. Gerade wie es einem Menschen mit gefesselten Beinen unmöglich wäre zu gehen, gerade so unmöglich wäre es dem Menschen der in Gottes Willen ist, irgend etwas Böses zu thun. Und hätte Gott geboten, das Böse zu thun und das Gute zu meiden, dennoch vermöchte ich nicht Böses zu thun (232, 27). Gott mit seinem unendlichen Vermögen hat der Seele aus Gnaden alle Eigensucht benommen, so dass sie alle Creaturen zur Befriedigung ihres Bedürfnisses geniessen kann und dabei ledig und ungehindert bleibt, und wenn sie sie nicht hat, sie eben so gut entbehren kann in gleicher Ledigkeit. Im göttlichen Wesen ist die Seele so vergangen, und wenn man ihr himmlische Freude verhiesse, sie könnte nichts eigentlich Böses verüben. Und so ist denn alles das eigentlich böse, was nicht zu der Liebe Gottes passt, d. h. alles was dem Leben Christi fremd ist. Denn er ist aller Dinge Urbild und Wesen. Und alles das ist wahre Tugend, was die Liebe Gottes ausschliesslich in der Seele wirkt; denn sie wirkt nichts als was ihr gleich ist (494, 39—495, 23).

Darauf also läuft jene vollkommene Armuth hinaus, welche dem Sittlichen eignet. Von ihm gilt das: alles ist euer. Der reinen Seele werden alle Creaturen rein um sie zu geniessen; denn sie geniesst alle Creaturen in Gott und Gott in allen Creaturen (602, 7). Ein innerlich armer Mensch soll so viel geniessen als ihm irgend möglich ist. Denn welche Dinge er geniesst, die erhebt er wieder in ihren Ursprung. Der Reichthum aller Dinge ist nicht nur sein ideeller Besitz; auch leiblich ist er wahrhaft der Herr aller Dinge. Doch allerdings, bis zur vollen Consequenz geht Eckhart hierin nicht. Eine Verdienstlichkeit mönchischer Armuth zwar lehrt er niemals. Gleichwohl werden wir nachher sehen, dass er die äusserliche Armuth nicht bloss als ein Hilfsmittel, um zur Heiligung zu gelangen, sondern auch als ein unterscheidendes Zeichen des rechten göttlichen Lebens nicht ganz bei Seite schiebt.

5. Es ist also kein bestimmtes Gesetz und keine besondere Wirkungsweise, was von dem Sittlichen innezuhalten wäre. Vielmehr im sittlichen Menschen sollen alle Tugenden gleichsam eingeschlossen sein und von ihm ausströmen. Er soll durch alle Tugend hindurch und darüber hinausgehen und die Tugend allein in dem Grunde erfassen, wo sie mit der göttlichen Natur eins ist (71, 2). Es ist ein Zustand der inneren Harmonie; alle Vielheit gesammelt unter die oberste Kraft, und die oberste Kraft stürzt sich in Gott und bleibt daselbst in unterschiedsloser Einheit (253, 5). Nur dies ist das Entscheidende; nur auf dies oberste Princip kommt es an. Das rechte Princip hat die rechten Wirkungen von selbst zur Folge. Wer ein gutes Leben beginnen will, der soll es machen wie der der einen Kreis zieht; hat dieser im ersten Punkte fest aufgesetzt, so wird die Kreislinie gut. So lerne der Mensch zuerst mit seinem Herzen beständig zu haften an Gott, an aller Tugend und allen Werken der Tugend; denn thut einer auch viel einzelnes Tugendhaftes, sein Herz aber ist unbeständig, so hilft das wenig oder gar nichts (200, 20). Ein Mensch wende nur in allem seinem Thun seinen Willen zu Gott und habe allein Gott im Auge; dann gehe er ruhig seines Weges und habe keine Furcht und denke nicht erst daran, ob er nun auf rechtem Wege sei oder nun irgend etwas Unrechtes thue. Denn wollte ein Maler aller Pinselstriche gedenken bei dem ersten den er thut, er käme nie zu Stande. Und wollte einer einen Weg machen und überlegte erst lange, wie er zuerst den Fuss setzen sollte, er käme wieder nie zum Ziele. Darum folge man nur dem Princip und gehe seines Weges für sich hin, so kommt man dahin, wohin man soll, und darauf kam es ja an (179, 1). Der im Princip rechtbeschaffene Geist erfährt auch durch die einzelnen tugendhaften Handlungen gar keinen Zuwachs seines Reichthums. Denn sie alle sind um des irdischen Bedürfnisses willen, und das macht den Geist nicht reicher. Nicht die tugendhaften Handlungen darum, sondern die Frucht derselben bereichert den Geist (681, 14).

Das sittliche Handeln ergiebt sich aus dem Wesen des sittlichen Menschen ohne allen Kampf ganz von selber. Er braucht nicht erst bei jeder einzelnen Handlung sich abzuringen, was er ein für allemal gewonnen hat. Denn das Kennzeichen des Sittlichen ist, dass er alles das vermag was er erkennt; das verleiht ihm das Licht der Ewigkeit, welches ihn erleuchtet hat (641, 5). Das heisst zum Wesen gewordene Tugend, dass der Mensch auf dem Standpunkte steht, dass keine Lust des Herzens je zur That werde, dass man erkennt was man soll und vermag was man erkennt und das ganze Vermögen besitzt, welches der Seele in ihrer ursprünglichen Herrlichkeit eignet (648, 3). Die Menschen, welche nur immer wieder einzelne tugendhafte Handlungen üben und dann auch wohl Handlungen entgegengesetzter Art, sind wie die Propheten, die nur zuweilen und mit Kampf lassen und thun was sie sollen. Wenn der heilige Geist durch seine Gnade sich ihrer als seiner Werkzeuge bedient, so sind sie tugendhaft; nachher sind sie wieder wie zuvor. Darum eben heissen sie tugendhaft; denn sie üben die Tugend in bestimmter Form, d. h. sie üben Tugend und auch wohl das Gegentheil. Die Sittlichen sind mehr als Propheten; denn sie haben eine volle Erkenntniss der Pflicht und volles Vermögen sie im höchsten Sinne, ohne allen Kampf, zu erfüllen, mit der Freudigkeit, welche ihr Wesen ist, und aus ihrem Wesen heraus, welches reine Freudigkeit ist (635, 10). Die Geburt Gottes in der Seele wirkt solche wesentliche Sittlichkeit. Es ist wie mit dem Blitzschlage, der alles was er trifft in die Lage bringt, dass es ihm zugekehrt ist. Was dir zuvor ein Hinderniss war, das dient dir fortan zur Förderung. Was du siehst und hörst, in allem tritt dir jene Geburt, in allem bloss Gott entgegen. Gerade wie wenn ein Mensch lange in die Sonne sähe: was er darauf anderes sieht, in alles gestaltet sich ihm die Gestalt der Sonne ein (28, 30). —

Wir glauben in dem dargelegten Gedankenkreise die allertiefste Erkenntniss der Beschaffenheit des sittlichen Charakters zu erkennen. Die Form des sittlichen Handelns ist nie gründlicher und wahrer beschrieben worden. Aber es mangelt doch ein Wesentliches. Der Inhalt des sittlichen Handelns wird von Eckhart nicht dargelegt. Derselbe kann hergeleitet werden allein aus der Natur der sittlichen Güter, die der Sittliche in seinem Handeln zu wahren hat. Eckhart aber kennt nur ein sittlich Gutes, und das ist das höchste Gut, welches er vermöge seiner pantheistischen Abstraction alles Inhaltes beraubt. Er betrachtet den Sittlichen als ein Genie, dessen Thun durch keinerlei Regel gebunden ist und sich mit Nothwendigkeit aus seinem Wesen ergiebt. Daran hat er recht. Aber auch aus dem Wirken des Genies liesse sich wenigstens eine ungefähre Regel abstrahieren; — über diese kommt man allerdings in der Bezeichnung der subjectiven Sittlichkeit nie hinaus. Ferner ist der Sittliche nicht gleich, um im Bilde zu bleiben, Virtuose von höchster Vollendung. Für die sittliche Erziehung des einen durch den anderen, jedes durch sich selbst und aller durch die sittliche Gemeinschaft der Kirche ist die Regel und das Gesetz unentbehrlich, ist nur das Gesetz welches erlaubt, befiehlt und verbietet, die adäquate Form der Belehrung über den gegenwärtigen Zustand und den Weg zum herrlichen Ziele. An die Bedeutung des Gesetzes für die sittliche Erziehung aber denkt Eckhart zu wenig; er hat die vollendete Heiligkeit fast ausschliesslich im Auge. Und gleichwohl ist der letztere Zustand auf Erden unmöglich, das Bedürfniss der Erziehung dagegen für alle auf gleiche Weise gültig. Ein eigentliches Sittengesetz erkennt er deshalb überhaupt nicht an. Das Princip der Sittlichkeit ist das Einwohnen des Geistes im absoluten Wesen: daraus lässt sich allerdings kein Princip der einzelnen sittlichen Handlungen ableiten. Sittlichkeit aber ist in der That die Uebereinstimmung der im Menschen durch den Glauben herrschend gewordenen Willensrichtung mit den aus der Natur der sittlichen Güter sich ergebenden Anforderungen. Eckharts Gedanke fliegt zumeist unaufhaltsam den höchsten Idealen, dem letzten seligen Zustande der Vollendung zu; er hat nicht mit gleichem Interesse sich den Bedingungen des endlichen Daseins zugewandt; das Reich der Zwecke bis in seine tieferen Stufen und irdischen Verzweigungen zu verfolgen, hat er nicht vermocht. Der wesentliche Mangel seiner Ethik ist das Fehlen einer Lehre von den sittlichen Gütern; hätte er die Natur dieser letzteren erwogen, so würde auch seine Auffassung von Tugend und Pflicht eine concretere Haltung angenommen haben. Es lag das aber allerdings allzuweit über den Gesichtskreis seiner Zeit hinaus. Die Grösse des irdischen Berufes hat er nicht durchaus verkannt; aber er wird ihm nicht hinreichend gerecht. Das Streben, im Endlichen ein Bild des Unendlichen zu finden, ist in ihm lebendig; aber allzuschnell lässt er jenes in dieses einmünden. Den Inhalt des sittlichen Handelns hat er darum nicht zu bezeichnen vermocht. Seine Begeisterung gehört dem Guten und der Unterwerfung aller Dinge unter das Gute; die flache Moral und die falsche Abfindungslehre, die unter kirchlicher Autorität umlief, durchbricht er auf allen Punkten: aber trotz aller Keime und Ansätze zu einer richtigeren Würdigung der Arbeit im endlichen Stoffe bleibt seine Ethik ihrem Grundcharakter nach eine negative Ethik der Weltflucht.

12. Die Erziehung zur Sittlichkeit.

Dass die Tugend des Menschen Wesen, der Mensch die Tugend selber werde, das ist das höchste Ziel, und Eckhart behauptet energisch die ideelle Möglichkeit dieses Ziel zu erreichen für jeden der da wolle. Dringend ermahnt er, diesem Höchsten zuzustreben und nicht abzulassen, ehe man es erreicht hat. Der Mensch soll nicht auf einem geringeren Standpunkte sich begnügen lassen, als ob er weiter nicht gelangen könnte; der Zustand des allmählichen Fortschreitens selber ist noch nicht der rechte. Was man irgend von Vollkommenheit sagen kann, dazu kann man auch gelangen (642, 28). Niemand soll etwas für unmöglich halten. Der Seele, die Gottes Gnade hat, ist nichts unmöglich; ihr wird alles leicht sei es zu thun sei es zu lassen (230, 26). Wer noch im Aufsteigen und Zunehmen ist an Gnade und Erleuchtung, der ist noch nicht in Gott gekommen. Im Zunehmen sieht man noch nichts von Gott. So lange wir auf dem Wege zu Gott sind, haben wir noch nichts von ihm (140, 10. 80, 20). Aber das hindert Eckhart nicht, neben der ideellen Möglichkeit der höchsten Vollendung die thatsächliche Unvollkommenheit aller Sittlichkeit auf Erden anzuerkennen. Es ist das kein Widerspruch. Alle wahre Sittlichkeit beginnt nach Eckhart mit der Geburt Gottes in der Seele. Da vereinigt sich Gott mit dem Fünklein; aber die Seelenkräfte werden davon noch nicht ergriffen. Jetzt beginnt erst der Process der Heiligung. Jene Vereinigung der Seele mit Gott stellt sich her in einem überzeitlichen Moment in der Form der Verzückung in die Ewigkeit (652, 26); diese höchste Contemplation zieht an der Seele vorüber schnell wie ein Blitzstrahl (329, 12). Die Sittlichkeit aber als vollkommene Tugend soll sich in einem das ganze Leben hindurch dauernden zeitlichen Processe verwirklichen; die Kräfte sollen dieselbe Vereinigung mit Gott erlangen wie das Fünklein, und auch in ihnen soll das Göttliche nicht einmal, nicht vorübergehend, sondern immerdar vorhanden sein. Und erst dann, wenn dies erreicht ist, ist die Heiligung vollendet; erst dann vermag das irdische Thun den Geist nicht mehr zu hindern. Dann ist der ganze Mensch verklärt, die Naturseite der menschlichen Anlage vollkommen vergeistigt. Die „Geburt“ ist der Anfang und die Voraussetzung für diese Entwicklung; aber diese wirkt zugleich wieder auf den Grund der Seele zurück und verleiht ihm die Möglichkeit der vollkommenen und beständigen Wesenseinheit mit Gott. Wie wahrhafte Tugend erst durch die Wiedergeburt ermöglicht wird, so wird die Vollendung des Wesens erst durch die Tugendübung ermöglicht. Der Mensch kann schon im irdischen Leben dahin kommen, dass er gar nicht mehr vermag zu sündigen. Das ist dann eine Frucht der Uebung und Gewöhnung, welche bewirkt, dass keine böse Neigung mehr im Herzen entstehen kann (460, 11). Jene Heiden, die durch ihre Erkenntniss der rechten Tugend oder durch ihre hohen Tugendwerke berühmt sind, waren in der Tugend befestigter als Paulus nach seiner ersten Verzückung. Denn sie hatten ein langes Leben sich in der Tugend geübt und bewährt; das hatte Paulus noch nicht gethan (48, 15).

Tugendübung läutert den Geist (264, 21). Darum unterscheidet Eckhart geübte und ungeübte Menschen. Die Vernunft muss mit grossem Fleisse erzogen und gewöhnt werden. Wollte ein zum Guten noch nicht gewöhnter und geübter Mensch sich ebenso halten und dasselbe thun, wie ein gewöhnter Mensch, der würde sich ganz und gar verderben und es würde nie etwas aus ihm. Wenn der Mensch sich erst aller Dinge entwöhnt und sein selber entledigt hat, dann geht er in seinen Handlungen seinen sicheren Weg und dann kann er die Dinge geniessen und entbehren ohne dadurch gehindert zu werden. Aber dass der Mensch geniesse wozu er Lust hat, sei es im Essen oder Trinken oder in was immer sonst, das würde bei einem ungeübten Menschen sehr bedenklich sein (569, 10).

Es ist eine unendliche Aufgabe, alle geistigen Kräfte dahin zu gewöhnen und zu erziehen, dass sie nichts anderes mehr als Göttliches wirken können, die ganze Naturanlage in ein gehorsames Werkzeug für das im Grunde der Seele lebendig gewordene Princip der Heiligkeit umzuwandeln. Darum mangelt auch den höchsten Heiligen hienieden immer noch etwas zur Vollkommenheit; darum werden wir in diesem irdischen Leben nimmer frei von Versuchung und Anfechtung, von Schwächen und Fehlern. Freilich kann der, in welchem Gott geboren ist, in keine Todsünde fallen; selbst leichtere Sünden können sie nicht begehen mit Willen und Wissen. Sie können sich nicht mehr abwenden von dem Göttlichen (10, 14). Es wird ihnen das Vermögen zu allem unangemessenen Thun benommen. Aber das ist zunächst nur ein Geschenk der Gnade, nicht der Ausfluss des innersten Wesens. Die Seele ist vom Glanze des göttlichen Lichtes umflossen; Gottes Herrlichkeit hält sie aufrecht, so dass die Güte, die das Wesen des Heiligen Geistes ist, sich in ihr widerspiegelt. Wäre es ein Ausfluss des eigenen Wesens, so wäre alle Anstrengung überflüssig, und das ist nicht der Fall (667, 14; ebd., 24). Die Heiligen üben auch noch nach ihrer Erleuchtung kleinere Sünden; ja sie neigen zuweilen leichter dazu als andere Menschen. Sie sind so sehr mit ihrem Gemüthe auf das Eine gerichtet, dass es sie verdriesst auf jede einzelne Vorstellung besonders zu achten. Aber sobald sie ihre Aufmerksamkeit darauf zu richten beginnen, so ist es wie nicht geschehen und sie sind desselben ledig ohne Kampf durch ihr blosses Wesen. St. Paulus nach seiner Bekehrung war nicht sündlos; unser Herr Christus selber hatte noch zu überwinden, denn die Vorstellung seiner künftigen Marter erfüllte ihn mit tiefster Qual; St. Petrus begieng noch Sünde nach der Ausgiessung des Geistes (645, 24. 654, 19. 653, 3). Der Gerechte fällt siebenmal an einem Tage; sein Fall besteht darin, dass er vom höchsten Standpunkte der Erhabenheit über alle Creatur herabsinkt (647, 21). Die Versuchung, welche von aussen an die Seele herantritt, hört nimmer auf, und wäre auch die Versuchung selber fern, so bliebe doch die Möglichkeit der Versuchung bestehen. Das muss man nicht als Unvollkommenheit ansehen. Vielmehr es dient dazu, dass die Seele sich demüthig unter Gott beuge und erkenne, dass sie von Gnaden und nicht in Kraft ihres Wesens aufrecht erhalten wird; und es hat andererseits den Segen, dass die Seele, indem sie solchen Versuchungen widersteht, einen Lohn verdient (663, 19). In diesem Sinne nämlich kann Eckhart auch von einem Lohne der Tugendübung sprechen, dass sie den Menschen fördert und an's Ziel der Seligkeit bringt. Dieser Lohn der guten Werke besteht darin, dass der Geist zur Anschauung Gottes gelangt, der Leib aber mit der Seele am jüngsten Tage verklärt wird (645, 8).

In der ausdrücklichen Absicht, vor Sicherheit zu warnen, führt Eckhart diese Gedanken aus. Man soll über der idealen

Herrlichkeit die unserer wartet den Weg der dahin führt nicht vergessen. Nur die vollkommene Tugend braucht nicht zu kämpfen und zu streiten; ehe wir die letzte Vollkommenheit nicht erreicht haben, stellt sich alle unsere Tugend in der Form des Kampfes dar. Allezeit und ohne Unterlass kann man zunehmen und fortschreiten; wir können damit nie zu Ende kommen (573, 20). Niemals sollen wir uns am Erreichten genügen lassen, niemals stille stehen. In diesem Leben giebt es keinen Stillstand. Kein Mensch hat je sich dürfen genügen lassen, wie weit er auch vorgedrungen war. Der Wille ist zunächst nur ein zufälliger, wesenloser Wille; er soll aber ein fester, zuverlässiger, geübter Wille werden. Es ist nicht genug, dass des Menschen Gemüth in einem gegebenen Augenblick abgeschieden sei; sondern man muss eine wohlgeübte Abgeschiedenheit haben, die vorher und nachher dauert. Es ist nicht genug, dass wir einmal uns selber und alles was wir haben und vermögen daran geben; sondern wir sollen uns oft erneuern und fortwährend sammeln und ledig machen (570, 6; ebd. 14 u. 34). Dieses geistige Wachsthum ist dreifach: erstens die Ueberwindung aller Natürlichkeit, so dass wie eine zweite Natur eine heilige Abneigung gegen alle Versuchung zum Bösen entsteht. Sodann soll der Mensch so vergeistigt werden, dass auch ohne dass er sich dessen bewusst wäre sein Wort, sein Wandel, sein Wesen Andere wie ein Licht erleuchte, in welchem sie ihre eigene Unvollkommenheit erkennen. Und endlich findet ein bewusstes Wachsen in der göttlichen Erleuchtung statt, so dass der Mensch immer inniger mit seiner Liebe in Gottes Liebe aufgeht (639, 25). Und eben darum erscheint denn auch die Tugend auf dieser Stufe der Vorbereitung wie etwas, was sich im Kampfe, in immer neuen Willensentschlüssen, in lauter einzelnen Handlungen, vermittelst bestimmter Vorstellungen der jedesmaligen Lage und der sich daraus ergebenden Pflicht vollzieht. Giebt es aber einen Kampf, so giebt es auch eine Ehre dieses Kampfes und einen Lohn des Sieges. Dass die Neigung nicht der Bestimmungsgrund des Willens sei, wird geradezu für das Kennzeichen der rechten Tugend erklärt. Dass man etwas lasse, weil man keine Neigung dazu verspürt, das ist die Wirkung der blossen Natur. Wahre geistliche Tugend dagegen besteht darin, dass man erkenne was man thun und lassen soll und es erfülle, ob man nun Neigung dazu habe oder nicht (656, 10). Eckhart warnt vor der blossen

Tugend des Temperaments. Manche Menschen werden wenig, andere werden heftiger versucht. Durch die Beziehung auf die Welt der Dinge wird der äussere Mensch etwa zum Zorn, zu eitler Ehrsucht, zur Sinnlichkeit bewegt. Das ist zunächst nur ein Mangel der Natur, nicht des Willens, wie denn mancher Mensch ein zorniges oder hoffährtiges Temperament hat. Widersteht er nun und fällt nicht in Sünde, so ist sein Lohn viel grösser, seine Tugend viel herrlicher als die des Nichtangefochtenen. Denn die Vollkommenheit der Tugend kommt vom Kampfe (551, 18). Niemand wird auf einmal zum Meister; Niemand darf die Hände in den Schooss legen, als habe er ein für allemal überwunden. Es wäre verkehrt, aufzuhören mit der Selbstbeobachtung und mit dem Tadel seiner selbst, mit bestimmter Erwägung der jedesmaligen sittlichen Aufgabe. So lange noch irgend etwas zu überwinden ist, soll man sich nimmer genügen lassen. Niemand kann ganz ohne alle Mängel sein. Aber widerstehen soll man ihnen, auf dass man jedesmal das Vorliegende überwinde. Man muss sich sehr vor der falschen Weisheit hüten, dass man Fehle begeht und doch unterlässt, sie sich selber vorzuhalten. Dieses Selbstvorwurfs soll man nimmer ledig werden, so lange man nicht aller Fehle ledig wird. Und eben deshalb bedarf man einer genauen Erkenntniss der jedesmaligen Pflicht. Im Wesen soll man über diese Vorstellung des Endlichen hinaus sein, aber nicht im Verstande. Denn hat man sie auch im Verstande nicht, so begeht man Fehle ohne sie zu erkennen und ohne sie sich vorzuwerfen, und so wird man ihrer auch nimmer ledig und verliert auch die Vorstellung des Endlichen nicht im Wesen. Nur durch klare Verstandeserkenntniss kann man und soll man allmählich zu jener Freiheit des Wesens von aller Bestimmtheit durch das Endliche gelangen; dann erst, wenn alle Unvollkommenheit aufhört, ist die Tugend zum Wesen geworden (663, 40). Dieses Heranwachsen zur Wesen gewordenen Sittlichkeit soll das ganze irdische Leben ausfüllen und erst mit dem Tode findet es seinen Abschluss. Daher kommt es dass die Frommen dies irdische Leben lieb haben, weil es ihnen ein unbegrenztes Fortschreiten in der Heiligung gestattet (470, 5). Alles zeitliche Erkennen und Lieben hienieden ist begrenzt und verhüllt; aber durch Uebung der Tugend wird die Schranke in's Unbegrenzte erweitert; der Mensch wird Gott ähnlich und durch diese Gottähnlichkeit mit Gott vereinigt (677, 2).

In diesem Sinne ist nun das sittliche Leben die Nachfolge Christi insbesondere nach seiner menschlichen Seite. Man muss diese Nachfolge nicht suchen in äusserer Geschäftigkeit, in der Rührung bei der Betrachtung des Leidens Christi, in Aufregungen des Gefühles, in Lust und Schmerz. Man taste nur Leute, die so Christo nachfolgen, mit Worten an, und man findet, wie wenig gelassen sie sind. Alle Natürlichkeit überwinden, das ist die rechte Nachfolge Christi; dadurch kommt man über die Menschheit des Herrn hinaus zu seiner Gottheit. Dazu braucht man nicht so vieler äusserer Werke und so erregter Gefühle. Aber die rechte und wesentliche Nachfolge des Herrn dauert bis zum Tode. Christo ganz und vollkommen nachzufolgen ist der Creatur freilich unmöglich; denn Gottes Werke sind wie Gott selber unendlich und unbegreiflich, die Creatur aber ist endlich und begrenzt und so ist auch ihr Wirken. Darum soll der Mensch Christo nachfolgen, so weit es der Creatur möglich ist. Armuth, Elend, Schmach, Hass geduldig und nicht bloss geduldig, gern, ja freudig tragen und sich danach sehnen, über Lust und Schmerz erhaben sein, ledig sein seiner selbst und aller Dinge, nichts für sich begehren, an keinem Dinge mit seiner Neigung haften, dass heisst dem Vorbilde Christi nachfolgen (636, 29). Und wenn denn die Unvollkommenheit von allem irdischen Thun unabtrennbar ist, so ist das Kennzeichen eines frommen und heiligen Gemüthes, dass man sich aus einem kleinen Fehltritt ein grosses Gewissen mache (647, 13).

Wie Eckhart diese Erziehung zur Tugend näher beschreibt, braucht nicht weiter dargelegt zu werden; es ergiebt sich aus dem Bisherigen von selbst. Die rechte Uebung besteht in der Entsagung, in Armuth, Geduld, Abgeschiedenheit, Unbeweglichkeit. Eine Uebung im positiven schaffenden Thun kennt er nicht. Der Uebende wünscht am meisten das Leiden, weil das Leiden am meisten fördert; ja er sucht es freiwillig auf, freilich nur geistiges Leiden. Entbehrung der inneren Sammlung und Erquickung, der Freudigkeit in Gott und der Empfindung der Gottesnähe ist ihm ein Zeichen besonderer Gnade; frei sein von Leiden heisst ihm von Gott verlassen sein. Es ist nicht zu verwundern, dass daraus bei Schülern Eckharts wie Suso und bei Leuten, die entfernter mit dem Meister zusammenhängen wie die Gottesfreunde, eine erfinderische Selbstpeinigung hervorgegangen ist, die in dieser groben körperlichen Weise allerdings dem Meister ganz fremdartig ist und auf uns den abschreckendsten Eindruck machen muss.

Sonst betont Eckhart am meisten das Gebot der allgemeinen und uneingeschränkten Liebe, die sich auf alle in gleicher Weise bezieht. Der Mensch erlangt nimmer wahren Frieden mit Gott, er halte denn Frieden mit seinem Nächsten. Dass einer Friede hält mit dem der ihm gleich ist, das ist noch ein Geringes; aber dass man Frieden hält mit denen, die uns ungleich, die unsere Widersacher sind, das ist viel herrlicher; denn da ist offenbar nur die Liebe Gottes die Ursache des Friedens (381, 24). Daher das Gebot der Sanftmuth auch da wo wir dem Nächsten seine Sünde vorrücken, der freudigen Dienstbarkeit und Unterwürfigkeit, der Geduld fremdem Unrecht und falscher Anschuldigung gegenüber. Wie wenig Eckhart geneigt ist, bei einer äusserlichen Gesetzlichkeit stehen zu bleiben, und wie sehr er die sittliche Anforderung in äusserster Strenge festhält, das möge seine Erklärung der sieben Todsünden beweisen. Die Hoffahrt stellt er voran; sie ist das gefährlichste Laster. Der Selbstbetrug der Hoffahrt ist es, in welchem man sich selber seiner Seligkeit beraubt. Hoffahrt aber offenbart sich überall, wo man mit seinem Thun sich oder den Leuten gefallen will. Trägheit ferner zeigt sich da, wo man etwas thut, an dessen Stelle man etwas Besseres hätte thun können. Geiz heisst jede Begierde, welche auf das gerichtet ist, was nicht Gott ist. Neid und Hass besteht darin, dass man einem Andern thut, wovon man nicht wollte dass er's uns thäte; besonders aber erscheint er in Worten, in denen wir eines Anderen Ehre angreifen; denn unersetzlich ist der Verlust, den wir ihm dadurch zufügen. Die Todsünde des Zornes begehen wir schon durch harte Worte gegen den Nächsten, und am verderblichsten ist sie da, wo wir Jemandem seine Sünde in harter Form verweisen. Unmässig ist, wer selbst mehrere Gerichte isst, während ein Mitchrist hungert und dürstet, der doch schon seiner Armuth wegen Gott näher und ähnlicher ist. Unkeuschheit erscheint in allen Worten und Werken, die über das Maass, über das Bedürfniss hinausgehen (449—451).

13. Anweisung zum seligen Leben.

Eine ausgeführte Darstellung der Pflichten zu liefern, welche sich aus den einzelnen Gütern und Bedingungen des irdischen

Lebens ergeben, ist **Eckhart** durch die Natur seiner Grundanschauung vom Sittlichen verhindert. Nichtsdestoweniger liegen eine Reihe von Aeusserungen von ihm vor, wie der Sittliche seinen Lebenswandel einzurichten habe, theils hier und da zerstreut, theils in mehr zusammenhängender Form. Diese Aeusserungen sind um so wichtiger, als sie zeigen, wie der Meister jene Besonnenheit und Mässigung, die er in der sonstigen Art und Weise seines Speculierens so oft verleugnet, auf dem Gebiete der ethischen Lebensführung in hohem Maasse sich bewahrt hat. Freilich stattet er das Bild des wahrhaft Sittlichen, das er entwirft, nicht sowohl mit einer reichen Fülle positiver Bestimmungen aus, als er vielmehr nur alle diejenigen Züge auszuscheiden bemüht ist, die demselben fremdartig sind und nur durch Missbrauch oder Vorurtheil für Attribute der Sittlichkeit gehalten werden. Das Positive, was er giebt, bleibt allein das abstracte, einer reicheren Entwicklung unfähige Princip des Sichversenkens in das Absolute. Er umschreibt daher die Gestalt des Sittlichen fast ausschliesslich in Negationen. Uns interessieren dabei diejenigen Punkte am meisten, in welchen er sich zu der herrschenden Anschauungsweise seiner Zeit in einen entschiedenen Gegensatz gestellt hat, um eine wahrhaft evangelische Auffassung der Lebensaufgabe darzulegen.

1. Das gesammte Mittelalter hat den positiven sittlichen Inhalt der irdischen Lebensmächte nicht zu erfassen gewusst. Wahre Frömmigkeit und Heiligung des Willens war allem dieser Welt Angehörigen schlechthin entgegengesetzt. Die äussere Welt als solche, nicht als Weltlichkeit des Herzens gedacht, war der Feind des Gottesreiches, und als weltlich galt alles Streben für Irdisches schon an sich und abgesehen von der Stellung des Herzens zu Christo und von dem Sinne, aus dem jenes Streben entsprang. Darum galt als Bedingung eines frommen Lebens gerade bei denen, die es mit ihrer Heiligung am ernstesten meinten, die äusserliche Armuth, der Verzicht auf alles irdische Gut und die Flucht vor allem Streben und Sorgen für irdische Zwecke. In der Weltflucht des Mönchsthums liess sich ein höherer Grad von Heiligkeit ausschliesslich erreichen; durch äusserliche Uebungen, durch selbstauferlegte Entbehrungen und Martern glaubte man den Himmel verdienen zu können. Der schneidende Gegensatz des Heiligen und

Profanen durchzieht die gesammte Ethik innerhalb der katholischen Kirche auch bei den freisinnigsten Geistern.

Eckhart wird zu einer entgegengesetzten Auffassung durch die obersten Principien seiner Lehre vom Sittlichen gezwungen. Alles Aeussere ist schlechthin gleichgültig, die Sittlichkeit ist schlechthin ein innerer Zustand des Geistes. Keine einzelne Handlung ist sittlich oder unsittlich zu nennen, sondern nur der Geist, der sich in ihr offenbart. So ist auch nichts an sich heilig oder profan; es wird erst dazu durch den Zustand des Geistes, der sich darin bethätigt. Alle Werkheiligkeit ist damit im Princip abgeschnitten; den Gegensatz zum Gottesreiche bildet nicht die äussere Welt, sondern die weltliche Gesinnung des Herzens, und der geheiligte Geist kann sich jedes Dinges und jedes Verhältnisses bemächtigen und ist über jede besondere Form des Wirkens, über jede äusserliche Regel, jedes gebietende Gesetz erhaben.

Es giebt keinen Gegensatz des Heiligen und Profanen. Dass uns die äusseren Dinge in unserem innerlichen Leben bloss nicht hinderlich seien, das genügt noch nicht; vielmehr wir sollen alle Dinge zu unserem Heile verwenden, wie fremdartig und unangemessen sie auch scheinen. In dieser Kunst sollen wir beständig zunehmen und nimmer zu Ende kommen. In allen Dingen und Thätigkeiten sollen wir nur auf unseren Herzenszustand mit der höchsten Aufmerksamkeit achten, in allen Gott im höchsten Sinne erfassen. Darauf müssen wir den höchsten Fleiss und alle unsere Kräfte verwenden, so finden wir Gott auf gleiche Weise in allen Dingen. Da sind wohl die Thätigkeiten an sich verschieden; aber ist unsere Herzensstellung in allen dieselbe, so haben sie alle einen gleichen Werth, und Gott strahlt uns in dem weltlichsten Geschäft gerade so entgegen, wie in dem heiligsten. Eins von beidem: entweder wir erfassen Gott in allem unserm Thun oder wir müssen uns alles Thuns enthalten. Das Letztere ist in diesem Leben nicht möglich, so muss denn unser Streben auf das Erstere gerichtet sein (550). Das Wesen aller Sittlichkeit ist, dass des Menschen Gemüth gänzlich Gott zugewendet sei. Dahin ziele all dein Bemühn. Je mehr du das erringst, desto besser sind deine Handlungen, wie sie auch sonst beschaffen seien. Hange du Gott an, so hängt er dir alles Gute an. Suche Gott, so findest du Gott und alles Gute. Du könntest in solcher Gesinnung auf einen Stein treten, und es wäre in höherem Sinne ein heiliges Werk, als wenn du den Leib des Herrn nähmest und mehr dabei an dich selber dächtest. Was du früher suchtest, das sucht nun dich; welchem du früher nachjagtest, das jagt nun dir nach; was du früher fliehen musstest, das flieht nun dich (546, 33). Wer von Gott mehr zu erlangen glaubt in inwendiger Stille, Andacht, sanfter Rührung und besonders enger Verbindung als bei dem Feuer oder im Stall, der thut nicht anders, als wenn er Gott einen Mantel um's Haupt wände und ihn unter eine Bank versteckte. Denn wer Gott in bestimmter äusserer Form sucht, der ergreift die Form, lässt aber Gott fahren, der in der Form verborgen ist (66, 10). Suche nicht den Frieden, indem du die Welt fliehest. Wer innerlich steht wie er soll, der steht an allen Orten und bei allen Leuten recht, und wer innerlich nicht steht wie er soll, der steht an allen Orten und bei allen Leuten unrecht. Wer Gott in Wahrheit in sich trägt, der hat ihn auf der Strasse und unter den Leuten gerade so gut wie in der Kirche oder in der Einöde oder in der Zelle. Seine Handlungen wirkt nicht sowohl er selber, als vielmehr Gott in ihm. So wenig wie Gott selber, kann einen solchen Menschen das Getümmel und das unruhige Treiben der Welt zerstreuen. Dasselbe Gemüth, mit welchem du in der Kirche oder in der Zelle bist, das bewahre dir und trage es unter die Leute und in das Getümmel. Alle Beschäftigungen, Stätten, Leute gleich zu achten, das wäre verkehrt; gewiss ist an sich beten ein besseres Werk als spinnen, die Kirche eine bessere Stätte als die Strasse. Aber du sollst überall dieselbe Herzensstellung bewahren und überall mit gleichem Ernste deinen Gott erfassen. Dann hindert dich niemand, Gott immer gegenwärtig zu haben. Aber wem Gott nicht so in Wahrheit inne ist, wer ihn nur von aussen aufnehmen muss in bestimmten äusserlichen Dingen, seien es Handlungen, Leute, Stätten, das mag wohl sein, dass den Menschen etwas hindert; und darum hindert ihn nicht allein die böse Gesellschaft, sondern auch die gute, und nicht allein die Strasse, sondern auch die Kirche, und nicht allein böse Worte und Werke, sondern auch gute. Denn das Hindernde liegt in ihm selber. Dass man Gott so wahrhaft in sich trage, das heisst nicht, dass man beständig in immer gleicher Weise an Gott denken soll; denn das wäre menschlicher Natur unmöglich und nicht einmal das Beste. Der Mensch soll sich nicht genügen lassen an einem gedachten Gott. Wenn der Gedanke vergeht, so vergeht auch der Gott. Vielmehr man soll einen wesentlich innewohnenden Gott haben. Wen recht heftig dürstet, der mag wohl etwas anderes thun als trinken und an anderes denken; aber was er auch thue und treibe, denke oder beabsichtige, die Vorstellung des Trunkes verlässt ihn nicht, so lange der Durst währt, und je heftiger der Durst, desto wirksamer und lebendiger ist die Vorstellung des Trunkes. Oder wer etwas glühend liebt, wo er auch sei und was er beginne, überall findet er das Bild des geliebten Gegenstandes. So auch hier. Der Mensch sucht nicht nach Ruhe, denn ihn hindert keine Unruhe. Dann ist der Mensch Gottes werth, wenn er alle Dinge im höchsten Sinne erfasst. Dazu gehört Fleiss, Liebe, beständige Aufmerksamkeit auf sich. Das lernt der Mensch nicht, indem er die Welt flieht und sich äusserlich in die Einsamkeit begiebt; vielmehr er muss lernen, eine innerliche Einsamkeit zu haben, wo und bei wem er auch sei. Er muss lernen die Dinge zu bewältigen und seinen Gott in ihnen zu erfassen (547, 14).

2. So wenig wie die Weltflucht, so wenig ist auch äusserliche Selbstpeinigung, äussere Armuth und Entbehrung, Elend und Schmach, die man sich selber auferlegt, der Weg zum wahren Frieden. Wie gross und schwer das sei, es ist nichts werth und Frieden vermag es nicht zu geben. Die ihn darin suchen, suchen am unrechten Orte; je weiter sie gehen, desto weniger finden sie das Gesuchte, wie einer der den Weg verfehlt hat, je weiter er geht, desto mehr in die Irre geht. Sich selber soll man lassen zuerst, so hat man alle Dinge gelassen. Liesse ein Mensch ein Königreich, ja die ganze Welt, und behielte sich selber, er hätte nichts gelassen. Und dagegen, lässt der Mensch sich selber, so mag er behalten was er will, Reichthum und Ehre und was immer sonst: er hat dennoch alle Dinge gelassen. St. Petrus hatte nichts gelassen als ein armselig Netz und ein Schifflein und durfte doch sagen: „Siehe, Herr, wir haben alle Dinge gelassen." Wer das Kleine freudig lässt, der lässt nicht dies allein, sondern er lässt alles, was Leute mit weltlichen Herzen gewinnen, ja was sie begehren können. Alles was du um Gottes willen nicht begehren willst, das hast du um Gottes willen gelassen. Das ist die geistliche Armuth, die der Herr selig preist. Achte auf dich selbst, und wo du findest dass dein Herz ist, da lass dich; das ist das Allerbeste (545, 21). Alle äusseren Bussübungen werden verwor-

fen; die beste Busse ist wahre Besserung des Willens und Bekehrung zu Gott (560, 5).

Auch unter dem Gesichtspunkte der Nachfolge Christi soll man nicht sich selbst Leiden auferlegen; man soll sich überhaupt nicht an eine bestimmte Regel und an eine äussere buchstäblich zu befolgende Richtschnur halten. Die wahre Nachfolge Christi besteht darin, dass Jeder darauf merke und das festhalte, wozu grade er von Gott am meisten ermahnt werde. Denn alle Leute sind mit nichten auf einen Weg zu Gott gewiesen. Findest du denn, dass für dich der nächste Weg zum Ziel nicht besteht in vielen äusseren Werken, in grosser Mühsal und Entbehrung, — woran so einfach auch nicht viel liegt, der Mensch fühle sich denn sonderlich von Gott dazu getrieben und habe die Macht es zu thun ohne Beirrung seines inwendigen Lebens, — findest du also das nicht in dir, so sei ganz in Frieden und nimm dich des nicht viel an. Haben die Heiligen es gethan, so denke, der Herr hat es grade ihnen verordnet und ihnen die Macht dazu verliehen; an ihnen gefiel es dem Herrn und sie sollten ihr Heil darin erlangen. Gott hat des Menschen Heil nicht gebunden an eine bestimmte Regel. Was eine Weise des Wirkens hat, das hat Gott allen guten Weisen gegeben; denn kein Gutes streitet wider das andere. Man soll Jedermanns Brauch achten und Niemandes Brauch gering schätzen. Jeglicher halte fest an seinem guten Brauche und ziehe in ihn alles Gute und allen Brauch hinein. Was des Einen Leben ist, das ist oft des Andern Tod (565, 22). Veränderung der Lebenseinrichtung macht das Leben und das Gemüth unstät. Was dir die eine Weise des Wirkens geben kann, das kannst du auch in der andern erlangen, wenn sie gut und löblich und Gott allein zugewandt ist. Alle Menschen können nicht einem Wege folgen. Manche Weise kann dir gefallen, der du doch nicht nachzufolgen brauchst. Nun möchtest du sagen: unser Herr Jesus Christus hatte doch in allem die höchste Weise, dem sollen wir doch von Rechts wegen immer nachfolgen. Das ist wohl wahr, und doch soll man auch ihm nicht in aller Weise folgen. Unser Herr fastete vierzig Tage: des soll man sich doch wohl nicht unterfangen ihm auch darin zu folgen. Christus hat Vieles gethan, worin er beabsichtigte, dass wir ihm in geistigem, nicht dass wir ihm in buchstäblichem Sinne nachfolgen sollten. Er hat mehr unserer Liebe als unserer Werke begehrt. Ich halte ein Wirken der Vernunft viel höher als ein leibliches Wirken. Christus hat vierzig Tage gefastet. Darin folge ihm so nach, dass du darauf achtest, wozu du dich am meisten geneigt findest, und darin entsage dir; es ziemt dir besser dich unbeschwert zu halten als wenn du dich durchaus aller Speise enthieltest. Und so ist dir zuweilen schwerer ein Wort zu verschweigen, als wenn du durchaus allem Sprechen entsagtest. Und so ist einem Menschen zuweilen schwerer, ein kleines unbedeutendes Schmähwort zu ertragen als eine harte Geisselung die er sich auferlegt hat, viel schwerer allein zu sein im Gewühl als in der Wüste, und oft ein geringes Ding schwerer zu lassen als ein grosses, schwerer ein kleines Werk zu üben als eines das man für sehr gross hält. So mag der Mensch wohl unserem Herrn nachfolgen nach dem Maasse seiner Schwäche und braucht sich doch durchaus nicht fern von ihm zu dünken (561, 32). Der Mensch muss jedesmal eines thun, er kann nicht alles zugleich thun. Er muss jedesmal eines sein, aber in dem einen soll er alle Dinge erfassen. Der Mensch nehme einen guten Brauch an und bei dem bleibe er und erfülle ihn mit allem Guten. Denn mit Gott kann man nichts versäumen, so wenig Gott selber etwas versäumen kann. Darum nimm eines von Gott an, und in das ziehe alles Gute hinein. Will sich anderes Gute nicht damit vertragen, das diene dir zum sicheren Zeichen, dass es nicht von Gott ist. Der getreue Gott giebt jedem Menschen jedesmal das was ihm das Beste ist, und nimmer will er jemand liegend, den er ebenso wohl stehend könnte gefunden haben. Gnade zerstört nicht die Natur; sondern sie vollendet sie. So sollen wir kein kleines Gut in uns zerstören oder einen Brauch von geringer Güte um eines grösseren Guten willen, sondern wir sollen sie im höchsten Sinne vollenden (571—573).

3. Deshalb soll man sich auch hüten, sich bestimmte Regeln über äussere Dinge vorzuschreiben. Du sollst dich nicht beschweren mit bestimmten Regeln über Speise und Kleidung; sondern gewöhne dich im tiefsten Grunde des Gemüthes darüber erhaben zu sein, dass dich nichts zur Liebe reize als Gott allein. Das wäre ein schwaches inwendiges Leben, welches seine rechte Einrichtung von dem äusseren Kleide erwartete: das Innere soll das Aeussere bestimmen, weil jenes allein von dir abhängt. Fällt dir etwas Gutes zu, so kannst du es als etwas Gutes hinnehmen, wenn du dich dabei so beschaffen findest, dass wenn es dir anders zufiele

du es eben so gern und freudig hinnehmen wolltest. So ist es mit Speis' und Trank, mit Freunden und Verwandten, mit allem was dir Gott giebt oder nimmt. Das Beste ist, sich Gott gänzlich zu überlassen, was er uns auferlegt, Schmach, Mühsal, Leiden, mit Freude und Dankbarkeit anzunehmen, und sich von Gott führen zu lassen, nicht sich selber dergleichen aufzuerlegen. Dann kann man Ehre und Wohlstand annehmen; fiele einem aber Unehre und Noth zu, sie tragen und eben so gern tragen. Darum mögen mit allem Fug und Recht die wohl essen, die eben so freudig und bereit wären zu fasten. Gott lässt sich am guten und gerechten Willen begnügen: sonst würde er seinen Freunden keine Art des Leidens ersparen, da doch so unendliches Heil im Leiden liegt. Begnügt sich aber Gott, so sei du erst recht zufrieden; gefällt es ihm aber anders mit dir, so sei auch zufrieden. Insbesondere aber sollst du alle Absonderlichkeit fliehen in der Kleidung wie in der Nahrung und in deinen Worten; es liegt kein Nutzen darin. Aber doch ist dir nicht alle Absonderlichkeit verboten. Es giebt manche Absonderlichkeit, die man zu mancher Zeit und vor manchen Leuten inne halten muss. Denn wer absonderlich ist, muss auch mitunter in mannichfacher Weise absonderlich erscheinen (563, 12). Es wäre oft eine besondere Freude für fromme Leute, grosse und schwere Werke zu üben. Aber sie würden ihre Zuversicht darauf setzen und darum benimmt sie ihnen der Herr, damit er allein ihre Stütze und ihre Zuversicht sei. Unsere Werke verdienen nicht, dass uns Gott etwas gebe oder thue; diese Meinung will uns der Herr benehmen, denn er will uns aus keinem Grunde als aus seiner freien Güte seine Gaben verleihen (564, 22). Auch der Neigung des Herzens ist nicht durchaus zu misstrauen. Oft machen sich die Menschen Sorgen darüber, ob ihre Neigung von Gott ist oder nicht. Dafür giebt es ein einfaches Kennzeichen. Findet man in sich die Stimmung, dass man, wenn man Gottes Willen wüsste oder erkennte, diesem vor allen Dingen folgen wollte, so kann man wissen, dass das wozu man am meisten Neigung und Trieb verspürt, von Gott ist (685, 17).

4. Wie Eckhart die Weise der Begharden seiner Zeit verwirft, welche einen besonderen Grad der Heiligkeit in absonderlichen äusseren Geberden, in Kleidung und Worten suchen, die sie sich als ein Gesetz auferlegen und durch die sie sich von der Welt unterscheiden, so räth er überhaupt, ein frommes gottge-

weihtes Leben nicht in besonderer unterscheidender Form specifischer Frömmigkeit, sondern allein in der Hingabe des Herzens an Gott zu suchen. Gottesdienst, Andacht, Gebet, Gebrauch der Sacramente: alles das ist gut und unverwerflich; nur genüge man sich daran nicht, binde man sich nicht daran, hafte man nicht an der Formel. Die grössten Gaben werden uns nur durch Gebet und Sacrament zu Theil; aber das Gebet bedarf keiner bestimmten Formel; das ganze Leben soll ein ununterbrochenes Beten sein; statt des äusseren Sacramentes dient eben sowohl die innere sacramentliche Stimmung des Geistes, ohne welche jenes nichts bedeutet. Doch über Eckharts Auffassung von Wort, Sacrament und Gebet werden wir später sprechen. Wir führen hier nur noch an, was er von der äusseren Geberde der Frömmigkeit sagt. Ein gewöhnliches christliches Leben, lehrt er, ist das beste; auf ein ungewöhnliches Thun soll man nicht gerichtet sein (177, 33). Ueber jede bestimmte äusserliche Form soll man hinaus streben; nicht der stürmische Entschluss, dies oder jenes beständig zu thun oder zu lassen, sondern die demüthige Gelassenheit, die alles gleich gern von Gott hinnimmt, fördert dich zum höchsten Ziele. Schreibt sich der Mensch eine Regel vor: dies oder das willst du thun, es koste was es wolle, das ist verkehrt, denn da hält der Mensch seinen Eigenwillen fest. Und empfindet er Verdruss oder Unruhe über das was Gott ihm zuwendet, das ist ebenso verkehrt. Nicht daran kann der Mensch merken, ob er im sittlichen Leben fortschreitet, wenn er viel fastet und viele äussere Werke thut, sondern ein sicheres Zeichen des Fortschritts giebt es, nämlich wenn ihm das Ewige lieber, das Vergängliche leidiger wird. Hätte ein Mensch hundert Mark und gäbe sie um Gottes willen und baute ein Kloster, das wäre etwas Grosses. Aber das wäre grösser, dass ein Mensch eben so viel in sich verschmähete und vernichtete um Gottes willen (178, 9). Dass unser ganzes Leben gottähnlich werde, das liegt nicht daran dass wir süsse Worte und geistliche Geberde haben, dass wir einen besonderen Geruch von Heiligkeit um uns verbreiten, dass unser Name weit und breit umhergetragen werde und fromme Leute eine rechte Erquickung über uns empfinden, auch nicht daran dass wir von Gott verwöhnt und verzogen seien in gefühliger Lust andächtiger Rührung, und dass wir uns dünken lassen, was wir von Gott begehren, das müsse auf der Stelle uns zu Theil werden. Das alles ist es nicht, was Gott von uns heischt; es geht alles ganz anders zu. Frei und unerschütterlich sollen wir erfunden werden, wenn man uns verleumdet, uns unsern nothdürftigen Unterhalt entzieht, uns an unserm Leibe schädigt, unsere edelsten Absichten verkennt, wenn Gott uns seinen Trost entzieht und sich stellt, als wäre eine Mauer zwischen uns und ihm errichtet, als wolle er uns weder sehen noch hören. Seht, da sollten wir uns in seiner göttlichen Natur verbergen und allein in dem Worte Hilfe suchen, das Christus gesprochen hat: „Vater, all dein Wille werde an mir vollbracht" (182, 1). Verkehrt ist es, in Zuständen der Verzücktheit, in Visionen, in denen man von Gott unmittelbare Mittheilungen zu empfangen glaubt, in den Aufregungen religiösen Gefühls, in der sanfteren Erquickung oder dem stürmischen Jubel der Seele eine besondere Heiligkeit zu sehen. Dergleichen wirkt oft die blosse Sinnlichkeit, ein falscher Ungestüm oder die Lust sich vor anderen Menschen auszuzeichnen; mit dem Wachsthum echter Liebe nimmt das nicht zu, sondern ab, und eine Thätigkeit in der Liebe ist weit mehr werth als alle Ekstase (553, 21). Dagegen warnt Eckhart vor ungerechtfertigter Scheu und Aengstlichkeit im Thun und Treiben. Wenn das Herz nur sonst in der rechten Stellung sei, so könne man Gott nie und nimmer in irgend einer Thätigkeit vermissen. Und geschähe es, dass der Mensch irgend wie einen Fehltritt begienge, ein unrecht Wort spräche oder dass ihm etwas Unrechtes einfiele: war das Werk nur mit Gott begonnen, so muss Gott den Schaden dabei auf sich nehmen und du sollst dein Werk darum nicht unterlassen. Solcher Versuchungen wird man in diesem Leben nimmer ledig. Darum dass zuweilen Ratten unter das Korn gerathen, darum soll man das edle Korn nicht wegwerfen (556, 21). Eckhart räth, überall Ordnung und Maass walten zu lassen, alles das beständig zu verwerthen, was zu Gottes Lobe, zum Nutzen der Christenheit und des Nächsten gehört, in dem Berufe, in welchen der Mensch gesetzt ist. Ordnung und Maass in allen Dingen giebt inneren und äusseren Frieden (381, 38).

Eckharts Antinomismus möchte vielleicht bedenklich mit Recht erscheinen, und die Polemik seiner Schüler gegen extreme Folgerungen aus Eckharts Lehren, gegen das „Wilde", wie es bei Suso heisst, beweisen, dass diese Lehre in der Wirklichkeit bei Vielen eine verkehrte sittliche Haltung zur Folge gehabt hat. Aber den Meister selber müssen wir von solcher Unbesonnenheit frei sprechen. Im Gegentheil, er legt auch auf die äussere Armuth und Entbehrung meist einen für unsere Anschauung viel zu hohen Werth. Was damals als Grundlage und Vorbedingung aller echten Frömmigkeit galt, vermochte durch seinen heroischen Charakter leicht auch einen tieferen Geist zu täuschen. In der That, wer damals den Vorzug und das Verdienst der äusseren Armuth bestritt, der musste den Schein erregen, als wolle er zu fleischlicher Bequemlichkeit und Sicherheit verführen, und es bedurfte dann keines weiteren Grundes, um Ruchlosigkeit und Feindseligkeit gegen alles Christliche und Göttliche zu erweisen. Wenn daher Eckhart in einem „gottgewordenen“ Weibe sein Ideal sittlicher Heiligung schildert, so lässt er ihr den Zug, dass sie auch nach erreichter vollkommener Vergottung vorzieht, den Weg der sie so weit geführt hat, den Weg der Entsagung und Selbstverläugnung auch ferner innezuhalten, wiewohl ihr der Beichtiger auseinandersetzt, dass ihr jetzt alles erlaubt sei, dass sie alles geniessen dürfe, da sie ja die Macht habe, alle Dinge mit sich in Gott emporzutragen. Sie aber will elend und arm sein, obgleich sie nun über die Menschheit Christi hinaus zu seiner Gottheit emporgedrungen ist; sie will es freilich nun nicht mehr der Uebung willen und um zu Gott zu kommen, sondern aus Pietät. Wie Christus bis an seinen Tod sich „geübt“ hat, so will sie es gleichfalls thun. So ist Eckharts Antinomismus nur ein ideales Princip, das er in der Praxis zu mildern selbst dem Vollkommensten anräth. Im Princip ist es wahr, dass der reinen Seele alle Creaturen rein werden. Oder wie der fingierte Beichtiger der fingierten Heiligen sagt: Du sollst essen wenn dich hungert und trinken wenn dich dürstet; du sollst weiches Gewand tragen, du sollst schlafen und es dir wohl sein lassen, und alles was dein Herz an Speise und Vergnügen begehrt, sollst du dir zueignen und für Niemanden als dich selber leben. Sähest du vor deinen Augen alles versinken was Gott jemals geschaffen hat, du solltest es nicht abwenden wollen mit einem Ave Maria; alle Creaturen sollst du dir dienen heissen zur Ehre Gottes (473, 31). Aber so weit giebt Eckhart doch der Erfahrung und der Wirklichkeit des Lebens nach, dass er selbst auf dem Standpunkte der höchsten Heiligung noch ein wirkendes und übendes Leben wenigstens als das pietätsvollere anräth, im allgemeinen aber bei der Unvollkommenheit alles irdischen Strebens zugiebt, dass ein Zustand, in welchem der Mensch an kein Gesetz überhaupt gebunden wäre, auf dieser Erde und in dieser Leiblichkeit nicht eintreten kann. —

Mag immerhin in den dargestellten ethischen Lehren des Meisters eine grossartige Einseitigkeit vorherrschen; mag die Trennung jenes tiefsten Grundes, in welchem die Seele als Totalität wirkt, von den einzelnen Kräften und ihrer endlichen Wirksamkeit am empirischen Stoffe überspannt und in solcher Schärfe unhaltbar sein; mag endlich der Meister allzu sehr abgewandt sein von der Mannichfaltigkeit endlicher Güter und endlicher Pflichten und Aufgaben: nichts desto weniger erhebt er sich in seiner Auffassung sittlicher Fragen in Riesengrösse über alle Denker des Mittelalters, und die Principien seiner Ethik sind noch heute für uns ein Gegenstand ernstester Erwägung. Aehnliches findet sich nur sporadisch bei den von ihm näher oder entfernter angeregten Männern, und wenn z. B. Nicolaus von Basel sich hier und da mit Eckhart begegnet, so ist das nur ein Zeichen, wie weit die Lehren des Mannes umgetragen worden sind, deren tieferen inneren Kern und Zusammenhang doch Niemand in den ihm zunächst stehenden Zeiten zu erfassen vermochte. Kein Wunder darum, wenn die Nachfolgenden diesen Lehren in phantastischer Aeusserlichkeit auch wieder ungetreu zu werden vermochten. Noch ist bei weitem nicht alles das unzweifelhaft Echte und Wahre Gemeingut auch nur der Besten geworden, was Eckhart erkannt und gelehrt hat. Freilich, er hat es vorgetragen in einer für sein Eigenthümlichstes wenig empfänglichen Zeit, und die späteren Geschlechter haben zu ihm keinen unmittelbaren Zugang mehr gehabt. Schon seine allernächsten Schüler haben nur einseitig vereinzelte Punkte seines Gedankenkreises aufgefasst und weiter verbreitet, und die nachfolgenden Zeiten bis auf Kant haben mit ganz anders geartetem Interesse sich der religiösen und ethischen Fragen bemächtigt. Unter Taulers und Rusbroeks Namen waren zum Theil gerade diejenigen Schriften in mehr oder minder fragmentarischer Form verbreitet, aus denen wir Eckharts ethische Lehren am deutlichsten abnehmen können. Aber fast zu Zerrbildern wurden diese Schriften verarbeitet, an vielen entscheidenden Stellen der Sinn in lateinischer oder neudeutscher Uebertragung geradezu in's Gegentheil verkehrt, durch Auslassungen und Zusätze eine ganz andere, der kirchlichen und herrschenden näher verwandte Lehre hinein corrigiert. In seinem Jahrhundert waren auch die Besten nicht reif, dem Meister zu folgen. Er stand allein in einsamer Höhe; die anderen liessen sich von ihm erwärmen und erbauen, aber ihm auf seine Höhe zu folgen vermochte Niemand. Dann trat eine allgemeine Ermattung des Denkens ein; das Interesse wandte sich entschieden mehr praktischen Bestrebungen zu, aus denen eine neue Kirchenbildung hervorgehen sollte. Für uns ist in Eckharts Ethik viel Befremdliches in Ausdruck und Gedanken, selbst wo es uns gelingt uns in die Zeit des Meisters zurückzuversetzen. Aber wenn wir nicht an der Schaale haften, so werden wir einen gesunden, noch heute nutzbaren Kern erkennen, der uns bei dem deutschen Predigermönche des vierzehnten Jahrhunderts mit der grössten Bewunderung für die ausserordentlich tiefe Anlage eines hohen Geistes und für eine in allen Zeiten seltene, damals unerhörte geistige Freiheit erfüllen muss.

14. Die vollkommen Geheiligten.

Wenn Eckhart die Unvollkommenheit alles Irdischen zugesteht, so ist das ein Beweis dass ihm die Besonnenheit und ein gesunder Blick für die Wirklichkeit des Lebens nicht durchaus abhanden gekommen ist; indessen, macht er auch das Zugeständniss, gezwungen durch verständige Klarheit und sittliche Mässigung, so macht er es doch nur mit halbem Herzen. Sein Herz hängt vielmehr an dem höchsten Ideale; zu dessen Betrachtung will er auffordern, von aller Befriedigung am Geringeren hinwegziehen; zum Streben nach Vollkommenheit will er begeistern. Deshalb malt er mit so grosser Wärme den Zustand der letzten Vollkommenheit aus und träumt sich in die Verwirklichung des Ideales hinein. Man muss deshalb seine Schilderung des vollkommen geheiligten Zustandes nicht als vollen und nüchternen Ernst, sondern zum Theil doch als rednerische Wendung betrachten. Die nöthigen Abzüge macht er ja an andern Orten selbst. Nichts desto weniger ist es unsere Aufgabe, die Darstellung der Ethik des Meisters mit seiner Auffassung des Zustandes zu schliessen, den er als das letzte Resultat alles sittlichen Strebens wie ein auf Erden verwirklichtes Ideal vollendeter Heiligung darstellt.

Den Abschluss der Heilslehre Eckharts bildete die vollkommene Einigung des Menschen mit Gott. Diese aber war noch gedacht als überzeitlicher Moment; sie vollzog sich wesentlich und ausschliesslich im tiefsten Grunde der Seele, im Fünklein. Die Aufgabe der Sittlichkeit war es, das in der Heiligung zunächst nur für den Seelengrund Gewonnene in alle einzelnen endlichen Seelenkräfte und sogar in die Leiblichkeit hineinzubilden, durch die Gewöhnung und Uebung das Einwohnen im höchsten Gute zu dem beständigen und wesentlichen Zustande der ganzen menschlichen Natur zu machen. Diese Forderung ist in den vollkommen geheiligten Menschen realisiert. Sehen wir zu, wie diese sich nach der Darstellung des Meisters ausnehmen.

Wenn die Seele ihr wahres Wesen wiedergewonnen hat und in ihrer ursprünglichen Unschuld steht, die Vernunft und alles Endliche dahinten geblieben und die Seele in die lautere Einheit aufgenommen ist, dann wirkt in der Seele Gott, was sie bisher mit ihrer obersten Kraft gewirkt hat. Von dem Menschen der dazu gelangt ist kann man wohl sagen: dieser Mensch ist Gott und Mensch. Er hat alles das erlangt aus Gnaden, was Christus hatte von Natur. Der Leib ist so durchströmt von der wesentlichen Herrlichkeit, welche die Seele von Gott und durch die Eingiessung des göttlichen Lichtes empfangen hat, dass man wohl sagen darf: das ist ein göttlicher Mensch. Ach, liebe Kinder, erbarmet euch über diese Menschen; denn sie sind für alle Leute etwas Sonderbares und Unbegreifliches. Niemand kann sie recht erkennen, als wer desselben Lichtes theilhaftig geworden ist und vielleicht auch diejenigen, die auf dem Wege zu diesem höchsten Gute sind, es aber noch nicht errungen haben. Wisset, wo ich einen solchen Menschen wüsste, hätte ich ein Münster voll Goldes und edeln Gesteines, das gäbe ich um ein Huhn, das ein solcher Mensch verzehrte. Noch mehr: und wäre alles mein was Gott je geschaffen hat, das gäbe ich alles dem Menschen auf einmal dahin um es zu verzehren; und ich thäte es mit Fug und Recht, denn alles ist sein. Gott ist sein mit allem was er vermag. Und ständen alle die vor mir, die in Sünden stehen und Hunger leiden, ich möchte jenem Menschen nicht den Flügel eines Huhnes wegnehmen an seiner Nothdurft, um alles Volk zu speisen. Denn was der Sünder isst und trinkt, das zieht er herab und macht es seiner sündigen Natur theilhaft. Aber was der Gute isst und trinkt, das trägt er in Christo zum Vater empor. Wo Leib und Seele in vollkommener Weise vereinigt sind, da ist der Mensch der unbedingte Herr aller Dinge geworden. Man muss sich wohl vorsehen, denn

vergl. Gleichnis vom Löwen Th. Ev.

diese Leute sind sehr schwer zu erkennen. Wenn sie es bedürfen, so essen sie, wo andere Leute fasten; wenn andere Leute wachen, so schlafen sie; wenn andere Leute beten, so schweigen sie; kurz, alle ihre Worte und ihre Handlungen sind allen Leuten unbegreiflich. Sie bedürfen nichts, denn sie haben alles zum vollkommenen Eigenthum gewonnen. Das darf ich mein Eigenthum nennen, was mir ewig bleiben soll und was mir Niemand nehmen kann. Dieser Leute Wirken bringt das höchste Heil; ihr Wirken aber geschieht innerlich im Grunde der Seele. Selig das Königreich, in welchem der Menschen einer weilt; sie schaffen mehr ewigen Heiles in einem Augenblick, als alle äusseren Werke, die jemals äusserlich gewirkt worden sind (127—129).

Wir können uns an der Wiedergabe dieser Schilderung genügen lassen. So gross ist der Werth des Gerechten, dass alle übrigen Menschen gegen ihn nicht in Betracht kommen; so gross seine Freiheit, dass nichts ihn im äusseren Thun und Geniessen einschränken darf. Der Geheiligte ist der letzte Zweck der Schöpfung; er führt alle Creaturen in Gott zurück. Am liebsten wird er dargestellt im Bettlergewande, in dem Scheine des äussersten Elends, während er im Besitze der höchsten Seligkeit ist. Dieser Bettler ist der wahre König, sein Königreich ist in ihm, in seinem Herzen; er ist der absolut Bedürfnisslose; seine Einzelpersönlichkeit ist nur noch ein Schein; im Grunde seines Wesens ist er nichts Bestimmtes mehr, sondern das absolute Wesen selber (623—625). So ist der geheiligte Mensch das Ende des absoluten Prozesses; in ihm, und durch ihn kehrt die Gottheit aus ihrer Offenbarung in sich selbst zurück.

V. Offenbarung und Kirche.

Die Lehre Eckharts, wie wir sie im Bisherigen dargestellt haben, entwickelt sich ohne deutlichen Anschluss an eine herrschende kirchliche Ueberzeugung aus ihren eigenen inneren Motiven, nicht in den Formen strenger Wissenschaft, aber doch so, dass ein strenger gedanklicher Zusammenhang alle einzelnen Theile der Lehre unter einander verbindet. Aber wenn Eckhart auch fast nirgend sich von einer geltenden Lehre abhängig gemacht oder die ihm aus seinen Grundsätzen sich ergebende Consequenz zu Gunsten einer herrschenden Meinung abgeschwächt oder sonst geändert hat, so hat er doch in gutem Glauben seine Sätze der kirchlichen Lehre für gleichartig gehalten, sie an dieselbe angeknüpft und gemeint, den tieferen Sinn dieser Lehre aufzudecken. Für ihn ist der Glaubensinhalt der Kirche ein Stoff, mit welchem er frei schaltet und den er in das Ganze seiner eigenen Lehre einfügt, wo es angeht, freilich nicht ohne ihn vielfach in seinem tiefsten Wesen zu alterieren. Eine Darstellung der Lehre Eckharts würde unvollständig sein, wenn sie nicht auch das Verhältniss genauer in Betracht ziehen wollte, welches er sich zur Offenbarung, zur Kirche, zu ihren Institutionen und Dogmen gegeben hat. Diese Aufgabe ist es, die wir auf den folgenden Seiten zu leisten unternehmen. Die eigenthümliche Stellung des Mannes zu seiner Zeit und den in ihr herrschenden Mächten und seine Bedeutung für die späteren Entwicklungen des christlichen Geistes wird uns so erst vollkommen klar werden können.

1. Die Heilige Schrift.

Eckhart verweist gern auf die Heilige Schrift als auf die höchste Autorität und beruft sich auf die Uebereinstimmung seiner Lehre mit ihren Aussprüchen am liebsten gerade da, wo seine Ansichten am kühnsten und gewagtesten erscheinen (32, 17). Gott selber, lehrt er, rede in den Propheten zu uns; den in der Schrift aufgezeichneten Aussprüchen Christi werde man wohl glauben müssen, denn Christus ist die Wahrheit selber. Die heiligen Schriftsteller sind vom Heiligen Geiste inspiriert und angetrieben worden, das was sie erkannt hatten uns zu unserer Seligkeit mitzutheilen (307, 20). Alles Geborene, Engel und Heilige muss schweigen, wenn die ewige Weisheit des Vaters spricht, und diese Weisheit spricht zu uns in der Schrift (280, 4).

Nichtsdestoweniger hat Eckhart zur Schrift kein ganz entschiedenes Verhältniss. So oft er sich auf dieselbe beruft, insbesondere die Aussprüche Pauli für seine Lehre vom Menschen, diejenigen des Johannes für seine Lehre von Gott anführt, so wenig trägt er doch Bedenken, den einfachen Schriftsinn auf seine Weise umzudeuten. Denn das ist da sein oberster Grundsatz: die Schrift enthält wohl die Wahrheit, aber man muss sie erst aufdecken und ihren tieferen Sinn blosslegen (146, 8). So wird denn das Geschichtliche durchaus allegorisierend aufgefasst, in alles ein angeblich tieferer Sinn hineingedeutet. Wenn die Schrift die Wahrheit enthält, so muss sie das enthalten, was Eckhart als die Wahrheit erscheint; um in jeder beliebigen Stelle jeden beliebigen Sinn finden zu können, ist kein Mittel zu abenteuerlich. Eckhart ist darin ganz naiv und schliesst sich unbefangen an die in seiner Zeit gebräuchliche Manier an. In der allegorischen Deutung verfährt er ebenso kühn und mit ebenso grosser Willkür, wie irgend einer seiner Vorgänger, ja mit grösserer, weil seine Speculation um ebensoviel abstracter und von sinnlichen Gleichnissen abgewandter ist. Beispiele finden sich überall. Die biblischen Texte, die er seinen Predigten zu Grunde legt, werden ohne alle Rücksicht auf den natürlichen Zusammenhang der Stelle als herausgerissene einzelne Sätze für die mystischen Lehren in Anspruch genommen. Er entnimmt seine Lieblingsstellen vorzugsweise dem Buche der Weisheit oder dem Hohenliede; aber jedes andere biblische Buch dient in ähnlicher Weise. Sagt eine Frau: „mein Mann ist gestorben“ (2. Kön. IV, 1), so ist die Frau die Seele, der Mann aber das Fünklein, die oberste Vernunft, das Haupt der Seele, und diese Terminologie, die in ähnlicher Weise schon beim Lombarden begegnet, wonach in der Seele der Mann und die Frau als höhere und niedere Seelenkräfte unterschieden werden, ist dann stehend. Eben darauf wird das Gespräch des Herrn mit der samaritanischen Frau bezogen. Die fünf Männer derselben sind dann die fünf Sinne u. s. w. (109). Der reiche Mann in der Erzählung vom armen Lazarus ist gar Gott selber (313); fünf Joch Ochsen bedeuten wiederum die fünf Sinne (114). Die Stadt Nain ist die Seele, die Jünger sind das göttliche Licht, das in die Seele strömt; die Schaar, die den Herrn begleitet, sind die Tugenden; die Pforte, in die er tritt, ist die Liebe, der Sohn der Wittwe ist der Wille (123). Die Willkür in alle dem ist eine so grosse, dass man glauben muss, sie sei nicht ohne Bewusstsein geübt worden und Eckhart habe die aus allem natürlichen Zusammenhange gerissenen Schriftstellen mit voller Absichtlichkeit nur als einen zufälligen Anknüpfungspunkt für seinen Gedankengang benutzt, ohne irgend wie die Absicht zu hegen, damit etwas über den Sinn der Schrift selber auszusagen.

Es kann uns daher nicht befremdlich erscheinen, dass Eckhart an der Schrift nichts so sehr bewundert als ihre Vieldeutigkeit. Jedem gilt sie nach dem Maasse seiner Fähigkeit. Dafür beruft er sich besonders auf Aussprüche des heiligen Augustinus. Wo ein Lamm den Grund erreicht, da schwimmt der Ochs oder die Kuh, und wo die Kuh schwimmt, da verläuft sich der Elephant und es geht ihm über das Haupt. Die Schrift heisst hier ein tiefes Meer, in welchem der demüthige, einfältige Mensch festen Grund findet; der grobe, unerleuchtete Mensch entnimmt wenigstens aus ihr, was ihn zufrieden stellt; aber die Leute von stolzer Vernunft und hohen Künsten durchwühlen die Schrift und verlaufen sich in ihren Labyrinthen. Es ist eine alte Lehre, dass man die Schrift nicht deuten könne so geradezu wie sie lautet; die sinnlichen Ausdrücke müssen erst durch allegorische Deutung aufgeschlossen werden. Dem einen reicht es an die Knöchel, dem andern an die Kniee, dem dritten an den Gürtel, dem vierten geht es über das Haupt und er versinkt ganz und gar. Junge Kinder lacht die Schrift lockend an, und am Ende spottet sie der Weisen. Niemand ist so einfältig, dass er nicht in ihr finde, was gerade ihm passend ist, und Niemand so weise, dass er sie nicht wenn er sie ergründen will immer noch tiefer und noch reicher finde. Alles in ihr trägt einen verborgenen Sinn in sich; all unser Verständniss reicht doch nicht an die Wahrheit der Sache (331, 16).

Um die Schrift zu verstehen ist demnach eine höhere, unmittelbar von Gott stammende Erkenntniss erforderlich. Darum verstehen die Schriftgelehrten sie nicht gerade am besten. Es sind ihrer viele unter uns Meistern der Heiligen Schrift, die mit der Schrift dreissig Jahre und mehr sich beschäftigt haben und ihre Meinung doch so wenig verstehen wie ein unverständiges Thier; denn es giebt ihrer genug und zu viel, sollte ihnen die Schrift Zeugniss ablegen von ihrem eiteln Wandel wie ein lauter Herold vor einer ganzen Gemeinde, sie hätten so viel Lust und Fleiss zu sündigen nicht, wie sie jetzt haben, wo ihnen das Wort der Schrift verborgen bleibt, wiewohl ihnen ihre Strafe ihren sündhaften Zustand zur Erkenntniss bringen sollte (353, 26). Die Schrift hat ihren Ursprung in Gott, der durch sie in der Seele wirken will. Nur in wessen Herzen der Geist aus Gott, der Geist der Liebe mächtig geworden ist, kann die Schrift verstehen und erfüllen (436, 37).

Aber eben deshalb ist die Schrift nicht das Höchste und Letzte in der Erkenntniss Gottes. Denn diese Erkenntniss verschmäht alle bestimmten Formen, Gleichnisse und Verstandesbegriffe. Der Heiligen Schrift zu glauben was sie lehrt und zu thun was sie gebietet, das wird zwar unter die Gaben des Heiligen Geistes gerechnet (369, 24), und Eckhart versichert einmal, der Schrift mehr zu glauben als sich selber (4, 19). Aber gleichwohl ist er nicht sehr fest in diesem Glauben. So z. B. meint er wie Johannes Erigena, der Bericht Mosis von der Schöpfung sei nicht so eigentlich zu nehmen als buchstäbliche Wahrheit; der Prophet habe sich vielmehr dem Verständnisse der Menge accommodiert und das Ueberzeitliche in zeitlicher Form dargestellt (7, 35). Seinem ganzen Standpunkte nach kann es Eckhart gar nicht voller Ernst darum sein, die Schrift als höchste Autorität gelten zu lassen. Er strebt hinaus über jeden bestimmten Begriff, über alles Anschauen in Bildern und Gleichnissen zur adäquaten Erkenntniss des Absoluten. Da hört jede endliche Form des Ausdrucks auf berechtigt zu sein. So sagt er es denn ausdrücklich, dass man Gott aus der

Schrift nicht erkennen kann. Dass wir Gott nicht finden, daran ist gerade das Schuld, dass wir den unter Gleichnissen suchen, für den es doch schlechterdings kein Gleichniss giebt. Das Höchste darum, wozu uns die Heilige Schrift anleiten kann, ist eine Erkenntniss, die Gott weit mehr unähnlich als ähnlich ist (513, 38). Augustinus spricht: alle Schrift ist eitel. In Worten lässt sich Gottes Wesen nicht ausdrücken (91, 31). Weil jede äussere Form der Mittheilung der Wahrheit selber unangemessen ist, so verfielen die heiligen Schriftsteller auf die sinnliche Materie und wollten uns Gott erkennen lehren durch Bilder, die sie von den niederen creatürlichen Dingen hernahmen (307, 36). So kommt Eckhart mit dem falschen Dionysius überein. Natürlich; wer von allen Gleichnissen und von aller bildlichen Rede, ja von aller Rede überhaupt sich frei machen will, der kann auch an der Heiligen Schrift kein Genüge finden. Darum ist die Heilige Schrift nur Vorstufe. Ein Weiser sagt, Gott offenbare sich in der Schrift und in den Creaturen; aber Paulus sagt: Gott hat sich in seinem eingeborenen Sohne offenbart, und in diesem soll ich alles vom Geringsten bis zum Höchsten durchaus und rein in Gott selber erkennen. Dazu müssen wir allem entwachsen, was nicht Gott ist (317, 28).

Der Mystiker wäre damit auf eine höhere und unmittelbarere Erkenntnissquelle verwiesen, auf das „innere Licht", die Offenbarung Gottes in der eigenen Seele. Aber verkehrt wäre es, Eckhart die Meinung zuzuschreiben, als ob ein schwärmerischer Verkehr mit den sinnlich angeschauten göttlichen Personen die Stelle dieser Offenbarung einnehmen könnte. Er findet diese Offenbarung in einem überverständigen vernünftigen Denken, das er indess nur als die höchste Abstraction ohne allen positiven Inhalt zu beschreiben vermag. Die Visionen, das bildliche Schauen des Göttlichen im Zustande der Verzückung, das Empfangen besonderer Offenbarungen ist ihm eher etwas Verwerfliches, weil es ja sinnlich vermittelt, ein Schauen sinnlicher Gestalten ist (381, 7). Das Schwelgen in Visionen ist noch ein Zeichen der Gottentfremdung, die Aufregung des Gefühles beweist noch die Macht des Sinnlichen in Menschen (240, 19. 655, 36). Solche vermeintliche Offenbarungen Gottes entspringen vielmehr aus der Seele selber, die sich gewöhnt hat, mit Gott in näherer Beziehung zu stehen; in Folge der Geläufigkeit ihres Verkehrs mit Gott stellt sie sich ihre inneren Vorgänge als ein äusserlich Wahrgenommenes vor. Wenn Gott die Seele ganz ergriffen hat, so dass sie von aller Sinnlichkeit bloss und ledig steht, so transscendiert sie alles Endliche so gänzlich, dass sie kein Object hat, als ihre eigene Vernunft, welche durchaus ihr Wesen geworden ist. Da wird das Erkennende und das Erkannte eins; die Seele schöpft aus ihrem eigenen Lichte was sie begehrt, und weil sie vermöge der Herrlichkeit der zu ihrem Wesen gewordenen Vernunft von den in sie einströmenden Strahlen göttlichen Lichtes umfangen ist, schöpft sie aus sich selber die göttliche Wahrheit. Darum wo noch ein reflectierendes, unterscheidendes Verstehen ist, da spricht nicht Gott; Gottes Sprechen ist ein unmittelbares Vorhalten göttlicher Wahrheit, vermöge deren der Geist über sich selbst und über alles endliche Verstehen in die reine Vernunft entrückt wird. Da versteht die Seele ohne zu verstehen in dem Absoluten. Jenen sinnlichen Offenbarungen ist deshalb nicht weiter zu glauben, als sofern sie diesem Wesen der Seele entsprechen und durch dasselbe ihre Bestätigung erhalten (634, 3).

Man sieht, specifisch biblisch ist Eckharts Mystik nicht. Er steht zu dem offenbarten Wort weit eher wie die Scholastik, als wie jene frommen, mit dem Geiste der Bibel genährten Männer, ein Bernhard von Clairvaux oder Thomas von Kempen, deren Mystik nicht eine hohe überfliegende Speculation, sondern mehr eine tiefe Gluth andächtiger Gottesliebe ist. Wahrhaft Quell der Erkenntniss ist für Eckhart die Schrift nicht. Er zieht sie gewissermaassen nur nachträglich heran, um die speculativen Anschauungen, die ihm aus seiner persönlichen Geistesanlage, aus der religiösen und wissenschaftlichen Bildung seiner Zeitgenossen und aus der Beschäftigung mit der Wissenschaft vergangener Zeitalter sich ergeben haben, an sie anzuknüpfen und durch die Anlehnung an eine so hohe Autorität zu bekräftigen. Hier liegt der Mittelpunkt dessen, was es in seiner Mystik Schwärmerisches giebt. Denn schwärmerisch musste sein Speculieren werden, weil ihm nach dem Maasse der Bildung seiner Zeit und nach der Anlage seiner Persönlichkeit ein stufenweises und besonnenes Fortschreiten zu den Höhen der Erkenntniss von der gesicherten Grundlage thatsächlicher Einzelwahrheiten aus nicht möglich war, die Befriedigung aber in dem, was als sichere Grundlage christlicher Erkenntniss von je anerkannt war, von ihm verworfen ward.

2. Die Sünde.

Ein zweiter Punkt, den wir in diesem Zusammenhange betrachten müssen, ist Eckharts Lehre von der Sünde. Nicht auf speculativem Wege kommt er dazu, diesen Begriff in den Zusammenhang seiner Lehre aufzunehmen, sondern aus der Offenbarung nimmt er ihn hinüber. Er hätte sich mit der Kategorie der Endlichkeit und Natürlichkeit begnügen können. Aber während er seine mehr speculative Doctrin auf diesen letzten Begriff gründet, so giebt der Umstand, dass er die Creatürlichkeit unter dem Gesichtspunkt der Sünde auffasst, seinem Denken erst einen wirklich religiösen Charakter.

1. Was zunächst das Böse überhaupt anbetrifft, so stimmt Eckharts Ansicht mit der aus der griechischen Philosophie überkommenen und im ganzen Mittelalter herrschenden Auffassung desselben überein, dass es nichts Positives, sondern eine Beraubung, ein Mangel am Guten, ein unvollkommenes Gutes sei. Der falsche Dionysius Areopagita hat wenige Fragen so ausführlich behandelt, wie diejenige nach der Möglichkeit des Bösen, während doch Gott, die absolute Güte, alles in allem sei. Die Antwort bei ihm, auf neuplatonischen Lehren beruhend, lautet: es gebe eben kein eigentlich Böses als sich verselbstständigende Existenz; vielmehr alles Seiende sei Gutes; aber es gebe vollkommneres und unvollkommneres Gutes, eine Stufenfolge, die eigentlich mit derjenigen der verschiedenen Emanationen aus dem einen höchsten Gute und mit der grösseren oder geringeren Entfernung von demselben zusammenfällt. Denn insofern alles mit diesem zusammenhängt, ist alles gut, und böse nur, soweit es von ihm verschieden ist. Das Böse selber hat danach Theil am Guten; es ist ein Mittel für das Gute. Jedes ist insofern böse, als es an dem Besitze des ihm eigenthümlichen Guten verkürzt ist. Es giebt nichts Böses, das schlechthin und für Alle böse wäre. Das Böse ist theilweise Beraubung und hat Kraft und Wirksamkeit nicht insofern es Beraubung, sondern insofern es nicht ganz Beraubung ist (De div. nom. Cap. 4). Wir haben diese Gedankenreihe bei allen mittelalterlichen Denkern, und nicht bloss bei den Mystikern, als selbstverständlich vorauszusetzen, und Eckhart steht auf keinem andern Standpunkte (613, 6. 327, 15). Dass trotz aller inneren Verwandtschaft und äusseren Abhängigkeit von Pseudo-

Dionysius die Gedankenwelt Eckharts in ganz anderem, wesentlich ethischem Interesse ausgebaut worden ist, als es bei dem Vorbilde der Alleinslehre vorgewaltet hatte, zeigt sich eben darin, dass jene Untersuchungen über das Böse bei Eckhart nicht wieder aufgenommen sind und dass statt des Bösen als einer Beschaffenheit der Dinge bei ihm der Begriff der Sünde als einer Beschaffenheit des Willens vorwaltet.

Bei Eckhart giebt es nichts Böses als den bösen Willen, dessen Erscheinungsform die Sünde ist. Das Wesen dieses bösen Willens ist das Haften an dem Endlichen, an der Eigenheit. Dass Endliches sei, ist auch Gottes Wille, aber nicht, dass es sich verselbstständige. Vielmehr soll das Endliche beständig sich aufgeben und in die göttliche absolute Wesenheit zurückfliessen. Das Wesen welches diesen Rückfluss aller Dinge in Gott vermitteln soll ist die Menschenseele, welche indem sie ihren geschaffenen Willen Gott dahin giebt zugleich das All der Dinge, die sinnliche und geistige Welt, in Gott zurückführt. Macht sich dagegen der Mensch diesem göttlichen Weltplane nicht dienstbar, sondern strebt er dahin, sich in seiner Eigenheit, d. h. in seiner endlichen Daseinsform zu behaupten, haftet seine Begierde mit Lust an den endlichen geschaffenen Dingen, so ergiebt diese Widersetzlichkeit gegen den göttlichen Willen den Begriff der Sünde.

Dabei erkennt nun Eckhart die Thatsache an, dass der natürliche Wille aller empirisch gegebenen Menschen böse ist, dass die Sehnsucht zum Guten und die Empfänglichkeit für das Gute zwar unverlierbar in der Seele vorhanden ist, aber im Grunde der Seele schlummert, bis sie durch göttliche Gnadenwirkung die Herrschaft in der Seele zu erlangen befähigt wird. Es gilt nun, diese Thatsache aus ihren Ursachen zu erklären. Die vollkommen erklärende Ursache scheint der freie Wille zu sein, den Gott dem Menschen verliehen hat. Aber mit demselben vermochte der Mensch nur ebensowohl dem Endlichen als dem Göttlichen sich zuzuwenden. Wie kommt es aber, dass mit undurchbrechlicher Nothwendigkeit jedes neue menschliche Individuum wieder von Natur seinen Willen dem Endlichen zuwendet und der Sünde verfällt, während doch das Wesen des Menschen nicht die Sünde, sondern das Gute ist und im freien Willen die Möglichkeit ebensowohl gegeben wäre, sich von den endlichen Dingen abzuwenden und in Gott zu erhalten?

Auf diese Frage antwortet Eckhart nicht mit irgend welchen Consequenzen seiner Speculation; noch weniger baut er nach Art mancher mittelalterlicher Sekten mythologisierende Vorstellungen aus. Hier in diesem wesentlichen Punkte scheidet sich seine Mystik von jeder gnostischen oder manichäischen Auffassung. Es findet sich bei Eckhart keine Spur davon, dass er selbstständig dem Probleme der Sündhaftigkeit nachgegange wäre. Die Sünde ist eine Thatsache, die er als solche anerkennt, deren Nothwendigkeit er aber nicht aus einem begrifflichen Zusammenhange abzuleiten unternimmt.

2. Eckhart hält in diesem Punkte fest an der christlichen Lehre, wie sie sich zu seiner Zeit ausgebildet hatte. Alle Sünde ist abzuleiten von einem ursprünglichen Sündenfalle, der sich auf das ganze menschliche Geschlecht vererbt hat. Als Gott den ersten Menschen schuf, da bildete er ihn so, dass er keinem Leiden zugänglich war; denn wie eine goldene Kette gieng eine wohlgeordnete Harmonie von der Dreifaltigkeit aus in die obersten Kräfte der Seele und durchdrang auch die niedrigsten, so dass sie den oberen Kräften gehorsam waren; deshalb konnte keine Krankheit noch ein Leiden zu Leib oder Seele Zugang finden, bis er das Gebot übertrat (397, 26). Als Adam geschaffen war, da war sein Leib ähnlich beschaffen wie seine Seele, so dass sie Schmerz nicht empfinden konnte; seine niedersten Kräfte standen in rechter Ordnung unter den oberen in ihrer natürlichen Herrlichkeit, unbehindert von Materialität und Sinnlichkeit, und das hatte er durch die Anlage seiner Natur. Wäre er auf dem Adel seiner Natur stehen geblieben, er hätte sie in ihrem Schöpfer festgehalten. Er erkannte dass ihn Gott geschaffen hatte und dass göttliche Natur mit menschlicher Natur vereinigt werden sollte; er erkannte in klarem Begriffe alle Creaturen, jede in ihrer natürlichen Herrlichkeit, wie sie aus Gottes Hand hervorgegangen war, und das war seine Lust (651, 33). Hätte Adam Gott geschaut in seinem absoluten Wesen, so hätte er nicht fallen können. Er erkannte, dass ihn Gott geschaffen hatte und wozu er ihn geschaffen hatte, und daran haftete sein Blick mit Lust. Das war sein Fall und nichts anderes (658, 2. 652, 12). — In dieser Weise deutet Eckhart die Erzählung vom Sündenfall nicht als eine äussere That, sondern geistig als eine innerliche Willensrichtung. Die ursprüngliche Herrlichkeit des Menschen wird aber bei Eckhart

nicht gefasst als ein donum superadditum, sondern als die echte und zur Substanz des Menschen gehörige Beschaffenheit seiner Natur, eine Auffassung, die in der Dogmatik der Reformation die herrschende geworden ist. Nur seine Endlichkeit hinderte Adam an der adäquaten Anschauung des göttlichen Wesens; dadurch allein wurde der Sündenfall ermöglicht.

Wie von einem Sündenfall des Menschen, so spricht Eckhart auch von dem Falle Lucifers, des obersten Engels; aber einen Zusammenhang zwischen den beiden Ereignissen erwähnt er nicht. Lucifer wird in eine nähere Verbindung mit Christo gebracht. Seine Seele und Christi Seele waren von gleichem Range, als sie geschaffen wurden. Aber während Christi Seele sich ihrem Schöpfer zuwandte, kehrte sich Lucifer dem Endlichen zu; deshalb fiel er und wird ewig fallen, und so fallen alle die, die sich von Gott hinweg auf das Vergängliche richten (674, 12. 476, 19.)

Die Folgen des Sündenfalles nun werden folgendermaassen beschrieben. Wäre Adam in seiner natürlichen Herrlichkeit geblieben, so hätte er alles vermocht was er wollte, und alle Creaturen wären ihm gehorsam gewesen. Aber mit seinem Falle hörte sein eigener Leib und alle Creaturen auf, ihm gehorsam zu sein; sie waren ihm nicht mehr treu, weil er Gott ungetreu geworden war. So ist auch die Sterblichkeit eine Folge des Sündenfalles; ohne diesen wäre Adam in derselben Beschaffenheit, mit der ihn Gott am ersten Tage erschuf, geblieben bis an den jüngsten Tag (657, 32). Daraus entspringt die Furcht vor den Naturdingen, die nicht als ein Mittel des Heiles, sondern als eine Störung durch den Sündenfall in die menschliche Natur gekommen ist (368, 10). Es wurden ferner alle Kräfte der Seele verderbt. In Adam wirkten alle Kräfte harmonisch zusammen, und so lange diese Harmonie dauerte, hatte er aller Creaturen Kraft gesammelt in seiner obersten Kraft. Der Magnet theilt einer Nadel seine Kraft mit und zieht sie an, die Nadel vermag wieder einer anderen ihre Kraft mitzutheilen und sie anzuziehen u. s. w. Zieht man die oberste Nadel hinweg, so fallen auch die übrigen alle. So geschah Adam; als er mit seiner obersten Kraft von Gott geschieden ward, da fielen alle seine Kräfte. Daher kam nun die Trennung auch in die Creaturen; sie sind zwiespältig unter einander geworden und der Streit ist unter ihnen ausgebrochen (496, 36).

Wie nun diese ursprüngliche Sünde sich auf alle Menschen überträgt, das untersucht Eckhart nicht. Er ist Creatianist ganz in der Weise des Thomas und unterscheidet zwischen der anima sensitiva und intellectiva. Am vierzigsten Tage nach der Empfängniss schafft Gott die Seele viel schneller als in einem Augenblick, nachdem alle natürlichen Organe schon angelegt sind. Das Wirken der blossen Natur hört dann auf und die ganze leibliche Organisation wird ein Werkzeug der vernünftigen Seele (260, 40. 366, 27). Die Fortpflanzung der Sünde bleibt dabei unklar. Die Thatsache indess wird anerkannt, dass die Sünde der ersten Menschen den Nachkommen die Freiheit entzogen hat, sich für das Göttliche zu entscheiden. Die leibliche Geburt macht den Menschen nach der Ordnung der Natur zum Sünder. Der Mensch kommt in die Welt als ein Kind des bösen Feindes. Von sich selber hat der Mensch nichts als Bosheit und Gebrechen. Alles Gute hat ihm Gott geliehen, nicht gegeben. Was du an dir hast, Herz und Sinne, Leib und Seele und alles Vermögen, ist durch die Sünde verderbt. Ohne die Gnade ist die Seele wie ein erstorbener Baum, der keine lebendige Frucht zu bringen vermag (369, 37. 433, 4. 561, 9. 366, 31).

Der Träger der Sünde am Menschen ist der Leib. Weil die Seele vom Himmel, d. h. von Gott stammt, der Leib aber von der Erde, so sind sie allezeit wider einander (396, 29). Leib und Fleisch stehen immerdar dem Geiste feindlich gegenüber (29, 17). So lange darum die Seele mit dem sterblichen Leibe behaftet ist, muss sie Jammer und Noth leiden in unausgesetztem Kampfe wider ihre Feinde. Dagegen ist die Annahme irrig, als wäre das Böse bloss eine Mitgabe unserer Natur; es stammt vielmehr ebensowohl aus der Gewöhnung. Wir müssen nicht von unseren Feinden überwunden werden, wie man wähnt; denn sie entflammen wohl das Böse in uns, sind aber nicht seine Ursache. In dem Menschen ist ein verborgenes Feuer, das der Teufel wohl schüren und anzünden kann; aber wir können ihm widerstehen (357, 13). So hat die Seele drei mächtige Feinde, das Fleisch, die Welt und den Teufel, die aneinander hangen wie drei Kirschen an einem Stengel, und unter diesen ist der Leib der schlimmste, in den wie in einen Kerker die Seele gebannt ist, nicht damit sie seine böse Begierde vollbringe, sondern damit sie widerstehe und dadurch täglich den ewigen Lohn im Himmel und die ihr eingegossene Liebe hienieden vermehre (414, 15). Des Menschen Natur und Wesen zu sein, davon ist die Sünde weit entfernt. Im Sünder und im Gerechten ist der Grund ihres Wesens derselbe, und selbst in der Hölle dauert die ursprüngliche Herrlichkeit menschlicher Anlage ewiglich (11, 30).

3. Die Sünde ist Gott auf's äusserste zuwider und nichts ist Gott so fremd als sie. Aber in dem Ganzen des göttlichen Weltplanes nimmt die Sünde doch auch eine positive Stellung ein. Gott bringt seinen Willen vermittelst der Sünde und über die Sünde hinweg zur Wirklichkeit. Gott ist mächtiger als die Sünde, und auch die Sünde muss seinen Zwecken dienen. Der Mensch greift störend ein in die Wirksamkeit Gottes, sofern seine Absicht eine böse ist (529, 26). Gleichwohl wäre es nie zu einer wahren Endlichkeit und zur Mannichfaltigkeit der Seelenthätigkeiten gekommen ohne die Sünde, und diese Mannichfaltigkeit soll doch sein, freilich um in der Einheit aufgehoben zu werden. Nicht die ursprüngliche Einheit, sondern die aus dem Bruche wiederhergestellte Einheit ist der wahrhafte Zweck der Schöpfung (496, 29). Die Sünde ist zunächst des Menschen grösste Unseligkeit. Denn sie versperrt die Wege, auf denen das göttliche Licht in die Seele einstrahlen sollte (12, 3). Aber andererseits ist die Sünde auch wieder der Durchgangspunkt für des Menschen grösstes Heil. Ja, zuweilen wird die Sünde unter denselben Gesichtspunkt wie andere physische Uebel und Leiden gestellt, und Gott wird als derjenige betrachtet, welcher die Sünde geradezu über den Menschen verhängt, um ihn dadurch zu einer um so grösseren Seligkeit vorzubereiten. Kann nichts ohne Gottes Willen geschehen, so auch nicht die Sünde; gehört aber die Sünde als Mittel und Durchgangspunkt in das System des absoluten Zwecks, so kann man Gott sich auch vorstellen nicht bloss als die Sünde zulassend, sondern geradezu als Urheber der Sünde. Klare Entschiedenheit werden wir hier in Eckharts Aeusserungen vermissen; aber so viel ist offenbar, dass wenigstens zuweilen die vorwaltende Tendenz, nach pantheistischer Weise alles in letzter Instanz auf Gott zurückzuführen, jede entgegengesetzte Erwägung zurückdrängt. Die Sünde, wenn sie denn einmal vorhanden ist, ist nicht durchaus und in aller Beziehung das Nichtseinsollende. Am wenigsten ist sie es in subjectivem Sinne als That des Menschen. Die Sünde gehört zum Menschen als Bedingung der Erlösung, sie ist insofern eine felix culpa, wie der Ausdruck schon seit alter Zeit in der Kirche lau-

tet. Und was von der Erbsünde gilt, gilt auch von der Sünde jedes Einzelnen. Wer darum recht eins wäre mit dem Willen Gottes, der sollte gar nicht wünschen, dass die Sünde in die er gefallen ist nicht geschehen wäre; nicht insofern sie wider Gott war, sondern sofern du damit Gott inniger zur Liebe verpflichtet und dadurch erniedrigt und gedemüthigt worden bist. Und ist es auch wider Gott gethan, so solltest du doch zu Gott wohl das Vertrauen haben, dass er es nicht über dich verhängt hätte, wenn er nicht dein Heil dadurch hätte bewirken wollen. Alles was Gott an Schaden und Schmach leidet durch alle Sünden, das will er gern leiden und Jahre hindurch gelitten haben, damit der Mensch nachher zu einer um so grösseren Erkenntniss seiner Liebe gelange, und damit seine Liebe und Dankbarkeit nachher um so grösser, sein Streben um so eifriger werde, wie es mit Recht und oft die Folge früherer Sünden ist. Darum hat auch Gott die Sünde zumeist über die verhängt, die er zu grossen Dingen berufen hatte. Keiner von den Aposteln ist frei von Todsünden gewesen. Das gilt ganz allgemein von Gottes Lieblingen im Alten wie im Neuen Bunde und auch jetzt noch von allen ernstlich frommen Leuten (557, 8 u. 23). Wem mehr vergeben wird, der soll auch mehr lieben (560, 2). Wenn Gott denn in irgend einer Weise will, dass ich auch Sünde gethan habe, so wollte ich nicht, dass ich sie nicht gethan hätte; denn so geschieht Gottes Wille auf Erden, d. h. in der Uebelthat, wie im Himmel, d. h. im Gutesthun (426, 19). Und ebenso, wer in seinem Herzen recht beschaffen wäre, der sollte, auch wenn er die Gewalt hätte es zu wünschen, gar nicht wünschen wollen, dass ihm die Neigung zum Sündigen vergienge. Denn ohne sie stünde der Mensch schwankend in allen Dingen und in allen seinen Handlungen; er würde zu sorgloser Sicherheit verleitet, er entbehrte der Ehren des Streites und der Belohnung des Sieges. Die Neigung zur Sünde ist eine starke Geissel, welche den Menschen zur Wachsamkeit und zur Uebung in der Tugend treibt (551, 34). Dem Guten müssen alle Dinge zum Besten dienen, und somit auch die Sünde (556, 33). So soll mir die Sünde leid sein und zugleich nicht leid. Leid und mein meistes Leid habe ich um der Sünde willen, weil ich nicht Sünde thun möchte um den Preis alles Geschaffenen, und sollten tausend Welten ewig mein sein; und doch ist es ein Leid ohne Leid, denn ich nehme und schöpfe es aus Gottes Willen. Denn Gott empfindet ebenso bei allem Bösen Leid sonder Leid (426, 24).

Aber auch in objectivem Sinne als Ereigniss ist die Sünde ein Mittel zur Realisierung des ewigen Zweckes der Welt. Von einem höheren Gesichtspunkte betrachtet, wenn man die Dinge in Gott sieht, giebt es keine Sünde. Darum betrüben sich die Engel nicht, wenn der Mensch Sünde thut; denn sie haben den Einblick in die Gerechtigkeit Gottes und nehmen alle Dinge in ihm wie sie in Gott sind (111, 8). Gott, der aller Dinge Ideen in sich trägt, schaut auch das Böse und die Sünde, aber nicht als solche, sondern in der Form des ihnen entgegengesetzten Guten; die Lüge z. B. schaut er im Bilde der Wahrheit (327, 20). Die Sünde hat deshalb vor Gott kein Wesen. Sobald Gott die Sünden vergiebt, so vergehen sie und werden sie zu nichte, als wären sie überhaupt nicht gewesen (557, 14 ff.). Gott zürnt auch nicht um der Sünde willen, als würde er durch sie beleidigt, sondern er zürnt um den Verlust unserer eigenen Seligkeit, der mit der Sünde verbunden ist; denn er sucht nicht das Seine (54, 27). Und scheint es auch dass er zuweilen über den Sünder zürne, es ist nicht Zorn, sondern Liebe. Aus der Liebe stammt sein Zorn, denn er zürnt ohne Leid (42, 5). Gott straft auch die Sünde nicht; die Sünde ist sich selbst die schwerste Strafe. Eben das, dass du Böses thust, das ist dein Schade allzumal und ist dir genug des Wehs. Seid des gewiss bei der ewigen Wahrheit, dass es ein so schwerer Zorn Gottes ist: er könnte dem Sünder nichts Schlimmeres thun weder mit der Hölle noch irgend womit, als er damit thut, dass er es ihm zulässt oder über ihn verhängt, dass er ein Sünder ist, und dass er ihm nicht so schweres Leiden auferlegt hat, um seinen sündigen Willen zu brechen. Und gäbe ihm Gott das Weh aller Welt, er könnte ihn nicht härter schlagen als er damit geschlagen ist, dass er sündigt (277, 10).

4. Eckhart unterscheidet mehrere Grade der Sünde: Todsünde (216 ff.) und tägliche Sünde, von denen jene von vollkommener Gottentfremdung zeugt, diese aber auch frommen Leuten anhängen kann (10, 14). Im sündigen Zustand sind drei Grade: der Zustand der Schuld, wo man mit Lust an etwas haftet, was zu Gott nicht passt; der des „Gebrestens“, der Unvollkommenheit, wo man von Dingen berührt wird, die geringer sind als Gott, und der der Vermittlung, der trennenden Schranke, wo man nicht

allezeit in Gott seine Wohnung hat (656, 17). Selbst im Zustande der Todsünde noch, sahen wir früher, behält der Mensch im Grunde das göttliche Ebenbild so sehr, dass er in demselben gute Werke zu thun vermag, die ihm später ein Mittel des Heiles sind, wenn er sich zu Gott bekehrt hat (71—74).

3. Christus.

Zweimal im Laufe unserer Darstellung haben wir die Christologie Eckharts berührt. In der Lehre von der Dreieinigkeit begegneten wir der zweiten Person in der Dreiheit des offenbaren Gottes, dem Objecte des göttlichen Sichselbstdenkens, welches sich mit dem Subjecte in Einheit zusammenschloss, dem Sohne oder Worte des Vaters, in welchem alle Dinge gesprochen sind. Wir haben sodann gesehen, wie Eckhart das sittliche Ideal in einer Persönlichkeit darstellt, welche göttliche und menschliche Natur in sich vereinigt, und deren Nachfolge ein wesentliches Merkmal des sittlichen Lebens ist. Beide Vorstellungen, die des ewigen Gottessohnes und die der vollkommen geheiligten menschlichen Persönlichkeit knüpft Eckhart an den Gottmenschen Jesus Christus der Offenbarung an. In dieser einen historischen Persönlichkeit hat die zweite Person der Dreieinigkeit die Form menschlicher Individualität angenommen und das sittliche Ideal seinen vollgültigen Vertreter gefunden. Eckhart hält damit im wesentlichen an der dogmatischen Auffassung der Kirche fest, indem er allerdings versucht die Vorstellung von diesem Gottmenschen im Einzelnen auf eigenthümliche Weise näher begrifflich zu bestimmen und verständlich zu machen.

1. Die Aufgabe der Christologie, wie sie sich Eckhart stellt, ist die, zu begreifen, wie der ewige Sohn, das immanente Glied der Wesenstrinität, doch zugleich zeitlich hat erscheinen können in der Form einer bestimmten historischen Persönlichkeit. Denn er ist zuvörderst nicht gemeint, von dieser vollen menschlichen Wirklichkeit Christi irgend etwas Wesentliches abzulassen. Er unterscheidet sorgfältig diesen historischen, in einem bestimmten Zeitmomente gewordenen Menschen, der nach Leib und Seele Creatur ist, ein Mensch wie wir, und das was diese Person ihrem ewigen Wesen nach war. An sich ist Christus ein einzelner Mensch, seinem Wesen nach ist er die Menschheit selber. Von

Natur ist Christi und Mariä Seele wie meine Seele oder eines anderen Menschen Seele. Christi Seele ergründete die Gottheit nie gänzlich, weil sie eine Creatur und in der Zeit geschaffen ist. Christus war als Kind so einfältig, dass er Vater und Mutter nicht erkannte. Noch im Himmel sieht er mit fleischlichen Augen nichts als was vor ihm ist; wollte er etwas sehen was hinter ihm ist, so müsste er sich umdrehen. Christi Seele hat an göttlicher Natur Antheil von Gnaden, wie Gott von Natur (501, 19. 397, 19. 535, 13). Zöge Gott das Seine ab von der Seele Christi, so bliebe Christus eine blosse Creatur (51, 37). Jesu Christi menschlicher Wille war so ohnmächtig gegen den göttlichen Willen, wie Nichts gegen Etwas, wie das Geschaffene gegen das Ewige (659, 9). Christi Leib war sterblich und dem Leiden zugänglich, seine Seele mit Körper, Sinnen und Verstand verbunden und in diesem ihrer nicht würdigen Verbande festgehalten. Schon die Verbindung seiner Seele mit einem sterblichen Leibe war eine Erniedrigung für dieselbe; dazu kam noch sein Leiden in diesem Leibe. Seiner Seele war die volle Anschauung Gottes entzogen, sein Wille war begrenzt und die niederen Kräfte von dem tiefsten Leiden erfüllt. Um in der Anschauung Gottes fortzuschreiten, bedurfte er der Gnade (292, 29).

2. Was ist es nun, was diesen in allem übrigen uns anderen so gleichen Menschen doch so wesentlich von allen anderen vor und nach ihm unterscheidet? Es war zunächst das Wunder seiner leiblichen Geburt. Christus hat im Himmel einen Vater und keine Mutter, auf Erden eine Mutter, aber keinen Vater. Der Wille des Vaters und der sich ihm gehorsam unterordnende Wille des Sohnes ergriff mit der Kraft des ihnen beiden gemeinsamen Geistes in der lauteren Kammer des jungfräulichen Herzens der Maria, die als Werkzeug dazu von je ausersehen war, den allerlautersten Blutstropfen und gestaltete daraus einen fehlerlosen Menschen mit allen seinen Gliedern und flösste ihm eine Seele ein mit allen ihren Kräften, und das geschah vermöge der Kraft der Gottheit. Die Seele ward von Gott in einem bestimmten Zeitmomente aus dem Nichts geschaffen, in welchem sie von Ewigkeit geschwebt hatte (660, 6. 292, 2). Das Andere aber, was Christum am meisten auszeichnet, ist die ihrer Grösse nach einzige Gnadenwirkung, die ihm gleich bei seiner Geburt widerfahren ist. Sobald Christi Seele geschaffen ward, da ward sie ihrer selbst be-

raubt und über sich selber emporgetragen in die Einheit der drei Personen, und mit dieser ward sie vereinigt. Das war nicht die blosse Folge ihrer Natur; es war alles übernatürlich, was an Christi Seele geschah. In dieser ihr übernatürlich mitgetheilten Kraft erlangte die Seele Christi all ihr Vermögen. Die Mittheilung geschah in einem Augenblick, und damit war in Christo menschliche und göttliche Natur ein für allemal vereinigt (674, 25). Es ist an Christo nur eine Person und ein Wesen, — die Person kann kein gedoppeltes Wesen haben, — aber eine Person mit zwei Naturen. Die beiden Naturen sind unter einander unvermischt und haben an der Person ihr gemeinsames Substrat (677, 12). Keine von beiden stört die andere, jede behält ihre Bestimmtheit; sie sind nur vermittelst der Person vereinigt, nicht eins (676, 4).

Die sinnlich menschliche Natur empfieng Christus von Maria, die geistige Seite seiner menschlichen Natur schuf Gott von Nichts und flösste sie der sinnlichen Natur ein; dann theilte sich Gott als Geist dem Geiste und als Leib dem Leibe mit. Es ist eine ketzerische Ansicht, dass Christus seine Menschheit aus dem Himmel mitgebracht habe; sie stammt vielmehr von Maria (676, 24. 498, 6). Aber die Person empfieng Christus nicht von Maria. Seine Person ist vielmehr die zweite Person der Trinität, das ewige Wort. Nicht eine menschliche Person, sondern die menschliche Natur nahm das ewige Wort an, und seine göttliche Natur verband sich mit menschlicher Natur in derselben Person. Diese Vereinigung wurde hervorgebracht durch die Gnade. Die Gnade ist nicht Gott, aber göttlich, und lässt den Menschen schon hienieden einen Theil dessen erkennen und geniessen, was er völlig im ewigen Leben erkennen und geniessen soll. Aber durch den Fortschritt und die Uebung in allem Guten wird die Vereinigung des Menschen mit Gott vollständig (676, 24). — In wie fern diese Bemerkung über die fortschreitende Wirkung der Gnade auch auf Christus Bezug hat, werden wir weiterhin sehen.

Der Sohn hörte darum nicht auf, im Schoosse des Vaters zu sein, weil er zeitlich sich mit dem von Maria geborenen Menschen vereinigte. Der Sohn fliesst aus dem Vater, indem dieser sich selbst denkt, nicht jetzt einmal, sondern unablässig. In einem bestimmten zeitlichen Momente dieses Ausfliessens empfieng Maria das ewige Wort als Person und Wesen, das deshalb nicht aufhörte, aus dem Vater zu fliessen und zugleich als seine Vernunft in dem Vater zu bleiben (674, 2). Die zeitliche Geburt des Sohnes ist nur ein Moment in seiner ewigen Geburt. Christus ferner ist in Gott das Princip aller Gestaltung und hat so von Ewigkeit her auch seine Menschwerdung gewirkt. Und drittens: als Moment der Totalität göttlicher Natur ist der Sohn ewig dem Vater immanent auch in seiner zeitlichen Daseinsform (391, 15). Was der Sohn annahm, das war die eine, allen einzelnen Personen gemeinsame menschliche Natur, die Menschheit, nicht eine bestimmte menschliche Person. Hätte das ewige Wort eine menschliche Person angenommen, so wären wir Personen in der Dreifaltigkeit. So aber ist es nicht (678, 36). In der grundlosen Substanz der Gottheit stand die menschliche Natur unverrückt in ihrer höchsten Allgemeinheit in einem alles überstrahlenden Glanze, um allen Creaturen zur Lust auszustrahlen. Darum musste göttliche und menschliche Natur vereinigt werden. Das ist ein Beweis dafür dass, wäre auch Adam nicht gefallen, dennoch Christus Mensch geworden wäre wegen der sich mittheilenden Liebe, die im absoluten Wesen sich ewig in göttlicher Natur gebar und in Christo Mensch werden musste in Folge der bestimmten Natur, die ewig aus dem unergründlichen Grunde Gottes geflossen ist (591, 34). In diesem Sinne ist das Wort Fleisch geworden, und ist Christus vom Vater geboren in vollkommener Gleichheit mit dem Vater und hat unsere Menschheit angenommen und mit sich vereinigt, als wahrer Gott und wahrer Mensch und ein Christus (289, 9). Gott ward Mensch, weil er die Natur der Dinge von Gnaden annahm in der Zeit, wie er sie von Ewigkeit her in sich trug von Natur (514, 34).

Das also ist der Sinn der irdischen Erscheinung des Mensch gewordenen Wortes. Der Mensch, in welchen das ewige Wort in seiner ganzen Fülle eingieng, war seinem Wesen nach in der Gestalt eines bestimmten einzelnen Menschen die menschliche Natur selber in ihrer vollen Allgemeinheit, die ewige Idee der Menschheit, wie sie von je in Gott gewesen war. Denn er hatte die Form der Endlichkeit in Wesen und Wollen, die die Bestimmtheit der einzelnen menschlichen Personen bewirkt, hinweggethan und sich in der Allgemeinheit seines Wesens, d. h. in der Form der Menschheit erfasst. Diese einzelne Persönlichkeit ist deshalb die zeitliche Erscheinung und Verwirklichung des reinen Gattungsbegriffes der Menschheit, der von Ewigkeit her in der Person des

Sohnes in Gott vorhanden war. Denn die ewige Person des Wortes ist der wesentliche Ort menschlicher Natur (244, 3). Nicht Adam daher, sondern vielmehr Christus ist der erste Mensch, den Gott erschaffen hat; denn er war bei der Schöpfung des Menschen als ihr letzter Zweck im Voraus bezweckt (250, 23). Und nicht allein im absoluten göttlichen Wesen ist die Nothwendigkeit der Menschwerdung des Wortes begründet, sondern auch in der teleologisch die ganze Natur durchziehenden Wechselbeziehung. Seit Adams Fall müssen alle Creaturen, die aus Gott geflossen sind, mit allen ihren Kräften dahin wirken, wie sie einen Menschen hervorbringen, der wieder in jenen Zustand der Harmonie gelange, in welchem Adam war vor dem Falle, und der alle Creaturen wieder in dieselbe Herrlichkeit zurückversetze, die sie in menschlicher Natur besassen. Das ist an Christo vollbracht, und in diesem Sinne sind alle Creaturen ein Mensch und dieser Mensch ist Gott (497, 11).

3. So enthüllt sich in Christus das letzte Ziel alles natürlichen und alles geschichtlichen Werdens, und dies Ziel fällt zusammen mit der im absoluten Process begründeten Nothwendigkeit der Vereinigung göttlicher und menschlicher Natur. Die Untrennbarkeit dieser Vereinigung, welche in Christi zeitlichem Dasein nie einen Augenblick gestört ward, erscheint von der Seite der göttlichen Causalität aus angesehen als eine Wirkung der ihrem Grade nach so niemals wieder ertheilten göttlichen Gnade; aber von der Seite des freien Entschlusses des Menschen Jesus aus betrachtet stellt sie sich dar als Christi freie That und eine ihrem Grade nach eben so unvergleichliche und einzige Tugend. Denn weil göttliche und menschliche Natur zwar auf dem gemeinsamen Grunde der einen Person neben einander, aber nicht in einander bestehen und keines durch das andere bestimmt wird, so blieb Christi menschlicher Wille immer frei zu wählen zwischen Gott und Creatur. Wenn sich daher Gott diesem einen Menschen ganz mitzutheilen vermochte, so ist dies ebensowohl der Lohn seines unvergleichlichen Verdienstes, eines vollkommen sittlichen Willens, und Christus ist für uns insofern das absolute Vorbild dessen, was auch wir werden sollen und zu werden die Macht haben. Die Einheit mit Gott ist auch bei Christo zu suchen wesentlich in den oberen Kräften seiner Seele; sie wirkt sich aus in den niederen Kräften und im Leibe vermittelst endlicher Thätigkeit. Christi

Unsündlichkeit ist die Folge der ursprünglich ihm mitgetheilten Gnade; aber eine ideelle Möglichkeit dass er hätte fallen können ist damit nicht ausgeschlossen; denn Lucifer hatte dieselbe Gnade und fiel dennoch. Dass Christus nicht sündigte, begründet daher ein Verdienst, und Christus ist Gott ebensowohl aus der Nothwendigkeit seiner Natur, als aus dem unerschütterlichen Entschlusse seines freien Willens.

Die Seele Christi bestand nie auf ihrer Besonderheit. Sobald sie war, war sie Christus; sobald sie geschaffen ward, ward sie in einem Augenblicke mit dem Worte vereinigt; zwar ist hier ein Vor und Nach, aber in zeitloser Weise. In seinem ersten Geistesblicke ward Christus aller Besonderheit beraubt und in die mittlere Person der Dreieinigkeit versetzt, wo er mit einer Erkenntniss die sein Wesen ist Gottes ganze Vollkommenheit in überrationaler Weise unveränderlich anschaut. Im ersten Augenblicke, wo Christi Leib und Seele mit der Gottheit vereinigt ward, da schaute seine Seele die Gottheit wie sie es heutigen Tages thut. Aber mit den niedern Kräften seiner Seele, die im Leibe wirksam waren, mit denen er predigte, lehrte und andere Werke verrichtete, da ward wohl der Genuss dieser Anschauung, aber nicht die Anschauung selbst vermindert. Denn die obersten Kräfte, — und in denen fand jene Einigung statt, — standen allewege in reiner Anschauung. Nicht sein seelisches, nur sein leibliches Wesen stand in einem vermittelten Verhältnisse zu Gott. Dennoch liess er nicht einen einzigen Augenblick ab, alle die Werke zu vollbringen, zu denen ihn sein himmlischer Vater gesandt hatte, und damit verdiente er Lohn und Ehre. Sein Lohn ist, dass sein Leib zugleich mit seiner Seele in seiner Auferstehung verklärt ward; die Ehre aber, die er mit seinem heiligen Leben verdient hat, besteht darin, dass er das Haupt der heiligen Christenheit geheissen ist (644, 22). An dem ihm innewohnenden göttlichen Lichte konnte Christus daher nicht zunehmen; aber in jedem einzelnen, worin er sich auswirkte, gewann er neue und immer grössere Seligkeit (643, 16). Christi Seele war die weiseste die es je gab; sie wandte sich in dem Geschöpfe zum Schöpfer und deshalb bekleidete sie der Vater mit göttlichem Gewande und theilte ihr seine Natur mit (674, 12). Nach eigener Natur haben die Engel im Himmel grössere Herrlichkeit als die Seele Christi oder Mariä, weil sie von Wesen Gott näher stehen als die Seele. Aber durch ihr Verdienst hat die Seele Christi grössere Seligkeit als alle Engel, und steht sie Gott näher als irgend ein Engel. Und so gilt es auch von der Seele Mariä (397, 14). Von dem Augenblick, wo Gott Mensch ward und der Mensch Gott, da fieng Christus an unsere Seligkeit zu wirken bis an das Ende, wo er am Kreuze starb. Kein Glied war an seinem Leibe, das nicht in seiner besonderen Weise Tugend geübt hätte (53, 34). Christus allein hat beständig und in allen zeitlichen Augenblicken die Tugend erfüllt (243, 26). Und seine Tugend war nicht ohne Kampf. Denn war auch Leib und Seele mit Gott vereinigt, so waren doch alle Kräfte seiner Seele dem Leiden zugänglich (654, 18). Aber nichtsdestoweniger hat er sich mit seinen obersten Kräften nicht einen Augenblick von der Anschauung der Herrlichkeit Gottes abwenden lassen trotz aller endlichen und besonderen Wirksamkeiten seines Verstandes und aller körperlichen Leiden. All sein Leiden und seinen Opfertod trug er zu Gottes Ehre (293, 8). Weil Christus mit der Natur des Vaters so vereinigt war, dass er sich auch nicht einen Augenblick von dem väterlichen Wesen der Gottheit abwenden konnte, so wirkte er alle seine Werke aus dem Wesen und in das Wesen, das allen Dingen ihr Wesen giebt, in blosser lediger Müssigkeit frei von allen endlichen Zwecken (583, 32). So ist in Christo das sittliche Ideal verwirklicht.

4. Aus dieser Darlegung dessen was Christus an sich war, ergiebt sich, was Christi Erscheinung für uns bedeutet. In dem Gottmenschen Jesus Christus ist menschliche und göttliche Natur ein für allemal vereinigt worden. An ihm sehen wir, wessen menschliche Natur fähig ist und welche Herrlichkeit wir erreichen können, wenn wir werden wie er. Indem Gott sich in Christo einmal mit menschlicher Natur vereinigte, hat er die ganze menschliche Gattung verherrlicht. Denn Christus war in der That und seinem Wesen nach nicht eine einzelne menschliche Person, sondern seine menschliche Natur ist der reine Gattungsbegriff der Menschheit, in welchem alle menschlichen Personen mit umfasst sind. Durch vollkommene Pflichterfüllung hat er einen Lohn verdient, an dem wir alle Theil haben sofern wir mit ihm eins werden. Christus sitzt zur Rechten des Vaters, d. h. er sitzt nirgend; das Geringste an ihm ist allenthalben, das Höchste ist nirgend. Sitzen heisst ruhen, wo es keine Zeit giebt (117, 1). Eben dahin sollen auch die gelangen, die mit Christus auferstanden sind. Chri-

stus ist aufgefahren in den Himmel und hat seine Menschheit erhöhet, indem er sie der Zeit entnommen und in die Ewigkeit versetzt hat (244, 31). Können wir wie er nicht ein Mensch, sondern der Mensch werden, so haben wir von Gnaden alles das was Christus hatte von Natur. Denn da erfassen wir uns in derselben freien Totalität menschlicher Natur, die durch die Vereinigung mit dem ewigen Worte der Sohn des ewigen Vaters geworden ist. Dazu gehört, dass wir uns von allem Negativen scheiden; denn das Negative ist der Grund des Unterschiedes und bewirkt, dass wir nicht der Mensch sind (158, 12).

Das ist der rechte Ausdruck für den Grund der Menschwerdung Gottes, dass er allen Menschen die Macht geben wollte zu werden was Christus auch war. Christus ist ein Bote gewesen von Gott an uns und hat uns unsere Seligkeit zugeführt. Gott hat Christum nicht gesandt in die äussere Welt, wo er mit uns ass und trank, sondern in des Geistes Innerstes, in die innere Welt (65, 1 u. 36). Gott ist Mensch geworden, auf dass ich als derselbe Gott geboren würde, und Gott ist gestorben, auf dass ich der Welt und allen geschaffenen Dingen stürbe (233, 35). Der Sohn allein ist die Wahrheit und nicht der Vater; denn Christus ist die Offenbarung des Vaters (102, 35). Christus hat uns vom Vater nicht dies oder das stückweise gelehrt, sondern alles was der ewige Vater hat, sein Wesen, seine Natur und seine ganze Gottheit, das offenbart er uns allzumal in seinem Sohne und lehrt uns dass wir derselbe Sohn sind (309, 31). Gottes Weisheit ist sein eingeborner Sohn. Alles was der Vater leisten kann, das gebiert er dem Sohne ein, damit es der Sohn in die Seele gebäre (165, 9. 145, 23). Gott hat die Seele nach seiner höchsten Vollkommenheit geschaffen, dass sie eine Geburt seines eingebornen Sohnes sei. Darum ist der Sohn ausgegangen aus der heimlichen Schatzkammer der ewigen Väterlichkeit, in der er ewiglich geschlafen hat. Er wollte seine Freundin holen, die ihm der Vater von Ewigkeit vermählt hat, dass er sie zurückführe in die Herrlichkeit, aus der sie gekommen ist, und wieder eingehe mit ihr und ihr offenbare die verborgene Heimlichkeit seiner verborgenen Gottheit, wo er ruht mit sich selber und mit allen Creaturen (288, 6). Die Menschwerdung ist daher die Verwirklichung des göttlichen Plans zur Erlösung der Menschheit. Gehorsam gegen den himmlischen Vater und Liebe zu den Menschen bewog den Sohn, sich mit menschlicher Natur zu bekleiden und alle Werke die sein Vater ihm auftrug zu vollbringen, damit menschliches Geschlecht wieder in seine ursprünglich ihm angeschaffene Herrlichkeit versetzt werde (644, 10).

5. Damit nun Christi Sendung und Wirksamkeit für uns fruchtbar werde, ist es nöthig, dass wir ihm nachfolgen (293, 21). Weder das was Christus war noch das was er erlangt hat ist ein ausschliesslich ihm Zugehörendes. Christus war der erste Mensch, der die in Adam verloren gegangene Einheit mit Gott vollständig wieder errungen hat, wie wir sie nun auch wieder erringen können durch ihn. Darum preisen und erheben wir Christum mit Recht als unsern Herrn und Gott, obgleich ich nach meiner allgemeinen Natur alles das ebensowohl habe, was Christus nach seiner Menschheit zu leisten vermag (64, 34). Denn Christi Natur ist unsere Natur (678, 29). Christi Einzigkeit besteht durchaus nur in der Vollkommenheit seiner Tugend. Denn wenn wir ebenso heilig wären wie er, so würde sich das ewige Wort gerade so mit uns vereinigen wie mit Christo. Christus ist daher bei Eckhart durchaus nicht der Stellvertreter, der unsere Blösse deckt durch die Vollkommenheit seines Verdienstes; vielmehr er ist das Vorbild. So viel wir ihm nachfolgen, so viel nehmen wir auch an seinem Wesen und an seiner Gottheit Theil. Er zeigt uns, was wir sein könnten und sein sollten. Wo eine Erdscholle hinfällt, das zeigt an, wo der Erde rechte Ruhestätte ist, und wo der Funke hinfährt, das zeigt an, wohin das Feuer gehört. Nun haben wir einen Funken zum Himmel gesandt, nämlich die Seele unseres Herrn Jesu Christi; diese zeigt uns an, dass aller Seelen Ruhestätte nirgends sei als im Himmel. In Christi Leib aber haben wir einen Erdenkloss gen Himmel gesandt, und darum gehört auch jeder irdische Leib in den Himmel (237, 1). Selig aber sind wir nur insofern, als er in uns ist und wir in ihm sind. Wohl gebiert Gott seinen Sohn unablässig; wenn aber diese Geburt nicht in mir geschieht, was hilft mir das? Vielmehr dass sie in mir geschehe, daran ist alles gelegen (3, 7). Es spricht ein Meister: dadurch dass Gott Mensch geworden, ist das ganze menschliche Geschlecht erhöht und geehrt worden; des mögen wir uns wohl freuen, dass Christus unser Bruder aus eigener Kraft über alle Chöre der Engel emporgefahren ist und zur Rechten des Vaters sitzt. Dieser Meister hat wohl gesprochen; aber wahrlich, ich gäbe nicht viel dar-

um. Was hälfe es mir, wenn ich einen Bruder hätte, der ein reicher Mann wäre, wäre ich arm, oder der weise wäre, wäre ich ein Thor (64, 22)? Was hülfe es mir, dass Maria voll Gnaden wäre, ich wäre denn auch voll Gnaden (274, 33)? Gäbe ein reicher König seine schöne Tochter eines armen Mannes Sohne, alle die zu dem Geschlechte gehörten würden dadurch erhöht und geehrt. Christus hat menschliche Natur angenommen; so ist denn alles das was Christus errungen hat mein eigen, wofern ich mich zu dieser Natur erhebe (64, 18 u. 30). Dass also Christus selig ist, macht mich nicht selig, sofern ich nicht selber Christus werde, nicht selbst als Gottes Sohn geboren werde. Das aber kann ich erreichen, und den Zugang dazu durch Lehre und Beispiel hat Christus eröffnet.

Eckhart drückt diesen letzteren Gedanken in einem Gleichniss folgendermaassen aus. Fünftausend und zweihundert Jahre hat Gott sich bemüht, die Menschen zu sich emporzuziehen, ohne etwas auszurichten. Da erbot sich Christus für ihn einzutreten, und nahm menschliche Natur und all unser leibliches Elend an, nur die Sünde und Unvernunft nicht, die von Adam stammt. Alle seine Worte und Werke und seine Glieder waren ein Seil, an dem er uns nach sich zog drei und dreissig Jahre lang, bis blutiger Schweiss aus seinem heiligen Leibe drang. Noch sah er keinen Erfolg; aber er sah doch, dass alle Dinge in Bewegung geriethen, um ihm zu folgen. Darum liess er sich erhöhen am Kreuze und legte alle seine Herrlichkeit und alles was ihn am Ziehen hindern konnte ab. Und nun zog er erst recht kräftig, in wenigen Stunden mehr als vorher in vielen Jahren. Er zog den Vater zu sich durch seine Gleichheit mit ihm, dass er seinen Zorn ablege um des unerhörten Opfers willen, und sein Blut löschte das feurige Schwert, mit dem der Cherub das Paradies verschloss. Indem er sein Blut verströmte, zog Christus mit der Kraft des leeren Raumes Gottes Barmherzigkeit und Gnade so reichlich in sich, dass sie für alle Welt genügte. Und wie die Wärme der Sonne den Dampf der Erde an sich zieht, so zog die Liebesglut, die Christus am Kreuze bewies, alle Welt nach sich, so dass die denen sein Tod und seine Marter zu Herzen geht mit ihm ewig selig werden. Und seitdem zieht auch der Heilige Geist, der von uns alle bösen Werke des Fleisches austreibt und seine Gaben in uns gebiert, durch die uns der Lohn des ewigen Lebens zu Theil wird (218—220).

Es fehlt bei Eckhart nicht durchaus an Wendungen des Ausdrucks, die der kirchlichen Lehre von einem durch seinen Opfertod unsere Sünden tilgenden und für uns eintretenden Heiland entsprechen. Christus heisst der Erlöser; er hat uns rein gewaschen mit seinem Blute und von der Erbsünde erlöst (452, 37); er hat unsern Tod getödtet (242, 18). Christus nennt unsere Sünde seine Sünde und seine Werke unsere Werke; denn er hat für unsere Sünden genug gethan als hätte er sie selbst gethan, und wir erlangen das Verdienst seiner Werke gerade als hätten wir sie gewirkt (184, 8). Aber von der Satisfactionslehre selber ist nichts vorhanden. Auch im Act der Erlösung erscheint Christus nur als Vorbild. Dass Christus gelitten hat, soll unsere Trübsal leicht machen. Der wackre Krieger klagt nicht ob seiner Wunden, wenn er den König ansieht, der mit ihm verwundet ist. Er bietet uns einen Trank, den er zuvor getrunken hat. Er gebietet uns nichts, was er nicht zuvor gethan oder gelitten hätte (184, 11). War Gott der gemeinsame Erlöser aller Welt, so soll auch ich ein Erlöser sein für jeden anderen und durch meine Heiligung für Aller Sünden büssen (561, 5). In diesem Sinne hat uns Christus befreit von allem was durch Adams Uebertretung über uns gekommen ist, von den Banden der Creatur, und ist in seiner Erkenntniss zu dem emporgestiegen, der ihn gesandt hatte, um uns unmittelbar zu ihm zu führen (244, 13). Und weil das Leiden der nächste Weg zum Heile ist, so erscheint Christus vor allem als der welcher am meisten gelitten hat (501, 40. 183, 21. 337, 30).

Was aber an Christo vorbildlich ist, das ist wesentlich seine Gottheit. Vermöge seiner Menschheit war er ursprünglich eine Creatur, ein Mensch wie ein anderer. Deshalb dürfen wir auch an dem Bilde seiner Menschheit nicht mit unserer Andacht haften bleiben. Der Gott in ihm ist es vielmehr, dem wir zustreben sollen. Schon früher sind wir der Formel begegnet: wir sollen der Menschheit Christi nachjagen, bis wir die Gottheit finden. Darum findet Eckhart in der gefühlsseligen Betrachtung der Leiden und des Todes Jesu eher ein Hinderniss als eine Förderung wahrer Andacht. Der Leib des Herrn abgesehen von seiner Gottheit und von seiner Seele ist nichts gegen die innere Geburt Gottes in der Seele. Denn eine jede selige Seele ist etwas Edleres als der sterbliche Leib Christi (397, 1). Die Menschheit Christi sollen wir anbeten allein wegen ihrer Vereinigung mit der Gottheit (241, 15). Die Jünger liebten Christum als einen sterblichen Menschen, und wiewohl er das höchste Gut war, das Gott geschaffen hat und das er geben konnte, so war er dennoch seinen Jüngern durch seine leibliche Gegenwart ein Hinderniss. Darum sprach der Herr: „es ist euch gut, dass ich von euch gehe" (247, 9). Und er meinte damit nicht bloss seine Jünger, sondern auch alle die noch seine Jünger werden sollen. Denn auch ihnen ist seine Menschheit ein Hinderniss, wenn sie mit Lust daran haften. Gott sollen sie nachfolgen; darum dürfen sie nicht auf dem Wege der Menschheit bleiben, der uns auf den Weg der Gottheit nur verweist (240, 30). Der Menschheit mit ihren schmerzlichen und lieblichen Vorstellungen soll man ledig sein. Die Christi Menschheit nachjagen, haben viel äussere Geschäftigkeit und viel Rührung; sie weinen um Jesu Marter und schwelgen in Empfindungen freundlicher und schmerzlicher Art. Aber das ist nicht die rechte Nachfolge Christi (636, 29. 658, 17). — So dringt Eckhart auch hier in seiner Weise darauf, nicht die einzelne Vorstellung, das bestimmte historische Factum, sondern dessen ewige Bedeutung festzuhalten und im „Metaphysischen" allein den Grund seiner Andacht zu finden.

Ueberblicken wir in Kürze Eckharts Christologie. Eckhart hält zwar die übernatürliche Geburt Jesu fest, aber sie bleibt ohne wesentlichen Einfluss auf das Christusbild, das der Meister entwirft. Einen Vorzug vor allen anderen Menschen hat Christus durch die ihm gewordene Gnade erlangt, sowie durch die vollkommene Heiligung und Unsündlichkeit, durch die er für Alle das Vorbild wird. Die Vereinigung seiner menschlichen Natur mit der göttlichen in der Weise, dass er in die Person des Sohnes Gottes aufgeht, ist nichts anderes als die Consequenz seiner Heiligkeit; indem er die endliche Individualität aufgab, gieng er ohne weiteres in die zweite Person der Dreieinigkeit ein. Darin soll er nicht der Einzige bleiben, sondern alle wahrhaft Geheiligten erlangen indem sie seinem Vorbilde nachfolgen ganz dasselbe was er erlangt hat. Christus ist überall nicht der Art nach, sondern nur dem Grade nach von uns verschieden. Von einem Eintreten Christi für uns ist nicht die Rede; vielmehr wir sollen durch sittliche Vollendung Christus selber werden, und ohne diese kann uns auch Christi Leiden und Tod nichts helfen. So oft übrigens Christi

Geburt besprochen wird, so selten ist von Christi Tode die Rede; die Wirksamkeit desselben beschränkt sich darauf, dass der Opfertod als der Beweis der höchsten Liebe dem Vorbilde Christi grössere Kraft verleiht. Während die Mystiker zumeist sich in der rührenden Ausmalung der Leiden Christi zu ergehen pflegen, warnt Eckhart geradezu davor und erwähnt dies Leiden nur, um zu freudigem Ertragen des eigenen Leidens und zur Gottergebenheit aufzufordern. In alledem offenbart sich mehr der Metaphysiker, als der Religiöse, und in keinem Punkte sonst steht Eckhart in einem so schneidenden Gegensatze zur kirchlichen Lehre. Aber seine Meinung war offenbar auch hier nicht, die Lehre der Kirche zu bestreiten. Er weiss sehr wohl, dass die gemeine Auffassung sich gegen die seinige empören möchte; aber sein Trost ist doch, dass die Aussprüche der Heiligen Schrift für ihn lauten (289, 6). In bester Meinung will er die Lehre von Christo nur vergeistigen, nicht aufheben; ihm selber unbewusst geht darüber der eigentlich dogmatisch-religiöse Gehalt der Lehre verloren. In wie vielen Punkten seine Christologie an neuere Auffassungen der Lehre anklingt, daran brauchen wir nicht erst im einzelnen zu erinnern.

4. Die Kirche.

1. Der Mystiker als solcher verhält sich gegen die Kirche indifferent, in vielen Fällen ablehnend; wenigen Mystikern ist es gelungen, sich auf dem Boden der Kirche in sicherer Haltung zu bewegen. In Eckharts Gedankenkreise spielt die Kirche nur eine untergeordnete Rolle; doch bekämpft er sie nie und spricht von der Kirche und ihren Institutionen nie anders als mit Ehrfurcht. Er kennt nur die eine römische Kirche; diese verehrt er als Trägerin des Heiles und Inhaberin der Wahrheit aus aufrichtigem Herzen. Aber sie hat die Wahrheit immerhin in unvollkommener endlicher Form, der mystische Standpunkt strebt über sie hinaus. Gott, sagt er, ist unser Vater, und die Christenheit (die Kirche) ist unsere Mutter. Wie schön aber und herrlich sie auch sei und wie nützlich mit ihren Satzungen, es ist doch alles unvollkommen, ein Gemisch von Licht und Dunkelheit. Unbedenklich zählt Eckhart die Kirche zu dem, was theilweise dieser Welt angehört (91, 2). Die Befolgung der Gesetze der heiligen Christenheit hält er dagegen immerhin für ein Zeichen der Empfänglichkeit für das Heil (638, 1). —

Auch die äusseren Institutionen der Kirche nimmt er als gegeben hin; er bestreitet weder das Papstthum, noch die Priesterschaft überhaupt. Freilich nennt er den Papst nur in einem Zusammenhange, der eine übermässige Ehrfurcht zu erweisen nicht geeignet ist (446, 24). Von übernommenen Gelübden kann weder Papst noch Bischof befreien, weil man sich durch sie unmittelbar Gott gegenüber verpflichtet hat (23, 11). Menschliche Natur ist an dem ärmsten und verachtetsten Menschen grade so viel werth, als am Papst oder am Kaiser (57, 7 u. 9). Dass der Papst Papst ist, das kostet ihm viele Sorge (62, 1). Die Geistlichen soll man ehren (332, 9). In der Predigt soll man achten auf das göttliche Wort, das durch den Prediger uns zufliesst wie das Wasser durch den Kanal, und nicht darauf, ob der Prediger mit irgend einer Sünde befleckt ist (76, 35). Die hohen Geistlichen sind nicht gerade Muster der Andacht; da sie ihr Amt vielfach in weltliche Händel verflicht, so empfangen sie selten von Gott besonderen Trost (348, 22). Sonst hebt er den Vorzug und die daraus sich ergebende höhere Verpflichtung des Priesterstandes hervor, der weil er unausgesetzt mit geistlichen Dingen sich beschäftige umsomehr seine Gedanken auf die göttlichen Geheimnisse richten müsse (481, 32). Gegen die dogmatische Auffassung mancher Priester verwahrt er seine Anschauung als die tiefere (233, 29. 234, 37). Die Mönchsgelübde erscheinen ihm sonst ziemlich werthlos, weil das heilige Leben an keine bestimmten äusseren Formen gebunden sei und öfter sich eine unheilige Gesinnung hinter ihnen verberge (340, 30); aber auf das Gelübde des Gehorsams legt er doch besonderen Werth (544, 2), wie er ja auch die äussere Armuth nicht schlechthin verwirft als Mittel zum Heile. — Eckhart weiss und lehrt einen näheren Weg zu Gott als den kirchlichen; aber die Kirche hindert nicht diesen Weg zu betreten. Diejenigen dagegen für die das Bessere zu hoch ist, mögen sich immerhin an der kirchlichen Vermittlung des Heiles genügen lassen. Viele Menschen gelangen zum Himmelreich, die auf Erden der mystischen Vertrautheit mit Gott nicht mehr geniessen, als einer der lichten Sonne geniesst in einem finstern Walde (77, 39). Ein jeder kann, ein jeder soll sein eigener Beichtiger werden; aber der rechte und ehrbare Beichtiger kann der Wegweiser werden, der den Strebenden zu diesem Ziele fördert. Die kirchlichen Uebungen und Vorschriften sind nicht das Höchste; aber sie haben ihre Berechtigung wie der gesetzliche Standpunkt überhaupt bis dahin, wo der Gläubige über sie hinauswächst (448 ff.). Den Satz, dass jeder Christ ein Priester zu sein berufen ist, spricht Eckkart wenigstens als von denjenigen gültig aus, die wegen ihres Wandels im Ueberzeitlichen mit Recht Christus genannt werden und die deshalb auch das Vermögen haben, das Sacrament des Leibes Christi wahrhaft zu vollziehen (592, 26).

2. Die Heiligen rühmt Eckhart als Muster der Frömmigkeit und Tugend; aber von ihrer Anbetung durch die Menschen und von ihrer Fürbitte für die Menschen weiss er nichts oder will er nichts wissen (454, 13), und sie als höchste Vorbilder für das sittliche Leben zu betrachten, scheint ihm verkehrt. Denn diese Würdigkeit kommt nur Christo zu. Aller Menschen Tugend und Heiligkeit ausser der Christi ist endlich und begrenzt, und über alles Endliche sollen wir doch hinausstreben zum Vollkommenen. Johannes den Täufer nennt Christus den grössten unter allen die von Weibern geboren sind. Aber weder Johannes noch irgend Jemand sonst unter allen Heiligen ist ein höchstes Vorbild, dem wir folgen sollten, oder eine bestimmte Grenze, hinter der wir zurückbleiben müssten. Kein Heiliger im Himmel ist so heilig und vollkommen, dass nicht seine Tugend innerhalb gewisser Schranken gebunden gewesen wäre, und diesen Schranken entspricht der Grad seiner Seligkeit. Kein Heiliger im Himmel ist so vollkommen, — du kannst die Schranke seiner Heiligkeit durchbrechen und im Himmel über ihn hinaus gelangen und ewig bleiben (295, 5). Für den geringsten Menschen, der Gottes ewig ermangeln soll, hat Christus mehr Werke der Liebe gethan, als alle Heiligen je um Chsisti willen gethan haben (404, 16). Viele Tausenden sind Heilige geworden, die geringer waren als sie sein sollten, und viele sind Heilige, die niemals die höchste Gnadenmittheilung empfangen haben (650, 11). Aber noch unter einem anderen Gesichtspunkt sollen wir über die Vorstellung von Heiligen hinauskommen. Selbst bei Christo sollen wir über das Creatürlich-Menschliche hinaus und uns an seine reine Gottheit halten. Alles Geschöpfliche ist wie der Splitter in den Augen der Seele und hindert an der Vereinigung mit Gott. Darum soll die Seele alle Heiligen und unsere Frau hinausthun, weil sie Alle Creaturen sind (241, 35). Die ehrwürdigen Märtyrer sind allerdings ein Mittel durch das uns Gott zu sich emporzieht. Mir ist oft gesagt worden, man

wäre über die Märtyrer hinausgekommen. Ich bekenne in der Liebe des Heiligen Geistes, dass ich die erhabene edle vollkommene Liebe der Märtyrer hoch verehre; denn je mehr der Mensch das Gute an jedem Dinge erkennt, desto mehr liebt er es. In dieser Weise meine ich, dass Niemand über die Märtyrer hinaus kommen kann. In anderm Sinne aber soll ich über alle endlichen Dinge hinaus kommen; denn wenn der Geist über die Zeit in die Ewigkeit sich erhoben hat, da ist er mit Gott vollkommen eins, und da erkennt er und liebt er weder Herrlicheres noch weniger Herrliches, da erkennt und liebt er alles in gleicher Herrlichkeit (374, 39). — Von der Verehrung der Reliquien spricht Eckhart nur einmal und in dem Sinne, den man von ihm erwarten muss. „Leute, was sucht ihr an dem todten Gebeine? Warum sucht ihr nicht das lebendige Heil, das euch ewiges Leben geben kann? Denn der Todte hat weder etwas zu geben noch zu nehmen“ (599, 26).

Die Jungfrau Maria nimmt auch in Eckharts Anschauung die höchste Stelle unter den Menschen ein nächst Christo; aber zu einem Gegenstande der Anbetung sie zu erheben ist er weit entfernt. Maria dient ihm insbesondere als Vorbild für die Bewährung der Tugend im ganzen Verlaufe des irdischen Lebens. Dann verehrt man sie recht, wenn man ihrem Beispiele nachfolgt. Nicht dass sie die leibliche Mutter Christi war verschafft ihr so grossen Vorzug, sondern dass sie frei war von aller Sünde. Ehe sie die Mutter Christi ward, hatte sie Gott schon geistlich in sich geboren. Hätte sie selber auch nur einen Augenblick sich mehr dessen gefreut, dass sie Christi leibliche Mutter war, als dessen, dass sie ihn in seiner Göttlichkeit erkannte, so wäre ihre Keuschheit werthlos gewesen. Maria wurde die Mutter Christi, weil sie eine männliche Stetigkeit in Gott besass, und in diesem Sinne können alle Menschen Maria sein. Von den Wundern der Maria zu reden will wenig bedeuten; von ihrer Heiligkeit und Vollkommenheit soll man reden. Nur die überfliessende Fülle des Göttlichen, die ihr innewohnte und die auch den Leib nach sich gestaltete, machte sie auch leiblich zu Gottes Mutter. Als Maria Gott geistlich gebar, das war Gott wohlgefälliger als da er leiblich von ihr geboren ward. Wohl gebührt der Maria Lob und Ehre; aber noch viel mehr Lob und Ehre gebührt dem Menschen, der das Wort Gottes gehört und behalten hat; denn er ist seliger dadurch als Maria es war durch die leibliche Geburt Christi (340—347. 100, 19. 149; 31. 285, 11. 290, 3).

3. Von den Sacramenten lehrt Eckhart meistens ganz im Sinne der kirchlich-scholastischen Auffassung. Das Geheimniss der Gnadenmittheilung durch die sinnlich-stoffliche Vermittlung, insbesondere die Substanzverwandlung findet eine leichte Anknüpfung in des Meisters Sinne, der das Sinnliche zwar als an sich wesenlos, aber als werdendes Geistige auffasst. Mehrfach erörtert er selbst mit den dialektischen Künsten, wie sie in jener Zeit üblich waren, das Geheimniss insbesondere des Abendmahls. Aber den höchsten Werth legt er gleichwohl nicht in den äusseren Vorgang und in das sinnliche Mittel, sondern in die Grösse der Andacht, mit der die Gabe empfangen wird.

Eckhart nennt die Siebenzahl der Sacramente; erwähnt aber werden bei ihm ausser Abendmahl und Taufe nur noch Beichte und Ehe. In den sieben Sacramenten wird die Seele geheiligt und in ein göttliches Leben versetzt; sie sind dazu gestiftet, dass sich die Seele in der Gnade immer neu erweise und auswirke. Ihre heiligende Kraft erhalten sie aus der ewigen Idee, der Form in welcher sie von Ewigkeit her in Gott sind (328, 12). Das höchste Gnadenmittel ist das Sacrament des Abendmahls. Gott zieht die Seele zu sich empor durch die grosse Gabe seines heiligen Leibes. Darum ist das edle Sacrament allen Frommen eine grosse Freude. Der Mensch ist selig, der unseres Herrn Leib oft empfängt mit reinem Herzen und ruhigem Gewissen. So hoch auch der Himmel und so weit das Firmament: du bist doch höher und weiter; du empfängst in unseres Herrn Leib eine Höhe über alle Höhe und eine Weite über alle Weite, die Himmel und Erde nicht zu umfassen vermag. Die grosse und unausdenkbare Vollkommenheit und die wunderbare Freude, die die Seele hat durch die selige Gegenwart Gottes in dem heiligen Sacramente, könnten alle Creaturen in Wahrheit nicht einen Augenblick geben oder darbieten (378—382).

Denn in dem Sacramente ist in Wirklichkeit vom Brode nur der Schein übrig geblieben, nur alle die Eigenschaften, welche sinnlich wahrgenommen werden und deshalb auch im Stande sind, den Leib zu speisen. In Wahrheit aber ist durch die Consecration ein ganz neues Wesen hinzugekommen, das Wesen des unsterblichen verklärten Leibes Christi (678—680). Gott hat sich uns in der einen Form genommen und dafür in der andern Form wie in einem verhüllenden Gefässe zurückgegeben. Ein kostbares Kleinod lässt man nicht gern ohne Hülle ansehen oder anrühren. Das Gewand in das er sich gekleidet hat ist das Gleichniss des Brodes (112, 18). Diese Erhöhung des Sinnlichen zum Träger des Geistigen sollte nicht Wunder nehmen. Der ehrt Gott recht, der ihn in allen Dingen gleich ehrt. Alle Dinge wechseln ihre Form, um sich zu höherer Form zu erheben; sie veredeln sich, sie streben zurück nach ihrer ursprünglichen Lauterkeit, sie gehen als Nahrung in den Menschen ein. So wandelt sich die Speise die ich esse in meine Seele um. In der Natur ist eine Kraft, die alles Sinnliche abscheidet und austreibt, und das Geistige theilt sich dem Niederen mit bis in seine kleinsten Theile. Warum sollte Gott nicht auch aus dem Brode den Leib Christi machen können? (112, 20. 334, 12). Alle Gnade und Seligkeit aller guten Werke, alle Seligkeit der Heiligen und des Sohnes Gottes selber nach seiner Menschheit, alles das wird in dem Leibe Gottes umfasst; denn da empfängt die Seele das Ende, den letzten Zweck aller Dinge, die daraus entspringen und darin wieder enden (355, 40).

Die Wirkung des Abendmahls ist die Vereinigung mit Gott. Christus war Gott und Mensch. Der hat uns seinen hochheiligen Leib gegeben; wer den würdig empfängt, der empfängt die Person des Sohnes und göttliche Natur allzumal, und zwar empfängt er die menschliche Natur in ihrer Vereinigung mit der göttlichen Natur. Wo er würdig empfangen wird, da ist er gewisslich vorhanden (389, 36). Wer diese Speise recht empfängt, der wird so eins mit ihr, wie Fleisch und Blut mit meiner Seele eins sind (112, 22). Auf Erden wird die Seele nicht näher mit Gott vereinigt, als durch das Sacrament des Leibes Christi, und diese Vereinigung vollendet sich dann in der Nachfolge seines herrlichen Vorbildes (638, 13). Das Fünklein des Geistes ist es zumal, was diese Speise geniesst und an dem sich ihre Wirkung offenbart (111—115).

Für den Gebrauch des heiligen Sacramentes gilt daher die folgende Vorschrift. Wer zum Abendmahl geht, soll nicht so sehr auf seine Stimmungen und Empfindungen achten, sondern bedenken was er empfängt und was er dabei beabsichtigt. Er soll sich in seinem Gewissen frei von Vorwürfen finden; sein Wille soll allein auf Gott und auf das Göttliche gerichtet sein; die Ehrfurcht vor dem Herrn und seinem Sacrament soll durch den häufigen Gebrauch desselben nicht abnehmen. Unter diesen Bedingungen — je öfter du das Sacrament geniessest, desto besser. Findest du dich nackt und kalt und träge, gerade dann bedarfst du am meisten des Trostes des Sacraments. Die Gnade findest du nirgend so wie hier. Durch die sinnliche Gegenwart des Leibes des Herrn werden die sinnlichen Kräfte vereinigt und gesammelt, vom Sinnlichen abgelenkt und zu Gott gelockt und gewöhnt, so dass das Zeitliche uns nicht stört, das Geistliche uns vertraut wird. Da sollen wir ganz in Gott verwandelt werden, dass das Seine das Unsere und das Unsere das Seine wird, unser Herz und das seine ein Herz, unser Leib und der seine ein Leib. So sollen alle unsere Sinne und unser Wille, Gedanken, Kräfte, Glieder in ihn verpflanzt werden, so dass man seiner gewahr werde in allen Kräften des Leibes und der Seele. Willst du deinen Gott würdig empfangen, so achte darauf, wie deine obersten Kräfte auf Gott gerichtet seien, dein Wille den seinen suche, was du von ihm begehrst und wie deine Treue gegen ihn bewährt sei. Dann empfängt der Mensch des Herrn Leib niemals ohne grosse Gnade zu empfangen, und je häufiger desto heilsamer. Ja der Mensch könnte den Leib des Herrn in solcher Andacht und Gesinnung nehmen, wäre er in der rechten Verfassung, dass er in den untersten Chor der Engel käme, und nicht bloss in den untersten, auch in den zweiten, ja in den achten und neunten Chor. Dies kann der Mensch thun tausendmal an einem Tage und öfter, er sei wo er sei, er sei krank oder gesund. Aber man soll sich in der rechten Weise des Sacraments dazu bereiten in rechter Verfassung und mit heissem Verlangen. Hat man diese nicht, so reize und bereite man sich dazu und halte sich danach; so wird man heilig hienieden und selig in der Ewigkeit (565—568). Wer aber den Leib Gottes nimmt und ist von Sünden nicht lauter und rein, der wird mit dem Leibe Gottes nicht vereinigt, sondern dieser wird ihm zu einem strengen Gerichte (356, 17).

Die Vergebung der Sünden soll dem Abendmahl vorhergehen; darauf beruht die Bedeutung der Beichte. Es geziemt sich und ist nützlich, dass man zuvor beichte auch ohne besondere Gewissensnoth wegen der Frucht des Sacraments der Beichte. Aber die Beichte vor den Menschen ist nicht die Hauptsache. Kann der Mensch diese Beichte nicht haben, so bekenne er sich seinem Gotte schuldig mit rechter Busse und sei in Frieden, bis er zur

Beichte Zeit findet. Wird er dadurch von den Gedanken an die Sünde und von dem Selbstvorwurf frei, so darf er denken, Gott habe ihrer auch vergessen. Man soll Gott eher beichten als den Menschen (568, 14). Alte Sünden, die einmal gebeichtet und gebüsst sind, soll man nicht immer wieder beichten, bloss um beichten zu können (239, 17). Das Aeussere ist überhaupt gleichgültig. Wer Gott hat, der hat in ihm alles. Wenn darum der Mensch in sein Gewissen geht und nichts darin findet, das ihn straft, so ist er frei mit vollem Frieden vor allem Gericht; denn alle Predigt bezieht sich allein auf den inneren Menschen (349, 32).

Das Sacrament der Taufe berührt Eckhart nur flüchtig (328, 16). Er nennt sie das unentbehrliche Fundament aller Heiligkeit und Seligkeit, die dem Menschen zufallen kann. Wo das Fundament nicht ist, da entbehren alle guten Werke und alle Tugenden des ewigen Lebens. Weil die Juden die Taufe nicht haben, so bleibt ihnen auch das Leiden, dem Christen so heilsam, ohne die Gnade des ewigen Lohnes und sie sind verdammt hier auf Erden wie in jener Welt (339, 16). Juden, Heiden, Ketzer, schlechte Christen und alle die ihr Erkennen nicht in Gott gebrauchen, die sind verdammt, ausgenommen die jungen Kinder, die noch nicht zu ihrem Verstande gekommen, aber auf Christi Namen getauft sind. Diese geniessen den Segen des Namens Christi, dass sie durch die Erkenntniss gerettet werden, mit der er seinen Vater ewiglich erkannt hat (498, 23).

Auch die Ehe trägt den Charakter des Sacramentes, wenn man sie in ihrem rechten heiligen Sinne auffasst frei von der thierischen Lust. Da ist auch die Ehe ein Abbild der ewigen Ideenwelt in Gott, indem die vergängliche Natur des Vaters in der Seele des Kindes sich als ein unsterbliches Wesen wiedererzeugt an Stelle ihrer selbst, worin dann nicht mehr der blosse Naturtrieb waltet, der alle Creaturen beherrscht, sondern aller Creaturen Wirken abgebildet erscheint (328, 19). Ehelich Leben besteht nicht darin, dass Mann und Frau sich mit einander verbinden und ihren äusseren Sinnen folgen und nach ihrem Gelüsten leben, sondern in einem frommen Lebenswandel. Die Ehe ist ein Abbild der Vereinigung göttlicher mit menschlicher Natur und der Einheit zwischen Gott und der Seele (239, 9).

Eckhart hält also an den Sacramenten als Mitteln der Gnadenmittheilung fest. Aber er hätte sich selber allzu ungetreu werden müssen, wenn er nicht ausdrücklich betont hätte, dass auch das Sacrament immer nur endliche Vermittlung, sinnliches Gefäss für das Unendliche und rein Geistige sei, dass man also über das Sacrament hinaus müsse. Darum lehrt er, dass viele Leute sich an der unmittelbaren und höchsten Anschauung des absoluten Wesens durch das Haften an der Aeusserlichkeit der Sacramente hindern lassen. Denn das Sacrament ist etwas Aeusserliches, die Wahrheit aber ist etwas Innerliches. Sacrament heisst Zeichen. Wer am Zeichen haften bleibt, kommt nicht zu der inneren Wahrheit, auf welche jenes bloss hinweist (239, 26). Und auch vom Leibe des Herrn gilt das. Der Seele Seligkeit ist grösser darin, dass Gott sich selber in ihr gebiert ohne leibliche Vereinigung, als der Leib Christi abgesehen von seiner Gottheit und seiner Seele (396, 39). Wahrhaft geniessen das Sacrament nur die Leute, die mit Recht selber Christus genannt werden, und diese empfangen es in übersacramentlicher Weise. Deshalb getraut sich Eckhart zu sagen: wer innerlich ebenso beschaffen wäre beim Genuss äusserer Speise, wie bei dem des Sacraments, der empfienge Gott eben so gut als in dem Sacrament. So kühn auch dieser Satz vielen Leuten erscheinen mag, so gilt er doch in Wahrheit. Da muss meine rechte innere Verfassung der Gabe ihre rechte Beschaffenheit verleihen und so wäre ich die rechte Verfassung für das, was mich in die rechte Verfassung bringen soll (592, 26).

4. Eckhart selbst setzt das Gebet mehrfach in nahe Beziehung zu den Sacramenten, und so dürfen auch wir wohl an dieser Stelle am passendsten einschalten, was Eckhart über das Wesen des Gebetes lehrt. Der Meister kann in Bezug auf das Gebet nicht zu wesentlich anderen Resultaten kommen als in Bezug auf das Sacrament. Seine fromme Herzensstimmung zeigt sich darin, dass er diese Uebungen der Frömmigkeit zunächst hochhalten und den anderen empfehlen möchte; aber allerdings führen ihn seine Gedanken und deren Consequenzen weit über alle bestimmten Formen frommer Andacht hinaus.

Was sich für die Auffassung des Gebetes aus den Principien seiner Lehre dem Meister ergab, ist durch sich selbst klar. In allem religiösen Leben ist das Gebet der einfachste und natürlichste Ausdruck einer Gemüthsrichtung, welche alles geistige Leben und alle irdischen Sorgen an das Uebersinnliche und genauer an den persönlichen Verkehr mit einem persönlichen Vater im Himmel anknüpft, der ebenso sehr der absolut Weise und absolut Gute, wie der Allmächtige ist. Zum Beten gehört deshalb zunächst das Bewusstsein des unendlichen Abstandes aller Creatur und der Seele selber von ihrem Schöpfer, sodann das Bewusstsein, dass Gott der Bitte und dem Herzensanliegen der Creatur zugänglich ist. Es gehört ferner dazu, dass es einen bestimmten Gegenstand der Bitte giebt, der als etwas sittlich Gerechtfertigtes und Gott Wohlgefälliges Gott empfohlen werde. Alle diese Erfordernisse eines eigentlichen Gebetes hebt der Standpunkt Eckharts von vorn herein auf. Die Trennung zwischen Gott und Menschen, die in dem blossen Creatursein des letzteren liegt, gilt ihm als etwas was nicht sein sollte und was in jedem Augenblicke rein und vollständig aufgehoben werden kann. Gottes Wirken ferner wird so durchaus als ein überzeitliches und unzeitliches gefasst, so fern von aller Veränderung und so sehr als einfache vernünftige Folge aus dem Wesen Gottes, dass von einer realen Willensänderung in Gott, von einer eigentlichen Gebetserhörung erst recht die Rede nicht sein kann. Endlich aber wird ja das Herz gerade dadurch unheilig und ungöttlich, dass es noch an irgend etwas Bestimmtem hängt, sei es eine Tugend, eine Pflicht, oder ein äusseres Gut. Kein einzelnes Ding, keine bestimmte Vorstellung oder Begierde, kein besonderer Begriff ist es überhaupt werth, dass ein Menschenherz davon erfüllt werde; es giebt also auch kein Herzensanliegen, das Gott mit Recht vorgetragen werden dürfte. In aller dieser Hinsicht ist das Gebet auf dem Standpunkte des Mystikers eine Unmöglichkeit.

Nichtsdestoweniger kann Eckhart bis zu einem gewissen Grade von einer Bedeutung des Gebetslebens für den Aufbau des inneren Menschen sprechen, nicht wegen seines Einflusses auf Gott, sondern wegen seiner Wirkung auf den Betenden selber. Das Gebet und selbst die bestimmte Gebetsformel und Gebetszeit ist von der Kirche angeordnet als eine nützliche Uebung, um die zerstreuten Sinne zu sammeln und auf das Eine zu lenken was noth ist (240, 8); es ist ein Vorzug frommer Leute und insbesondere des priesterlichen Standes, dem diese Uebungen durch äussere Vorschriften auferlegt sind, dass sie dadurch um so häufiger zur Sammlung in Gott angeleitet werden. Christus bittet den Vater um Verklärung; er hätte ebensowohl im geheimen beten können, aber er betet öffentlich, damit es uns ein Vorbild sei. Er hat seine Jünger damit gelehrt, dass auch sie was sie bedürfen im Gebet von Gott heischen sollen. Alle Creaturen wenn man ihnen schaden will fliehen an ihren Zufluchtsort; so fliehen wir zu Gott. Moses betet und Israel siegt; Israel aber bedeutet alle Frommen, die mit andächtigem Gebete ihre Anfechtungen überwinden sollen. Aaron und Ur, die Mosis Arme stützen, bedeuten standhaften Muth und glühende Liebe (357—358). Wer recht zu Gott beten will, der soll um nichts anderes bitten, als was Gottes Ehre und Lob, ihm selber heilsam und für seinen Nächsten eine Förderung ist. Wer um Zeitliches bittet, setze immer hinzu: wenn es Gottes Wille sei und seiner Seele heilsam. Wer aber um Tugenden bittet braucht so nicht zu sprechen, weil sie von selber die Wirkungen Gottes sind. Wer einen Thurm andächtigen Gebetes bauen will, der muss mit tugendlichem Leben den Anfang machen. Das andächtige Gebet ist wie eine goldene Leiter, die an den Himmel hinanreicht und auf der man zu Gott emporsteigt. Wenn die Seele nicht mit Sünden beschwert ist, so wird es ihr zur Natur, dass sie sich leicht in Andacht zu Gott erhebt, wie eine leichte Feder, die ein geringer Hauch in die Höhe entführt. Jesus spricht: „ihr sollt ohne Unterlass beten.“ Dazu, sagt Thomas, gelangt man durch Glauben, Hoffnung und Liebe; ferner wenn man keine Gebetszeit zu der man verbunden ist Tages oder Nachts versäumt, nicht schnell die Gebetsstimmung fahren lässt und sich befleissigt immer gute Gedanken zu haben. — Wir könnten nicht immer uns gegen des Teufels Anfechtung vertheidigen, erbäten wir es nicht von Gott in andächtigem Gebete. Es giebt sechs Hauptgebete: erstens um Vergebung der Sünden, zweitens das Aussprechen guter Vorsätze oder eines Gelübdes sich solches zu entziehen, was man auch ohne Sünde geniessen könnte; Fürbitte für Andere; Dankgebet für Gottes Segnungen; sodann das Vaterunser, das beste aller Gebete, das alles enthält was wir an Leib und Seele gebrauchen, und zuletzt das inbrünstige Gebet, welches ohne Worte vom Herzen kommt aus rechter Andacht und mit thränenden Augen. Dies aber ist die vollkommenste Weise zu beten (359—361). Erhört aber werden nicht nur die Frommen, sondern auch die Sünder. Denn wenn ein andächtiger Mensch in seinem Gebete die Hoffnung hat, er sei erhört, so ist ihm ohne Zweifel seine Bitte gewährt. Je mehr sich des Menschen Gemüth dem Gebete zuwendet und vom Zeitlichen abwendet, desto mehr nähert er sich der Reinheit des Herzens. Zur Andacht ist die Nacht dem Tage vorzuziehen. Das ist ein seliges Gebet, das mit Thränen zu Gott emporgesandt ist; denn es ist unmöglich, dass man damit Gottes Gnade, Vergebung der Sünden und ewiges Leben nicht erwerbe (362—363).

So spricht Eckhart vom Gebet mehr oder minder wie ein schlichter Christenmensch aus lebendiger Erfahrung; anders spricht er, wenn er in der Consequenz seiner Principien verharrt. Man soll nicht stehen bleiben bei dem äusseren Zeichen, sondern in das Innere der Wahrheit eindringen. Darum sprach Christus zur Samariterin, man solle beten im Geist und in der Wahrheit. Das heisst: man soll Gott nicht allein anbeten im Tempel oder auf dem Berge, sondern man soll beten ohne Unterlass an allen Orten und zu allen Zeiten. Da beten die, die alle ihre Werke in gleicher Liebe zu Gottes Wohlgefallen thun, sich selber aber dahingeben und vor Gott sich demüthigen, um ihn allein wirken zu lassen. Das Gebet des Mundes hat nur den Zweck der Sammlung. Erst wenn der Mensch ganz gesammelt ist, beginnt die wahre Anbetung (239, 32). Das kräftigste Gebet und beinahe das mächtigste um alle Dinge zu erwerben und zugleich das werthvollste aller Werke ist das, welches aus einem ledigen Gemüthe stammt. Ledig aber ist das Gemüth, welches mit nichts belastet oder beschwert und an nichts gebunden ist, nirgends das Seine begehrt und allzumal in den Willen Gottes versenkt ist. So kräftig soll man beten, dass alle Glieder und Kräfte, Augen und Ohren, Herz, Mund und alle Sinne sich darauf richten, und nicht eher soll man aufhören, als bis man findet, dass man sich mit dem, den man da gegenwärtig hat und bittet, d. h. mit Gott vereinigen will (544, 27).

Ist aber das Gemüth so ledig, um was kann der Mensch da bitten? Es ist die natürliche Folge, dass das rechte Gebet das ist, wo man um nichts bittet. Wenn ich um etwas bitte, so bete ich nicht; wenn ich um nichts bitte, da bete ich recht. Wenn ich dort in dem Einen bin, wo alle Dinge gegenwärtig sind, das Vergangene, das Gegenwärtige und Zukünftige, so sind sie alle gleich nahe und gleicherweise eins, alle in Gott und alle in mir. Da darf man weder an Konrad noch an Heinrich denken. Wenn einer um etwas anderes bittet als um Gott allein, so darf man dies einen Abgott heissen oder wenigstens etwas Ungerechtfertigtes. Die im Geiste und in der Wahrheit beten, die beten recht. Wenn ich für Niemand bitte, so bitte ich am allermeisten, und wenn ich nichts begehre und bitte, so bitte ich am eigentlichsten (32, 38). Bist du krank und bittest Gott um Gesundheit, so ist dir die Gesundheit lieber als Gott, so ist er dein Gott nicht. Er ist Gott Himmels und der Erden, aber dein Gott ist er nicht (54, 24). Wer den Vater anbeten will, der muss sich mit seinem Begehren und Vertrauen in die Ewigkeit versetzen. Sobald du Gott um der Creaturen willen anbetest, so bittest du um deinen eigenen Schaden; denn so lange die Creatur Creatur ist, trägt sie in sich Bitterkeit und Schaden, Uebel und Ungemach. Und darum geschieht den Leuten ihr Recht, die Ungemach und Bitterkeit haben; sie haben ja selber darum gebeten (57, 22. 58, 1). Der Mensch sollte nimmer um ein vergängliches Ding bitten, sondern allein um Gottes Willen und sonst um nichts, da wird ihm alles zu Theil. Bittet er aber um etwas anderes, so wird ihm nichts (177, 22). Wer Gott anruft als Gott, den erhört er. Wenn aber der Mensch Gott anruft und dabei weltliches Gut im Auge hat, so ruft er nicht Gott an, sondern das, um was er Gott bittet, und dazu gebraucht er Gott als seinen Knecht (610, 5). Zwar erlaubt Eckhart zu beten für sich und für einen anderen Menschen um Befreiung von irgend einer Unvollkommenheit, die seine Heiligung hindert. Doch soll das Gebet lauten: „Lieber Herr, du weisst wohl, ich begehre und will nichts als deinen allerliebsten Willen; weisst du ein Besseres, so gieb mir das“ (646, 31). Im Gebete soll es nicht heissen: „Gieb mir diese Tugend oder jene Lebensweise“, oder: „Ach, Herr, gieb mir dich selber oder das ewige Leben“, sondern nur: „Herr, gieb mir nichts als was du willst, und thue, Herr, wie du willst und was du willst in aller Weise“ (544, 12).

Aber Eckhart geht noch viel weiter. Alles äussere Werk ist gleichgültig, so auch das Gebet. Das Herz wird nicht rein durch das äussere Gebet, sondern das Gebet wird rein durch das reine Herz (612, 12). Auch das Gebet ist etwas Creatürliches und kann keine vollkommene Befriedigung geben (374, 14). Die vielen Worte im Gebet bei manchen frommen Leuten wollen nichts bedeuten. Das Beste was der Mensch haben kann ist Unschuld, Freiheit von Sünde; er entledige sich aller Worte, denn Worte drängen sich zwischen eine lautere Seele und Gott (647, 4). Das rechte Gebet ist, dass man das reine Wesen erkenne und Gott in demselben lobe, indem man sein Gleichniss an sich ausprägt. Dass man mit dem Worte lobe oder mit dem Munde bete, das ist etwas Geringes (121, 29. 122, 22). Der Abgeschiedene betet überhaupt nicht. Denn wer betet, der begehrt etwas von Gott, dass es ihm zu Theil werde oder dass Gott es von ihm nehme. Des Abgeschiedenen Herz aber begehrt nichts und hat auch nichts, dessen es gern ledig wäre. Darum steht er ledig alles Gebetes und ist sein Gebet nichts anderes als der Zustand der Gleichförmigkeit mit Gott (490, 28). — So tritt denn an die Stelle des Gebetes die Ruhe der Contemplation. Paulus spricht: der Buchstabe tödtet, d. h. alle äussere Uebung, aber der Geist macht lebendig: d. h. der innerliche Besitz der Wahrheit. Darauf sollst du mit vieler List zielen, und was dich dazu am meisten zu fördern vermag, dem sollst du vor allem nachjagen. Du sollst ein nach oben, nicht nach unten gerichtetes Gemüth haben, ein glühendes Gemüth, das doch in lediger Ruhe stille sei. Du brauchst Gott nicht zu sagen wessen du bedarfst; er weiss es alles zuvor. Christus sprach: ihr sollt nicht viele Worte machen wie die Pharisäer, die durch vieles Sprechen glauben erhört zu werden (24, 5).

Was aber die Gebetserhörung anbetrifft, so verträgt sich Gottes Unwandelbarkeit nicht damit, dass er durch unser Bitten oder Thun sich irgend bestimmen liesse. Von allen Gebeten und guten Werken, die der Mensch hienieden wirken kann, wird Gottes Abgeschiedenheit so wenig bewegt, als wäre es nicht vorhanden. Gott wird dadurch gegen den Menschen keineswegs gütiger oder geneigter gestimmt. Deshalb aber sind Gebet und gute Werke keineswegs verloren. Vielmehr Gott sah in seiner ersten Anschauung, — wenn wir von einer solchen bei ihm sprechen dürfen, — alle Dinge, wie sie geschehen sollten und alle Creaturen wann und wie er sie schaffen sollte. Er sah auch das geringste Gebet und gute Werk, das Jemand thun würde, und sah, welches andächtige Gebet er erhören sollte. Er sah, wie du ihn morgen inbrünstig anrufen und ernstlich bitten willst, und dies Anrufen und Beten will er nicht morgen erhören, sondern er hat es erhört von Ewigkeit her, ehe du überhaupt Mensch wurdest. Ist aber dein Gebet nicht redlich und ohne Ernst, so will dir Gott nicht jetzt es versagen, sondern er hat es dir von Ewigkeit her versagt. Wenn dann in der Zeit sich ereignet, was er in der Ewigkeit geschaut hat, so wähnen die Leute, Gott habe eine neue Liebe angenommen; doch ob er zürnt oder Wohlthat erweist, wir wandeln uns wohl, er aber bleibt unwandelbar, wie der Sonne Schein zwar kranken Augen wehe, gesunden aber wohl thut, während er doch an sich selber unwandelbar derselbe bleibt (487, 15).

5. Die letzten Dinge.

Wir schliessen unsere Darstellung der Lehre Eckharts mit einer Zusammenstellung seiner Aeusserungen über das was jenseits dieses irdischen Lebens liegt. Eckharts ganze Stimmung zieht so sehr das Heilige und Ewige schon in die Entwicklung des diesseitigen Lebens hinein, dass ihm für ein Jenseitiges im Unterschiede vom Diesseits wenig Eigenthümliches übrig bleibt. Nur ausnahmsweise zieht er daher überhaupt das Jenseits in den Kreis seiner Behandlung hinein und dann mit der ausgesprochenen Absicht, die darüber umlaufenden Vorstellungen zu berichtigen, d. h. zu vergeistigen.

1. Wir sahen, dass Eckhart für das diesseitige Leben die Möglichkeit eines beständigen Fortschrittes in Erkenntniss und Heiligung annimmt. Der physische Tod aber ist ein absoluter Abschluss. Wenn die Seele vom Leibe scheidet, das ist ihr letzter Tag, und einen höheren Standpunkt von Gotteserkenntniss, als sie in diesem Zeitpunkte erreicht hatte, wird sie nimmer erreichen (639, 18). Die Aufgabe des irdischen Lebens ist die, alle Kräfte der Seele und des Leibes allmählich durch Uebung und Gewöhnung mit dem göttlichen Principe zu durchdringen. Nach diesem irdischen Leben aber fliesst die Seele in ihren natürlichen Ursprung zurück, aus dem sie geflossen ist, und je mehr sie sich ledig gehalten hat von zeitlichen Vorstellungen und Creaturen, desto gottähnlicher fliesst sie in Gott wieder ein (413, 32). Die Seligkeit ist nichts anderes als der Genuss dieser Gottähnlichkeit; sie besteht besonders in der reinen und adäquaten Anschauung Gottes. Der Seele, die in der Gottähnlichkeit und in ihrer herrlichen Anlage verharrt und von einem Guten zum andern fortschreitet, der Seele wird in dem Augenblicke wo sie vom Leibe scheidet das ewige Leben aufgethan. Da wird sie von einem göttlichen Lichte umfangen, in Gott verpflanzt und in ihn hineingebildet. Jede Kraft der Seele erhält dann das Ebenbild der göttlichen Personen: der Wille das Ebenbild des Heiligen Geistes, die Vernunft das des

Sohnes, das Gedächtniss das des Vaters und der göttlichen Natur, und zugleich bleibt sie doch ein ungetheiltes Ganzes (386, 28). Da ist die Seele über Zeit und Raum und jede Form der Endlichkeit hinaus. Im Himmel haben tausend Seelen Platz auf einer Nadelspitze, und doch ist der Raum der der Seele zu Theile wird viel grösser als Himmel und Erde und alles was Gott je geschaffen hat. Ja, so viel Himmel und Erden, so viel Welten und Creaturen Gott hätte schaffen können, das alles wäre immer noch geringer als eine Nadelspitze im Verhältnisse zu dem Raume den eine Seele einnimmt, die mit Gott vereinigt wird (474, 32).

Eckhart bemüht sich auf das eifrigste, jeden Anklang sinnlichen Genügens aus dem Begriffe der Seligkeit auszuschliessen. Das Absolute, indem es sich offenbart, zieht den Geist aus ihm selber in den verborgenen in sich verbleibenden Ursprung. Dann verliert der Geist jedes besondere Erkennen; er verliert das Licht, welches bestimmte Form und nicht Erkennen des Absoluten ist; er verliert aber auch die Finsterniss, welche das Erkennen des Absoluten ohne bestimmte Form ist. Denn nun erkennt der Geist nicht mehr mit seinem creatürlichen Vermögen, sondern das Erkennen des Absoluten, das den seligen Geistern eignet, ist ein Erkennen vermittelst der ganzen Kraft eines andern als sie selber sind (518, 22). Seligkeit besteht darin dass man alles das habe was Wesen hat und werth ist begehrt zu werden und Freude bringt, ferner dass man es habe ungetheilt mit ganzer Seele und dass man es empfangen habe in Gott in reinster und höchster Form unverhüllt im letzten Urgrunde alles Wesens, eben da wo Gott es selber empfängt (106, 23). Weder die Liebe noch die Erkenntniss macht das Wesen der Seligkeit aus. Die Anschauung Gottes hat der Mensch, wenn er in Gott geboren wird. Ist er aber geboren, so schaut er Gott nicht mehr als etwas anderes an; denn da lebt er wo der Vater lebt im absolut Einfachen und im reinen Wesen (191, 31). Gäbe Gott meiner Seele alles was er je geschaffen hat oder noch schaffen könnte und Gott nicht dabei und fehlte daran nur eines Haares Breite, so hätte meine Seele kein Genüge und wäre nicht selig. Bin ich selig, so sind alle Dinge in mir und Gott dazu; wo ich bin, da ist Gott, und wo Gott ist, da bin ich (32, 9).

Es lässt sich nach Eckharts Voraussetzungen wohl begreifen, wie er einen wesentlichen Unterschied zwischen der irdischen und ewigen Seligkeit nicht annehmen, aber doch die irdische Seligkeit nur als einen Vorschmack der jenseitigen bezeichnen kann (380, 14. 382, 18). Denn theils bleibt hienieden die Seligkeit niemals ungetrübt und ungestört, weil die Seele behaftet bleibt mit ihren Kräften und den Organen des Leibes, theils wird hienieden die Scheidewand zwischen Gott und der Seele nicht ganz niedergerissen, und selbst das Licht, in welchem ich hienieden Gott schaue, ist noch eine Vermittlung; es ist weder die Seele selber, noch Gott selber, sondern eine Beziehung der Creatur auf Gott (615, 25). Dass und inwiefern Eckhart auch für das ewige Leben eine vollständige Vernichtung der menschlichen Persönlichkeit und ein vollkommenes Aufgehen derselben in Gott nicht lehrt, haben wir früher auseinandergesetzt. Die Seligkeit hat die Form persönlichen Lebens; ohne das Bestehen der Personen auf sich selber wäre ein Leben nicht denkbar. Die Person erweitert sich nie zum All; immer auf das Absolute zustrebend und immer wieder in sich zurückgeworfen, behält die Seele mitten in dem Aether des Absoluten der sie umfängt die Form des persönlichen Selbstbewusstseins (386, 39). Es ist schwer in des Meisters Sinne mit diesem Begriffe der persönlichen Unsterblichkeit vollen Ernst zu machen; er wird sich die Sonderexistenz der in die Fülle der Gottheit eingegangenen Personen gedacht haben etwa wie die der Ideen aller Dinge in Gott.

2. Der himmlischen Seligkeit für diejenigen, die schon im irdischen Leben sich der Creatur entfremdet und ihrem Ursprunge zugewendet haben, entspricht ein Zustand der Verdammniss in der Hölle für diejenigen, die hier mit ihren Trieben dem Nichts der Creatur zugewendet geblieben sind (402, 34). Aber auch die Pein der Hölle fasst Eckhart in einem rein geistigen Sinne. Die Hölle ist nicht ein Ort, sondern ein Zustand. Was hienieden der Menschen Wesen ist, das bleibt ihr Wesen ewiglich, grade wie sie in ihm gefunden werden. Manche meinen hier ein creatürlich Wesen haben zu können und dort ein göttlich Wesen zu erringen. Darin täuschen sie sich (470, 22). Die Bösen, die ihre Zeit vergeudet haben mit Werken der Creatur, die behalten ihr Wesen und bleiben für ewig Gott und allen seinen Freunden fern; diesen Zustand nennt man die Hölle. Sie haben zwar ihr Wesen von Gott, denn sonst wären sie gar nicht, und so sind sie in Gott und Gott ist in ihnen. Aber sie sind wie Jemand, der einem Könige gegenüber

sein Leben verwirkt hat, indem er ihm und seinen Freunden die Ehre genommen und sein Leben angetastet hat, obgleich der Herr ihm nichts als Gutes erwiesen und stets auf seine Besserung gehofft hat und über das Ausbleiben derselben sich grämt. Der König bemächtigt sich des Mannes vermittelst eines gerechten Urtheils, tödtet ihn aber nicht, damit er ihm für die Schmach büsse, die er ihm angethan hat. Zuerst bindet man ihm Hände und Füsse und wirft ihn in den untersten Thurm zu Kröten und Schlangen. Dann nimmt man ihn heraus und. stellt ihn an einen Ort der Schmach, dass alle Leute seine offene Schmach sehen und er aller Leute Freude sieht. Desto grösser ist seine Pein. So fügt man ihm eine Schmach über die andere zu, die grösste, die man ersinnen kann; man wirft ihn immer wieder in's Gefängniss und er erwartet jeden Augenblick, wann man ihn verderben wolle. Da kann man sagen: der Mann ist in des Königs Schloss; denn der Thurm ist ebensowohl in des Königs Schloss wie der Festsaal, wo der König ist mit seinen geliebten Freunden, und doch versteht ihr wohl, dass ihr Zustand verschieden ist. Und dieses Elend muss ewiglich währen (471, 8). Die Pein der Hölle besteht wesentlich darin, dass die Verdammten die Freude der Seligen mit Neid sehen (455, 33), und dass sie ihrer eigenen Nichtigkeit sich bewusst sind, während sie der Anschauung Gottes entbehren müssen (522, 18). Auf die Frage, was in der Hölle brenne, lautet die gewöhnliche Antwort: es sei der Eigenwille. Aber es ist vielmehr das Nicht, was in der Hölle brennt. Lege ich eine glühende Kohle auf meine Hand, so ist es nicht sowohl die Kohle was mich brennt, sondern das Nicht ist es, nämlich dass die Kohle etwas an sich hat, was meine Hand **nicht** hat. Denn wäre meine Hand feuriger Natur wie es die Kohle ist, so könnte ihr alles Feuer der Welt nicht schaden. Grade so ist es mit den Verdammten. Weil Gott und Alle die vor Gottes Angesichte sind in rechter Seligkeit, etwas an sich haben was die die von Gott getrennt sind nicht haben, so ist es dies Nicht, was die Seelen in der Hölle mehr peinigt als der Eigenwille oder irgend ein Feuer (65, 20) Nothwendig müssen alle Creaturen in Gott sein. Wer aus der Hand der Barmherzigkeit Gottes fällt, der fällt dafür in die Hand der Gerechtigkeit. Nothwendig muss der Mensch in Gott sein Wesen schöpfen, und wenn er will, so kann er in Gott selber seine Seligkeit haben. Wer das aber nicht will, der muss es aus den Dingen schöpfen, die so widerlich sind, dass sie tief unter dem Lappen stehen, den er um seinen Fuss wickelt; selbst die Verdammten in der Hölle müssen in irgend einer Weise am Wesen Gottes Theil nehmen. Wollen sie nicht in Gott in der Seligkeit bleiben, so müssen sie wider ihren Willen ausser ihm in der Verdammniss bleiben. Welche Thorheit ist es, dass man bei dem nicht sein will, ohne den man doch nicht sein kann (169, 11)!

3. Auch vom Fegefeuer spricht Eckhart; er betrachtet aber das Wort als einen sinnlichen und metaphorischen Ausdruck für den geistigen Zustand. Durch göttliche Barmherzigkeit ist es nämlich veranstaltet, dass der Sünder, nachdem er unsägliche Qual gelitten, am jüngsten Tage Gnade finde, wenn nicht eher (453, 36). Wenn die Seele vom Leibe scheidet in treuer Liebe und dem festen Willen, alles um Gottes willen zu thun und alle Sünde zu lassen, so trägt die Seele grosses Leid, dass sie das nicht mehr kann, und sie harrt des Tages, wo sich Gott ihrer erbarme. Und dauerte es bis zum jüngsten Tage, die Hoffnung ist ihr Wesen (471, 37). Wem dagegen einmal das Licht der Ewigkeit, die reinste Gottesoffenbarung, zu Theil geworden ist, der kommt nicht in den Zwischenzustand (640, 15; 39). Grobe Sünde zieht die Pein der Hölle, Unvollkommenheit das Fegefeuer nach sich (655, 21).

Die Vorstellung vom jüngsten Tage und dem Gerichte berichtigt Eckhart dahin, dass jeder Mensch da sich selber das Urtheil spreche. Wie er nämlich da von Wesen erscheint, so soll er ewig bleiben (471, 1). Auch mit der Auferstehung des Leibes verhält es sich anders als die Leute meinen. Da vereinigt sich das Wesen des Leibes, d. h. das ideelle Princip des Leibes, mit dem Wesen der Seele zu einem Wesen. Für die Seelen nämlich, welche ihre Zeit in Gott verwandt haben und deren Wesen Gott gewesen ist, bleibt Gott ewiglich das Wesen ihres Leibes und ihrer Seele (471, 3). Fälschlich sagt man, St. Johannes und andere Freunde unseres Herrn seien mit Leib und Seele zum Himmel emporgefahren. In Gott kann nichts sein als Gott; da ist weder Mund noch Nase, Hand oder Fuss oder irgend etwas Geschaffenes, was dem Leibe zugehört. Sie können also nicht mit dem Leibe dahin gekommen sein. Vielmehr als die Zeit kam, dass Johannes abscheiden sollte, liess ihm Gott widerfahren, was ihm sonst erst am jüngsten Tage widerfahren wäre; er gab es ihm wegen seiner brünstigen Liebe und seiner Lauterkeit. Deshalb zog das Wesen der Seele das Wesen des Leibes mit Hülfe Gottes zu sich und beide wurden emporgezogen. Der Leib, der in der Erde verwesen sollte, ward in der Luft verzehrt, dass nur das Wesen des Leibes in Gott gelangte, welches der Seele doch am jüngsten Tage gefolgt sein würde. So geschah es auch mit Maria und allen denen, von denen man sagt dass sie mit dem Leibe zu Gott aufgefahren seien. Man kann das auch an der Himmelfahrt Christi sehen. Er ass als er gen Himmel fuhr. Die Speise musste natürlich während der Himmelfahrt sich auflösen, und alles was Christus hienieden angenommen hatte blieb auch hienieden zurück. In den Vater konnte er nichts zurück bringen, als was aus dem Vater geflossen war. Das Wesen der Seele Christi zog das Wesen der edlen Menschheit unseres Herrn Jesu Christi mit sich empor mit göttlicher Wesensbeschaffenheit. So steht denn die Person in dem Vater, dass er mit dem Vater eins ist, und so stehen alle die in dem Vater, die das von Gnaden erlangen, was Christus hat von Natur, nicht so dass sie das Leben des Leibes mit sich hinaufnehmen, wenn sie von hinnen fahren, — es muss vielmehr zurück bleiben bis zum jüngsten Tage. Erst an dem Tage, wo alle Dinge zu nichte werden, wird der Seele das Wesen des Leibes zu Theile nach der gewöhnlichen Regel. Wen aber Gott besonders begnadigen wollte, dem thäte er eben das was er Johannes that (472, 5). Diese leibliche Verklärung nach der Auferstehung vergleicht Eckhart mit der Verklärung, in welcher Christus den Jüngern auf dem Berge erschien (17, 23).

Schluss.

Die Lehre Eckharts, wie wir sie im Vorhergehenden darzustellen versucht haben, wird sich jedem unbefangenen Urtheil als ein tief angelegter und grossartig ausgeführter Gedankenbau ausgewiesen haben. Man wird urtheilen müssen, dass Eckharts Streben auf das Höchste gerichtet gewesen ist und dass sich bei ihm eine bewundernswürdige Kraft des Gedankens mit der innigsten Andacht und mit kindlicher Seelenreinheit verbunden hat. Seine metaphysische Grundanschauung auf allen Gebieten des religiösen Lebens zu bewähren, das ist die Aufgabe, die er sich gestellt und in einziger Weise gelöst hat. Darin ist er ganz originell, so viel er im Einzelnen Anderen verdankt. Alle die Gedanken, die er aus fremden Lehrsystemen herübergenommen hat, bekommen bei ihm eine neue Bedeutung durch den neuen Zusammenhang, in welchen er sie stellt. Ja schon dass er einen solchen unlöslichen Zusammenhang angestrebt hat, dass er in der kühnen Consequenz seines Gedankens vor keiner geltenden Meinung zurückgeschreckt ist, das allein würde ihn zu einem Phänomen machen, das in jenem Weltalter seines gleichen nicht hat. Er will, wie wir uns ausdrücken würden, alle Vorstellungen zum klaren Begriffe erheben, alles Gleichniss auf seinen tieferen Sinn zurückführen, alle Geheimnisse deuten, alles Sinnliche vergeistigen. Und darin bleibt er vor keiner selbstgesteckten oder durch Autorität befestigten Schranke stehen. Aber sein Denken mündet eben deshalb in einer Abstraction, in der sich kein bestimmter Begriff mehr festhalten lässt, und die Welt des Einzelnen und Endlichen ist ihm so sehr in das bodenlose Nichts des reinen Wesens versunken, dass er den Weg zu ihr zurück nicht mehr zu finden weiss.

Eckhart betrachtet sich wesentlich als Lehrer christlicher Wahrheit. Er hat die wissenschaftliche Bildung seiner Zeit in sich aufgenommen und ist ein Schüler des ausgezeichnetsten unter den Gedankensystemen dieser Zeit. Als hochberühmter Lehrer der Universität zu Paris hat er die Lehren seiner Schule vertheidigt und schulmässig vorgetragen. Aber seinen Beruf fand er doch erst in einer mehr seelsorgerischen Thätigkeit als ein Geistlicher in hohen Aemtern und Würden. Nun wendet sich der gelehrte Meister nicht mehr an die Fachgenossen, sondern an die armen Klosterleute und Laien. Nun will er nicht mehr bloss Kenntnisse mittheilen, sondern den Weg zum Himmelreiche bahnen und beleuchten. Nun ist es ihm um die intellectuelle Förderung derer die ihn hören nur zu thun, insofern sie die Vorbedingung ist zu einer sittlichen Wiedergeburt.

Die Schule, von der er ausgieng, war eine idealistische, die das wahre Sein nur Gott und den Ideen in Gott zuschrieb. Aber die Schule beugte sich vor der Autorität der Kirche und ward ein wichtiges Werkzeug, nicht bloss den reinen Lehrbegriff der Kirche festzustellen und zum Bewusstsein zu bringen, sondern auch die kirchliche Praxis selbst in ihren schreienden Missbräuchen zu stützen und theoretisch zu rechtfertigen. Man vollbrachte dies mit dem reichsten Aufwande von Scharfsinn, indem man den Standpunkt der Idee umschlagen liess in den der endlichen Verstandesbegriffe und mit unermüdlicher Argumentationslust sich in der spitzfindigsten Dialektik herumtummelte. Das war gut genug für den Dienst einer immer mehr in Aeusserlichkeiten erstarrenden Kirche, einer herrschsüchtigen, vom ungelehrten Volke sich stolz absondernden Priesterschaft. Aber es reichte nicht aus, sobald man Ernst damit machen wollte, dass ein jeder einzelner Christ aus sich heraus und in sich, im persönlichen Verkehr mit Gott das Heil zu suchen habe, sobald man nicht sowohl an die Förderung der Kirche als eines hierarchischen Instituts, sondern an die Belebung des Heilsbedürfnisses und der Heilskräfte in den Herzen der Unmündigen und Geringen dachte.

Das letztere aber war das Ziel Eckharts, als er selbstständig zu lehren und zu predigen begann. Er stand nicht allein in diesem Streben. Auch die hohen Leuchten der kirchlichen Wissenschaft verschmähten es nicht, dem christlichen Volke zu predigen; aber es war ganz nothwendig, dass dabei die eigentlichen

Fundamente ihres Ruhmes, die spitzfindigen und künstlichen theologischen Lösungen von Problemen, die gar nicht hätten gestellt werden sollen, zurücktraten hinter einer einfacheren, das Herz ergreifenden Ermahnung zur Frömmigkeit, zur Busse und zur Abkehr von der Welt. Aber in dieselbe Aufgabe traten auch geringere Leute ein, Laien und Geistliche, der hohen Ausbildung der Schulwissenschaft unkundig oder derselben abgewandt, voll Erbarmens mit der armen unwissenden Menge, die mit tiefen Herzensbedürfnissen auf eine ungenügende Seelenspeise angewiesen war und für die der Priester im Besitze des Gnadenschatzes der Kirche nicht weniger als alles thun sollte. Diese Volkslehrer hatten den Vortheil, dass sie ungetheilt und ohne in einen Zwiespalt mit ihrem sonstigen Thun und Treiben zu gerathen ihr Werk an den Seelen üben und die Consequenzen einer christlichen Gnadenlehre rein ziehen konnten. Aber das Bedenkliche war, dass sie eines festen und gesicherten Lehrgrundes entbehrten, dass ihre Erkenntniss mangelhaft und von geringer Ausbildung war, und die Schwärmerei, die sich mit einer überspannten Frömmigkeit so gern paart, wo feste und klare Begriffe fehlen, war die unausbleibliche Folge.

Eckhart wollte lehren wie die Letzteren und hatte eine wissenschaftliche Ausbildung wie die Ersteren. Gewiss ist er mit den Ketzern, mit denen er von der Kirche zusammengeworfen wurde, niemals in unmittelbare Gemeinschaft getreten. Er hat ohne Zweifel die damals so weit verbreitete ketzerische Gesinnung kennen gelernt und wohl erkannt, wie viel mit seinen Bestrebungen und Lehren Verwandtes und Gleichartiges in derselben vorhanden war; er hat aber auch ihre Uebertreibungen und Irrthümer von sich abgewiesen und zu widerlegen gesucht, so wenig er eine polemische Natur war. Aber, wie weit auch die persönlichen Berührungen gegangen sein mögen: wenn der Weg, den er einschlug, ihn schliesslich zu einem Ziele führen musste, das der Art und Weise der damals im Schwange gehenden Ketzereien sehr nahe stand, so war er doch von Bildung und Charakter ursprünglich himmelweit von ihnen entfernt, und grade das, was Eckharts Lehre von den geläufigen Ketzereien unterscheidet, macht seine wesentliche Bedeutung aus.

Eckhart ist ein religiöser Lehrer des christlichen Volks; aber er ist von Anfang ein fachmässig gebildeter Philosoph, und was in jenen Zeiten damit gegeben ist, Theolog. So fällt bei ihm Wissenschaft und religiöse Lehre zusammen, und in jedem einzelnen Punkte strebt er ebenso sehr nach dem klaren Begriffe, wie nach christlicher Erbauung. Und doch ist jene Einheit von wissenschaftlichem Begriff und religiösem Dogma bei ihm nicht so zu verstehen, wie bei den grossen Lehrern seiner Kirche. Diese unterwerfen den Gedanken dem schon fixierten kirchlichen Dogma und beugen nöthigenfalls ihre Lehre, um sie der Autorität zu accommodieren. Eckharts höchste Autorität ist das Heilsbedürfniss des Menschenherzens. Er braucht kein andres Fundament seiner Gedankenwelt, er verschmäht jedes anderweitige Interesse. Die Seele will zu Gott, um mit ihm eins zu werden: dieses religiöse Interesse bestimmt seinen Gedankenkreis, bedingt die Grundanlage und jedes Einzelne in der weiteren Ausführung seiner Lehre.

Aus der Schule, der er angehört, hat Eckhart jene hohe Schätzung der menschlichen Vernunft und ihrer Erkenntniss. Im Erkennen liegt die Seligkeit, hatte Thomas gelehrt. Diesen Satz vertheidigt Eckhart mit Eifer gegen die Scotisten, hat ihn schon dereinst in Paris vertheidigt. Die Vernunft hat den Primat unter den Kräften der menschlichen Seele, alles Heil beruht auf vernünftigem Erkennen. Aber darin geht er weiter, als Jemand seit Johannes Erigena gewagt hatte: es kann neben der Vernunft nicht noch eine andere oder höhere Autorität geben; es kann nicht eine Lehre geben, die der Vernunft unzugänglich nur durch Offenbarung mitgetheilt würde. Und wenn es eine gäbe, so würde sie werthlos sein. Denn eine Offenbarung, die mir fremd bleibt, die mir von aussen nur vorgehalten wird, was kann sie mir helfen? Mein Heil kann nur von dem kommen, was ich innerlich in mir erlebe oder erfahre, was mir aus meinem eigenen Innern durch göttliche Gnade hervorkeimt. Und wie anders sollte die ursprünglich äusserliche und fremde Wahrheit in mir Leben gewinnen, der Mittelpunkt meines persönlichen Lebens werden, als durch die Vernunft? Es kann keine Autorität sein, von der mein Heil abhängt, sondern nur mein eigenes, wahres Wesen, und das ist die Vernunft.

Eckhart ist gezwungen, so zu lehren. Denn er will die Christen anleiten, nicht durch die fremde Vermittlung des Priesters, sondern durch sich selber das Heil zu suchen. Es muss also aus ihnen selber das Heil kommen können. Eine Lehre, die davon ausgeht, kennt keine äussere Autorität, und es genügt ihr, dass sie mit dem Wesen der Vernunft selber in Uebereinstimmung sei. Eckharts Theologie unterscheidet sich nicht von einer aus rein philosophischem Antriebe erwachsenen Metaphysik. Aus dem Wesen der Vernunft erzeugt er seine Gedankenwelt, und nur nachträglich schliesst er dieselbe wieder mit den Grundbegriffen der geoffenbarten und überlieferten christlichen Lehre zusammen, natürlich nicht ohne dass diese in wesentlichen Punkten modificiert worden wäre, um mit den metaphysischen Principien nicht in Widerspruch zu gerathen. Denn wenn bei den grossen Theologen der Zeit das kirchliche Dogma das erste Feste ist, wonach sich alles Uebrige zu gestalten hat, so nimmt bei Eckhart im Gegentheil das Princip seiner Speculation diese Stelle ein.

In Eckharts Lehre ist die Grundtendenz die Erbauung; alle seine Schriften entspringen aus dem Zwecke, über die Grundfragen der Religion aufzuklären und auf den Weg zu einem heiligen Leben zu leiten. Aber man würde irren, wenn man über der religiösen Begeisterung die wissenschaftliche Tendenz vergessen wollte. Beides ist bei dem merkwürdigen Manne schon wegen seiner eigenthümlichen Stellung gar nicht geschieden. Der begeisterte Prediger ist ebenso sehr, ja er ist von Haus aus viel mehr ein Denker. Religiöse Erkenntniss und frommes Leben fallen ihm nicht auseinander, sie sind eins und dasselbe, und das Erkennen meint er im prägnantesten Sinne; wenigstens für sich sucht er die Reihe von Begriffen bis zu Ende durchzudenken, und er theilt seine Gedanken geradezu als die beste und kräftigste Anregung zu unendlicher Befriedigung und zu heiligem Leben mit. Die Lust am Erkennen verwechselt er oft geradezu und ausdrücklich mit der Freude der Frommen an der Anschauung Gottes. Schon nach den Grundsätzen der Schule, aus der er hervorgegangen, ist ihm wissenschaftliches Erkennen ein höchstes Gut, das, so weit sein Gegenstand Gott ist, von der Seligkeit des Frommen nicht verschieden ist. Auf diesem Standpunkte fällt die Arbeit an dem Heile der Seele mit der Arbeit das Heilige erkennend zu durchdringen durchaus und ganz zusammen. Und so ergiebt sich ein Standpunkt, der von demjenigen neuerer Denker nicht so wesentlich verschieden ist. Das Reich der Gedanken gilt es nach allen Seiten hin selbstständig auszubauen, eine äussere Autorität kann das Streben nicht einengen. Und wenn die Neueren die Arbeit des Denkens vollziehen um der

Wissenschaft willen, die an sich ihr eigener höchster Zweck ist, wenn Eckhart hingegen sie vollzieht um des Heiles der Seele willen, so besteht doch dieses letztere wieder in nichts anderem als in dem rechten Erkennen, und das Denken um des Denkens willen ist hier wie dort. Rühmen sich Neuere der Voraussetzungslosigkeit ihres reinen Denkens, so haben sie doch die eine Voraussetzung, das Wesen der menschlichen Seele, und diese ist ihnen mit dem alten Meister gemeinsam, der gleichfalls keine andere Voraussetzung gelten lässt. Die Allseitigkeit des wissenschaftlichen Interesses fehlt dem letzteren nicht eigentlich deshalb, weil er so rein und ausschliesslich nur das Heil der Seele und was ihm dienen kann in's Auge fasst, als vermöge des theologischen und dialektischen Charakters der Wissenschaft seiner Zeit. Wenigstens lag es nahe, dies teleologische System dahin auszubilden, dass in allen Einzelheiten der endlichen Erscheinung ihre Bedeutung für das Ganze aufgewiesen wurde, und das ist ja das Interesse, aus welchem die neueren Gedankensysteme eine Philosophie des Alls gestalteten, in welchem die Erscheinungen der Natur und Geschichte gleichmässig als Ausprägungen des ewigen Wesens der Idee in Anspruch genommen wurden. In diesem Sinne ist die neuere deutsche Speculation eine Fortbildung der Lehre des Meisters mit vielseitigerem Interesse, in geläuterter wissenschaftlicher Form, und auf einer reicheren Basis von Anschauungen und Erkenntnissen.

Freilich, die Form, in welcher der Meister seine Lehren mitgetheilt hat, ist nicht die des wissenschaftlichen Systems. Er hat nicht Hand- und Grundbücher der Philosophie, sondern Predigten und Erbauungsschriften gegeben. An allegorisch aufgefasste Bibelstellen wie an einen zufälligen Anlass knüpft er seine Belehrung, seine Umdeutung der religiösen Vorstellung in's Geistige an. Ein strenger und einfacher Fortschritt der Gedanken wird dabei vielfach vermisst. Und doch, wie unendlich überlegen ist Eckhart auch in dieser Beziehung seinen Schülern und Zeitgenossen! Man sehe nur, wie bei Tauler oder Rusbroek der Gedanke sich mühsam und planlos fortwindet, ein zufälliges Wort der Anlass wird zu einer umständlichen Auseinandersetzung, Eintheilungsglieder gebildet werden ohne wirklichen Unterschied, Gesichtspunkte aufgezählt und numeriert werden, die im Wesen dasselbe sind und nur von Ausdruck verschieden. Dem gegenüber ist die Entwicklung der Gedanken bei Eckhart wenigstens eine weit strengere; wir haben es hier mit einem Denker zu thun, der wenn auch zuweilen in lockrerer Weise als wir es zu fordern gewohnt sind, Gedanken, nicht Anschauungen mittheilt und streng zu erweisen sucht. Er würde glauben einen Schlag in's Wasser zu thun, wenn er seine Sätze nicht erläuterte und bewiese. Wo der Zusammenhang seiner Gedanken nicht äusserlich hervortritt, da ist er doch innerlich vorhanden gewesen, und seine Lehre, die unsystematisch vorgetragen wird, ist innerlich ein wohlgegliedertes, aus einem regelrecht durchgeführten Princip streng entwickeltes System. Das beweist schon die unveränderliche Sicherheit und Bestimmtheit, mit der er in dem verschiedenartigsten Zusammenhange über die schwierigsten Fragen eine gleichlautende Auskunft giebt. Er selber bleibt sich der höchsten Einheit, die alle seine einzelnen Gedanken aus sich heraustreibt, sehr wohl bewusst, und auf das Eine greift er immer wieder zurück, wo er, freilich in immer neuen Ansätzen, sich die Aufgabe stellt, seine Sätze zu präcisieren oder in's Einzelne weiter auszubilden.

Dies Eine nun, was die belebende Seele in dieser merkwürdigen Gedankenwelt bildet, ist die Ueberzeugung, dass der Mensch göttlicher Natur ist und immer bleibt. Darum sind ihm alle gleichmässig zur höchsten Einheit mit Gott berufen, darum ist der Adel der Seele unverlierbar, die endliche Individualität und die Sünde nur eine Accidenz, die das Wesen der Seele nicht zu beeinträchtigen vermag. Darum auch braucht der Mensch nur sich selbst zu seinem wahren Wesen, seinem ursprünglichen Adel zurückzuwenden, um des Höchsten theilhaftig zu werden. Und wenn sich diese göttliche Anlage der Seele in dem zeitlichen Leben verbirgt, so bleibt doch diese Möglichkeit der Erhebung in dem Grunde der Seele immerfort vorhanden. Die Lehre von der unverlierbaren Gottähnlichkeit der Seele gestaltet sich so zu der Lehre von dem gottähnlichen Seelengrunde als der Einheit aller Seelenkräfte, von dem „Fünklein" im Gegensatze zu den in die Mannichfaltigkeit der Thätigkeiten und Wahrnehmungen eingegangenen einzelnen Kräften der Seele.

Einen Rest der Gottähnlichkeit im Menschen hatten auch Scholastiker und Mystiker vor Eckhart gelehrt. In der That, die absolute Unfähigkeit des Menschen, auch nur das geschenkte Heil zu empfangen, wäre die Folge, wenn man den Menschen etwa wie Flacius als einen ganz gottverlassenen, gleichsam als einen endlichen Teufel von Fleisch und Blut ansehen wollte. Das Wort „Fünklein“ (scintilla) findet sich vor Eckhart in ähnlichem Gebrauche. In der Synteresis hatte man bei Alexander von Hales, Bonaventura, Albertus Magnus, Thomas von Aquino einen verwandten Begriff. Aber der wesentliche Unterschied ist der, dass bei den Früheren diese Gottähnlichkeit eben nur als ein Rest, bei Eckhart als das wahre Wesen der Seele erscheint, und dass bei jenen dieselbe als Beschaffenheit einer einzelnen Kraft der Seele, z. B. als Gewissen, bei diesem hingegen als der tiefste Grund der Seele, als das Wesen ihrer Totalität aufgefasst wird.

Diese Gesammtkraft der Seele hat bei Eckhart die Form ruhender Betrachtung, der unablenkbaren Hinwendung auf das Absolute. Ueber allen endlichen Begriff und alle Unruhe bestimmten Wollens erhaben verharrt das Fünklein in reiner intellectualer Anschauung. Die Anleitung zu solcher Auffassung des Wesens der Seele bietet die Philosophie des Plato und des Aristoteles; die Fortbildung dieser Elemente ist ebenso durch die Neuplatoniker wie durch Augustinus vollzogen worden. Das Seelencentrum des Plotinus ist der nächste Vorläufer der Eckhartischen Lehre vom Fünklein der Seele. Aber theils das Verhältniss dieser höchsten Seeleneinheit zu den verschiedenen Seelenkräften consequent durchgebildet, theils jenen obersten Unterschied in den Functionen der Seele durch die Lehre vom Erkennen und Wollen hindurchgeführt, ihn zum bedingenden Princip seiner Anschauung von göttlichen und menschlichen Dingen gemacht zu haben, das ist das Verdienst Eckharts, und in diesem Punkte stellt er auch der Wissenschaft unserer Tage neue Probleme. Die Lehre vom Seelengrunde hat es Eckhart ermöglicht, sich mit ergreifender Rede an das sittliche Bewusstsein zu wenden, die Bedingungen des Heils aus dem eigensten innern Wesen der Seele zu entwickeln, in freier geistiger Auffassung alle Fesseln einer blinden Autorität hinwegzuthun. Der Seelengrund ist die reine Vernunft, nicht mehr als Creatur oder Eigenschaft der Creatur gedacht, sondern als eins mit dem Absoluten selber.

Eine nähere Beziehung hat die Lehre vom Seelengrunde mit der averroistischen Auffassung des νοῦς ποιητικός als des in allen menschlichen Personen gleichen, individualitätslosen vernünftigen

Princips. Wenn aber die Averroisten die Persönlichkeit als vergänglich, gewissermaassen nur als zufälligen Schauplatz für die Thätigkeit der wirkenden Vernunft ansehen, so ist für Eckhart das Ewige in der Persönlichkeit so wesentlich immanent, dass die Persönlichkeit selber an der Ewigkeit Theil hat und dass das eine Absolute in der Seele immer vorhanden ist nicht sowohl als eine besondere Kraft zu wirken und mit bestimmten Aeusserungen, sondern als absolute Möglichkeit und Empfänglichkeit für das Ewige. Ihr habt alle Wahrheit wesentlich in euch, sucht sie nicht draussen: das ist der oberste Grundsatz Eckharts. Ihr seid selber die Wahrheit, sobald ihr wollt; eure Persönlichkeit ist das Gefäss der absoluten Vernunft, sobald ihr alle individuellen Schranken abthut und diese reine vernünftige Beziehung euer selbst auf euer wahres Wesen wiederherstellt. Die Lehre vom Seelengrunde führt zur Lehre von der unaustilgbaren Immanenz Gottes in der Seele.

Und diesen tiefen Sinn hat der von Eckhart gesetzte Unterschied zwischen dem abstractesten überabsoluten Wesen und der einen göttlichen Natur als dem Princip der göttlichen Personen, dass zwischen der Welt endlicher Individualitäten und dem reinen Wesen die Person gewissermaassen vermittelnd und auf Beides bezogen mitten inne steht. Was bei einem Gilbertus Porretanus blosser Hülfsbegriff war, um die Dreieinigkeit begreiflich zu machen, der Unterschied zwischen Gottheit und Gott, das hängt hier bei Eckhart mit dem tiefsten Princip seines Denkens auf das innigste zusammen. Der Begriff der Person wird der Mittelpunkt des Systems. Zieht man von der menschlichen Individualität ab, was sie verunstaltet und ihr Wesen verdeckt, so bleibt die reine Beziehung des Wissens auf sich selbst, ein Sichwissen als Person übrig, das zusammenfällt mit der göttlichen Persönlichkeit. Das Individuum soll Person werden, das ist die sittliche Forderung. Das Individuum wird Person, das ist der Process des reinen Denkens. Die Person ist die ewige Grundform alles wahren Seins, so weit es durch die Einheit mit dem absoluten Wesen bestimmt ist. Du bist schon Person, sobald du es vermagst, dich in deinem Wesen zu erfassen, und als Person bist du von dem Sohne Gottes nicht unterschieden. Als reines Wesen ist Gott uns immanent und der Bildner unserer Persönlichkeit.

Mit solchen Principien stand Eckhart dem Pantheismus sehr nahe. Gott ist nicht ein bestimmtes Wesen neben anderen, er ist alles Wesen, also alles, was wahrhaft ist. Er ist in allen Dingen und alle Dinge sind in ihm. Diese Ueberzeugung vermag Eckhart nicht zu ermässigen durch irgend welche bildliche und gleichnissartige Vorstellungen. Er zieht aus dem Satze auch die letzte und äusserste Consequenz, die nicht mehr überboten werden kann. Gott ist als das reine Wesen reine Vernunft, die sich ihrer selbst bewusst wird erst, indem sie in den Process der Personbildung eingeht. Ist dieser Process auch mit dem reinen Wesen selbst gegeben, so muss letzteres doch gedacht werden ohne alle Bestimmungen, also auch nicht als Person. In Hegel kehrt dieser Gedanke wieder, nur dass der Process der Personbildung bei diesem nicht eigentlich als ein innergöttlicher gedacht wird, sondern vielmehr als der Process der Weltgeschichte. Die ewig aus der einen göttlichen Natur processierende Dreeinigkeit, die bei ihm den wahren Mittelpunkt alles Werdens ausmacht, stellt Eckharts Lehre wenigstens näher an die Grundbegriffe des Christenthums. Der Gedanke der Weltgeschichte als der Realisation der göttlichen Persönlichkeit steht ihm fern; aber in dem ewigen Sohne sind potentiell alle menschlichen Persönlichkeiten mitgesetzt, und in der That denkt sich Gott und liebt sich Gott nach Eckharts Auffassung in unsern Seelen, wie er sich denkt und sich liebt in seinem Sohne. Als vernünftiges Wesen steht Gott ferner unter den Gesetzen der Vernunft; er muss handeln nach der Vernunft seines Wesens und kann nicht anders, nicht dass er Zwang litte von etwas ausser ihm Liegenden, sondern es ist das Gesetz seines eignen Wesens, das ihn treibt. Es giebt in Gott keine Willkür, aber seine Freiheit, d. h. die unzerstörbare Harmonie seines Willens und seines vernünftigen Wesens, ist das Vorbild der Freiheit, die auch wir erreichen sollen, nämlich dass wir nicht anders handeln können als in Uebereinstimmung mit unserm vernünftigen Wesen. Ist ferner Gott alles Wesen, so ist in ihm von vorn herein alles an sich gesetzt, was später zu bestimmter Wirklichkeit heraustritt. So war die Seele als integrierendes Moment im göttlichen Wesen ewig mitgesetzt und hat alle Werke Gottes vollbringen helfen. Gott ist nicht vollständig ohne die Welt, ja ohne jede einzelne Creatur. Nie hat sich der Standpunkt der Immanenz Gottes in allen Dingen kühner und rücksichtsloser ausgesprochen. Jener grobe Pantheismus freilich, der Gott als die Summe der Kräfte des Alls fasst, bleibt dem feinen und edlen Meister fremd.

In der Welt der Creatur sieht er nichts als die Negation des wahren Seins, und unklar bleibt es, wie er dennoch auch in ihnen eine Theilnahme am Wesen, ein Einwohnen Gottes, einen Abglanz göttlicher Herrlichkeit hat erblicken können.

Eckhart hat sein Gedankensystem ausgebildet in offenbarem, und doch ihm selbst verborgenem Gegensatz gegen die römische Kirche, ihre Lehre und ihre Praxis. Nicht das Dogmatische macht selig und nicht die Werke, nicht die Kirche oder ihre Sacramente, nicht der Priester oder irgend welche Autorität. Wer selig werden will, muss Gott in sich erfahren und erleben. Gegen alle Werkgerechtigkeit, allen Lohndienst, allen Autoritätsglauben eifernd, hebt er nicht allein die römische Kirche, sondern alle Kirche im Princip auf, ja in der Verwegenheit seiner Formulierung der sittlichen Aufgabe macht er, das Princip in's Extrem übertreibend und aller endlichen Schranken spottend, das sittliche Thun selber im Grunde unmöglich. Denn in Wahrheit lässt sich menschliches Wesen nicht so dualistisch theilen, dass hier das reine Wesen des Geistes unabänderlich und ohne endlichen Zweck in Gott versenkt sein, hier die Kräfte wandelbar und mit bestimmten endlichen Interessen in der Welt der Creaturen wirken könnten, ohne dass das letztere das erstere aufhöbe. Der Widerspruch gegen das römische System treibt ihn in das entgegengesetzte Extrem, und mit solcher Ueberzeugung steht er dem protestantischen Lehrbegriff ebenso fremd gegenüber wie dem katholischen. Zwischen seiner metaphysischen Lehre und der Offenbarung, zwischen seiner Begriffswelt und der heiligen Geschichte, die allein einen lebendigen Glauben vermittelt, der mehr ist als eine begriffliche Speculation, giebt es nur eine lockere und äusserliche Verbindung. Der mittelalterliche Denker ist weit davon entfernt, aus rationalistischen Gesichtspunkten die heilige Geschichte etwa wegen ihres übernatürlichen Charakters und ihrer Wunder anzuzweifeln; von der Strenge des mechanischen Naturgesetzes hat er noch kein Bewusstsein. Aber die Geschichte selbst ist ihm gleichgültig; er sucht an ihrer Stelle den Begriff, und wenn er seine Lehre mit dem christlichen Bewusstsein vermitteln will, so ist er gezwungen, nicht bloss die einzelne Bibelstelle, sondern den ganzen Zusammenhang des heiligen Textes in's Geistige umzudeuten, um ihn mit seiner Lehre in Einklang zu bringen. So deutet er die Schöpfung, so den Sündenfall, so die Ueberlieferung von Christo selber, welche letztere fast allein von der Geschichte des Reiches Gottes in seine Speculationen als befruchtender Keim mit hineingezogen wird.

Eckhart ist weit entfernt von der aristokratischen Gesinnung Mancher unter den früheren Mystikern, die das unwissende Volk sorgfältig von den Kundigen schieden und für jene das Gleichniss und die bildliche Vorstellung für gut genug hielten, während für diese letzteren allein die adäquate geistige Erkenntniss bestimmt sei. Nur im Erkennen, meint Eckhart, ist das Heil, und das Heil ist für Alle. Darum muss die höchste Wahrheit Allen zugänglich gemacht werden. Eckhart strebt offenbar nach Popularität der Darstellung, um Allen klar zu sein. Wir wissen, dass er seine Lehre zumeist den Geringen im Geiste vorgetragen hat. Und doch giebt er wohl zu, dass wer das Höchste nicht fassen könne am Geringeren sich begnügen müsse, und ist inconsequent genug, auch schon in diesem Geringeren die Möglichkeit der Erlösung zu sehen. So findet er sich mit der Kirche ab. Ihr Weg genügt für die, die höher vorzudringen nicht vermögen. Was sollte er sie bestreiten? An aller polemischen Lust gebricht es ihm, wenigstens um gegen die Mächte der Wirklichkeit anzukämpfen. Denn dass er wissenschaftliche Kämpfe geführt hat, deutet er selbst an. In die Geheimnisse des göttlichen Wesens versenkt, verschmäht er den Kampf mit den Menschen. Er sieht in der Kirche nicht den Irrthum, sondern nur die halbe Wahrheit. Kann man nicht durch die Kirche selig werden, so kann man doch trotz der Kirche, ja auch mit Hilfe der Kirche selig werden. Und wenn der durchgeübte Mensch der Kirche nicht bedarf, so bedarf ihrer doch der ungeübte und anfangende Mensch. Diesem steht nicht an, was jenem erlaubt ist, und die Aeusserlichkeiten, schädlich für den Erleuchteten, sind unerlässlich für den groben, in Sinnlichkeit versunkenen Menschen, der sich erst herausarbeiten soll. Aber aus jedem Groben kann und soll ein Erleuchteter werden: darum schliesst sich Eckhart mit seiner Predigt nicht vornehm vor der Menge ab, sondern versucht, jeden Einzelnen zu ergreifen.

Freilich macht es einen befremdenden Eindruck, wenn man diese Predigten und Schriften liest, die für die ungebildete Menge bestimmt waren. Auch ein weit tieferes Verständniss für christliche Geheimnisse und ein weit innigeres Bedürfniss nach christlicher Erleuchtung bei den Menschen jener Zeit vorausgesetzt: wie

Wenige mussten im Stande sein, dem Gedankenfluge des Meisters zu folgen! Cusanus wollte mit Recht diese Schriften, in denen für Verständige viel Gutes enthalten sei, den Händen der Menge entzogen wissen. Ein armer Mönch des 15ten Jahrhunderts, „leider Gottes ein Sünder", übersetzt einen die Lehre popularisierenden und sie in bildlicher Form vortragenden Tractat des Meisters in das Lateinische. Es geziemt sich nicht, meint er, die Perlen vor die Säue zu werfen. Ekstatische Begeisterung, schwärmerische Neugier in Bezug auf die Geheimnisse der Religion waren im 14ten Jahrhundert eine häufige Erscheinung. Es ist Eckharts eigenthümliches Schicksal, dass er diesen Stimmungen, die er im Grunde verwarf, mit seiner Lehre zumeist entgegenkam und dass er sie förderte. Bei Suso, der von dem Meister mit der höchsten Verehrung spricht, wird Eckharts Speculation ein Vehikel jener visionären Zustände und jener entsetzlichen Selbstquälerei, durch die der sinnige, phantasievolle und liebreiche Mann uns so fremdartig berührt. Nicht die christliche Wissenschaft hat unmittelbar von Eckhart gewonnen, sondern neue Keime für eine Erneuerung des christlichen Lebens hat er gepflanzt, und die sich an ihn anschlossen, haben statt seine Lehre weiter zu führen sie vielmehr abgeschwächt, zum Theil im Princip verkümmert, dafür aber eine ausgedehnte Wirksamkeit auf dem Gebiete des christlichen Lebens gewonnen.

Man darf die Wirksamkeit Eckharts auch für die Nachwelt nicht unterschätzen. Freilich waren die Schriften des von der Kirche Verdammten nicht allgemein zugänglich; aber sie lebten fort insgeheim, und es fehlte auch nicht an solchen, die sich offen zu ihm als ihrem Meister bekannten. Durch Tauler und durch jene kostbare Schrift, die im Wesentlichen den Stempel Eckhartischen Geistes an sich trägt, durch die „deutsche Theologie", setzte sich die Ueberlieferung fort durch alle folgenden Jahrhunderte. Eckharts Gedanken sind nicht die zufälligen Einfälle eines Einzelnen. In allen diesen excentrischen Sätzen lebt als ihre Seele die Geistesform, die die specifische Mitgabe des deutschen Volkes ist: die kühne Speculation, welche die endlichen Verstandesbegriffe überspringt und in das Herz der Dinge sich versenken möchte, und eine hohe ethische Begeisterung, welche frei von allen Rücksichten der Nützlichkeit im Idealen lebt. Einen Anflug pantheistischer Ueberschwenglichkeit hat fast jeder grosse deutsche Denker gehabt seit Hugo von St. Victor. Die mystische und pietistische Frömmigkeit auch nach der Reformation trägt dieselben Züge, und Alles weist auf Tauler und die deutsche Theologie, somit auf die Nachwirkungen Eckharts hin als auf einen der wichtigsten Factoren, die zur Bildung des deutschen Volkes beigetragen haben. Eckharts metaphysische Bestrebungen haben erst in der vertieften und bereicherten Weltbildung am Schlusse des vorigen Jahrhunderts ihre Fortsetzung erlangt. Seine ethischen Lehren aber haben zunächst im deutschen Volke fruchtbaren Boden gefunden, und sie sind es neben anderen Elementen gewesen, die eine reformatorische Gesinnung in weiten Kreisen vorbereitet haben.

ANGELUS
SILESIUS
GESAMMELTE WERKE
»Der ›Cherubinische Wandersmann‹ des Angelus Silesius gehört zu den sublimsten Blüten deutscher Frömmigkeit und Dichtung.«
HERMANN HESSE
fourierverlag
Früher € 88,96 jetzt
nur € 19,95